노무현 정부의 실험

미완의 개혁

서울대학교 사회과학연구원 기획 | 강원택·장덕진 엮음

한울
아카데미

이 도서의 국립중앙도서관 출판시도서목록(CIP)은 e-CIP홈페이지(http://www.nl.go.kr/ecip)에서 이용하실 수 있습니다.(CIP제어번호: CIP2011001885)

책을 펴내며

서울대학교 사회과학연구원은 2011년 5월 '노무현 정부의 실험: 미완의 개혁'이란 주제로 학술대회를 개최한다. 이 책은 여기서 발표되는 논문들을 모아 엮은 것이다. 이 학술대회가 지향하는 목적은 비교적 명백하고 단순한 것이다. 노무현 정부의 임기가 끝난 지 3년이 되는 시점에서 이제는 노무현 정부가 시도했던 다양한 개혁 정책에 대해 공정하면서도 냉철한 평가가 가능하고, 또 필요하지 않느냐는 생각이다. 그런 논의를 하기에는 여건이 아직 충분히 성숙되지 않았다는 반론이 있을 수 있지만, 그럼에도 이러한 시도가 필요하다는 점에 대해서는 사회적 공감을 얻을 수 있을 것이라는 기대에서 출발한다.

노무현 정부에 대한 평가는 그 정책에 동조하는 측과 반대하는 측에 따라 극단적으로 갈라지는 경향이 있어왔다. 그러한 평가는 평자가 진보 진영에 속하느냐, 보수 진영에 속하느냐에 따라 이들의 이념적 지향에 좌우되는 측면이 컸다고 할 수 있다. 이 책 역시 이런 상황으로부터 완전히 자유로울 수는 없지만, 최대한 중립적인 입장에서 노무현 정부의 정책을 그것이 의도하고자 했던 바와 현실에서 실제로 실천됐던 구체적 양상을 학문적으로 분석하여 평가하고자 한 것이다. 노무현 정부에 대한 회고나 정치 시사적 평가를 담은 책은 그동안 비교적 많이 출판됐지만, 학문적 분석은 의외로 취약한 모습을 보여왔기 때문에 그러한 공백을 메우고자 하는 시도이기도 하다.

노무현 정부의 정책은 지난 20~30년간 한국 사회가 겪어온 변화의 큰 흐름 속에 놓여 있으며, 또한 그 변화를 어떤 일정한 방향으로 이끌어가고자 하는 사회적 욕구와 의도를 반영한 정치적 실험이었다고 할 수 있다. 노무현 정부가 과연 그러한 욕구를 정책에 제대로 반영했는지, 정책의 실천 과정에서 어떤 굴곡과 좌절을 경험했으며, 그 효력이 지속적으로 발휘되는 성과를 가져온 측면이 있다면 무엇인지에 대해 검토해보는 것이 현재의 시점에서 중요한 의의를 갖는다고 할 수 있다. 노무현 정부의 실험에 대한 일방적인 단절과 부정이 아니라, 그것에 대한 면밀한 분석과 냉철한 평가가 한국 사회가 보다 성숙한 시민사회로 발전해나가는 데 요긴한 지침을 제공해줄 수 있을 것으로 믿는다.

이 책은 노무현 정부가 시도한 핵심적인 개혁 정책을 포함해서, 이 시기에 중요한 정치적 쟁점과 사회적 이슈로 부각했던 주제들을 다루고 있다. 지역균형발전 정책, 복지 정책, 여성 정책, 노동 정책, 부동산 정책, 재벌 정책, 통일 정책, 동북아 정책, 언론 정책, FTA 정책, 4대 개혁입법과 같은 중요 정책들과 인터넷 정치, 시민운동처럼 이 시기에 중요한 정치적 행위자로 부상한 현상을 분석하고 있다. 이 주제들은 현재의 상황과 매우 긴밀한 연관성이 있으며, 여전히 논란과 갈등의 중심에 놓여 있다. 노무현 정부에 대한 평가가 성공과 실패라는 단순한 잣대에 의해서 구획될 수 있는 것이 아니라, 모순적이고 다층적이며 복잡한 요인과 힘이 상호작용하는 역사적 현실로 규명됐을 때 보다 흥미롭고 생동감 있는 시사점을 던져줄 수 있을 것이다. 노무현 정부가 한국 사회 변화의 큰 흐름 속에서 연속과 단절을 동시에 내포한 한 변곡점이었으며, 그 자체가 그 이후의 연속과 단절의 중요한 계기가 됐다는 점이 새롭게 인식될 필요가 있다. 이 책이 그러한 논의가 본격적으로 전개되기 위한 단초가 될 수 있기를 기대한다.

  이 책의 집필을 위해 기꺼이 참여하고 귀중한 옥고를 써주신 선생님들께 감사 드리고, 주제와 필자의 선정을 책임지셨던 강원택 교수와 장덕진 교수에게 심심한 사의를 표한다. 이 책의 출판에 선뜻 동의해주시고, 좋은 책으로 만들기 위해 최선의 노력을 다한 도서출판 한울의 김종수 대표와 이원기 기획실장에게 특별한 인사를 전한다.

2011년 5월
서울대학교 사회과학연구원 원장
오명석

서문

한국 정치사에서 노무현의 시대는 특별했다. 노무현 정부 시기에는 그 이전까지의 한국 정치와 비교되는 매우 '이채로운' 현상이 많이 나타났다. 그로써 적지 않은 사회적 갈등과 혼란이 야기되기도 했지만, 돌이켜보면 그것은 한국 사회를 변화시키기 위한 '실험의 과정'이었다고 평가할 수 있다. 그만큼 그가 제시한 변화의 방향과 목표는 분명했다.

우선 그의 정치적 등장 과정부터 예전에 볼 수 없었던 극적인 것이었다. 그의 정치적 부상(浮上)은 무엇보다 정치적 변화에 대한 높은 기대를 의미했다. 시기적으로 노무현의 등장은 이른바 '3김 시대'의 종식과 맞물려 있다. 지역주의에 저항해온 '바보 노무현'이야말로 3김의 정치적 퇴장과 함께 예상되는 변화를 이끌어낼 수 있는 적임자로 대중에게 받아들여진 것이다. 그러나 노무현의 정치적 이력은 이전의 정치 지도자들과 비교하면 일천한 것이었고 더욱이 그는 정치적 계파의 수장도 아니었다. 제도권 정치에서 '비주류'였던 그는 새천년민주당의 국민참여경선을 통해 가히 폭발적이라고 할 만한 대중적 지지를 이끌어내며 후보로 선출됐다. 근본적인 정치 변화에 대한 기대감이 '외부자 노무현'에게 부여됐던 것이다. 이 과정에서 '노사모(노무현을 사랑하는 사람들의 모임)'와 같이 과거 한국 정치사에서 보지 못했던 자발적인 지지자들로부터 커다란 도움을 받았다. 노사모가 상징하듯이 노무현의 시대에는 인터넷을 통한 정치 참여가 활발했고, 노 대통령 스스로도 인터넷을 통한 참여를 강조했다. 과거 한국 정치가 금품과 연고에 의한 조직 동원에 의존했다면, 노무현 시대는 인터넷을 통해 자발적으로 정치에 참여하는 새로운 변화의 가능성을 확인시켰다.

노 대통령은 지역주의에 기초한 기존의 정당 구도를 변화시키기 위해 노력했고, 그것은 탈지역주의를 주창한 열린우리당의 창당으로 이어졌다. 의회의 탄핵으로 노 대통령은 위기를 맞았지만 또다시 대중적 지지에 힘입어 이 위기를 넘기고, 열린우리당은 제1당으로 부상하면서 개혁의 기회를 마련했다. 또한 '검사와의 대화'나 강금실 장관 기용 등에서 볼 수 있듯이 권위적인 권력기관의 내적 변화를 추구했고, 사법 개혁을 추진했다. 그동안 모든 대통령이 전가의 보도처럼 활용해온 검찰, 국정원, 국세청, 경찰 등 이른바 권력기관을 정치적으로 이용하려고 하지 않았다. 대선자금 수사를 통해 그간 베일 속에 감춰져 있던 불법 자금모금의 방식과 규모가 드러났고, 이는 정치관계법의 개정으로 이어졌으며 선거 문화를 크게 바꿔놓았다. 또한 노무현 정부는 이전 정부에 비해 지역균형발전을 강조했다. 공공기관 지방 이전 및 혁신도시 건설 등 다양한 정책이 추진됐고, 대선 공약이었던 행정수도 이전이 헌법재판소의 판결로 어려움을 겪기도 했지만 행정복합도시의 추진으로 이어졌다. 이처럼 노무현 시대에는 '변화와 개혁'을 위한 다양한 방안이 추진됐다.

그러나 동시에 그 시기에는 일관성이 없어 보이거나 혼란을 불러오는 일도 적지 않게 발생했다. 선거운동 기간 중에 '반미가 뭐가 나쁘냐'고

할 만큼 대미 관계의 변화를 시사했지만 한미 FTA를 추진한 것은 바로 노 대통령이었다. 한미 간 오랜 쟁점이었던 주한미군기지 이전, 한미행정협정(SOFA) 문제도 노무현 정부 시기에 합의됐다. 한국군의 아프가니스탄 파병도 수용했다. 국내 정치적으로도 한나라당에 대한 대연정 제안은 한나라당뿐만 아니라 노 대통령의 지지자들까지 혼란에 빠뜨렸고, 이른바 원포인트 개헌은 여야 어느 쪽에서도 받아들여지지 않았다. 이전 대통령에게서 찾아보기 어려운 노 대통령의 탈권위적 화법이나 태도 역시 논란의 대상이 됐다.

이처럼 노무현 시대는 이전의 폐쇄적이고 권위적인 한국 정치의 틀로부터 새로운 변화를 이끌어내기 위한 다양한 실험이 시도됐던 시기였다. 그리고 적지 않은 성과를 거두기도 했다. 적어도 민주주의의 발전이라는 관점에서 볼 때 그의 시대는 시민적 자유와 참여가 가장 활발했으며, 사회적 약자와 소수자에 대한 정책적 관심과 배려가 높았던 시기였다. 정치 개혁에 대한 만족감 역시 높았다.

이러한 성과에도 불구하고 그 '실험'의 결과에 대한 평가는 반드시 긍정적이지만은 않았다. 일단 정치적으로 그에 대한 평가는 부정적이었다. '노무현의 정당'이었던 열린우리당은 그가 임기를 마치기 전에 해체됐고, 2007년 대선에서 야당 후보는 손쉬운 대승을 거뒀다. 새 정부가 출범하면서 노무현 정부 시기와 달리 많은 것이 변화됐고, 지역주의는 여전히 정당 지지의 핵심적 요소로 남아 있다.

 그러나 노무현의 시대에는 어느 하나의 잣대로 평가할 수 없는 다양한 요소가 담겨져 있었다. 개혁의 결과가 의도한 성과를 거두지 못했다고 하더라도, 정치 변화에 대한 국민적 여망에서 출발하여 그러한 변화를 이루기 위해 시도된 다양한 실험은 그 자체만으로도 적지 않은 의미를 갖는다. 이는 또한 한국 사회가 여전히 풀지 못하고 있는 해결해야 할 미완의 과제일 수도 있다. 노무현 대통령이 남긴 정치적 유산은 그가 예상치 못한 방식으로 갑작스럽게 우리 곁을 떠나면서 더욱 극적으로 우리에게 남겨졌다. 시간적으로 조금 더 그의 시대로부터 벗어나게 되면서 이제 차분한 태도로 그의 시대에 추구됐던 개혁과 변화의 실험을 냉정하게 평가하는 일은 미래 한국 사회의 발전을 위해서 매우 의미 있는 작업이 될 것이다. 이 책에서의 논의는 바로 이러한 문제의식에서 출발한다.

강원택·장덕진

차례

책을 펴내며 3

서문 _강원택·장덕진 6

제1부 정치

제1장 참여 민주주의와 정당정치: 제도화의 실패와 정당 재편의 좌절 _강원택·15

제2장 4대 개혁입법의 실패와 개혁 동력의 상실 _장덕진·40

제3장 정치 개혁: 유러피언 드림, 아메리칸 로드? _최태욱·65

제2부 경제정책

제4장 FTA 정책: 미래를 위한 필연의 선택? _김석우·93

제5장 "재벌 개혁"의 내용과 성과 _김진방·121

제6장 부동산 정책: 포위된 부동산 혁명? 요란한 해프닝? _김용창·149

제3부 노동과 사회정책

제7장 참여정부 지역균형발전 정책의 성과와 한계 _강현수 · 185

제8장 복지 개혁: 복지국가 이상과 발전주의 유산 사이에서 _구인회 · 215

제9장 '여성' 정책의 제도화를 통해 본 참여정부의 실험성: 국가 페미니즘의 경험
    _김은실 · 246

제10장 사회 통합적 노동 개혁, 진보의 좌절과 현실 타협 _이병훈 · 279

제4부 북한과 동북아시아

제11장 동북아 외교·안보 정책: 동북아 균형자론을 중심으로 _이근 · 313

제12장 노무현 정부의 대북 정책: 평가와 쟁점 _김근식 · 338

제5부 미디어와 시민사회

제13장 정치적 설득의 실패: 노무현 정부의 언론 정책과 개혁적 정부의 과제 _이준웅 · 371

제14장 인터넷 정치: 참여 활성화와 규제의 패러독스 _류석진·송경재 · 406

제15장 2000년대 한국 시민사회의 분절과 분산 _신진욱 · 434

| 제1부 정치 |

제1장 참여 민주주의와 정당정치: 제도화의 실패와 정당 재편의 좌절 _강원택

제2장 4대 개혁입법의 실패와 개혁 동력의 상실 _장덕진

제3장 정치 개혁: 유러피언 드림, 아메리칸 로드? _최태욱

제1장

참여 민주주의와 정당정치
제도화의 실패와 정당 재편의 좌절

강원택 | 서울대학교 정치외교학부 교수

1. 서론

노무현 정부는 스스로를 '참여정부'라고 불렀다. 노무현은 많은 유권자들의 관심을 불러 모은 새천년민주당의 국민참여경선을 통해 대통령 후보가 됐고, 인터넷을 통해 자발적으로 참여한 '노무현을 사랑하는 사람들의 모임(이하 노사모)'이라는 대규모 지지자들로부터 커다란 지원을 받았다. 또 한편으로는 미군 장갑차에 의한 여중생 사망 사건이 촛불집회로 이어지면서 시민들 스스로 거대한 정치 참여를 조직해냈다. 이와 같이 시민들이 활발하게 정치에 참여하는 모습은 과거 한국 정치에서 볼 수 없던 것이었다.

노무현 시대는 새로운 정치에 대한 기대감 속에서 출발했다. 민주화 이후 지속되어온 이른바 3김 식 정치를 청산하고 미래 지향적인 새로운 정치적 틀을 만들어내야 한다는 것은 그에게 부여된 시대적 과제였다. 노무현의 당선이 의미하는 바는 지역주의에 의존해온 기존 정당정치로부터의 변화에 대한 요구였다. 이와 함께 폐쇄적이고 독단적인 정당 운영, 정당의 사당화(私黨化), 제왕적 당 총재 등을 억제하는 정당 내부 민주화,

그리고 고비용 정치 구조의 청산과 같은 것을 포함하고 있었을 것이다.

기존 지역 당 구조로부터의 탈피를 선언한 열린우리당의 창당은 그런 점에서 주목할 만한 일이었다. 민주당과 한나라당으로부터 이탈한 개혁 지향적인 소수 의원들의 모임이었던 열린우리당은, 탄핵이라는 거대한 정치적 격변을 통해 2004년 총선에서 과반 의석을 확보한 제1당으로 도약했다. 이로써 지역주의 정당 구조를 극복할 수 있는 좋은 기회가 마련됐지만, 결과적으로 열린우리당의 창당은 참담한 실패로 끝나고 말았다. 열린우리당의 실패는 바로 노무현의 개혁 정치의 실패를 의미하는 것이기도 했다. 노무현 정부 시기에 적지 않은 정치 개혁이 시도됐다고 하더라도 그것이 정당 체계를 통해 구조적으로 계승될 수 있는 제도화(institutionalization)의 틀을 확립해내지는 못했기 때문이다.

이런 문제의식으로부터 이 글은 노무현 시대의 참여 민주주의의 특성에 대해서 분석하고자 한다. 이 글이 주장하는 바는 노무현의 등장은 정치적 변화를 바라는 대중의 적극적인 정치 참여의 결과지만, 그러한 대중의 정치적 열망을 정당이라는 제도를 통해 구조화하려고 하지 않은 노무현 대통령의 정치적 선택이 정치 개혁의 동력을 잃게 했고, 궁극적으로 노무현 정부와 열린우리당의 실패로 이어졌다는 것이다. 다시 말해 정당정치의 재편(realignment)과 개혁의 제도화에 실패한 것이 2002년 대선과 2004년 탄핵 정국에서 터져 나온 정치적 변화에 대한 대중의 열망을 현실 정치에서 제대로 구현해낼 수 없었던 이유라는 것이다.

2. 노사모와 운동의 정치

한국 민주주의의 진전과 변화라는 관점에서 볼 때 노무현 정부 시기는 한국 정치사에서 매우 의미 있는 시기였다. 그 의미는 무엇보다 대중의 자발적인 정치 참여를 이뤄냄으로써 참여 민주주의의 가능성을 높였다는 데서 찾아볼 수 있다. 실제로 정치인 노무현은 중요한 순간마다 대중의 폭발적인 참여를 통해 정치적 승리를 이끌어냈다. 첫 번째 경우는 2002년 대통령 선거 때로, 노무현은 국민참여경선에서 지지자들의 높은 관심과 참여, 그리고 노사모의 지원을 이끌어내 후보직 승리를 따냈고 최종 대선에서 승리했다. 두 번째는 2004년 대통령 탄핵 때다. 탄핵이 가결된 이후 이를 반대하는 대규모 촛불집회가 열렸고, 뒤이은 18대 국회의원 선거에서 열린우리당은 과반 의석을 확보했다. 대통령이 된 이후에는 공직 임용 과정에 인터넷을 통해 일반 국민의 의견을 구하는 파격을 행한 바 있고, 청와대비서실에 국민참여수석실을 신설하여 제도화된 경로를 통해 일반 국민의 참여를 구한 바 있다. 노무현 정부에 대한 평가의 차이에 따라 이러한 대중의 활발한 정치 참여를 바라보는 시각은 달라질 수도 있지만, 민주주의라는 제도의 속성이 근본적으로 다수의 참여를 전제로 한다는 점에서 이 같은 변화는 한국 정치의 발전이라는 관점에서 긍정적인 현상으로 바라볼 수 있을 것이다. 특히 노무현의 등장을 둘러싼 그 당시의 정치적 분위기를 고려한다면 자발적인 대중의 정치 참여가 갖는 의미는 더욱 크다고 할 수 있다.

사실 2002년은 시기적으로 정치적 변화에 대한 기대감이 높을 수밖에 없었다. 김대중 대통령의 퇴임과 함께 이른바 3김 시대의 종식을 눈앞에 두고 있었기 때문이다. 노무현의 등장은 바로 그러한 상황에서 새로운 정치에 대한 소망의 표출과 긴밀한 관계를 갖고 있었다. 민주화가 이뤄졌다고 하지만 그때까지 한국 정치는 여전히 폐쇄적인 구조에 갇혀 있었다. 지역주의가 정치적 경쟁 구도를 결정했고, 지역적으로 밀집된 지지 기반을 갖지 못한 정치 세력은 선거 과정을 통해 제대로 대표될 수 없었다.

민주화에도 불구하고 "기존 구 정당 체제의 틀 속에서 지역을 수직적으로 분획함으로써 국지화된 갈등 축을 따라 대중을 동원"(최장집, 2003: 107)함으로써 지역 중심의 정당 경쟁 체제가 확립됐던 것이다. 그리고 지역주의 기반 위에서 3김은 일종의 정치적 카르텔이라는 폐쇄적 구조를 만들어냈으며, 각각 자신이 이끄는 정당을 제왕처럼 지배하고 있었다.

김대중의 퇴임과 함께 3김 시대가 막을 내리면서 2002년 대통령 선거는 '3김 이후의 한국 정치'의 방향을 모색하는 기회가 됐다. 그런 만큼 3김의 정치적 기반이었던 지역주의 정당 구조를 타파하고 새로운 정치 질서를 확립해야 한다는 정치 개혁에 대한 기대감은 매우 컸다. 이러한 정치적 변화에 대한 기대감은 3당 합당을 거부하여 뛰쳐나오고, 정치적으로 불리한 부산에서 세 번 출마해 세 번 모두 낙선한 데서 알 수 있듯이 무모하리만큼 지역주의 정치에 저항해온 '바보 노무현'에 대한 대중의 관심을 높였다. 즉, 노무현은 지역주의에서 벗어난 새로운 정치를 갈구하는 많은 이들의 높은 기대를 받고 등장한 것이다. 그런데 지역주의 정치를 극복한다는 것은 기존 정당 구도를 깨뜨려야 하는 어려운 과업이었다. 지역주의에 안주해온 기존 정당들이 스스로의 기득권과 지지 기반을 부인해야만 지역주의 정당정치는 극복될 수 있는 것이었다. 그러나 이러한 변화가 기존 정당 내부의 자율적 개혁을 통해 이뤄질 것으로 기대할 수는 없었기 때문에 결국 변화의 추동력은 정당 외부에 존재하는 다수 대중의 힘에서 찾을 수밖에 없었을 것이다. 노무현의 참여 민주주의의 강조와 탈지역주의를 향한 정치 개혁은 이런 점에서 서로 합일점을 찾을 수 있는 것이었다.

더욱이 노무현은 이른바 '비주류 정치인'이었다. 두 번의 국회의원직을 역임했고 해양수산부 장관을 거쳤지만, 노무현은 정치권에서의 경험이 풍부했다고 말할 수는 없다. 당의 요직을 맡거나 국회에서 비중 있는 역할을 맡아보지 못했다. 성장 배경이나 학력 등에서도 한국 사회의 주류와는 다른 경로를 밟아왔다. 노무현의 이러한 정치적 배경은 한국 정치의 기득권 구조를 혁파해야 한다는 시대적 분위기와 어떤 면에서 볼 때 어울리는 것이기도 했다.

따라서 지역주의에 저항했고 비주류였던 노무현이 정치권 외부에 존재하는 시민의 참여를 통해 정치적 기득권 구조의 변화를 도모하려 했던 것은 논리적으로 당연한 일로 볼 수 있다. 그는 정치 개혁의 명분을 장악하고 있었고 열성적인 지지자들을 구할 수 있었다. 특히 인터넷 공간이 정치적 논의와 참여의 장으로 떠오른 것은 노무현에게 매우 커다란 정치적 자원이 될 수 있었다.

노무현을 중심으로 한 대중의 정치 참여를 논할 때 제일 먼저 언급해야 하는 것은 역시 노사모일 것이다. 잘 알려진 대로 노사모는 2000년 4·13 총선에서 노무현이 낙선하고 난 이후 인터넷 공간에서 지지자들이 결집하여 만든 조직이다. 노사모는 정치인 개인을 대상으로 대중이 자발적으로 결성한 '스타' 팬클럽 집단과 같은 것이었다. 그러나 그 이전까지 한국 정치에서 나타난 정치 참여가 개인적 연고나 금품 수수 등과 같은 비자발적인 동원 형태를 취했으며 비교적 소수를 대상으로 이뤄지는 것이 대부분이었음을 생각하면, 지역주의 극복과 정치 개혁이라는 정치적 명분하에 결성된 노사모는 한국 정치의 새로운 변화를 상징하는 것이었다. 더욱이 인터넷을 통해 온라인·오프라인이 결합된 형태의 정치 참여는 그 이전까지 찾아볼 수 없었던 매우 새로운 방식이었다.

노사모는 기본적으로 팬클럽이지만 기본 규약을 정하는 등 회원들 간의 정치적 일체감이 존재했던 집단이라고 할 수 있다. 2000년 6월 6일 전자투표를 통해 채택된 '노사모의 약속'에는 "나는 노무현과 함께 우리나라의 왜곡된 지역감정의 극복에 동참한다"는 조항이 들어 있고, 2002년 5월 14일 수정된 '노사모의 약속과 규약'에는 "노사모는 노무현과 함께 국민

통합과 민주 실현을 위하여 노력한다", "노사모는 참여 민주주의 정신과 회원의 자발성을 기초로 활동하며, 인터넷 모임으로서 전자 민주주의 발전을 위해 노력한다"는 구절이 포함되어 있다. '노무현과 함께'라는 문구를 뺀다면, 지역감정 극복, 국민 통합, 민주 실현, 참여 민주주의, 전자 민주주의 등 일반 정당의 강령으로까지 볼 만한 정치적 목표를 담고 있음을 알 수 있다. 여기서 주목할 점은 이러한 정치적 규합이 정당이 아니라 정치인 개인을 중심으로 이뤄졌다는 사실이다. 그들은 노무현에게 매우 충성스러운 지지자들이었다(강원택, 2004: 172~174).

그(노무현)를 지지하는 사람들이 수적으로 다수를 점하지는 못했지만 지역적으로는 김대중 정권보다 넓었으며 매우 열정적이고 연대성이 강하며 참여적이었다. 특히 사이버 공간에서 그들의 영향력은 절대적이었으며, 그러한 결집력은 필요하면 온라인을 넘어 오프라인으로 연결됐다. 노무현 지지 세력은 평소에는 오프라인에서 원자화된 개인으로 존재했지만 온라인에서는 대단히 조직적인 모습을 보여줬다. 동시에 다수가 시공간을 초월하여 접속과 이탈을 반복할 수 있는 온라인 세계의 특징을 이용하여 항상 일정 수준 이상의 참여와 연대를 유지했다. 그러다가 중요한 쟁점이 생기면 그들의 참여는 즉각 오프라인으로 확대되어 '노짱'을 지키자는 움직임으로 나타났다(김일영, 2004: 137~138).

아마도 이렇게 특정 정치인을 중심으로 규합이 이뤄지게 된 까닭은 그동안 한국 정당들이 이념적으로 편향됐고 시민사회 내의 요구를 충분히 수용할 만큼 개방적이지 못했다는 사실과 관련이 있을 것이다. 특히 지역주의로부터 혜택을 입어온 기존 정당들이 지역주의 타파와 같은 정치적 변혁의 요구를 수용할 것으로 기대할 수는 없었다. 이런 상황에서 무모할 정도로 지역주의에 정면으로 맞선 노무현은 정치적 변혁의 상징적인 인물로 비쳐졌던 것이다. 즉, 기존 정당을 통해 표현되거나 성취될 수 없는 정당정치의 한계가 노무현이라는 상징적인 인물을 중심으로 한 정치집단을 결성하도록 한 것이다. 인터넷을 통한 팬클럽의 외형을 갖추고 있어도 노사모는 실현하고자 하는 뚜렷한 정치적 목표와 명분이 있는 대중적 정치 참여의 한 형태라고 볼 수 있는 것이다. 노무현 역시 노사모를 참여 민주주의의 모범적 사례로 바라봤다.

> 어떻게 보면 노사모는 고유명사입니다. 그러나 저는 '노사모'를 고유명사로 생각하지 않습니다. 노사모는 보통명사로서 시민적 행동의 한 모범입니다. 그래서 저는 노사모야말로 한국이 나아가야 할 미래라고 생각합니다. 그러한 시민 행동이 살아 있을 때 민주주의가 발전하는 것입니다. 시민의 그런 정신과 행동이 흐지부지되면 우리 민주주의도 결국 흐지부지되는 것입니다. 그러면 힘 있는 사람들이 힘없는 사람들을 억압하는 사회가 될 수밖에 없다고 생각합니다. 그래서 나는 '미래에도 노사모가 민주주의의 희망이다'라고, 그렇게 생각합니다(노무현, 2009: 157).

'노사모가 민주주의의 희망'이라는 노무현의 말은 대중의 정치 참여와 참여 민주주의를 바라보는 그의 시각을 분명하게 보여준다. 그런데 바로 이 지점에서 노무현과 노사모의 참여 민주주의에 대한 한계가 드러난다. 노사모는 사실상의 정치집단이었지만 스스로 정당으로 변모하거나 기존 정당에 편입되고자 하지 않았다. 노무현 정부 출범 이후 적극적으로 정치 세력화를 원하는 회원들은 국민참여연대라는 별도의 조직을 만들어 노사모로부터 분리되어 나갔고, 열린우리당이 창당되면서 거기에 편입됐다. 그러나 노사모의 대다수 회원들은 팬클럽의 속성을 유지하면서 그대로 머물러 있었다. 이와 관련하여 보다 중요한 점은 노무현 대통령이 자신의 열렬한 지지자들인 노사모 회원들을 '자신의 정당'인 열린우리당에 끌어들이거나 혹은 노사모를 토대로 한 새로운 정당을 창당하려는 어떤 움직임도 보이지 않았다는 것이다. 말하자면 노무현은 노사모를 '한국이 나아가야 할 미래'라고 봤지만 이러한 참여를 기존의 정당 구조를 깨고 새로운 정치 질서를 만들기 위한 동력으로 삼으려고 하지 않은 것이다. 결국 노무현은 자발적인 대중의 정치 참여에 의존했고 또 이를 높게 평가하면서도 그 동력을 정당이라는 제도적 기구 속으로 내재화시키려고 하지 않은 것이다.

최장집은 한국 민주화의 가장 큰 특징을 '운동에 의한 민주화'라고 봤는데(2006: 82~83), 그 결과로서 변화의 동력과 정치에 대한 기대감이 정치권 밖에 존재하게 된다고 봤다. 운동에 의한 민주화라고 해도 민주주의의 이행이 이뤄지고 난 이후에는 운동이 정당이 되어 민주주의 공고화를 이끌어가고 사회적 내용을 발전시켜야 하지만 그렇지 못했기 때문에 운동의 퇴조와 함께 정치도 이내 퇴조했다는 것이다. 즉, 운동이 정점일 때 정치가 시작되어야 하는데 정치가 정점에 오르면서 운동도, 정치도 쇠락했다는 것이다. 노사모 역시 이런 관점에서 설명해볼 수 있다. 노사모는 정치 개혁과 지역주의 극복이라는 정치적 명분을 노무현이라는 개혁적인 정치인을 통해 실현하고자 하는 정치 운동이었다. 최장집의 지적대로 정치 개혁의 운동은 정당을 통해서 제도화되고 제도적 틀 속에서 안정성과 지속성을 확보할 수 있어야 했지만, 노사모는 한편으로는 운동적 속성에서 벗어나지 못했고 또 한편으로는 보다 가치 중심적 조직으로 변화하지 못한 채 정치인 팬클럽의 속성에 머물렀다는 점에서 정치 개혁이나 변화의 추동력은 오래되지 않아 쇠퇴할 수밖에 없었다. 사실 정치적 변화의 동력을 유지하기 위해서는 노무현 대통령이 직접 나서서 노사모가 열린우리당의 창당에 참여하도록 이끌거나 적어도 운동적 속성과 정당적 속성을 동시에 지닌

운동 정당(movement party)(Kitschelt, 2006)의 형태로라도 스스로의 조직적 특성을 변화할 수 있도록 했어야 했다. 노무현의 가장 충직한 지지자들이었고 정치 개혁과 지역주의 타파의 명분을 공유했던 노사모가 실제 정치 개혁을 이끌어갈 전위대로 발전하지 못하고 팬클럽 혹은 운동의 수준에 머문 것이, 대중적 참여를 불러일으켰음에도 참여의 동력이 제도화되지 못한 중요한 원인이라고 할 수 있다.

3. 열린우리당과 정당 제도화의 실패

그런 점에서 볼 때 열린우리당의 창당은 주목할 만한 일이었다. 2003년 11월 창당된 열린우리당은 지역주의 타파를 정치적 명분으로 내걸고 창당됐다. 열린우리당의 창당 선언문 일부를 보면 다음과 같다.

> 우리는 오늘 부패 정치, 밀실 정치, 지역 분열로 얼룩진 구시대를 마감하고, 국민 통합, 참여 민주주의, 깨끗한 정치의 새로운 시대를 실현할 정당인 열린우리당 창당을 엄숙히 선언한다. … 열린우리당의 창당은 지난 대선에서 국민이 보여준 참여 정치의 열기를 하나로 결집하여, 국민이 정치의 주인이 되는 참여 민주주의의 새로운 역사를 창조하기 위함이며, 정치발전을 가로막아온 망국적인 지역감정과 지역주의 정치를 타파하고 지역과 세대, 계층과 이념, 양성 간의 차별을 뛰어넘는 국민 통합의 정치를 실현하기 위함이며, 부정부패와 정경 유착을 근절하고, 국민의 염원인 정치 개혁을 이룩하여 깨끗한 정치, 국민에게 사랑받는 정치를 실현하기 위함이며, 민족을 분열과 대립으로 몰아가는 냉전·수구세력의 부활을 저지하고, 한반도에서 전쟁의 먹구름을 걷어내고 한반도의 평화를 정착시키는 동시에 통일한국을 앞당기

기 위함이다.[1]

참여 민주주의, 지역감정·지역주의 정치 타파, 정치 개혁 등 2002년 대선에서 제기된 정치적 변화의 요구를 실현하겠다는 다짐을 열린우리당의 창당 선언문 속에서 찾아볼 수 있다. 열린우리당의 창당은 대선 과정에서 새천년민주당 내부에 노무현 지지자들과 이른바 반노(反盧), 비노(非盧) 세력 간의 갈등으로 인한 당내 분열이 한 원인이라고 할 수 있지만, 보다 근본적으로는 지역주의에 의존해온 정당을 통해서 지역주의 타파를 이뤄내기 어려웠기 때문일 것이다. 다시 말해 2002년 대선에서 노무현의 당선과 함께 '3김 시대'의 종식과 지역주의 극복에 대한 국민적 기대가 커졌지만 한나라당, 민주당, 자민련 등 기존 정당이 모두 그동안 지역주의로부터 정치적 혜택을 누려온 정당이라는 점에서 기존 정당의 틀을 그대로 둔 채 지역주의를 극복하려는 시도는 분명한 한계를 가질 수밖에 없었다. 그런 점에서 지역주의 정당 구도를 깨려는 시도가 이와 같은 신당 창당의 형태로 나타난 것은 당연한 귀결로 보인다. 새천년민주당 의원들 중 일부와 한나라당에서 5명의 의원이 합류하면서 모두 49명의 의원으로 열린우리당이 창당됐다. 노무현 대통령은 처음 창당 때는 외형적으로 간여하지 않는 모습을 보였고 2004년 5월 후반이 되어서야 열린우리당에 가입했다.

그러나 열린우리당의 의원 수는 299명의 의원 정수 가운데 16.4%에 불과한 규모였다. 3당 합당이나 이른바 'DJP 연합', 심지어 의원 빼오기 등으로 집권당의 의석 규모를 늘려 원내 과반 의석을 확보하려고 애쓴 전임 대통령들과는 달리 노무현 대통령은 열린우리당의 의석수에 연연하지 않았고 오히려 스스로 소수파를 자초했다고까지 할 수 있다. 소수파를

---

1) http://blog.naver.com/eparty?Redirect=Log&logNo=130010979902(검색일 2011.3.20)

감수했던 것은 당시 정치 개혁의 기대감 속에 이른바 '3김 식 제왕적 당 운영'에 대한 비판이 거셌기 때문에 대통령이 직접 나서서 다른 정당의 의원을 '빼오거나' 기존 정당과의 연합을 추구할 수 있는 분위기가 아니었기 때문이었을 것이다. 그러나 한편으로 "이런 극단적인 상황에서 노무현 대통령은 의회 세력과의 타협보다는 대립을 반복"했으며, 이를 "개혁이라는 명분으로 정당화했다. 때로는 혁명이라는 논리를 쓰기도 했다. 한때는 차라리 소수파일 때 당당한 논리를 갖고 맞서서 문제를 풀어가는 게 좋다고 본다고까지 했다"(김만흠 2006: 72). 즉, 노무현 스스로 의회 내 소수파임을 감내하고자 했던 것이다. 그러나 사실상 제로섬(zero-sum)적이라고 할 수 있는 한국 정치에서 여야의 적대적 관계를 고려할 때, 야당(들)이 국회 의석의 3분의 2 이상을 차지하는 경우에 그 힘을 활용하여 대통령을 탄핵하고 권력을 차지하려는 유혹에 빠지기 쉽다. 더욱이 노무현 정부는 출범 직후부터 야당들과 대립과 갈등을 반복했다. 이런 상황에서도 노무현 대통령은 집권당의 다수 의석 확보를 통해 정치적 반대를 돌파하려고 하기보다는 대중적 지지에 의존하는 방식을 택했다. 노무현 대통령은 탄핵 투표를 목전에 두고 여야의 일부 의원들이 제안한 대국민 사과 형식의 타협안을 거부하면서, 탄핵의 성사 가능성에도 불구하고 "헌법재판소의 탄핵 심판이라는 또 다른 절차와 국민 여론이라는 것이 있으니 법리적·정치적으로 다투어볼 만하다고 생각했다"는 것이다(노무현재단, 2010: 236~ 237). 자신의 예상대로, 탄핵이라는 정치적 위기에 놓인 노무현을 다시 살린 것은 제도로서의 정당이 아니라 대중적 지지였다. 탄핵이 가결되고 난 뒤 이에 반대하는 여론이 급등했고, 시민들은 다시 촛불을 들고 시청 앞으로 모여들었다. 한 여론조사에서는 탄핵이 잘못된 일이라는 응답이 75%에 달하기도 했다(≪동아일보≫, 2004.3.21). 이와 함께 열린우리당의 지지율도 크게 상승했으며, 뒤이은 총선에서 열린우리당은 152석으로 과반 의석을 확보하며 제1당으로 떠올랐다. 탄핵이라는 극단적인 승부수를 던지면서 기존 지역주의에 기반을 둔 정당 구도를 크게 흔들어놓았다. 2004년 총선에서는 지역주의 못지않게 이념적 요인이 정당 경쟁에 중요한 변수로 떠올랐고, '이념'을 열린우리당에 빼앗긴 채 '지역'만이 남은 민주당이 몰락하는 결과가 나타났다(강원택, 2010: 125~144).

열린우리당은 낡은 정치의 청산을 약속하며 창당됐고, 탄핵에 대한 역풍 속에서 정치적 경험이 없는 여러 새 인물들이 의원으로 당선되면서 정치 개혁과 새로운 정치에 대한 기대감을 갖게 했다. 그러나 2004년 총선 이후 열린우리당은 새로운 정치 질서를 구축할 효과적인 기구로 제 역할을 하지 못했고, 정당 체계의 제도적 변화도 확립해내지 못했다. 이렇게 된 데는 여러 가지 원인이 있겠지만 무엇보다 노무현 대통령의 정당정치에 대한 잘못된 인식과 깊은 관련이 있다. 집권당이 과반 의석을 차지했지만 노무현 대통령은 열린우리당을 통해 지역주의에서 벗어난 개혁 세력을 제도권 속에 안착시키려는 노력을 하지 않았다. 열린우리당이 사실상의 '노무현 당'의 색채를 띠고 출범했지만 정작 열린우리당과 노무현 대통령과의 관계가 그리 원만했다고 보기는 어렵다. 이렇게 된 데는 노무현 대통령의 의회나 정당정치의 경험이 비교적 짧았다는 사실과도 관련이 있을 것이다. 그러나 동시에 당시의 정치 개혁 움직임과 관련하여 이른바 '원내 정당화'의 주장에 영향을 받은 바도 있는 것으로 보인다. 다음 글은 당시 정치 개혁으로서 원내 정당화의 필요성에 대한 주장을 담고 있다.

의원 개인이 자율성을 갖는 원내 정당으로 발전되어나가기 위해서는 후보 선출 제도의 민주화를 통한 당내 민주주의의 확보와 아울러 기존의 당 총재직을 폐지하고 원외 정당적 당내 기구들 역시 폐지 내지는 대폭 축소시켜야 할 것이다. 특히 민주화 이후 오랫동안 그랬던 것처럼 막강한 영향력을 행사하는 당 총재직이 존속하는 한 의원들이 자율성을 갖는 원내 중심 정당으로의 개혁을 통한 정당 민주화를 이뤄내기는 쉽지 않다고 본다. 사실 우리 정당의 방대한 원외 조직은 과거 권위주의 시절 선거 동원 정당을 갖게 된 데서 비롯되고 있으며 이제는 강력한 총재 중심의 방대한 원외 조직과 같은 권위주의적 정당의 유산을 청산할 시점이 됐다. 권위주의적 정당 조직을 대체하는 새로운 원내 중심 정당에서 정당 운영의 중심은 의원 총회에서 완전 경선을 통해 선출되고 임기가 보장된 원내 지도부가 되어야 할 것이다(정진민, 2008: 102).

원내 정당 중심과 중앙당 경량화, 당 총재직 폐지, 의원 총회에서 원내대표 선출 등 여기서 제시된 거의 대부분의 내용이 실제로 수용됐다. 그 결과 집권당 의원들에 대한 대통령의 '영향력 행사'가 매우 취약해졌고 "지금까지 법안에 대한 표결 등 원내 활동에서 차기 공천을 의식해 정당 지도자 중심으로 결정된 당론을 지나치게 추종해왔던 위축된 원내 활동 행태"(정진민, 2008: 102)에서 벗어날 수 있게 됐다.

이러한 원내 정당화에 대한 주장은 3김 시대의 폐쇄적이고 독단적인, 사실상의 사당적 정당 운영으로부터 당내 민주화의 필요성을 제기했다는 차원에서는 의미 있는 문제 제기와 대안의 제시라고 할 수 있다. 그러나 이러한 주장을 온전히 받아들여 노무현 대통령이 당정 분리로까지 나아간 것은 현실 정치를 고려하지 않은 지나친 이상주의적 태도였다고 비판할 수밖에 없다. 한국 정치에서 대통령과 집권당 간의 연계는 대통령에 대한 당의 복속을 의미하는 것이었지만, 그럼에도 불구하고 대통령의 의회 장악이라는 차원을 넘어 내각제적 속성을 지닌 한국 정치의 운영 특성상 그 나름대로 중요한 의미가 있었다. 당정 협의회를 열고, 현역 의원이 내각에 입각하고, 행정부가 법안 제출권을 갖는 한국 정치제도에서 내각제적인 요소는 제1공화국부터 유지되어온 것들이다. 더욱이 한국 국회에서 여야 간의 적대적 관계를 고려할 때, 대통령이 집권당 의원들을 강한 규율로 통제하지 않는다고 하더라도 야당 의원들이 개인적으로 대통령에게 사안별로 협조할 것을 기대할 수는 없었다. 즉, 대통령이 국회의 지원을 얻기 위해서는 일정한 정체성과 규율로 단합된 집권당과의 원활한 소통과 긴밀한 협력 관계를 구축하는 것은 매우 중요한 일이었다.

그러나 노무현 대통령은 정치 개혁이라는 명분하에 당정 분리를 받아들였고, 이를 매우 경직적이라고 할 만큼 엄격하게 실천했다. 노무현 대통령은 당정 분리의 원칙에 따라 열린우리당을 국정 운영의 중요한 파트너로 간주하지 않았고, 대부분의 정치적 결정 과정에서도 소외시켰다. 또한 임기 초반에 정무수석실을 폐지함으로써 청와대 내에 집권당을 포함한 국회와의 제도적 대화 창구를 없애버렸다. 2004년 하반기까지는 대체로 협력적인 모습을 보였으나 그 이후부터 대통령이 행하는 중요한 정치적 결정 과정에서 열린우리당은 사실상 소외됐다. 대통령은 중요한 결정을 내릴 때 당과 사전에 상의하지 않았고 당의 의견을 들으려고도 하지 않았다(강원택, 2008a: 68). 이러한 당정 분리는 결국 대통령의 리더십이 국회에서 효과적으로 발휘될 수 없도록 만들었고 신생 정당인 열린우리당의 제도적 안착을 방해했다. 사실상 '노무현 당'으로 태어난 열린우리당은 창당 후에 그 핵심적인 지도자에게 방기당함으로써 구심점과 결속력을 갖기 어려워졌다. 지역주의 청산과 정치 개혁이라는 새로운 정치적 가치의 주창자는 바로 노무현이었고, 열린우리당은 노무현의 당선과 함께 새로운 변화를 추구하겠다고 결집된 정당이었다. 그러나 그 정당이 안정적으로 자리 잡도록 효과적인 연계와 협력 관계를 구축하지 않았고, 이는 결국 정당의 약화로 이어질 수밖에 없었다. 당정 분리를 중요한 정치 개혁으로 받아들였던 이상주의적 입장은 임기 후반이 되면서 크게 바뀌는 모습을 보였다.

임기 말 노무현 대통령은 당정 분리의 문제점을 다음과 같이 지적하고 있다.

> 당정 분리, 저도 받아들였고 또 그 약속을 지키기 위해서 노력했습니다만, 그동안 그랬어야 할 이유가 있어서 당정 분리를 채택했습니다. 앞으로는 당정 분리도 재검토해봐야 합니다. 책임 안 지는 거 보셨죠? 대통령 따로 당 따로, 대통령이 책임집니까, 당이 책임집니까? 당이 대통령 흔들어놓고 대통령 박살내놓고 당이 심판받으러 가는데, 같은 겁니까, 다른 겁니까? 어떻게 심판해야 하지요? 책임 없는 정치가 되어버리는 것이지요. 정치의 중심은 정당입니다. 개인이 아니고요, 대통령 개인이 아니고요. 대통령의 정권은 당으로부터 탄생한 것입니다(원광대학교 명예정치학 박사 학위 수여식 연설, 2007.6.8)[2].

당정 분리는 노무현 대통령의 통치력에 상당한 저해 요인이 됐다. 특히 사회적으로 논란을 일으킨 정책의 경우에는 집권 세력 내부의 갈등이 부각됨으로써 이들 정책의 추진력이 크게 약화됐고, 이는 또다시 노무현 대통령의 지지도 하락으로 이어졌다. 그 대표적인 사례로 2003년 4월의 이라크 파병 동의안 처리, 2005년 8월의 대연정 제안, 2006년 6월의 「사립학교법」 재개정안 등을 들 수 있다. 이들 사안 모두 집권당과 대통령 간의 갈등이 크게 부각됐던 것이며, 이라크 파병 동의안 표결의 경우 임기 초였음에도 당시 집권당이었던 민주당의 표결 참가자 가운데 절반에 가까운 43명이 반대표를 던지기도 했다. 이런 결과가 나타난 것은 정치적으로 예민하거

---

[2] http://news.naver.com/main/read.nhn?mode=LSD&mid=sec&sid1=001&oid=078&aid=0000033821& (검색일 2009.8.9).

나 논란을 불러올 수 있는 사안임에도 대통령과 집권당 사이에 사전에 충분한 교감이나 협의가 없었을 뿐만 아니라 대통령이 집권당 소속 의원들을 설득하려는 노력도 없었기 때문이다. 이 때문에 대통령의 통치력이 훼손되는 경우도 적지 않았다. 「사립학교법」 재개정에 대한 대승적 협조를 부탁한 대통령의 제안은 집권당에 의해 공개적으로 거부됐고, 원포인트 개헌이나 대연정에 대한 대통령의 제안도 집권당으로부터 지지를 얻어내지 못했다. 노무현 대통령은 과거의 권위주의적 정당 운영 방식에서 벗어나 새로운 정치 문화를 만들고자 했다. 당 총재였던 관행에서도 벗어났고 당정 분리도 시도했다. 그러나 그 취지가 아무리 순수했다고 해도 정치적으로는 결코 바람직한 결과를 낳지 못했다.

대통령이 직접 집권당의 총재직을 맡는 것이 '제왕적 당 총재'의 부활과 같은 구태 정치를 의미하는 것이기 때문에 당정 분리는 정치 개혁의 핵심적 요체 가운데 하나라고 노무현 대통령은 간주했지만, 그렇다고 해서 노무현 대통령이 당정 분리를 통해 집권당의 독립성과 자율성을 허용한 것으로 보기는 어렵다. 노무현 대통령의 정당 운영 방식은 집권당 내에 권력의 중심을 두지 않음으로써 열린우리당 내에 자신에게 맞설 만큼의 강한 리더십이 형성되는 것을 방관하지 않았던 것이다. 2004년 총선 승리로 당내 리더십이 커진 정동영 의장은 통일부 장관으로 불러들였고, 당시 정 의장의 대안이 될 만한 위치에 있었던 김근태 의원도 보건복지부 장관으로 입각시켰다. 여야 간 첨예한 대립을 불렀던 「사립학교법」을 통과시킨 후 당내 입지가 강화된 정세균 의장 역시 곧 상공부 장관으로 입각시켰다. 즉, 노무현 대통령은 당정 분리를 선언했지만 당의 독자적인 리더십의 형성을 교묘하게 방해함으로써 당의 결집력을 약화시키고 대통령의 의지를 관철시키려 했다. 노무현 대통령은 수석 당원이라는 이름하에 당정 분리를 시도한 듯이 보이지만, 사실상 집권당의 정치적 구심점을 약화시켜 자신의 의지를 관철할 수 있도록 만들었다는 점에서 또 다른 형태로 당을 '통제'해온 것이라고 할 수 있다(강원택, 2008a: 69). 그러나 보다 심각한 점은 이로 인해 열린우리당이 안정적인 리더십을 확립하지 못하게 되면서, 당은 각 의원들의 개별적 행동에 취약해지고 결속력을 잃은 채 지리멸렬해 질 수밖에 없었다는 것이다. 열린우리당이 창당 이후 얼마 가지 못하고 사라진 것은 당의 사실상 리더인 노무현 대통령이 당정 분리라는 원칙하에 당으로부터 거리를 두었고, 또 한편으로는 열린우리당이 독자적으로 당의 단합과 정체성 강화를 이끌어낼 효과적인 리더십을 창출해내지 못하게 만들었다는 사실과 관련이 있다.

정당 조직의 공고화(solidify)로서 정당 제도화와 관련하여 파네비안코는 모두 세 가지 요인을 들고 있다(Panebianco, 1982: 49~68). 첫 번째는 영토적 침투(territorial penetration)와 영토적 확산(territorial diffusion)의 여부인데, 전자는 중앙당이 중심이 되어 위계적인 형태로 지방 조직을 만들어내는 경우를 말하고, 후자는 이와 반대로 지방의 독립적 집단이 일정한 자율성을 유지하며 전국적 수준에서 하나로 조직되는 경우다. 파네비안코는 영토적 침투가 있다면 강한 제도화가 이뤄진다고 봤다. 두 번째는 조직의 자율성 여부인데, 정당의 권위가 당 조직 내부에서 형성되는지 혹은 노조나 과거의 코민테른과 같은 외부로부터 주어진 것인지에 따라 제도화의 수준이 달라진다고 봤다. 당 내부(internal)로부터 권위, 정당성을 찾거나 혹은 국가를 넘어서는 외부로부터 주어진 권위(extranational legitimation)에 의존할 때 강한 제도화가 이뤄진다고 봤다. 세 번째는 당 조직이 카리스마적인 지도자에 의존하느냐 여부에 따라 제도화의 수준이 달라진다고 봤다. 이 경우에는 당 조직이 카리스마적 지도자에 의존하지 않은 경우에 강한 제도화가 이뤄진다고 봤다. 이런 관점에서 본다면 열린우리당은 창당 때부터 제도화 수준이 상당히 취약했다고 볼 수 있다. 우선 열린우리당은 대외적으로 정치 개혁과 지역주의 타파를 외치기는 했지만, 정치적 명분이나 2004년 총선에서의 승리는 모두 노무현이라는 정치인 개인에 크게 의존했다고 할 수 있다. 카리스마적이지는 않더라도 현실적으로 열린우리당은 명분에서나 권력적인 측면에서 노무현이라는 정치 지도자 개인에게 크게 의존할 수밖에 없는 정당이었다. 조직의 자율성 여부와 관련해서 보더라도, 노무현을 제외한다면 원내에서 새로운 권위를 만들어내기 어려웠다. 노무현 대통령이 당으로부터 거리를 두면서 열린우리당은 오히려 노사모를 비롯한 온라인 공간의 지지 집단과 진보적 시민사회 단체로부터 영향을 받았다. 즉, 조직의 자율성이 그리 크다고 보기는 어려웠다. 또한 영토적 침투를 실현해낼 만큼 중앙당의 조직이 강하지 않았다. 원내 정당화의 분위기 속에 중앙당 조직은 약화됐고, 구심점이 되어야 할 노무현 대통령은 당정 분리의 원칙하에 당으로부터 벗어나 있었다. 즉, 파네비안코의 기준으로 볼 때 열린우리당은 제도화의 정도가 매우 약한 정당이었다. 이런 상황에서 열린우리당이라는 신생 정당이 기존 지역주의 정당 구조를 깨고 새로운 질서를 구축하도록 만들기 위해서는 노무현의 보다 적극적인 개입과 노력이 필요했다. 노무현 대통령은 열린우리당의 성공적인 의회 진입과 함께 새로운 정치 질서 형성의 가능성은 높였지만, 정작 이를 제도적으로 뿌리내리도록 하는 노력에는 소홀했던 것이다.

4. 대중의 지지와 인터넷

앞서 지적한 대로 노무현의 정치적 운명은 폭발적으로 터져 나온 대중적 지지에 의해 두 차례 커다란 도움을 받았다. 2002년 대통령 선거와 탄핵 등 두 번의 결정적 상황에서 노무현을 구한 것은 바로 대중적 지지였다. 그리고 이러한 대중적 지지는 과거에 전례를 볼 수 없었던 인터넷을 통한 대중의 자발적 규합과 지원에 힘입었다. 노무현이 대통령으로 당선됐을 때 영국 ≪가디언(The Guardian)≫지는 "세계 최초의 인터넷 대통령 로그인하다(World's first Internet president log on)"라는 제목으로 노무현 대통령의 당선을 보도했다(강원택, 2008b: 6). 노사모 역시 인터넷을 통해 결성된 조직이었다. 그동안의 한국 정치가 외부적 동원에 의해 이뤄졌다는 점을 생각할 때, 인터넷이라는 네트워크와 커뮤니케이션의 수단을 통해 다수의 시민들이 자발적으로 정치에 관심을 기울이고 또 직접 참여하는 모습을 보인 것은 한국 민주주의의 발전이라는 측면에서 긍정적으로 평가할 만한 것이다.

어떤 면에서 본다면 노무현 대통령은 민주당은 물론이고 정치사회 내 지지 기반이 매우 허약한 반면, 시민사회의 일반 국민으로부터 상대적으로 더 많은 지지를 받고 있다고 생각한 결과 시민 단체나 네티즌 정치집단을 동원하여 국회를 제압하려고 한 것일 수도 있다(김용호, 2005: 135). 그러나 디지털을 통한 참여의 강조가 역설적으로 조직화된 지지 기반으로서의 정당 역할은 더욱 취약하게 만들었다. 사실 "정당은 인터넷을 통한 정치 참여에서 중심에 있지 못할 뿐만 아니라 오히려 이 과정에서 배제되는 모습을 보이고 있어서 정당정치의 위기를 논하게 된다. 즉, 정치 참여의 모습은 수동적으로 동원되던 과거의 패턴에서 자발성과 관심을 갖고 정치에 참여하는 긍정적인 형태로 바뀌고 있는데도 정작 정당은 더욱더 왜소해지고 있는 것이다. 2002년에 나타난 인터넷을 통한 정치 참여 역시 노사모라는 정치인 팬클럽이 중심이었지 노무현 후보를 공천한 새천년민주당이 결집의 중심 무대는 아니었다"(강원택, 2008b: 128). 즉, 인터넷 공간을 통한 정치 참여는 정당을 우회하는 형태이기 때문에 아무리 활발하게 참여가 이뤄지더라도 그것이 정당을 통한 지지의 조직화, 결속을 의미하는 것은 아니었다.

그런데 노무현 정부 시기 유독 포퓰리즘에 대한 논란이 많았다. 그 중요한 이유 중 하나는 노무현 대통령이 정당이라는 정치제도적 틀 속에서 지지를 구축하려고 하기보다는 일반 대중과, 특히 인터넷을 통해 직접적 연계를 통하는 방식을 선호했기 때문이다. 그러나 이에 대해 비판적인 이들은 바로 그 대중적 '참여'의 선호를 포퓰리즘으로 바라봤다. 다음의 글은 인터넷을 통한 정치 참여를 강조하는 노무현 정부의 통치 스타일에 대한 비판적 시각을 잘 보여준다.

> 만약 사이버 공간을 통한 국민 참여가 이러한 편향이나 왜곡 없이 잘 이뤄 졌다면 노무현 정권의 시도는 디지털 시대의 참여 민주주의의 새로운 모델을 보여줄 수도 있었다. 그러나 적어도 아직까지는 '디지털 참여(digital participation)'보다 '디지털 포퓰리즘(digital populism)'으로 전락할 가능성을 더 많이 보여주고 있다. … 자신의 리더십을 개인적 캐릭터에 크게 의존하는 지도자가 대의제도를 우회하여 대중과 직접적인 관계를 맺으려고 시도하는 것이 포퓰리즘의 중요한 특징 중 하나였다. 지난 1년 동안 노무현 정권은 열세인 대의제도를 우회하여 대중과 무매개적 관계를 맺는 수단으로 사이버 공간을 적극 활용함으로써 인류 역사상 처음으로 디지털 포퓰리즘의 가능성을 보여 줬다. 이런 참여 과정에서 노무현 정권과 코드가 맞는 네티즌들이 '사이버 홍위병(cyber red guard)'으로 동원되어 사이버 공간의 익명성에 기대어 기성 질서를 공격하는 작업도 꾸준히 이뤄졌는데 이 역시 디지털 포퓰리즘의 가능성을 보여주는 증거라고 할 수 있다(김일영, 2004: 139).

정당이 아니라 대중의 참여에 정치적으로 의존하는 방식은 이처럼 포퓰리즘에 대한 논란을 부르기도 하지만 동시에 지지의 불안정성의 원인이 되기도 한다. 대중의 지지는 매우 유동적이고 불안정하기 때문이다. 노무현은 2002년 대선과 2004년 탄핵 때 폭발적인 지지의 상승에 힘입어 정치적으로 승리했다. 그러나 재임 전체 시기를 대상으로 살펴보면 전반적으로 여론의 지지는 상당히 낮은 편이었다. 노무현 정부 때 정기적으로 조사된 여론조사 결과를 보면, <표 1-1>에 정리된 대로 노무현 대통령의 지지율은 이전의 두 대통령과 비교할 때 매우 낮았다는 사실을 알 수 있다. 김대중 대통령의 재임 중 평균 지지율이 58.9%, 김영삼 대통령은 53.3%였던 것에 비해 노무현 대통령은 이보다 20%가량이나 낮은 34.1%에 불과했다. 지지율 상승이 있었던 경우도 허니문 효과, 탄핵, 남북정상회담, 일본 역사 교과서 및 독도 관련 대응 등에 불과했다(가상준·노규형 2010: 74~77). 이러한 사실이 보여주듯이 여론의 지지 혹은 조직되지 않은 대중의 지지는 언제나 불안정하고 가변적이다.

　물론 국민 참여에 대한 강조는 필요하고 또 의미 있는 일일 뿐만 아니라 더욱이 인터넷의 등장으로 정치 참여의 비용이 크게 줄어든 상황에서 인터넷을 통해 정치적 사안에 대해 많은 이들의 관심을 높이는 일은 매우 중요하다. 그러나 이와 같은 정치 참여가 조직화되지 못하거나 제도적 채널을 통해 이뤄지지 않는다면 그러한 지지를 정치 구조 속에 안정적으로 착근시킬 수 없다. 더욱이 인터넷은 정서적인 측면이 중시되는 감성적인 매체이

〈표 1-1〉 김영삼, 김대중, 노무현 세 대통령의 지지율 비교

(단위: %)

구분	평균 지지율	최고 지지율	최저 지지율
김영삼	53.3	87.3	14.0
김대중	58.9	81.3	30.6
노무현	34.1	75.1	20.3

자료: 가상준·노규형(2010: 79).

고 일상적인 사소한 문제에 집착하는 모습도 많이 나타날 뿐만 아니라, 때로는 파편화된 관심으로 공동체 모두의 관심사보다 개인적 관심에 대한 강조로 관심 영역의 과도한 분절화 현상이 생겨날 수도 있다(강원택, 2007: 51~63). 그런 점에서 볼 때 참여 민주주의의 이름으로 막연하게 대중의 정치 참여를 강조하기보다는 그러한 동력을 정당정치의 강화를 통해 제도적으로 반영하게 하는 것이 더 필요한 일이었다. 그것은 동시에 한국 민주주의의 제도화와 책임성을 강화하는 방안이 될 수 있다.

결론적으로 2002년과 2004년 두 차례 성공적인 대중의 정치적 동원을 새로운 정당 체계로의 변혁으로까지 이끌고 나가기 위해서는 정당을 통한 조직화된 지지의 강화, 혹은 강하게 제도화된 지지로 이를 변화시키는 일이 무엇보다 중요했다. 그러나 노무현 대통령은 뜨거웠던 대중의 변화 욕구를 정당이라는 제도적 틀 속에 담지 못하고 가변적이고 불안정한 대중 참여에 의존함으로써 결과적으로는 새로운 정치 질서를 만들어내는 데 실패하고 말았던 것이다.

5. 결론

노무현 시대의 한국 정치는 기존 정당정치로부터의 변화에 대한 요구가 매우 높았던 시기였다. 즉, 기존 정당에 대한 지지의 이탈(dealignment)과 더 나아가 재편성에 대한 기대감까지 높았던 시기였다. 열린우리당이 창당과 더불어 2004년 탄핵 국면에서 과반 의석을 가진 제1당으로 부상한 것은 이러한 정당 재편을 제도적 차원에서 이뤄놓을 수 있는 좋은 계기였지만 결과적으로는 실패하고 말았다. 이에 대한 일차적 책임은 역시 노무현 대통령이 져야 할 것이다.

피터 마이어(Peter Mair)는 조직적 특성과 관련해서 정당의 요소를 크게 세 가지로 나눴다(Mair, 1994: 4). 첫 번째는 정부 내의 정당(party in government), 두 번째는 중앙당으로서의 정당(party in central office), 세 번째는 토대에서의 정당(party on the ground)이다. 정부 내의 정당은 정부와 의회에서 통치 행위에 관여하는 정당을 말한다. 중앙당으로서의 정당은 당 중앙사무국, 전국위원회 등 조직으로서 정당의 일상적 활동을 담당하는 기능을 말한다. 토대에서의 정당은 선거구에서의 정당 활동과 관련된 것으로 당원, 활동가, 지지자, 재정 후원자, 그리고 지구당 조직도 포함될 수 있을 것이다. 노무현 시대 '정부 내의 정당'은 당정 분리로 제 역할을 할 수 없었고, '중앙당으로서의 정당'은 원내 정당화의 흐름 속에 취약해졌고, '토대에서의 정당'은 지구당의 폐지뿐만 아니라 인터넷을 통한 참여의 강조로 제대로 작동하기 어려웠다. 결국 열린우리당은 조직적으로도 어느 하나 제대로 운영될 수 없었던 것이다.

노무현 대통령은 기존의 정치적 구조에서 상대적으로 취약한 자신의 지지 기반을 조직화되지 않았던 시민사회 내의 지지자들 속에서 구하고자 했고, 그러한 시도는 노사모와 같은 인터넷을 통한 지지자의 결집으로 새천년민주당 국민참여경선에서 폭발적인 위력을 보여줬다. 그러나 통치 과정에서 노무현 대통령은 민주당을 떠났고, 자신을 지지하는 이들로 열린우리당을 새로이 만들었다. 그러나 열린우리당이 창당된 이후에도 노무현 대통령은 정당을 통한 제도화된 지지를 구축하려고 하기보다는 노무현이라는 정치인 개인을 중심으로 한 지지에 의존하고자 했다. 제도적으로 조직화되지 않은 대중적 지지에 의존하려는 이러한 시도는 대통령 선거와 탄핵 같은 예외적이고 극적인 정치적 국면에서는 가히 폭발적이라고 할 만한 위력을 보여줬지만, 정치가 '일상적인 형태로' 복귀된 상황에서는 지지가 매우 불안정하고 유동적인 결과를 낳았다.

엘머 에릭 샤츠슈나이더(Elmer Eric Schattschneider)는 정치는 무수히 많은 잠재된 갈등 가운데 어떤 갈등이 지배적 위치에 놓이게 하느냐를 결정하는 게임이라고 하면서, 정치에서의 가장 파국적인 힘은 하나의 갈등을 전혀 다른 갈등으로 대체하면서 기존의 모든 갈등 구도를 뒤바꿔놓는 권력, 즉, 서로 관련이 없는 것을 연결 짓는 권력이라고 봤다(Schattschneider, 2008: 115~135). 2002년에는 민주화 이후 지역주의에 기초한 정치 갈등을 이념 등 새로운 갈등으로 대체할 수 있는 시민적 요구가 존재했고, 또 2004년 열린우리당의 극적인 부상을 통해 기존의 갈등을 대체할 수 있는 기회가 마련됐다. 그러나 노무현의 정당정치에 대한 외면, 인터넷을 통한 대중 참여에 대한 의존, 정치 개혁에 대한 이상주의적 접근 등이 모두 그러한 요구를 제도적 차원에서 확립되기 어렵게 만든 요인이 됐다. 노무현 시기의 정당정치의 실패는 곧 열린우리당의 실패였고, 그것이 결국은 노무현의 정치 실험의 실패로 이어진 것이다.

참고문헌

가상준·노규형. 2010. 「지지율로 본 노무현 대통령의 임기 5년」. ≪한국정당학회보≫, 9권 2호, 61~86쪽.
강원택. 2004. 「인터넷 정치집단의 형성과 참여: 노사모를 중심으로」. ≪한국과 국제정치≫, 20권 3호, 161~184쪽.
_____. 2005. 「노무현 정부의 정치 개혁 추진과 성과에 대한 평가」. 양승함 엮음. 『노무현 정부의 국가 관리 성과와 과제』. 연세대학교 출판부, 145~170쪽.

_____. 2007. 『인터넷과 한국 정치: 정당정치에 대한 도전과 변화』. 집문당.

_____. 2008a. 「방향 감각의 상실과 표류: 노무현 정권의 정책 기조와 권력 기반의 변화」. ≪황해문화≫, 봄 58호, 64~84쪽.

_____. 2008b. 『한국 정치 웹 2.0에 접속하다』. 책세상.

_____. 2009. 「노무현 정부의 분권형 국정 운영 의의와 한계」. ≪광장≫, 여름 4호, 172~184쪽.

_____. 2010. 『한국 선거정치의 변화와 지속: 이념, 이슈, 캠페인과 투표 참여』. 나남.

김만흠. 2006. 『민주화 이후의 한국 정치와 노무현 정권』. 한울.

김용호. 2005. 「노무현 정부 출범 이후 대통령-국회 관계의 변화: 원인과 처방」. 양승함 엮음. 『노무현 정부의 국가 관리 성과와 과제』. 연세대학교 출판부, 107~144쪽.

김일영. 2004. 「참여 민주주의인가 신자유주의적 포퓰리즘인가: 김대중 및 노무현 정권과 포퓰리즘 논란」. ≪의정연구≫, 10권 1호, 115~144쪽.

노무현. 2009. 『성공과 좌절: 노무현 대통령 못다 쓴 회고록』. 학고재.

노무현재단 엮음. 2010. 『운명이다: 노무현 자서전』. 돌베개.

송호근. 2007. 「노무현 정권 입체 대분석: 단절, 배제, 이념 과잉으로 몰락한 운동정치, 거리정치, 저항정치」. ≪신동아≫, 2월호, 82~123쪽.

정진민. 2008. 『한국의 정당정치와 대통령제 민주주의』. 인간사랑.

최장집. 2003. 『민주화 이후의 민주주의』. 후마니타스.

_____. 2006. 『민주주의의 민주화: 한국 민주주의의 변형과 헤게모니』. 후마니타스.

Kitschelt, Herbert. 2006. "Movement parties." in R. Katz and W. Crotty(eds.). *Handbook of Political Politics*. London: Sage, pp.278~290.

Mair, Peter. 1994. "Party Orgaizations: From Civil Society to the State." in R. Katz and P.Mair(eds.). *How Parties Organize: Change and Adaptation in Party Oragizations in Western Democracies*. London: Sage, pp.1~22.

Panebianco, Angelo. 1982. *Political Parties: Organization and Power*. Cambridge: Cambridge University Press.

Schattschneider, Elmer Eric. 2008. *The Semisovereign People: A Realist's View of Democracy in America*. 현재호·박수형 옮김. 『절반의 인민주권』. 후마니타스.

제2장

4대 개혁입법의 실패와 개혁 동력의 상실

장덕진 | 서울대학교 사회학과 교수

1. 머리말

　개혁의 제도화라는 관점에서 본다면 노무현 정부의 개혁은 4대 개혁입법의 좌절과 함께 일찌감치 그 동력을 잃었다고 할 수 있다. 4대 개혁입법 시도 과정에서 불거진 계파 간 갈등, 한나라당과 보수 언론의 집요한 색깔론에 담론을 내어줌으로써 잃어버린 여론의 지지, 경제 살리기에 '올인' 하겠다는 대통령의 선언과 이어진 FTA 추진 등으로 개혁은 힘을 잃고 대통령과 집권 여당의 반목이 커짐으로써 다가오는 대선에 실패할 준비를 하고 있었기 때문이다. 이 글에서는 4대 개혁입법 시도 과정을 시기별로 살펴보고, 실패를 가져온 요인이 무엇인지를 찾아보며 또 다른 시도를 위해 배워야 할 것이 무엇인지를 따져보려 한다.
　주지하다시피 2004년 4·15 총선은 노무현 대통령에 대한 탄핵소추의 후폭풍 속에서 치러졌고, 그 결과 신생 열린우리당은 299석 중 152석이라는 과반 의석을 차지하며 거대 여당으로 등장했다. 하지만 4·15 총선의 결과 나타난 의석 분포는 단순히 지난 12대 국회 이후 16년 만의 여대야소라는 말만으로는 쉽게 정리되지 않는다.

우선 국회의 인적 구성이라는 측면에서 보면 17대 의원의 63%가 초선 의원이었다. 이는 다른 말로 하면 16대 의원들 중 총선에서 "살아 돌아온" 사람은 3분의 1밖에 되지 않는다는 뜻이기도 했다. 이는 혁명적인 변화이고, 과거에 통하던 게임 룰과 조직의 작동 원리가 상당 부분 무력화됐다는 것을 의미한다. 실제로 6선의 김원기 의원이 17대 국회의장직을 맡게 됐고, 6선이 최다선인 국회는 12대 이후 처음 있는 일이었다.

국회 전체로 봐도 그렇고, 특히 열린우리당의 경우 초선 의원이 72%를 차지하기 때문에 재선이면 명실상부한 중진 의원이라고 불러도 손색이 없게 됐다. 연령 측면에서 볼 때도 17대 국회의 평균 연령은 16대보다 3년 정도 젊어진 51세였다. 당선자 중 30~40대를 합하면 약 42%로, 386세대는 17대 국회의 주류로 자리 잡은 셈이었다. 민주당과 자민련의 거의 완벽한 몰락, 그리고 김종필 의원의 10선 도전 실패는 이른바 '3김 정치'로 대표되는 보스 정치가 퇴장하고 있다는 것을 의미하기도 했다. 여대야소, 초선 의원 3분의 2, 세대교체, 구태 정치 인맥의 완벽한 퇴장 등을 종합해보면 17대 국회는 역대 국회 중에서 변화를 위한 최선의 조건을 갖추고 출발했다고 할 수 있다.

두 번째로, 연령적인 측면에서뿐만 아니라 이념적인 측면에서도 17대 국회는 과거의 국회와는 확연히 달라진 모습을 보인다. 계급정당을 표방한 민노당이 제도권 입성과 더불어 원내 제3당으로 우뚝 섰고, 보수와 진보를 둘러싼 이념 공방은 과거 어느 때보다도 치열했다. 상대적으로 진보적인 열린우리당도 중도 보수에 불과하기 때문에 이념 논쟁이 별 의미가 없다는 견해가 많았고, 어느 정도 설득력을 갖추고 있음에도 불구하고 한국정치학회와 《중앙일보》가 공동으로 조사한 이념 성향 자료 등의 지표를 보면 국회의 이념적 변화가 그리 간단치는 않음을 알 수 있다.

몇 가지만 예를 들면 ① 국회의원의 평균적 이념 성향이 전체 국민 평균보다 더 진보적이고,[1] ② 같은 조사를 했던 16대 국회에 비해 이념 성향의 양극화가 현저하게 진행됐으며,[2] ③ 이러한 양극화는 과거에 비해 진보적인 방향으로의 분산이 크게 늘어난 데 주로 기인하고,[3] ④ 정당별로 뚜렷한 이념 성향의 차이를 보여준다.[4]

17대 국회의 세 번째 특징은 어느 때보다도 계파 간의 다이내믹스가 역동적이라는 점이다. 386세대의 학생회장 혹은 전대협의장 출신 의원들

---

[1] 0~10점 척도에서 의원 평균은 4.4, 국민 평균은 4.7. 값이 작을수록 진보적임.

[2] 진보 성향 의원이 16대 국회 19.5%에서 17대 국회에서는 44.5%로 대폭 늘어났고, 보수 성향 의원은 18.6%에서 20.1%로 약 1.5% 늘어난 반면, 중도는 61.9%에서 35.4%로 무려 26.5%나 줄어들었다. 이러한 변화는 국회 내 이념 성향의 양극화라는 관찰을 뒷받침하기에 부족함이 없다.

[3] 이 점은 두 가지 관찰에 근거하고 있다. 하나는 앞의 각주에 인용한 바와 같이 16대 국회에 비해 볼 때 보수 성향 의원은 1.5%밖에 늘어나지 않았지만 진보 성향 의원은 25%나 늘어났다는 점이고, 다른 하나는 이념 성향 점수의 분포를 볼 때, 극단적 진보(0점)에서 극단적 보수(10점)에 이르는 척도 중 가장 진보적인 의원은 0.3이었지만 가장 보수적인 의원은 8.5의 점수를 보였다는 점이다. 즉, 진보 쪽에서는 이론적 극단에 매우 가깝게 분포한 의원들이 실제로 존재하는 반면, 보수 쪽에서는 현실적으로 가장 보수적인 의원도 이론적 극단과는 약 1.5의 차이를 보이고 있다는 점이다.

[4] 설문에 응답한 국회의원들을 진보에서 보수로 늘어놓으면 가장 먼저 민노당, 그다음 열린우리당의 순서로 나타나고 중간에 열린우리당과 민주당, 한나라당이 섞이는 영역을 거쳐 한나라당, 자민련의 뚜렷한 순서가 관찰되며 이러한 차이는 통계적으로도 매우 유의미하다. 이 조사에서는 0~3.9를 진보, 4~6을 중도, 6.1~10을 보수로 규정했는데, 열린우리당 평균은 3.5고 한나라당 평균은 5.4로 나타났다. 특기할 만한 것은 열린우리당의 경우 설문에 응답한 107명 중 71%인 76명이 진보 범주에 속한 반면, 보수 성향은 4명에 불과해서 상당히 높은 이념적 동질성을 보여주는 반면, 한나라당은 응답한 101명 중 진보 범주에 속하는 의원이 11.9%인 12명이고, 중도 범주가 49.5%인 50명, 보수 성향이 38.6%인 39명으로 조사되어 당 내의 이념적 스펙트럼이 매우 넓은 것으로 나타났다. 민노당 평균은 0.8로 확실한 진보 성향을 보였으며, 민주당 평균은 3.9, 그리고 자민련 평균은 6.1이었다.

이 각 당에 다수 존재하고, 여당인 열린우리당 내부에도 "친노 세력"의 분파가 복수로 존재하며, 열린우리당 내부에 한나라당 탈당파가 있는가 하면, 한나라당에도 운동권 출신 전향파가 존재한다. 시민 단체나 평당원과의 관계를 통해서도 또 다른 인맥들을 찾을 수 있다. 이는 과거 "상도동계", "동교동계" 하는 식으로 하나의 정당이 실질적으로 하나의 인맥 계보로 대표되던 시절과는 사뭇 다른 양상이다.

  17대 국회의 이러한 특성들이 함께 작용한 한 가지 결과는 과거에 비해 정책을 둘러싼 의원들의 투표 행태가 자유로워졌다는 점이다. 과거와 같이 당론이나 계파 보스의 결정에 무조건적으로 따르는 투표가 상대적으로 줄어들었고, 당론에도 불구하고 기권 혹은 불참하거나 심지어 상대 당의 당론에 동조하는 투표도 늘어났다. 실제로 한 조사에서 쟁점 법안 14개에 대한 투표 결과를 종합해보니 국회의원 163명이 한 번 이상 당론과 다른 쪽에 투표한 적이 있으며, 한나라당의 경우 의원의 79%가 당론 이탈 투표를 한 적이 있는 것으로 나타났다. 17대 국회 직전 연도인 2003년의 경우 전체 안건의 95%가 만장일치로 처리됐으며, 나머지 5% 안건에 대해서만 여야의 의견이 엇갈렸으나 이 경우에도 당론 이탈은 극히 예외적이었음을 감안하면 커다란 변화라 하지 않을 수 없다(≪중앙일보≫, 2005.1.24). 4대 개혁입법은 이처럼 역대 어느 국회보다도 변화를 위한 최선의 조건을 갖추고 당론 이탈 투표마저 상당히 자유로워진 상황에서 시도됐다.

2. 4대 개혁입법의 진행 과정

  4대 개혁입법이란 「국가보안법」(이하 「국보법」) 폐지와 이를 보완하기 위한 형법 개정, 「사립학교법」(이하 「사학법」), 「과거사진상규명법」(이하 「과거사법」), 그리고 「언론관계법」(이하 「언론법」)을 말한다. 「국보법」 폐지와 관련해서는 오랜 세월 인권침해와 위헌적 소지로서 국내외적으로 개폐 논란을 일으켜왔던 「국보법」을 폐지하고 「형법」에 내란목적단체 조항을 신설함으로써 그 기능을 일부 대체토록 한다는 것이고, 「사학법」은 교사와 학부모로 구성된 학교운영위원회가 이사 정수의 3분의 1 이상을 추천해 개방형 이사제를 도입하는 것을 골자로 하고 있다. 「과거사법」은 진실과화해위원회를 설립하여 1945년에서 한국전쟁 전후까지 벌어진 민간인 집단희생 사건 등의 진실을 규명하도록 하는 것이 주요 내용이고, 「언론법」은 신문사의 시장 점유율이 1개사 30%, 3개사 60%를 넘어설 경우 시장 지배적 사업자로 규정하여 공정거래위원회의 규제를 받도록 하는 것이 핵심적인 내용이다.

17대 국회가 개원한 2004년 6월 5일로부터 약 4개월이 지난 2004년 10월 20일 열린우리당은 4대 개혁법안을 국회에 제출했다. 이에 대해 한나라당은 즉각적으로 반발했다. 10월 27일 당시 박근혜 한나라당 대표는 국회 교섭단체 대표 연설에서 "자유민주주의와 시장경제를 부정하는 듯한 모든 정책과 법안은 즉각 중단되어야 한다", "4대 법안은 국민을 편 가르기 하고 국론 분열을 조장하고 있다", "현 정권이 4대 입법과 같은 좌파적인 노선을 철회하지 않는 한 경제 회복은 불가능할 것"이라고 주장하며 4대 개혁법안의 즉각적인 철회를 요구했다. 특히 박 대표는 「국보법」과 관련하여 "이 정권이 「국보법」 폐지를 강행한다면 한나라당은 대한민국을 지키기 위해 투쟁할 것"이라고 주장하며 「국보법」과 대한민국의 정체성을 동일시했다. 4대 개혁법안을 둘러싼 열린우리당과 한나라당의 격돌은 그 명칭에서부터 드러났다. 열린우리당이 '4대 개혁법안'이라고 부르는 반면, 한나라당은 '4대 국론분열법'이라고 불렀기 때문이다. 한나라당 김덕룡 원내대표는 "4대 국론분열 법안은 '비판 세력 죽이기'와 '친노 세력 키우기'를 위한 정략일 뿐"이라고 주장했고, 이한구 정책위의장은 "주류 세력을 바꾸고 체제 위기를 초래하는 사회주의적 정책"이라고 말했다.

한나라당의 반대로 4대 개혁법안에 대한 국회 논의조차 제대로 진행해 보지 못한 상태로 정기국회 회기 만료일인 12월 9일이 다가오는 상황에서 열린우리당 내부에서는 2기 지도부 구성을 둘러싼 당권 경쟁이 시작됐다. '노사모'와 '국민의 힘' 등 외곽의 친노 조직이 중심이 된 국민참여연대(이하 국참연)가 결성되고 '열린우리당 접수'를 선언하자 이른바 천·신·정으로 대표되는 당권파, 김근태 보건복지부 장관을 중심으로 한 재야파, 유시민 의원 등 개혁당 출신들이 중심이 된 참여정치연구회(이하 참정연), 당내 보수 진영을 대표하는 '안정적 개혁을 위한 의원 모임'(이하 안개모), 유인태·문희상 의원이 속한 친노 직계그룹 등 이른바 당내 5대 계파5)의 본격적인 경쟁이 시작된 것이다. 열린우리당이 당의 정체성을 걸었다고 할 만큼 중요한 4대 개혁법안의 연내 처리 가능성이 희박한 가운데 벌어지는 당권 경쟁에 대한 비판과 자성의 목소리도 커져 갔지만, 다른 한편으로 권력을 놓고 경쟁하는 정치의 속성상 당권 경쟁을 막을 길은 없었다.

마침내 11월 25일 천정배 원내대표는 4대 법안과 관련해 "다수당으로서 양보하면서 하겠다. 야당과 국민여론을 존중하겠다"라고 함으로써 연내 처리 포기를 향한 첫 번째 물꼬를 텄다. 4대 개혁법안에 대한 여론의 지지가 그리 높지 않고 한나라당이 실질적 필리버스터링(filibustering)에 가까운 시간 끌기 전술을 펴고 있는 상태에서 야당의 반대를 무릅쓰고 표결 처리를 하는 데 따르는 정치적 부담이 만만치 않다는 점을 인정한 셈이다. 「국보

---

5) 열린우리당 내부의 계파는 시기에 따라 달라지고 같은 시기에도 한 사람이 두 개 이상의 계파에 소속되는 등 변이가 있기 때문에 단정적으로 5대 계파라고 말하기는 어렵다. 여기에서는 해당 시기에 언론에 주로 보도되던 내용을 중심으로 일단 5대 계파를 구분하기로 한다.

법」 폐지안에 대해서는 열린우리당이 당분간 법사위에 상정하지 않기로 한나라당과 합의를 한 상태였고, 나머지 3개 법안도 한나라당 법안은 국회에 제출조차 되지 않거나(「사학법」), 열린우리당과 한나라당 법안이 각기 다른 상임위에 제출되거나(「과거사법」), 상임위 제출은 이뤄졌지만 법안심사소위가 한 번도 열리지 않는 등(「언론법」) 지지부진한 상태였다.

회기 만료일을 열흘 앞둔 11월 29일이 되자 열린우리당은 4대 개혁입법의 연내처리 입장을 확정하면서 표결도 불사할 듯한 자세를 보였다. 전날까지 논의되던 이른바 '3+1 전략'(「국보법」을 분리하여 나머지 3대 법안을 먼저 처리하자는 천정배 원내대표의 제안)에서 원안으로 급선회했던 것이다. 이부영 의장은 "블로킹이 너무 심해 공이 네트를 넘어가지를 못한다. 게임의 룰도 적절히 지켜야지, 패스도 못하니 게임이 진행되지를 못한다"고 하면서 한나라당의 완강한 견제를 비판하는가 하면, 천정배 원내대표도 "최대한 끈질기게 야당을 설득하고 토론하도록 하겠지만 한나라당에 막혀 상정조차 할 수 없다면 국회법에 규정된 모든 수단을 동원할 수밖에 없다"고 말하며 표결 처리 가능성을 다시 열었다. 이에 맞서는 한나라당은 11월 28일 '4대 국민분열법 바로 알기 범네티즌 운동' 선포식을 개최하면서 박근혜 대표는 "4대 국민분열법이 통과된다면 안보는 불안해지고, 교육현장은 몸살을 앓고, 언론에는 재갈이 물리게 돼 결과적으로 대한민국에 재앙이 올 것"이라고 주장하는가 하면, 역시 같은 자리에서 "결국 국민소득 1만 달러의 문턱에서 추락해 만성적인 경제 불안과 실업에 떠는 3류 국가로 전락할지 모른다"며 4대 개혁입법을 결사 저지하겠다는 입장을 밝혔다. 열린우리당의 강경하고 원칙적인 입장에도 불구하고 정기국회가 열흘밖에 남지 않았고 새해 예산안 처리 등의 시급한 현안이 있음을 감안할 때, 실질적으로 한나라당의 협조 없이 4대 개혁입법이 통과되기는 어려울 것이라는 전망이 주를 이뤘다.

임시국회 마지막 날인 12월 31일 한나라당은 본회의장을 점거하고 농성에 들어감으로써 극한 대결로 가는 것으로 보였으나, 연내 처리 가능성이 상대적으로 높았던 「과거사법」을 2월 임시국회로 넘긴다는 김원기 국회의장의 중재안을 양당이 모두 받아들임으로써 새해 예산안과 더불어 「신문법」(정기간행물의 등록에 관한 법률 개정안)이 통과되고 관련 법으로서 「언론중재및피해구제에관한법률」이 통과됐다. 그러나 「방송법」이 2월 임시국회로 또다시 미뤄졌고 통과된 「신문법」의 내용도 1인 사주의 소유지분 제한 등 언론개혁 차원의 핵심 사항이 빠진 '누더기 법안'이라는 비판도 강하게 제기됐다.

　결국 4대 개혁입법이 2004년 연내 처리되지 못하고 해를 넘기게 되자 2005년 1월 1일 천정배 원내대표는 이에 대한 책임을 지고 1년 임기의 8개월 만을 채운 채 자진 사퇴했다. 이것은 정치적 책임과 도의를 다한다는 측면도 있으나, 다른 한편으로는 2004년 6월 정동영 당의장이 통일부 장관으로 입각하고 8월 선친의 일본헌병 복무전력 시비로 신기남 의장이 사퇴한 데 이은 것으로, 당권파의 천·신·정 트로이카가 모두 일선에서 물러남에 따라 당내 권력투쟁을 더욱 가속화시킬 여지를 만들어준다는 측면도 있었다. 2005년 4월 2일 열린우리당의 2기 지도부를 구성하기로 예정된 전당대회까지 불과 3개월이 남은 시점이었다. 전당대회가 가까워짐에 따라 당권을 둘러싼 경쟁의 축은 크게 개혁파와 실용파로 양분됐으나, 복잡하게 얽힌 계파의 이해관계와 계파의 경계선을 넘나드는 인간관계, 그리고 1인 2표제를 둘러싼 고도의 계산까지 더해지면서 당권 경쟁은 매우 복잡한 양상을 띠게 됐다. 핵심 인물군으로는 실용파로 알려진 문희상·염동연 후보, 개혁파의 김두관·유시민·장영달 후보가 거론됐으나, 상임중앙위원 4자리 중 1석을 여성 몫의 한명숙 후보가 자동으로 차지하도록 되어 있기 때문에 이들 중 한 명은 지도부 진입이 무산될 상황이었다. 4월 2일 전당대회에서는 문희상 의원이 당의장에 당선되고 김두관 후보가 탈락했다.

전당대회 과정에서 열린우리당은 적지 않은 내상을 입었다. 그중 대표적인 것이 유시민 의원과 386 의원들 사이의 크게 불거진 갈등이다. 유시민 의원이 한 매체와의 인터뷰에서 "정동영계는 용서할 수 없고 김근태계와는 연대 가능하다"고 발언한 이후 송영길, 김영춘, 우상호, 임종석 등 386 의원들은 그를 '분열적 개혁주의자'로 규정하면서 일제히 비판에 나섰다. 이 갈등으로서 열린우리당 전당대회에 대한 일반의 관심이 높아진 측면도 있기는 하지만 그 대가라고 하기에는 내상이 너무 깊었다. 여당의 잠재적 대권 주자군인 정동영·김근태 의원이 상처를 입었을 뿐 아니라 논쟁의 한쪽 끝에 있었던 유시민 의원은 '분열주의자'로 낙인찍혔고, 다른 쪽 끝에 있었던 386 의원들은 네티즌에게 기득권에 안주하면서 권력에 줄 선 386이라는 비판을 들어야 했다. 결국 전당대회에서 386의 대표 선수 격이었던 송영길 의원은 지도부 진입에 실패하고 유시민 의원은 성공하는 성적표를 받아 쥐었다. 특히 일부에서는 4·2 전당대회가 기존 계파들 간의 경쟁이 아니라 '당권파'와 '당원파' 사이의 경쟁이라고 규정하기도 했는데, 이 해석을 따라가다 보면 이른바 '386 허리론'을 주장하면서 여당의 중간 당직을 맡았던 386 의원들은 계파와 상관없이 당권파가 되고, 잦은 돌출 행동으로 개인의 인기 관리에 몰두한다는 비판을 받기도 했지만 네티즌과의 탁월한 소통 능력을 보여왔던 유시민 의원은 당원파가 된다는 해석도 가능해진다. 범친노라는 무시 못할 세력이 제도화되지 않고 당의 외곽 조직으로 남아 있으면서 영향력을 행사했던 열린우리당의 특성상 '당권파 대 당원파'라는 구도는 어떤 이슈를 둘러싸고서도 언제든 재점화될 수 있는 인화 물질이었다.

새 지도부가 출범한 지 28일 만에 치러진 2005년 4·30 재보선에서의 패배는 충분히 예견된 것이었다. 연초부터 이미 재보선 패배 예측이 정치권과 여러 전문가들에게서 흘러나왔고, 노무현 대통령조차 패배를 예상한 듯 "일희일비하지 않겠다"는 발언을 해놓고 있는 터였다. 그러나 막상 뚜껑이 열린 재보선 성적표는 충격적이었다. 국회의원 6곳, 기초단체장 7곳, 광역의원 10곳 등 정당 추천이 이뤄진 모든 선거에서 전패했기 때문이다. 심지어 노무현 대통령의 고향인 김해 갑에서조차 패배했다. 재보선 결과 한나라당 의석이 125석으로 늘어나면서 여당 146석, 야당 153석으로 재편되어 여소야대 구도가 형성됐다.

재보선과 동시에 4월 임시국회에서는 「과거사법」을 둘러싼 논의가 한창이었다. 원래 2004년 말 김원기 의장의 중재안에 의해 2월 임시국회로 넘기기로 했던 「과거사법」은 박근혜 대표 등 한나라당 일부 의원들이 '친북이적용공 행위'라는 표현을 고집함으로써 4월 임시국회로 넘어왔었다. 4월 국회에서는 과거사진상규명위원회에서 조사 지휘권을 갖게 될 상임위원 배분에서 위원장을 제외한 나머지 6인을 모두 국회 추천 몫으로 하자는 한나라당의 요구가 논란을 낳았다. 「과거사법」의 조사 대상이 될 6개 사항 중 한나라당의 요구로 추가한 '대한민국의 정통성을 부정하거나 적대적인 세력 등에 의한 테러·인권유린과 폭력·학살·의문사'와 관련한 조사 지휘권을 한나라당 추천 인사가 맡도록 하려는 뜻으로 해석됐다. 또한 한나라당은 과거사위원회 위원 자격을 '변호사 10년, 교수 10년'으로 제한할 것을 요구한 반면, 열린우리당은 '진실 규명과 관련된 지식, 경험이 풍부한 사회 저명인사'를 추가할 것을 주장했고, 조사 대상에서도 한나라당은 법원의 확정판결을 받은 사건은 제외하되 「민사·형사소송법」에 의한 재심사유에 해당되는 경우에만 포함할 수 있도록 할 것을 요구한 반면, 열린우리당은 '재심사유가 있다고 의심되는' 경우까지 포함할 것을 주장했다. 한나라당의 요구를 모두 들어줄 경우 「과거사법」이 원래의 취지대로 작동하기는 어려운 상황이었고, 이에 민변(민주사회를 위한 변호사 모임)

이나 참여연대 등의 시민 단체는 물론 열린우리당 내부에서조차 '역사를 후퇴시키는 법안'이라는 비판이 터져 나오는가 하면, 과거청산범국민위 위원장을 맡았던 강만길 교수는 "누더기가 된 「과거사법」이라면 아예 통과시키지 말라"고 반발하기도 했다. 이러한 혼란의 와중에 4·30 재보선은 열린우리당의 완벽한 패배로 끝이 났고, 사흘 후인 5월 3일 「진실화해를위한과거사정리기본법」은 찬성 159표, 반대 73표, 기권 18표로 통과됐다.

그로부터 반년이 지난 2005년 12월 9일 정기국회 마지막 날 열린우리당은 격렬한 몸싸움 속에 「사학법」을 전격 표결처리 했다. 국회의장의 직권상정에 의해 열린우리당, 민주당, 민주노동당 재석 의원 154명 가운데 찬성 140표, 반대 4표, 기권 10표로 통과된 것이다. 정국은 급격한 대결 국면으로 치달았다. 한나라당은 곧바로 무기한 장외투쟁을 시작했고, 박근혜 대표는 대국민 담화문을 통해 "「사학법」 개정안은 사학 투명성이 목표가 아니라 아이들에게 반미·친북 이념을 주입시키자는 것"이라고 주장했다. 한나라당은 줄곧 「사학법」 개정안을 반미·친북으로 연결시키려는 시도를 이어갔다. 심지어 12월 16일 시청 앞 광장에서 열린 '「사학법」 원천 무효 및 우리 아이 지키기 운동 범국민 대회'에서 한나라당 이규택 의원은 "「사학법」이 통과되던 날 김정일 위원장은 … 이제 때가 왔다며 기쁨조와 함께 폭탄주를 마시고 광란의 춤을 췄다"고 주장할 정도였다. 강재섭 원내대표는 당직을 사퇴했고, 「사학법」 장외투쟁에 대해 비판적 입장을 견지한 원희룡 최고위원 등 일부 한나라당 의원에 대해서는 징계 논의가 일기도 했다.

개정된 「사학법」의 주요 내용은 이사 정수의 4분의 1 이상을 학교운영위원회가 2배수로 추천하는 인사 중에서 선택하도록 하는 개방형 이사제와 친족 관계에 있는 이사가 정수의 4분의 1을 초과하지 못하도록 하는 임원선임 제한 사항, 여러 사립학교의 장이나 이사장을 동시에 겸직하지 못하도록 하는 겸직 금지조항 등이라고 할 수 있다. 그러나 개정「사학법」은 불과 18개월 만인 2006년 7월 열린우리당과 한나라당 합의에 의해 재개정되면서 개혁적 성격을 대부분 상실했다. 재개정된「사학법」은 개방형 이사제라는 명칭은 유지하고 있으나 재단이 복수후보 추천 과정에서부터 이미 개입할 수 있도록 하고, 학교법인 이사장이 다른 학교법인의 교장이나 이사장을 겸직하는 것까지 허용하고 있다.

결과적으로 4대 개혁입법 중에서「국보법」은 법안만 제출된 상태에서 표결도 해보지 못한 채 정권 교체와 더불어 실질적으로 논의가 중단된 상태고, 나머지 3개의 법안들과 관련해서도 18대 국회 들어「미디어법」이 통과되면서 신문의 시장 지배적 사업자에 대한 규제는 고사하고 신문·방송 겸영에 의한 종합편성 채널 사업자 선정까지 끝난 상태며,「사학법」은 이미 정권교체 이전부터 재개정을 통해 원래의 개혁성을 상실했고,「과거사법」은 문패만 남아 있는 상태다. 노무현 정부 시절 많은 희생을 감수하면서 여당의 정체성을 걸었고 긴 시간 노력했던 법안들이 지금의 시점에서 돌이켜보면 거의 예외 없이 실패한 셈이다.

3. 4대 개혁입법의 실패를 가져온 요인들

1) 현실이라는 벽

노무현 정부 시절 정권이 실패하고 있는 원인에 대해 '현실의 반격'을 들어 설명하는 경우가 많았다. 당정 분리나 검찰 독립에서 드러나듯이 정권이 스스로의 손발을 자르면서까지 개혁을 하고자 하는 진정성이나 도덕성은 인정한다 하더라도 경제정책의 성적표라는 현실이 뒤따라주지 않았기 때문에 정권에 대한 지지는 붕괴할 수밖에 없었다는 설명이다. 부분적으로 수긍할 점이 있기는 하지만 적어도 4대 개혁입법과 관련해서 볼 때는 '현실의 반격'을 이야기하기보다는 '현실이라는 벽'을 이야기하는 것이 더 정확하다고 말할 수 있다. 그 이유는 다음과 같다. 첫 번째, 「국보법」, 「언론법」, 「과거사법」, 「사학법」 등 4대 개혁법안 중 어떤 것도 경제정책과 직접적으로 관련되지 않는다.

두 번째, 경제정책과의 관련 여부를 떠나서 4대 개혁법안에 대한 반대 논리는 각 영역에서의 '현실'과 일치하지 않는다. 앞 절에서 비교적 소상하게 정리했던 반대자들의 논리를 다시 떠올려보면 이 점은 분명해진다. 박근혜 대표는 "자유민주주의와 시장경제를 부정하는 듯한 모든 정책과 법안은 즉각 중단되어야 한다"고 했지만, 4대 개혁법안 중 어떤 부분이 자유민주주의와 시장경제를 부정하는지에 대한 언급은 없었다. 또한 「국보법」과 관련하여 "이 정권이 「국보법」 폐지를 강행한다면 한나라당은 대한민국을 지키기 위해 투쟁할 것"이라고 주장하며 「국보법」과 대한민국의 정체성을 동일시하기까지 했으나 이 또한 어불성설이다. 대한민국의 정체성을 구성하는 한 부분으로서 튼튼한 국가 안보를 꼽는 데 기꺼이 동의할 사람은 많겠으나, 지나간 시절 그 국가 안보에 기대어 독재 정권을 떠받치는 도구로 사용됐던 「국보법」과 국가 안보는 다른 것이며, 더 나아가 「국보법」과 국가 정체성을 동일시하는 것은 고의적 무지 이외에 다른 설명을 찾기 어렵다. 이사 정수의 4분의 1을 개방형 이사로 하자는 「사학법」 개정안이 아이들에게 반미·친북 의식을 주입하기 위한 것이라든가, 심지어 「사학법」 개정안이 통과되던 날 김정일이 폭탄주를 마시며 기뻐했다는 주장에 이르면 더 이상 현실과의 부합 여부를 따질 가치가 없다. 법안의 세부 내용이 현실과 맞지 않거나 혹은 수정되어야 할 부분들은 얼마든지 있을 수 있겠으나, 4대 개혁법안에 반대하기 위해 사용된 거대 담론들을 보면 이처럼 각 영역에서의 현실과 전혀 무관하거나 혹은 현실을 정반대로 뒤집어놓고 있다. 이것이 4대 개혁입법 실패를 현실의 반격이라고 볼 수 없는 두 번째 이유다.

세 번째, 반격한 것은 현실이 아니라 한나라당과 보수 언론이었고, 이들은 현실에 대한 왜곡된 이미지를 계속해서 확대 재생산함으로써 노무현이라는 비주류 권력이 절대로 넘을 수 없는 철옹성 안에 주둔하면서 바깥에 있는 적들이 지치고 분열하기를 기다렸다. 그 철옹성이란 다름 아니라 한국 현대사에서 60년간 지속되어온 성장과 안보에 대한 추종이었다. 4대 개혁입법의 주요 내용은 사실상 성장이나 안보와 직접적인 관련이 없음에도 불구하고 비주류 정권이었던 노무현 정권은 이 점을 설득해낼 기회를 가지지 못했다. 이 세 가지 점들을 종합해서 생각해보면 4대 개혁입법의 실패를 가져온 첫 번째 원인은 '현실의 반격'이 아니라 '현실의 벽'이라고 해도 좋을 듯하다. 4대 개혁입법의 반대자들이 말하는 현실에 비하면 4대 개혁입법이 겨냥하고 있는 현실이 훨씬 더 '현실적'이었지만, 노무현 정부는 그 현실을 제대로 말해볼 기회조차 가지지 못하는 '현실의 벽'에 부딪혔던 셈이다.

2) 갈등의 전략과 생태적 통제

17대 국회가 개원하고 얼마 지나지 않아서 (열린우리당이) 여러 갈래로 찢어지더라고요. 선거와 통치는 별개의 문제고 집권 첫해에는 통치 기반을 다져야 하는데, 이것을 소홀히 한 상태에서 4대 입법에 매달렸어요. 국민들 사이에 이념 과잉과 경제 무능이라는 인식이 퍼졌고, 이것이 재보선 참패를 가져온 겁니다. 선거에 이기지 못하는 정당은 아무 의미가 없어요. 친노 직계만 노무현을 둘러싸고 나머지는 전부 각자도생하는 겁니다. 결국 한나라당이 뭘 잘해서가 아니라 열린우리당이 자멸한 겁니다.

　인정합니다. 야당은 정권을 되찾아 오는 게 유일한 목적이기 때문에 당시 한나라당은 반대 정당으로 존재하는 동질적 집단에 가까웠습니다. 한나라당이 전략을 잘 쓴 게 아니라 열린우리당이 자멸했습니다. … 「국보법」이 실패하면서 누가 친노 직계고 누가 아닌지가 분명해지고 그게 결정적이었어요. … 친노 직계를 제외하고는 1년 안에 대통령과 틀어졌습니다.

　필자는 이 글을 준비하는 과정에서 17대 국회에서 두드러진 활동을 보였던 두 명의 국회의원(한나라당 A 의원과 열린우리당 B 의원)을 심층 인터뷰했다. 인터뷰는 모두 2010년 11월 중에 이뤄졌으며 각각 3시간 정도 소요됐다. 위의 인용문은 인터뷰 내용에서 4대 개혁입법과 관련한 두 사람의 언급 중 일부다. 인용문 중에서 위의 것은 한나라당 A 의원의 언급이고, 아래 것은 열린우리당 B 의원의 언급이다. 두 사람이 정반대의 정치적 입장에 서 있었음에도 '실패'에 대한 분석에서는 일맥상통하는 부분이 있다. 바로 '자멸'이라는 키워드가 그것이다. 한나라당이 전략을 잘 쓴 것이 아니라 열린우리당이 '적전분열(敵前分裂)' 했다는 것이다. 물론 이러한 적전분열에는 앞서 언급한 바와 같이 철옹성 같은 현실의 벽이 작용했을 것이다. 성을 쉽게 빼앗을 수 있다면 분열할 군대는 없기 때문이다.

　현실의 벽 이외에 적전분열을 가져온 다른 요인은 없는가. 노무현 정부와 열린우리당을 지켜본 사람이라면 누구나 알 수 있듯이, 그리고 앞서 인용한 당시 여당과 야당의 의원이 모두 동의하듯이, 열린우리당 내부와 외곽 조직까지를 넘나드는 갈등과 논쟁은 치열했었다. 그리고 그 과정에서 잠재적 차기 후보들이 상처를 입었고, 계파의 경계선은 분명해졌으며, 당내의 협력 관계는 무너졌다. 정당 내부에서 노선의 차이와 권력을 둘러싼 경쟁이 일어나는 것 자체를 문제 삼을 수는 없다. 그러나 갈등의 전략이라는 차원에서 평가하면 4대 개혁입법 전후 시기에 열린우리당에서 나타난 갈등은 몇 가지 한계를 드러낸다.

첫 번째는 시기의 문제다. 4대 개혁입법을 17대 국회 개원 첫해에 반드시 밀어붙였어야 했느냐는 질문인 것이다. 물론 임기 후반부로 가면서 대통령의 레임덕이 나타날 것이고 그에 따라 당의 대오도 흐트러질 것이기 때문에 가급적 빠른 시간 안에 처리하는 것이 정석이라는 답이 있을 수 있다. 하지만 그것은 18대 국회의 한나라당에 더 잘 어울리는 처방인 것 같다. 한국 사회의 기득권층이 거의 대부분의 자원을 통제하고 있고 서민을 포함한 대다수의 국민이 기득권층의 이데올로기에 포획되어 있는 현실을 감안하면, 앞서 말한 것처럼 당시 열린우리당은 철옹성 앞에 대치하고 있었다. 이런 상황에서 서둘러 승부수를 던진다 한들 성공할 가능성보다는 내부적으로 실패의 책임론을 따지는 것으로 끝날 가능성이 훨씬 높았다. 「국보법」이나 「과거사법」 등 4대 개혁입법의 내용이 당장 시급한 대책의 문제라기보다는 수십 년간 누적된—그렇기 때문에 한국 사회 대부분의 구성원들이 자신도 모르게 당연한 것으로 받아들여버린—역사 구조적 모순을 바로잡는 데 있는 것이라면, 서둘러 승부를 보는 것보다는 임기가 끝나기 전에만 이룰 수 있었다 하더라도 큰 의미를 가졌을 것이다. 결과적으로 오늘날 시점에서 4대 개혁법안의 퇴행 내지 무력화라는 현실을 바라보며 손익계산을 해보더라도 이러한 평가는 크게 어긋나지 않는 것 같다.

두 번째는 생태적 통제(ecological control)의 문제다. 생태적 통제란 상대의 목표가 무엇인지 너무나 분명하게 드러날 때 그가 밟아나갈 수순이 무엇인지 뻔히 예측 가능하기 때문에 길목만 차단함으로써 상대를 쉽게 통제할 수 있는 경우를 말한다. 사학이나 언론 문제의 현실을 어느 정도 아는 사람이라면 개방형 이사제 도입이나 시장 지배적 사업자 규제에 설사 전적으로 동의하지 않는다 하더라도 적어도 이성적으로 토론해볼 필요성은 충분히 있다는 데 동의할 것이다. 그러나 열린우리당은 너무 이른 시기에 너무나 분명하게 자신들의 목표를 분명히 했고, 그 가능성 낮은 승리를 발판으로 삼아 한국 사회를 바꾸어놓으려고 의도했다. 앞서 4대 개혁입법의 경과 부분에서 상세히 논의했듯이, 한나라당은 실질적으로 아무런 정면 대응을 하지 않았다. 4대 개혁입법의 본질과 관련한 아무런 대응 없이, 국회에서 최대한 시간을 끌면서 장외에서는 경제를 망가뜨리고 북한에 종속된다는 단순한 선전만을 반복했을 뿐이다. 열린우리당이 4대 개혁입법을 통해 무엇을 하고자 하든 성장과 안보야말로 그들이 거쳐 가지 않을 수 없는 주요 길목이며, 그 길목에서는 한나라당이 절대적으로 유리한 전투를 벌일 수 있음을 잘 알았기 때문일 것이다. 앞의 두 의원의 인터뷰에서 한나라당 A 의원은 "한나라당이 뭘 잘해서가 아니라"고 말하고, 열린우리당 B 의원은 "한나라당이 전략을 잘 쓴 게 아니라"고 말했다. 비유하자면 한나라당은 자신들에게 유리한 요충지에서 성문을 걸어 잠그고 버티기만 하면 저절로 이기는 싸움을 했다는 뜻이다. 상대에게 유리한 지역에서 전투를 해야만 했다는 것은 생태적 통제를 당했기 때문이다.

3) 정책에 대한 지지 세력의 부재

4대 개혁입법의 전 과정에 걸쳐서 열린우리당은 이 법안들을 지지해줄 뚜렷한 사회 세력을 가지고 있지 않았다. 「국보법」, 「사학법」, 「과거사법」, 「언론법」 모두 해당 분야의 관련자들이거나 관련 지식이 있는 양심적 소수를 제외하고는 잘 알지 못하거나 한나라당의 담론에 이미 포섭되어 있는 상태였다고 할 수 있다. 반면 한나라당은 각 법안별로 분명하고도 강력한 지지 세력을 가지고 있었다. 「국보법」의 경우 물리적 폭력 수단을 가지고 있는 군과 공안 당국은 물론이고 전쟁을 직간접으로 경험한 고연령층 전체가 한나라당의 지지 세력이었다고 할 수 있다. 또한 적극적 지지 세력은 아니라 하더라도 국민 중 상당수가 시기상조라는 주장에 쉽게 동의해버릴 수 있는 사안이었던 것도 사실이다. 「사학법」의 경우 사학 소유주들은 물론이고 종교사학 문제로 한국 사회의 가장 큰 이익집단이라 해도 과언이 아닐 여러 종교재단이 적극적으로 한나라당을 후원했다. 「과거사법」의 경우에도 일제 강점기부터 지금까지 누적된 사회구조와 게임 규칙을 굳이 이제 와서 뒤집고 싶지 않은 기득권층 대부분이 한나라당의 입장을 지지했다. 「언론법」의 경우에는 노무현 정부 5년 내내 대통령과 여당을 향한 십자포화를 멈추지 않았던 보수 언론이 직접적인 당사자였다. 그들은 자신들이 과점하고 있는 여론에 대한 영향력을 최대한 활용하여 결사적으로 저항했다.

그렇다면 노무현과 열린우리당이 확실한 지지 세력을 갖고 추진할 수 있는 개혁 정책들은 없었던 것일까. 그것들이 무엇이었는지는 이명박 정부의 반면교사를 통해 드러나고 있다. 친노에 국한된 것이 아닌 일반 국민 전체의 정치참여 수준을 높임으로써 실질적 민주주의의 공고화를 이룩하는 것, 신자유주의의 확산과 그 결과로 나타나고 있는 양극화와 관련하여 적극적인 노동시장 정책과 사회 안전망을 강화하는 것, 빠른 속도로 확산되고 있는 새로운 사회 위험(new social risks)으로부터 국민을 실질적으로 지킬 수 있는 구체적 대안을 마련하는 것 등이 그것이다. 이러한 정책들은 대체로 노무현 정부가 이명박 정부나 혹은 과거의 정부들보다 잘했던 것들이지만, 노무현 대통령 스스로가 퇴임 후 고백한 바 있듯이 "색연필 들고 쫙 그어"버리는[6] 과감한 시도가 필요했다고 보인다. OECD 평균에 비해

---

[6] 노무현 대통령은 퇴임 후 사회복지 지출과 관련하여 이렇게 말했다고 한다. "지금

몇 분의 일밖에 되지 않는 복지 예산의 비중과 그로써 고통받는 국민의 비율이 늘어나고 있음을 함께 감안하면, 이러한 미시적이고 구체적인 진보적 정책은 확실한 지지 세력을 확보할 수 있는 분야이기 때문이다. 불행히도 이러한 정책들로서 직접적으로 영향받고 그에 대해 발언할 용의가 있는 사람들은 노무현 정부에서 이 정책들을 만들어가는 데 참여하지 못하고, 이명박 정부에서 이 정책들이 사라지는 것을 비판하는 데 참여하고 있다.

4. 3대 개혁법안 표결과 각 계파의 위치

지금까지의 논의에서 드러나듯이, 그리고 열린우리당과 한나라당 두 의원의 증언이 일치하듯이, 4대 개혁입법은 각 정파의 경계를 분명하게 하고, 특히 열린우리당 입장에서는 적전분열을 가져온 측면이 크다고 하겠다. 이 절에서는 의원들의 표결을 분석하기 위해 정치학에서 사용되는 공간분석 모델을 활용하여 17대 국회의 표결 공간을 만들고, 4대 개혁입법 중「국보법」을 제외하고 실제 표결이 이뤄진 3대 개혁법안을 중심으로 각 정파가 어떤 위치에 놓이는지를 파악함으로써 앞서 논의한 정파 경계선의 분리를 좀 더 가시적으로 확인해보고자 한다. 사용되는 공간분석 모델은 풀과 로젠탈(Poole and Rosenthal, 1985)이 처음 고안한 'NOMINATE(NOMINAl Three-Step Estimation)'다.[7] 여기에서는 17대 국회에서 본회의 표결이

생각해보면, 그럴 것 없이 색연필 들고 쫙 그어버렸으면 되는 건데…. '무슨 소리야 이거. 복지비 올해까지 30프로, 내년까지 40프로, 내후년까지 50프로 올려.' 그냥 쫙 그어버렸어야 되는데, 앉아서 '이거 몇 프로 올랐어요?' 했으니…"(노무현, 2009: 234).

〈그림 2-1〉 NOMINATE 분석 결과에 기초한 3대 개혁법안의 분할선 및 주요 정파의 위치

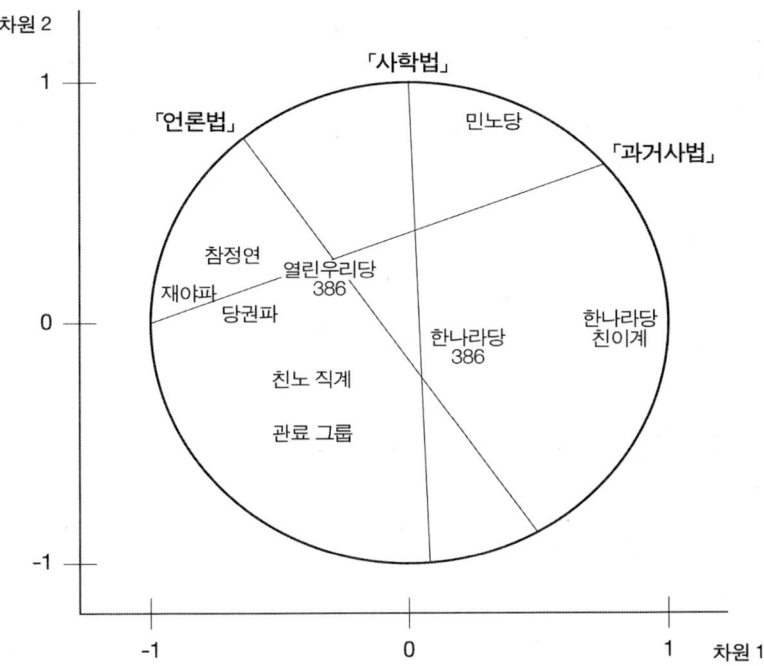

이뤄진 2,189개 법안 중 쟁점 법안이라고 간주할 수 있는 146개 법안에 대한 표결 결과를 분석의 기본 자료로 삼았다.

<그림 2-1>을 설명하면, 가운데 있는 원은 분석에 포함된 316명[8])의

---

7) 좀 더 구체적으로는 W-NOMINATE다. NOMINATE 기법은 분석의 필요에 따라 D-NOMINATE, W-NOMINATE, DW-NOMINATE 등으로 나뉘는데, 종단적 분석이 아닌 하나의 회기에 대한 분석을 할 때는 W-NOMINATE가 표준적으로 사용된다 (Lewis and Poole, 2004). 기술적인 분석 모델 및 146개 쟁점법안 선정에 대한 상세한 설명은 장덕진 외(2010)를 참조할 것.
8) 17대 국회의원 총수는 299명이지만 재보선 등을 통해 임기 중간에 합류한 의원들을 모두 합하면 322명이다. 이 중에서 146개 법안에 대해 투표할 기회가 없었던 6명을 제외한 316명이 분석 대상이 됐다.

의원들이 146개 쟁점 법안에 대해 행사했던 표결 결과로 얻은 표결 공간이다. 즉, 의원들은 146개 법안에 대해 각각 어떤 선택을 했느냐에 따라 다른 의원들과의 관계 속에서 <그림 2-1>에서의 좌표가 정해진다. 그림에는 두 개의 축이 있는데, 차원 1과 차원 2가 그것이다. 이 글에서 기술적인 부분을 상세히 설명할 수는 없으나[9] 대체로 차원 1은 여야의 구분과 일치한다. 차원 2의 해석은 이보다 훨씬 복잡한데, 차원 2를 결정하는 데는 몇 가지 요인들이 함께 작동하고 있는 것으로 보인다. 하나는 주관적 이념 성향으로, 차원 2에서 아래로 갈수록 보수적이고 위로 갈수록 진보적인 경향이 있다. 다른 하나는 지역구가 어느 지역에 위치해 있느냐. 또한 열린우리당의 경우에는 선수(選數)가 높아질수록 아래로 내려가는 경향이 있고 한나라당의 경우에는 선수와는 별 상관이 없으나 과거 학생운동이나 노동운동을 한 경력이 있는 의원들은 위로 올라가는 경향이 있다. 원래 NOMINATE 분석은 분석 대상인 316명의 좌표를 모두 제공해주기 때문에 <그림 2-1>에 의원들의 위치를 모두 표시하는 것이 가능한데, 그렇게 할 경우 오히려 식별하기가 어렵기 때문에 개별 의원들의 위치를 표시하지는 않았다. 그 대신 주요 계파에 속한 의원들의 좌표를 확인하여 각 계파의 위치를 표시했다. 그러나 계파의 위치를 해석하는 데는 약간의 주의가 필요하다.

첫 번째로, 같은 계파에 속한다고 해서 수많은 법안에 대해 반드시 같은 입장을 취하는 것은 아니기 때문에 소속 의원들 중 일부는 상당히 다른 곳에 위치하는 경우가 있다는 점이다. <그림 2-1>에서는 해당 계파의 소속 의원들이 가장 많이 모여 있고, 특히 계파의 지도자급 의원들이 모여 있는 지점을 중심으로 표시했다. 두 번째로, 한 사람의 의원이 두 개 이상의

---

[9] 상세한 설명은 장덕진 외(2010)를 참조할 것.

계파에 동시에 소속되는 경우도 있다는 점이다. 분석 결과 이러한 경우 같은 사람이 속한 두 개 이상의 계파가 상당히 가까이 위치하는 것으로 나타났기 때문에 <그림 2-1>에 계파의 위치를 표시하는 데는 별 어려움이 없었다. 표결 공간인 원 위에 겹쳐서 그려진 세 개의 선은 분할선(cutting line)이라 부르는 것으로서, 이 선은 의원들의 정책적 선호를 나눠놓는다고 해석할 수 있다. 그림에는 「언론법」과 「과거사법」, 그리고 「사학법」을 나타내는 세 개의 선이 그려져 있다.

그림을 보면 먼저 열린우리당에 의해 강행 처리됐던 「사학법」이 거의 수직의 분할선을 나타내고 있어서 이 법안은 거의 정확하게 여야를 구분하고 있음을 알 수 있다. 한나라당의 경우 이 분석의 초점이 아니기 때문에 상세하게 계파를 구분하지는 않았으며, 비슷한 정책적 선택을 하고 있는 것으로 나타난 한나라당 386과 나중에 '친이계'로 분류되는 의원들의 위치만을 표시했다. 시간적으로 보면 가장 먼저 처리됐던 것은 「언론법」인데, 이때만 하더라도 열린우리당의 각 계파는 「언론법」의 분할선을 중심으로 좌측 하단에 같이 위치하고 있다. 그러나 이듬해 「과거사법」을 처리하는 시점이 되면 한편으로는 관료 출신 전문가 그룹과 친노 직계, 그리고 반대편에는 참정연과 재야파가 분할선을 중심으로 나뉘며 당권파와 열린우리당 386 의원들이 분할선 근처에서 우왕좌왕하는 모습을 볼 수 있다. 반면 한나라당은 그림에 표시된 두 분파 이외에도 거의 대부분의 의원들이 세 개의 분할선으로 나눠진 7개의 영역 중 우측 중간지대에 함께 위치하고 있다. 이것은 그들이 세 개의 법안에 대해 모두 반대-반대-반대의 조합만을 고수하면 됐다는 것을 의미하며, 역으로 열린우리당 입장에서 보면 당의 정체성을 걸었다고 할 정도로 중요하게 추진했던 3대 개혁법안들이 그중 어느 하나도 한나라당을 일부라도 갈라놓는 데 실패했음을 의미한다. 즉, 앞서 철옹성 앞에 적전분열이라 표현했던 것처럼 한나라당 내부의 균열을 만드는 데는 실패하면서 열린우리당 내부의 균열이 어떻게 만들어 졌는지를 <그림 2-1>은 보여주고 있는 것이다.

5. 결론

지금에 와서 법안의 운명을 돌이켜보면 4대 개혁입법은 거의 완전한 실패라고 말할 수 있다. 「국보법」은 표결조차 이뤄지지 못했으며, 나머지 3개의 법안들은 본래의 취지를 찾아보기 어려울 정도로 손상됐거나, 개악 됐거나, 존폐 위기에 서 있다. 더구나 노무현 정권의 궤적을 시기별로 나눠 보면 4대 개혁입법의 좌절과 더불어 대통령을 비롯한 정권 전반의 개혁 동력이 뚜렷이 상실되는 것을 확인할 수 있다. 그러나 거시적인 관점에서 보면 개혁입법은 필요한 것이고 언젠가 그러한 시도를 다시 한 번 할 수 있는 기회는 찾아올 것이다. 그렇기 때문에 지나간 실패에 대한 분석과 그로부터 교훈을 얻는 것이 필요한 것이다. 이런 관점에서 보면 4대 개혁입 법의 실패는 몇 가지 교훈을 남겨준다.

첫 번째로, 개혁적 혹은 진보적 세력이 다시 한 번 집권하는 기회가 온다 하더라도 한국 사회 전체의 기득권 구조와 이데올로기 지형에서 그들 은 여전히 소수파에 지나지 않을 것이고, 소수파 정권의 개혁 전략은 기득 권 정권의 전략과 달라야 한다는 점이다. '현실이라는 벽'을 타개할 수 있는 세심한 전략이 없이 그 벽에 부딪혔을 때 깨질 확률이 높은 것은 현실이 아니라 소수파 정권이다.

두 번째로, 대외적인 협상과 대결의 전략 못지않게 대내적인 갈등의 전략을 고민해야 한다는 점이다. 여기에는 대외적 개혁과 대내적 갈등의 순서를 조정하는 문제가 포함된다. 대외적 개혁이 실패로 돌아갈 때 자연히 대내적 갈등은 따라오게 마련이다. 오랜 시간 누적된 사회의 근본적 모순을 겨냥한 대외적 개혁은 그만큼 실패로 돌아갈 가능성이 높고, 대내적 갈등을 불러올 것이 분명한 이러한 시도를 서두르기보다는 소수파 정권의 궁극적 목표로 삼는 것이 더 현명한 전략이다. 또한 이와 관련하여 두터운 벽 앞에 놓인 변화에 모든 것을 걸고, 그럼으로써 가야 할 길이 너무나 뻔하기 때문에 상대로부터 길목을 차단당하는 생태적 통제를 반복하는 일은 없어야 할 것이다.

세 번째로, 현실 속에서 구체적인 지지 세력을 찾기 어려운 개혁 정책보다는 복지나 투명성과 같이 미시적이고 생활 속에 자연스럽게 녹아 있는 부분에 대한 개혁을 먼저 시도하고 이를 지지할 수 있는 시민 분파를 후원해야 한다. 4대 개혁법안이 겨냥하고 있는 현실의 문제들을 조금이라도 알고 있는 사람이라면 그 문제 제기 자체를 뿌리칠 수 없을 정도로 그 법안들 자체는 높은 정당성을 가지고 있었지만 당장 그것을 뒷받침할 현실 세력은 찾아보기 어려웠다. 반면 4대 개혁입법에 반대하는 한나라당은 각각의 법안과 관련하여 자신들의 입장을 뒷받침해줄 매우 구체적이고 강력한 지지 세력을 손쉽게 찾을 수 있었다. 참여정부의 경제정책 성적표가 신통치 않았다고들 하지만 사실상 그것은 매우 논쟁적이다. 이 글의 주제가 아니기 때문에 상세히 언급하지는 않겠지만, 최소한 논쟁의 여지가 있는 것만큼은 사실이다. 그러나 반드시 성장 위주의 경제정책이 아니더라도 '성과'를 가시적으로 확인할 수 있는 정책 영역들은 얼마든지 있다. 앞서 언급한 복지나 투명성과 같은 미시적이고 구체적인 정책들이 바로 그러한 영역이다. 반면 4대 개혁법안들은 높은 정당성에도 불구하고 긴 시간이 흐른 뒤에야 역사적인 평가를 받을 수 있는 부분이 더 많은 것들이다. 성과를 확인할 수 있는 정책 영역에 더 강력한 추진력을 걸고 그에 대한 인정에 기반을 두고 거시적이고 역사적 의미가 있는 법안들을 추진하는 지혜가 필요했던 부분이라고 할 수 있다.

다시 <그림 2-1>로 돌아가보면, 개혁 법안들이 갈라놓는 분할선들과 그것들이 만들어내는 여러 개의 정치적 공간들 속에서 열린우리당은 몇 개의 작은 영토로 갈라져 있는 것을 볼 수 있다. 언젠가 개혁입법을 다시 시도할 수 있는 기회가 온다 하더라도 이러한 사정은 별로 달라지지 않을 것이다. 여러 차례 지적한 바와 같이 개혁에 반대하는 세력은 성장과 안보만을 외치는 것으로 수성(守城)할 수 있는 반면, 개혁을 시도하는 세력은 시기와 전략과 이념과 손익을 놓고 갈등할 수밖에 없기 때문이다. 첫 번째 시도는 실패로 돌아간 것 같다. 두 번째 시도를 할 기회가 있을 것인지, 그리고 기회가 있다면 그 시도는 또 어떤 운명을 맞게 될지는 첫 번째 시도의 실패로부터 무엇을 배우느냐에 달려 있을 것이다.

참고문헌

노무현. 2009. 『진보의 미래: 다음 세대를 위한 민주주의 교과서』. 동녘.

장덕진·김란우·박기웅. 2009. 「17대 국회 법안표결의 정치경제학: 146개 쟁점 법안에 대한 NOMINATE 분석을 중심으로」. 한국사회학회 2010년 후기사회학대회 발표논문.

Lewis, Jeffrey B. and Keith T. Poole. 2004. "Measuring Bias and Uncertainty in Ideal Point Estimates via the Parametric Bootstrap." *Political Analysis*, 12(2), pp.105~127.

Poole, Keith and Howard Rosenthal. 1985. "A Spatial Model for Legislative Roll-Call Analysis." *American Journal of Political Science*, 29, pp.357~384.

제3장

정치 개혁

유러피언 드림, 아메리칸 로드?

최태욱 | 한림국제대학원대학교 국제학과 교수

1. 노무현의 정치 개혁 목표

1) 유러피언 드림

노무현 대통령이 서거 직전까지 고민하고 연구했던 주제는 '힘없는 보통 사람이 살기 좋은 나라는 어떤 나라일까?'였으며, 그 주제와 관련하여 그가 밑줄까지 쳐가며 읽었던 마지막 애독서가 『유러피언 드림』이었다는 것은 널리 알려진 사실이다. 이 책은 제러미 리프킨(Jeremy Rifkin)이 조국인 미국은 이제 오직 부자와 강자에게만 기회의 땅일 뿐이라고 개탄하면서 대서양 건너편을 동경의 눈으로 바라보며 쓴 책이다. 리프킨은 여기서 아메리칸 드림의 쇠퇴와 유러피언 드림의 부상을 확신하며 그 둘의 특징을 다음과 같이 대비시킨다. 즉, 아메리칸 드림은 개인의 자유, 문화적 동화(同化), 부의 축적, 경제성장과 무제한적 발전, 무한 경쟁과 무한 노력, 재산권과 개인 복리, 애국주의 등을 강조하는 반면, 유러피언 드림은 공동체 내의 관계, 문화적 다양성, 삶의 질, 지속 가능한 개발, '심오한 놀이'(deep play),

보편적 인권과 자연의 권리, 세계주의 등을 중시한다는 것이다. 그렇다면 서로 다른 이 두 세상에서 경쟁을 못하거나 싫어하는 "힘없는 보통 사람들"이 살 만한 곳은 당연히 유러피언 드림 쪽이라는 얘기가 된다.

노무현 대통령이 이 책을 처음 접한 것은 2005년이라고 한다. "정말 내 생각과 같다"라고 말할 정도로 이 책의 내용에 크게 공감한 그는 그 '유러피언 드림'이 실현되는 '진보의 나라'를 만들어가기를 희망했다고 한다(김성환, 2010: 262~266). 퇴임 후 그가 한국의 진보적 미래를 제시하기 위해 몰두했던 『진보의 미래』라는 책의 집필은 바로 그 염원을 실천하기 위한 작업의 일환이었던 것으로 이해된다. 『진보의 미래』에서 그는 이제 세상이 바뀌었음을, 즉 '진보의 시대'로 가고 있음을 널리 알려야 하며, 그러기 위해서는 "유럽을 확실하게 보여줄 필요"가 있음을 강조한다(노무현, 2009a: 172~173). 세상을 '보수주의 나라'와 '진보주의 나라'로 나눌 경우 미국은 전자를, 그리고 유럽은 후자를 대표하기 때문이라는 것이다(노무현, 2009a: 188). 말하자면 유럽의 진보주의 나라들을 바라보게 해야 다가올 진보의 시대를 상상할 수 있으며, 그래야 그 새 시대를 우리 스스로 만들어갈 수 있으리라는 것이다. 요컨대 유러피언 드림을 모델 삼아 코리언 드림을 진보적으로 새롭게 가꾸어가자는 바람이었다.

2) 대화와 타협의 민주주의

노무현 대통령은 무엇보다 한국의 정치 구도를 대결의 정치에서 대화와 타협의 정치로 전환시키고자 부단히 노력했다. 한국을 대화와 타협의, 이른바 '성숙 민주주의' 국가로 발전시키는 것이 그 자신의 정치적 목표였던 것이다(노무현, 2009b: 247, 260~261). 그 목표를 이루기 위해 그는 특히 정치 제도의 개혁에 관심을 두었다. 제도 환경의 개선이 정치 주체들의 선택과 행위를 보다 성숙한 것으로 변화시킨다는 신제도주의적 문제의식이 깊었던 것이다. 그런데 여기서 새삼 강조하고 싶은 것이 그 대화와 타협의 민주주의야말로 유러피언 드림의 핵심 정치조건에 해당한다는 사실이다. 리프킨이 설파했듯, 유러피언 드림이 실현되는 곳에서는 "정부, 업계, 시민사회를 망라한 모든 행위자들이 정책의 입안·협상·합의 과정에 참여하는" '과정의 정치'가 이뤄진다(리프킨, 2005: 287). 거기서의 최선의 결정은 모든 이해관계자들이 동등하게 참여하는 가운데 그들 사이의 대화와 타협에 의해 민주적으로 도출되는 것이다. 요컨대 유러피언 드림은 대화와 타협의 정치에 의해 실현되어간다는 것이다. 그렇다면 노무현 대통령이 추진했던 정치 개혁은 결국 이 땅에서 유러피언 드림을 이루기 위함이었다는 해석이 가능하다. 그의 정치적 목표였던 대화와 타협의 민주주의 발전은 그가 꿈꿨던 유러피언 드림과 맥을 같이했다는 것이다.

　노무현 대통령은 특히 여야 간, 그리고 지역 간에 상존해 있는 대결정치 구도를 타파하기 위해 노심초사했다. 전자, 즉 여야 간의 대결 정국은 '여소야대' 상황에서 각별히 심각한 문제를 야기할 수 있는 것이다. 대통령을 정점으로 하는 행정부가 야당이 지배하는 국회와의 갈등으로 정부 입법안 처리, 각료 임명, 기타 각종 정책수행 등에서 상당한 곤란을 겪을 수 있기 때문이다. 그 경우 정국은 교착과 파행으로 치닫게 된다. 그런데 이 여소야대는 한국과 같은 다정당 체계의 대통령 중심제에서는 가끔 일어나는 현상 정도가 아니라 오히려 '정상 상태(normal state)'에 가깝다.[1] 다당제에서는 의석이 여러 정당들에 의해 나눠지므로 여당을 포함한 어느 한 정당이 의회의 과반 의석을 안정적으로 차지하기란 쉽지 않은 일이기 때문이다.

---

[1] 그래서 다정당 체계와 대통령제의 만남은 제도적 부조화 문제를 상시적으로 일으키는 "곤란한 결합(difficult combination)"이라고 평가되기도 한다(Mainwaring, 1993).

민주화 이후의 한국 정당정치는 지역 할거주의에 기인한바 큰 다정당 체계로 일관해왔으며 여소야대 문제는 일상화가 됐다.

그동안 이 문제를 해결하기 위하여 노태우 정부 때는 3당 합당, 김영삼 정부에서는 타당 의원 빼오기, 김대중 정부 당시에는 'DJP 공조'라는 일종의 정당 연합 등과 같은 인위적인 정계 개편들이 시도됐다. 그러나 주지하듯 그것들은 오히려 정당 간 대결 정치의 심화, 정당과 정치인에 대한 국민의 불신 확산, 의회정치의 위상 추락 같은 심각한 후유증만 남기고는 했다. 노무현 대통령은 이런 미봉책이 아니라 보다 구조적이고 제도적인 해법을 찾고자 했다. 그리하여 여야 간에 대화와 타협이 가능한 정치 구도가 안정적으로 구축되기를 희망했다. 다음 절에서 상술하는 당정 분리, 총선과 대선 주기의 일치 및 대통령 4년 중임제, 그리고 프랑스식 동거 정부 혹은 대연정 구성 등이 모두 이러한 희망에서 제안된 제도 해법들이었다.

한편 노무현 대통령은 지역 대결의 정치 구도 그 자체를 심각한 문제로 보는 동시에, 그것을 정책 중심의 대화와 타협의 정치발전을 가로막는 핵심 장애로 판단했다. 그래서 그는 지역주의 타파를 자신의 "역사적 소임"으로 여겼다(참여정부 대통령비서실, 2009: 6~7). 그리고 이 문제에도 역시 제도적 접근 방법을 취했다. 그가 정확히 파악한 대로 기왕의 지역주의와 결합된 소선거구 일위대표제는 지역 명망가들을 다수 확보하고 있는 지역 기반이 튼실한 거대 정당들에게 엄청난 프리미엄을 제공하는 선거제도다. 따라서 지역 기반이 취약한 이념이나 정책 중심의 신생 전국정당들은 언제나 매우 불리한 선거 환경에 처하게 된다. 여기서 지역 정당구도와 지역 할거주의가 지속되는 것은 당연한 일이다.

노무현 대통령은 지역주의 정치 구도를 해소하기 위해서는 선거제도를 개혁하는 일이 급선무라고 보고 일찍이 대선 공약으로도 중대선거구제와 비례대표제의 도입을 내걸었다. 2003년 4월에 행한 당선 후의 첫 국회 시정연설에서는 "국회가 지역구도 해소를 위한 선거법을 개정하면 과반수 정당을 차지한 정당 또는 정치 연합에게 내각의 구성 권한을 이양하겠다"는 파격적인 선언을 했다(참여정부 대통령비서실, 2009: 202). 그만큼 그의 선거제도 개혁 열정은 각별한 것이었다. 그러나 국회와 그 구성원들은 대통령의 열정에 화답하지 않았다. 급기야 2005년 7월에는 선거구제 개편을 전제로 한 대연정 제안까지 나왔다. 한나라당과 협력 관계를 구축함으로써 여야 간의 대결 정치를 종식시킴은 물론, 선거제도의 개혁을 통해 지역 대결구도까지 타파하고 싶었던 것이다.

이상에서 간략히 본 대로 노무현 대통령은 대화와 타협의 민주주의 발전을 위하여 수많은 제도 해법을 제시했다. 그만큼 그의 유러피언 드림은 강렬하고 지속적인 것이었다. 그러나 불행히도 그의 재임 기간 중 유의미한 제도 개혁은 거의 이뤄지지 않았다. 따라서 그가 그리도 혁파하고 싶었던 한국의 대결정치 구도는 지금도 여전하다. 이유가 뭘까? 무엇이 잘못됐기에 그의 그 순수하고 뜨거운 충정이 소망하던 정치 개혁으로 이어지지 않았던 걸까? 물론 이 의문에 대한 대답은 다양하다. 어떤 이들은 준비가 덜 된 채 정권을 잡게 된 탓이라고 한다. 다른 이들은 재벌, 관료, 보수 언론 등으로 형성된 기득권층 연대의 영향력이 워낙 큰 탓이었다고도 한다. '바보 노무현'의 순진함 또는 전략 부재에서 그 원인을 찾는 이들도 있다. 모두가 타당한 측면이 있는 대답들이며 그 외에도 그러한 대답들은 더 많이 있을 것이다.

그러나 이 글에서 주목하는 것은 유러피언 드림을 간직했던 노무현 대통령이 정치제도의 개혁에 실패했다는 사실과 그 구체적 원인들이 아니다. 여기서는 그 꿈을 이루기 위해 그가 취했던 접근 방법 혹은 개혁 노선의 전체적인 방향성을 평가해보고자 한다. 결론부터 말하자면, 노무현 대통령은 자신의 이상향으로 연결되어 있는 것과는 사뭇 다른 노선을 걷고는 했다는 것이다. 유러피언 드림을 구현하기 위해서는 '유러피언 로드'를 일관성 있게 걸었어야 했는데, 그는 '아메리칸 로드'로 자주 들어섰고 한번 들어서면 그 길에 너무 오래 머물고는 했다. 마음으로는 유러피언 드림을 이 땅에서 이뤄 한국을 진보주의 시대로 이끌고자 염원했으면서도, 행동에서는 많은 경우 그 자신이 보수주의 시대의 것으로 규정했던 아메리카의 방식 혹은 그 경로를 따랐다는 것이다.

2. 유러피언 드림, 아메리칸 로드

1) 유러피언 드림, 아메리칸 데모크라시

상기했듯 대화와 타협의 정치발전은 유러피언 드림을 구현하는 기본 조건이다. 대결의 정치가 난무하는 곳에서, 예컨대 사회경제적 약자를 포함한 구성원들 모두가 상당 수준의 삶의 질을 안정적으로 영위할 수 있는 유러피언 스타일의 복지 공동체가 형성되거나 유지될 수는 없는 일이다. 노무현 대통령이 야당과의 협력관계 구축을 갈구한 근본 까닭이다.

집권 초반기에 그는 분명하게 미국식 협력정치를 모색했다(안병진, 2005: 130). 대통령 중심제를 불변의 제도 변수로 상정하고 그 틀 내에서 여야 간 협력 방안을 찾았던 것이다. 2003년 8월 노무현 대통령은 "미국식 대통령제가 한국에 필요하다"고 말했다(참여정부 대통령비서실, 2009: 119). 여소야대 상황을 극복하기 위해서는 미국에서와 같이 대통령이 여당은 물론 야당 의원들을 상대로 직접 대화하고 설득하는 초당적 국정 운영이 정착돼야 한다는 취지였다. 취임 전부터 약속한 당정 분리는 이러한 국정운영 방식을 위해서도 지켜질 필요가 있는 것이었다.

그러나 미국식의 초당적 협력정치는 전혀 작동되지 않았다. 그것은 그에 부합하는 여러 정치제도와 관행, 그리고 정치 문화를 필요로 하는 것이었다. 예를 들면 미국과 달리 한국의 정당들은 강한 당기를 유지하고 있는 바, 그 조건하에서 의원 개개인의 상당한 자율성이 전제된 미국식 협력정치를 기대하기는 어려웠다. 상상해보라. 한국적 현실에서 당론을 어겨가며 노무현 대통령과 개인적으로 협력 관계를 맺을 한나라당 의원들이 얼마나 나올 수 있었겠는가. 아래에서 상세히 설명하겠지만, 한국의 대결정치 구도는 선거제도, 정당 체계, 권력구조 등을 포함한 정치체제 전반이 정합성을 유지하며 하나의 패키지로 개혁되지 않는 한 그리 쉽게 변할 성질의 것이 아니다. 그런데 당정 분리 정도의 지엽적 제도 변화와 대통령 개인의 노력만으로 어떻게 미국식 협력정치가 가능해질 수 있었겠는가.

결국 노무현 대통령은 임기 말인 2007년 1월에 이르러 보다 총체적인 제도 개혁안을 내놓는다. 핵심 내용은 두 가지였다. 하나는 대통령 중심제를 유지하되 현행 5년 단임제를 미국과 같이 4년 중임제로 고치자는 것이었고, 다른 하나는 대선과 총선의 시기를 일치시키자는 것이었다. 그러나 '원포인트 개헌'안이라 불리던 이 제안은 폭넓은 지지를 얻지 못했다. 단임제 대통령은 대표·책임의 원리에서 벗어날 가능성이 클뿐더러 레임덕 현상 때문에 임기 후반기에는 소신 있는 국정 운영을 펼치기 어렵다는 등의 이유로 4년 중임제가 바람직하다는 주장이었지만, 그것은 사실상 8년 임기의 보장과 같은 의미라는 반론이 거셌다. 4년 중임제를 택하고 있는 미국의 경우에도 연임에 실패한 대통령이 별로 없다는 사실은 이 비판자들의 주장에 힘을 실어주는 것이었다. 결국 4년 중임제는 그저 레임덕 현상의 발생을 몇 년 연기시킬 뿐이지 문제의 근본적 해결책은 아니라는 것이었다.

대선과 총선을 동시에 실시함으로써 만연한 여소야대 현상을 방지해보자는 주장에 대해서도 이견이 많았다. 물론 그 경우 대통령을 배출한 정당이 의회의 다수당 지위를 차지할 가능성은 높아지겠으나 (그렇다고 확실한 보장책이 되는 것은 아닐뿐더러) 거기에는 적지 않은 부작용이 따르리라는 우려가 컸다. 주지하듯 한국의 대통령제는 대통령 1인에게 제어가 어려울 정도의 막강한 권력이 집중되는 것이 큰 문제인데 그나마 몇 안 되는 그 '대권' 견제기제인 (대통령 임기 중의) 총선과 그 결과인 분점 정부의 긍정적 효과마저 소멸된다면 대통령의 권력은 지금보다 오히려 더 막강해질 수 있다는 것이었다.

사실상의 임기 연장안일뿐더러 대선·총선의 주기 일치로 여소야대의 가능성을 낮추자고 하는 개혁안은 결국 제왕적 대통령제를 강화하고자 하는 주장에 불과하다는 반대 논리가 시민사회에 상당한 반향을 일으켰다. 더구나 평소 이러한 방향으로의 개헌에 찬성했던 보수 언론과 한나라당은 막상 노무현 대통령이 제안하자 '정략'에 불과하다며 개헌안을 덮으려 했다. 급기야 2007년 4월에는 여당과 야당이 한목소리로 개헌 문제는 차기 국회로 넘기자며 대통령의 개헌발의 유보를 요청했다. 개헌 가능성이 전무한 상황임을 파악한 노무현 대통령은 그 요청을 수용하는 수밖에 없었다.

물론 노무현 대통령이 미국식 순수 대통령제만을 유일한 대안으로 생각한 것은 아니었다. 그는 취임 이전부터 프랑스식 분권형 대통령제에도 일정한 관심을 보였다. 상기했듯 그는 2003년의 국회 연설에서 국회의 다수파에게 총리 지명권 및 내각 구성권을 넘길 뜻이 있음을 분명히 했는데, 그 같은 의사는 이미 후보자 시절에도 언론에 밝힌 것이었다(참여정부 대통령비서실, 2009: 121). 여소야대 문제를 프랑스에서와 같이 '동거 정부'의 구성을 통해 풀어볼 수 있으리라는 구상이었다. 그러나 탄핵 정국 직후인 2004년 4월의 17대 총선에서 열린우리당이 압승하여 여대야소가 성립되자 그 같은 구상은 더 이상 진전되지 않았다. 권력분점 논의는 2005년

4월의 재보궐 선거로 정국이 1년 만에 다시 여소야대로 돌아가자 재개됐다. 7월에 노무현 대통령은 한나라당에 대연정을 제안했다. 비록 한나라당의 거부로 무산되고 말았지만 그의 바람이 대화와 타협의 정치발전에 있었음은 분명했다.

일각에서는 노무현 대통령이 대연정을 제안한 이유가 권력구조에 대한 그의 정치철학이 급전환했기 때문이라고 이해한다. 집권 초반기에 시도했던 미국식 대통령제의 실험이 실패하자 중반기에 들어서는 유럽식 준대통령제로 관심을 급격히 돌렸다는 것이다(안병진, 2005: 131, 150). 그러나 그의 대연정 제안은 (정치철학과는 관계없이) 기본적으로 여소야대 국면을 극복하기 위한 고육지책이었다고 해석함이 타당하리라고 본다. 그 자신이 회고했듯, 노무현 대통령은 늘 여소야대 정국이 오면 "과연 어떻게 정치를 할 것인가를 두고 고민"했다(노무현, 2009b: 242). 미국식 협력정치가 작동하지 않을 경우의 대안 마련이 필요했고, 그것이 바로 프랑스식 권력분점 방식이었던 것이다. 그런데 미국식 접근법의 실패는 이미 초반기에 확인됐고, 남은 것은 결국 프랑스식이었다.

그의 회고를 다시 들어보자. "2005년 4월 30일로 여대야소가 뒤집어졌습니다. 그래서 그 국면에서 어떻게 빠져나갈 것인가를 깊이 생각하다 제 자신의 논리에 다시 빠져버린 것입니다. … 나중에 판단해보니 (대연정은) 좋은 아이디어가 아니었습니다. … 뼈아픈 실책으로 기억하고 있습니다"(노무현, 2009b: 244~245). 대연정 제안이 정치철학을 실천하기 위한 체계적인 전략 행위가 아니라 단지 주어진 난국의 돌파책에 불과했음을 밝히는 대목이다. 노무현 대통령이 유럽식 내각제나 준대통령제의 '분권과 연합의 정치철학'에 매료된 결과는 아니라는 것이다. 사실 노무현 대통령은 현행 헌법 체계하에서의 권력 분점 가능성에 대해서만 언급해왔다. 즉, 기본적으로는 대통령 중심제를 유지하면서 그 틀 안에서 대통령 개인의 의지와 역량으로 구성 가능한 연정을 제안했다는 것이다. 진정한 유럽식 분권형 대통령제를 선호했다면 그에 합당한 헌법 개정안을 내놨어야 했다. 그러나 그는 결코 그런 개헌안을 내놓지 않았다. 상기했듯, 권력구조 개편에 대한 그의 최종 제안은 4년 중임제의 도입이 포함된 미국식 순수 대통령제의 강화였다.

요컨대 노무현 대통령은 미국식 순수 대통령제를 선호했다는 것이다. 유럽식 권력구조에 눈을 돌린 적은 있으나 그것은 비상시의 대안 정도로 여겼을 뿐이고, 따라서 그 시선은 거기 오래 머물지 않았다. 유러피언 드림을 구현하기 위해 필요한 대화와 타협의 정치발전은 미국 방식으로도 충분히 가능한 일이라고 믿었던 것으로 보인다. 그러나 과연 그럴 수 있는 걸까? 유러피언 드림을 아메리칸 데모크라시를 통해 이뤄낼 수 있을까?

2) 유러피언 드림, 아메리칸 캐피털리즘

유러피언 드림과 아메리칸 데모크라시 간의 관계 못지않게, 아니 그보다 훨씬 더 상호 친화적이지 않은 것으로 보이는 관계가 유러피언 드림과 아메리칸 캐피털리즘 간의 관계다. 이 글의 모두에서 언급했듯이 유러피언 드림에서 특히 존중하는 가치는 공동체, 다양성, 삶의 질, 보편적 인권 등이다. 널리 알려져 있듯이 (대륙) 유럽의 자본주의는 바로 이러한 가치들을 다른 어떤 유형의 자본주의에서보다 더 중시하는 형태로 발전해왔다. 그러나 현 시기 미국의 자본주의는 전혀 다르다. 거기서는 개인의 경제적 자유, 무한 경쟁과 효율성, 부의 축적과 경제성장 등이 중시될 뿐이다.

그런데 노무현 대통령은 대체적으로 미국식 자본주의 노선을 선택한 것으로 보인다. 유러피언 드림을 아메리칸 캐피털리즘을 통해 이룰 수 있으리라고 여겼던 것일까? 과연 그것이 가능한 일일까? 이에 대한 자세한 논의는 다음 절로 미루고, 여기서는 일단 노무현 대통령이 신자유주의라고 부르는 미국식 자본주의를 수용한 사회경제적 결과와 그것이 진보주의 개혁 과정에 끼친 정치적 손실을 정리해보자.

노무현 대통령은 김대중 대통령과 더불어 한국의 역대 대통령들 중 가장 진보적인 대통령에 속한다. 그러나 그 두 지도자를 사회주의자나 사민주의자라고 보기는 어렵다. 굳이 분류하자면, 그들은 자본주의 체제의 발전을 중시하되 거기서 나타나기 마련인 사회경제적 약자들의 구조적 어려움을 개인의 사회적 자유 보장차원에서 정부가 적극적으로 나서 해결해줘야 한다고 본 사회적 혹은 진보적 자유주의자라고 할 수 있을 것이다. 국민의 정부가 모토로 삼은 '민주주의와 시장경제의 병행 발전'이나 참여정부의 '동반 성장' 혹은 '균형발전'은 공히 자본주의 시장경제의 효율성은 제고해가되, 그로 인한 폐해는 민주주의와 법치주의 정치 절차에 따라 해결해나가자는 취지에서 나온 것이었다.

그러나 이러한 진보적 자유주의의 가치를 현실에서 그대로 실천한다는 게 결코 쉬운 일은 아니었던 듯하다. 민주적 시장경제 체제를 이루고자 했던 이른바 '민주정부 10년' 동안 한국의 경제체제는 오히려 신자유주의의 공고화 과정을 겪었다. 그 기간에 경제 민주화보다는 시장 비대화의 길을 걸었다는 표현은 결코 과장된 것이 아니다. 이와 관련해 민주당의 '민주정부10년위원회'가 작성한 보고서 내용을 간략히 살펴보자(민주정부10년위원회, 2010: 82~85). 보고서는 민주정부 10년의 경제정책상의 한계로서 다음 세 가지 문제가 불거졌음을 인정한다. 시장 권력의 비대화, 노동의 소외, 양극화의 심화가 그것이다. 결국 경제 민주화에 성공하지 못했다는 것이며, 그 구체적 모습은 재벌 권력의 무소불위한 확장, 대기업과 중소기업의 격차 심화, 노동시장의 유연성 증대와 비정규직의 급증, 빈부 격차의 심화 및 민생 문제의 악화 등으로 나타났다고 설명한다.

노무현 정부만을 따로 떼어놓고 봐도 별로 달라질 것은 없다. 국민의 정부가 IMF 관리 체제하에서 수용한 신자유주의 정책 기조는 참여정부에도 그대로 이어졌기 때문이다. 애초 동반성장 달성을 목표로 출범한 참여정부는 오래 지나지 않아 사실상 성장 우선주의로 회귀하며 이른바 '좌파 신자유주의' 논란을 자초했다. 초기에 추진했던 재벌 개혁이나 금융 개혁은 갈수록 후퇴했고, 노사 개혁 역시 흐지부지됐다. 노무현 대통령 스스로 언급한 대로 이미 권력은 시장에 넘어간 듯했다. 더구나 임기 후반기에는 신자유주의 주도 국가인 미국과의 경제통합을 한미 FTA라는 이름으로 강력히 추진함으로써 아예 노골적으로 한국 자본주의 체제의 '미국화' 노선을 걷겠다는 듯한 태도를 보였다. 그 사이 비정규직의 증가나 빈부 격차의 심화 문제는 악화일로를 달렸다.

미국식 자본주의 수용에 따른 이 같은 사회경제적 결과는 노무현 대통령이 염원했던 대화와 타협의 참여 민주주의 발전에 매우 부정적인 영향을 끼쳤다. 미국식 협력정치든 프랑스식 연합정치든 혹은 선거제도의 개혁이든 권력구조의 개편이든 그 정도의 정치 실험이나 정치 개혁이 성공하기 위해서는 무엇보다 노무현 대통령의 지지 기반이 튼실하게 유지되어야만 했다. 그래야 개혁을 강력하게 추진해갈 수 있었다. 그러나 미국식 신자유주의 노선에 따른 노동의 유연화, 실업과 비정규직 및 영세 자영업자의 증대, 그리고 그 결과인 빈부 격차의 심화는 지지 기반의 붕괴로 이어졌다. 더구나 집권 후반기에는 대연정과 한미 FTA 추진 등으로 그나마 남아 있던 지지 세력을 균열시켰고 개혁의 동력은 거의 소진됐다.

모름지기 경제적 불평등은 정치적 불평등으로 이어진다. 경제적 자원이 부족한 이들은 효과적인 정치 참여를 위한 정보, 시간, 네트워크, 열정 등의 정치적 자원도 충분히 갖기 어렵기 때문이다. 따라서 "사회경제적 불평등의 증대는 우리 사회 계층구조의 하층에 있는 보통 사람들의 삶의 피폐화를 의미하기도 하지만, 그것은 민주주의의 사회적 기반을 심각하게 훼손함으로써 민주주의를 위험에 빠뜨릴 수 있다"(최장집, 2007: 103). 빈곤층일수록 투표율이 낮다는 사실이 증명하듯, 자신들의 삶이 피폐해지거나 나아지지 않을 때 시민들의 정치 참여는 줄어들기 마련이다. 요컨대 노무현 대통령이 취한 아메리칸 캐피털리즘 노선은 참여정부의 주요 지지세력인 사회경제적 약자들의 선호 및 이해관계와 어긋나는 것이기도 했지만, 참여 민주주의 발전의 사회적 토대 자체를 약화시켜 놓은 것이기도 했다는 것이다.

3. 유러피언 드림, 유러피언 로드

상식적으로 생각해봐도 유러피언 드림을 이루기 위해서는 유러피언 로드를 따라가는 것이 맞는 게 아닐까? 만약 그렇다면 무엇이 유러피언 로드일까? 앞 절에서 우리는 아메리칸 로드를 구성하는 것이 아메리칸 캐피털리즘과 아메리칸 데모크라시인 것으로 상정하고 그 노선상에 놓여 있던 노무현 대통령의 개혁 여정을 살펴봤다. 이 절에서는 그와 대칭되는 유러피언 캐피털리즘과 유러피언 데모크라시가 무엇인지, 그리고 왜 그 둘의 조합이 유러피언 드림을 실현시키는 유러피언 로드로 기능하는지를 알아보도록 한다.

1) 유러피언 드림, 유러피언 캐피털리즘

사실 유러피언 드림의 핵심에는 '멋진' 국가가 있다. 그 국가는, 예컨대 약자일 수밖에 없는 노동에 힘을 실어주어 노사 관계가 동등한 파트너십을 전제로 하여 건설적이고 평화적으로 유지될 수 있게 한다. 그리하여 노동시장에서의 1차 분배과정이 공정하게 진행되도록 돕는다. 2차 분배과정에서도 마찬가지다. 거기서도 국가는 재분배 효과가 분명한 조세나 복지정책 등을 통해 경제적 약자일지라도 사회 공동체의 당당한 구성원으로서 양질의 삶을 누릴 수 있도록 지원한다. 자본주의 사회임에도 불구하고 성장, 효율성, 경쟁만이 아니라 분배, 형평성, 연대 등의 가치가 중시되고 지켜지도록 약자의 편에 서서 시장을 조정하고 사회 공동체를 유지해가는 핵심 역할을 국가가 맡고 있다는 것이다.

그런데 국가의 이러한 조정 역할은 영미식 '자유시장경제(liberal market economy: LME)'보다는 (대륙) 유럽식 '조정시장경제(coordinated market economy: CME)'에서 주로 목격된다.[2] <표 3-1>에 정리된 조정시장경제와 자유시장경제의 특성을 단순화해서 말하자면, 조정시장경제에서는 시장이 국가 혹은 사회와 상호 '맞물려(embedded)' 돌아가는 반면, 자유시장경제에서는 그러한 맞물림의 관계가 '풀려서(disembedded)' 시장이 자율적으로 작동하는 것이라고 할 수 있다. 다시 말해 조정시장경제에서는 시장에 대한 국가 및 사회의 조정 혹은 개입이 상시적으로 일어나지만, 자유시장경제에서는 금융 체계, 노사 관계, 숙련형성 체계, 고용 체계 등 생산과 관련된 모든 제도들이 기본적으로 기업에 의해, 시장의 원리에 따라 '자유롭게' 작동된다는 것이다.

조정시장경제 체제의 대표적 사례는 독일을 비롯한 서유럽 선진국들과 북유럽 국가들에서 찾을 수 있는데 (그래서 이를 유럽형 자본주의 혹은 유러피언 캐피털리즘이라고 부르는 것인데) 이들 나라에서는 시장의 조정이 주로 '사회적 합의주의(social corporatism)' 방식에 의해 이뤄진다.[3] 흔히 '노사정

---

2) '자본주의의 다양성(varieties of capitalism)' 논자들에 의해 유형화된 자유시장경제와 조정시장경제에 대한 자세한 설명은 최태욱(2010b: 503~510) 참조.
3) 한국에서는 많은 사람들이 'social corporatism'을 (사회적) 조합주의라고 번역하나 그보

<표 3-1> 생산 레짐의 구성 제도와 자본주의의 양대 유형

구분	조정시장경제	자유시장경제
대표적 예	북유럽, 독일	영국, 미국
금융 체계와 경제 거버넌스 (기업 지배구조와 기업 간 관계)	장기 투자자본 · 은행부채 중심의 자본조달 (이해관계자 가치 존중) · 강한 기업연합 조직 · 기업 간 연결망	단기 자본시장 · 주식 발행에 의한 자본조달 (주주가치 존중) · 제한적인 기업 간 조정 · 독점금지법(기업 독자성)
노사 관계	조정된 협상 · 법정 노동대표	분권적 협상 · 분쟁적 작업장 관계
상품생산 체계	고숙련 생산 · 고품질 특화 상품 · 유연적 전문화	저숙련 생산 · 대량생산 상품 · 수량적 유연화
숙련형성 체계와 고용 체계	직업훈련 중심 · 장기 고용 · 낮은 이직과 기업 내 이동	일반 교육 중심 · 단기 고용 · 높은 이직과 기업 간 이동
국가의 역할	큰 정부 · 적극 개입 · 사민주의·사회적 자유주의 성향	작은 정부 · 시장에 대한 최소 개입 · 경제적 자유주의 성향

자료: 최태욱(2010b: 507).

'3자 협약의 정치경제'라고 불려왔던 사회적 합의주의는 효과적인 집단행동을 하기에 충분하리만큼 잘 조직된 주요 이익집단들이 '국가'의 사회 및 경제정책의 수립 과정에 직접 참여하도록 함으로써 사회적 공감대 형성을 전제로 한 시장 조정을 원활하게 하는 민주적 거버넌스 체계라 할 수 있다.[4] 여기서 특히 주목할 것은 노동 등의 사회경제적 약자 그룹들이 이 거버넌스 체계의 주요 구성원이라는 사실이다. 이들의 동등하고 효과적인 참여가 제도화되어 있으므로 이 사회합의주의적 거버넌스에 의해 규율되는 조정시장경제 체제에서는 복지 체계가 발달하기 마련이다. 유럽

다는 사회적 합의주의라고 하는 것이 본래의 의미를 더 잘 전달한다고 생각하여 여기서는 그 용어를 사용하도록 한다.
[4] 사회적 합의주의의 작동 조건과 다양한 형태 등에 대해서는 최태욱(2010a: 222~223, 228~232) 참조.

형 자본주의를 '사회합의주의 모델'이나 '복지자본주의'라고 부르는 것은 이런 까닭이다.

한편 미국식 자본주의인 자유시장경제 체제의 핵심 가치는 '경제적 자유'다. 국가나 사회의 조정과 개입이 최소화된 상태에서의 경제적 자유란 사실 강하고 능력 있는 경제주체들만의 자유일 뿐이다. 사회의 다수를 구성하는 경제적 약자들은 그저 주변화되기 십상이다. 양극화는 당연한 귀결이다. 그렇다고 사회경제적 약자들의 거버넌스 참여가 안정적으로 보장되는 것도 아니다. 여기서 복지, 형평성, 연대 등의 가치를 중시하는 유러피언 드림이 실현될 가능성은 매우 낮다.

2) 유러피언 드림, 유러피언 데모크라시

앞서 본 바와 같이 복지자본주의의 발달로 요약되는 유러피언 드림을 실현하는 데는 국가의 시장조정 역할이 상당했다. 그런데 그러한 국가의 역할은 도대체 어떠한 조건에서 작동될 수 있는 걸까? 그러한 역할을 수행하는 국가들은 왜 미국이 아닌 (대륙) 유럽에서 발견되는 것일까? 우리는 여기서 영국을 제외한 거의 모든 유럽 선진국들은 이른바 '합의제 민주주의(consensus democracy)' 국가로 분류되는 반면, 미국과 영국은 '다수제 민주주의(majoritarian democracy)' 국가에 속한다는 사실에 주목할 필요가 있다.[5] 합의제 민주주의와 유럽형 조정시장경제 사이에 일종의 친화성이 존재한다는 것이다.

<표 3-2>는 다수제 민주주의와 합의제 민주주의의 5대 특성을 요약한

---

[5] 여기서 다수제 민주주의와 합의제 민주주의의 구분은 <표 3-2>에 요약한 레이파트(Lijphart, 1999)의 연구에 따른 것이다.

<표 3-2> 다수제 민주주의와 합의제 민주주의의 5대 특성

구분	다수제 민주주의의 전형	합의제 민주주의의 전형
(국회의원) 선거제도	일위대표제 등의 상대다수대표제 (승자독식제)	비례대표제 또는 비례성 높은 혼합형 선거제도
정당 체계	양당제	(온건)다당제
행정부 구성	일당 혹은 소수 정당에 의한 독과점	다수 정당에 의한 분점, 즉 연립정부
행정부-입법부 간 힘의 분배	행정부의 압도적 우위	입법부-집행부 간의 균형 혹은 전자의 우위
이익집단 간 경쟁 구도	다원적·분산적·분쟁적·대립적	사회적 합의주의 발달로 협력적

자료: 최태욱(2011: 47).

것이다.[6] 표를 자세히 보면 양자 간의 핵심 차이가 정치권력의 분산 정도와 그 행사 방식에 있음을 파악할 수 있다. 다수제 민주주의에서는 선거에서 승리한 다수파 정치 세력이 정치권력을 독차지하는 것이 원칙이다. 권력의 행사도 패자에 대한 고려 없이 승자 독단으로 이뤄질 수 있다. 승자독식·패자전몰 민주주의라고 부르는 이유다. 반면 합의제 민주주의에서는 정치권력이 여러 세력에게 분산되어 상호 의존과 협력을 통해서만 그것이 사용되도록 설계되어 있다. 따라서 정치과정은 상이한 정치세력들 간의 대화와 타협에 의해서만 진행될 수 있다. 합의에 의한 권력 사용이 제도적으로 강제된 상태인 것이다.

그런데 왜 유럽형 조정시장경제는 이 합의제 민주주의와 친화적일까? 우선 그 사실 여부부터 확인해보고 나서 그 원인을 간략히 살펴보자. 조정시장경제의 핵심 특징이 높은 수준의 복지, 균형 잡힌 분배, 그리고 안정적인 사회 통합 등이라는 것은 상기한 대로다. 많은 연구자들이 합의제 민주

---

[6] 다수제 민주주의와 합의제 민주주의의 5대 특성에 대한 자세한 설명은 최태욱(2010a: 220~223) 참조.

주의를 택하고 있는 국가들에서 이러한 조정시장경제의 특징들이 더 자주, 그리고 더 뚜렷하게 나타나고 있음을 증명해 보였다. 예를 들어 레이파트(Lijphart, 1999: 275~300)는 다수제보다는 합의제 민주국가들에서 복지 체계가 더 튼실하며, 빈부 격차가 덜하고, 약자나 소수자에 대한 배려가 더 철저하다는 것을 실증적으로 보여준 바 있다. 크레파즈(Crepaz, 2002) 역시 합의제 민주주의에 가까울수록 조세나 복지 정책 등을 통한 정부의 재분배 수행 능력이 높다는 사실을 밝혀냈다. 그리고 사회 통합과 정치 안정 측면에서의 상대적 우월성은 단연 합의제 민주주의에 있다는 것도 경험적 연구 결과로 증명됐다(Armingeon, 2002).

합의제 민주주의 체제에서 조정시장경제가 발전하는 이유를 한마디로 요약한다면 거기에는 '포괄의 정치(politics of inclusion)'를 지원하는 정치제도가 존재하기 때문이라고 할 수 있다.[7] 포괄의 정치란 국가에서 일어나는 정치적 결정 과정에 사회경제적 약자들을 포함한 모든 시민이 누구나 동등하고 효과적으로 참여할 수 있는 길이 열려 있는 정치를 의미한다(최태욱, 2010a: 219). 이러한 참여 정치가 보장되는 곳에서는 국가나 사회의 직간접적 시장 개입이 정치적 경로를 통하여 상시적으로 일어날 수 있으며, 따라서 빈곤과 격차, 그리고 실업 등과 같은 자본주의의 폐해는 정치적 개입에 의해 크게 감소될 수 있다. 앞서 조정시장경제의 근간으로 설명한 사회적 합의주의 역시 포괄 정치의 한 형태라 할 것이다.

그런데 이 포괄의 정치는 합의제 민주주의를 구성하는 정치제도들 덕분에 그 작동이 보장되는 것이다. 비례대표제, 온건 다당제, 연립정부 등이 그 제도들이다. 유럽형 합의제 민주주의의 핵심 제도는 의회 의석을 정당

---

[7] 포괄의 정치는 다수제가 아닌 합의제 민주주의에서 보다 활발하게 작동한다는 사실 역시 실증적으로 증명된 바 있다(Crepaz and Birchfield, 2000). 참고로 다수제 민주주의에서는 기본적으로 '배제의 정치(politics of exclusion)'가 작동된다.

득표율에 비례하여 각 정당에게 배분하는 비례대표제 또는 비례성이 높은 혼합형 선거제도다. 이러한 선거제도하에서는 지역이나 인물이 아닌 정책과 이념 중심의 선거정치가 활성화되면서 좌와 우, 진보와 보수, 약자와 강자, 소수자와 다수자 등 시민사회의 다종다양한 세력을 대변하는 이른바 '구조화된' 다정당 체계가 발전한다. 유력 정당의 수는 통상 셋 이상이기 마련이므로 단일 정당이 의석의 과반을 차지할 가능성은 거의 없다. 따라서 순수 의회 중심제의 의원 내각이나 분권형 대통령제의 행정부는 일반적으로 연립정부의 형태로 구성된다.

이러한 제도 조합으로 인해 국민의 뜻을 해석하고 구현하는 일, 즉 민주국가를 운영하는 일이 오직 이념 혹은 정책에 의해 구조화된 다수 정당들 사이의 합의에 의해서만 가능한 합의제 민주주의가 체계를 갖추게 된다. 그 정당들에 약자와 소수자를 대표하는 유력 정당들이 포함됨은 당연한 일이다. 이 정당들 덕분에 사회경제적 약자를 위한 포괄의 정치는 제도화 상태에서 안정적으로 작동된다. 요컨대 비례대표제, 온건 다당제, 연립정부 등으로 이뤄진 이른바 '협의주의(consociationalism)' 제도 패키지가 합의제 민주주의의 발전을 견인하는 것이며,[8] 거기서의 포괄 정치가 조정시장경제의 작동을 가능케 한다는 것이다. 그렇다면 비례대표제를 핵심으로 하는 합의제 민주주의가 바로 유럽형 조정시장경제 혹은 복지자본주의를 촉진하는 유러피언 데모크라시라는 주장은 타당하다 할 것이다.

---

8) 협의주의는 다당제와 (단독정당정부가 아닌) 연립정부가 정상 상태인 곳에서 국가 운영이 통상 정당 간의 연합정치 방식으로 이뤄지는 민주주의를 지칭한다. 다당제를 촉진하는 선거제도가 비례대표제임을 감안하면 협의주의를 이루는 핵심 제도는 결국 비례대표제, 다당제, 연립정부라고 할 수 있다.

4. 나가는 말

3절의 결론은 유러피언 드림은 유러피언 데모크라시인 합의제 민주주의로 실현 가능하다는 것이다. 그래야 포괄의 정치가 원활히 작동되어 유러피언 캐피털리즘인 복지자본주의로 이어지는 조정시장경제가 발전할 수 있기 때문이다. 그런데 2절에서 봤듯이, 노무현 대통령은 유러피언 드림을 꿈꾸면서도 이 유러피언 로드를 택하지 않고 아메리칸 로드에 경도된 듯한 모습을 자주 보이고는 했다.

물론 프랑스식 동거 정부나 대연정을 제안할 때 유럽식 융합 정치를 염두에 둔 것은 사실일 것이다. 그러나 상기했듯이 그 제안은 기본적으로 미국식 대통령 중심제를 유지하되 그 틀 안에서 개인적 결단으로 행정부 권력의 일부를 자신의 재임 기간에 양보하겠다는 정도였지 헌법 개정을 통해 권력구조 자체를 개편하겠다는 의사 표현은 아니었다. 진정 유러피언 데모크라시로의 이동을 희망했다면 연합정치와 포괄 정치의 제도화를 이끌 비례대표제의 획기적 확대 및 의원내각제 혹은 분권형 대통령제 등으로의 전환을 적극 추진해야 했다. 그래서 합의제 민주주의로의 발전을 제도적으로 견인해냈어야 했다.

노무현 대통령은 어쩌면 순수 대통령제에 대한 국민의 선호가 워낙 강하고 흔들림이 없어 그 틀 자체를 바꿀 수는 없었고 오직 그 한계 내에서의 연정 구성만을 꾀했을 수도 있다. 물론 대통령 중심제라고 해서 연합정치가 불가능한 것은 결코 아니다(Lijphart, 2002: 47). 비록 의원내각제나 분권형 대통령제에 비해 연합정치의 유인이 약한 것은 사실이지만, 지금도 남미 등 세계 각 지역의 순수 대통령제 국가들에서 다양한 형태의 연합정치가 이뤄지고 있다(Cheibu, Przeworski and Saiegh, 2004).

그러나 명심할 것이 있다. 연합정치가 비교적 순탄하게 작동하는 대통령 중심제 국가들에서는 대부분의 경우 국회의원 선거는 비례대표제나 비례성이 높은 혼합형 선거제도로 치르고, 대통령 선거는 결선투표제로 치른다는 사실이다. 비례대표제는 상기한 대로 이념 혹은 정책적으로 자기 정체성이 분명한 다수의 유력 정당들을 형성, 온전케 하여 어느 정당도 자신만으로는 다수파가 될 수 없는 온건 다당제 상황을 정상 상태로 만듦으로써 정당 간 연합정치를 부추긴다. 한편 구조화된 다당제와 결합된 결선투표제는 '대통령 만들기' 과정에서 여러 정파들 간의 협력과 절충을 유도하여 많은 경우 그 과정이 결국 연립정부의 구성으로 이어지도록 한다. 이것이 비례대표제 및 결선투표제의, 이른바 연합정치의 제도화 효과인 것이다. 그런데 이러한 제도 조건이 없는 상황에서, 즉 연합정치의 제도적 유인이 존재하지 않는 상황에서 노무현 대통령 개인의 충정만으로 연정을 꾸미려 했던 것은 애초부터 무리였는지 모른다. 대통령 중심제의 틀 안에서나마 연합정치의 활성화를 통해 대화와 타협의 정치발전을 원했다면 대연정의 제안에 앞서 선거제도의 개혁에 모든 역량을 집중했어야 했다.

사실 노무현 대통령의 집권 기간 중 가장 큰 기대를 모았던 정치제도 개혁은 바로 비례대표제의 확대였다. 비록 민주노동당의 헌법소원과 헌법재판소의 위헌판결에 따른 결과이기는 했으나 어쨌든 부분적이나마 정당명부식 비례대표제가 처음 도입된 것은 참여정부 시절의 일이었다. 그리고 그 덕에 2004년의 17대 총선에서는 민주노동당이 '무려' 10석을 얻어 1961년의 5·16 쿠데타 이후 진보 정당이 처음으로 원내에 진출하는 역사적 사건이 벌어졌다. 이념과 정책 중심의 온건 다당제라고 하는 합의제 민주주의 혹은 최소한 연합정치 발전의 정당 조건이 형성될 가능성이 드디어 보이기 시작했던 것이다. 더구나 그 총선에서는 1987년 민주화 이후 최초로 여대야소가 성립됐다. 법률 개정을 통하여 비례대표제를 강화할 수 있는 절호의 기회가 온 것이었다. 상기했듯이 노무현 대통령은 후보 시절부터 줄곧 중대선거구제나 비례대표제의 도입 필요성을 강조해왔다. 그 노무현 대통령의 열린우리당이 152석으로 단독 다수당의 지위를 확보했고, 거기에 전면 비례대표제의 도입을 공식 당론으로 삼고 있는 민주노동당의 10석이 더 있었으니 선거제도 개혁안을 통과시킬 수 있는 의석수는 충분했던 것이다.

그러나 웬일인지 노무현 대통령은 그 호기를 활용하지 않았다. 17대 국회에 들어와 정치개혁특위의 활동은 재개됐지만 여당 주도의 적극적인 선거제도 개혁 추진은 목격되지 않았다. 선거법 개정을 전제로 한 프랑스식 동거 정부 이야기도 중단됐다. 여대야소로 국정운영 상황이 편안해지니 제도 개혁의 절실함이 사라진 탓이 아니겠느냐는 원망 섞인 분석이 분출했다. 대결 정치를 타파하기 위한 선거제도 개혁과 대연정 구성 제안은 과연 여대야소 상황이 종료된 2005년 4월 이후에야 다시 나왔다. 그러나 당시에는 이미 재집권을 확신하고 있던 한나라당이 소수파 대통령의 때늦은 제안을 받아들일 리가 없었다. 노무현 대통령은 철저히 실기한 것이었다.

노무현 대통령의 본심이 무엇이든 간에 임기 말의 '원포인트 개헌'안이 말해주는 것은 아무튼 그의 최종 선택은 결국 미국식 대통령 중심제의 강화였다는 사실이다. 앞서 언급했듯이 대통령의 임기를 사실상 연장해주면서 여소야대 상황의 발생 가능성을 최소화하자는 이 안은 한마디로 대통령에게 힘을 확실하게 몰아주자는 구상이었다. 한국은 미국과 달리 삼권분립이 철저하지 않으며, 미국에 있는 양원제나 연방제 등도 없는 나라라는 사실을 상기하면 이는 한국을 미국보다 훨씬 더 철저한 승자독식 민주주의로 만들어가자는 주장이었다고도 볼 수 있다.

사실 제왕적 대통령제라는 용어도 미국의 대통령 권력을 바라보며 미국의 학자들이 사용한 말이다(Crenson and Ginsberg, 2007). 삼권분립, 양원제,

연방제 등의 대권견제 기제가 작동함에도 불구하고 미국식 대통령제의 권력 독점형 성격은 그만큼 강하다는 의미다. 협의주의 정치 조건과는 정반대로 양당제와 단독정당정부를 정상 상태로 하며 거기에 권력이 임기제 대통령 1인에 집중된 미국식 정치 구조에서 주요 결정이 다양한 정파들의 지속적이고 안정적인 참여와 합의에 의해 이뤄질 가능성은 어차피 낮다. 예컨대 정권이 민주당에서 공화당으로 넘어갈 경우 노동을 포함한 사회경제적 약자들의 정치결정 과정에의 접근성은 현저히 떨어지며 그 결과 그들의 이익과 선호는 무시되기 십상이다. 미국식 대통령 중심제에서 포괄의 정치가 공고화되기를 기대하기는 어렵다는 것이다. 그렇다면 복지자본주의로 요약되는 합의제 조정시장경제나 그것을 핵심 내용으로 하는 유러피언 드림의 구현도 역시 마찬가지가 아니겠는가.

그런데 그러한 미국식보다 더 강한 대통령제를 만들어 과연 어떻게 대화와 타협의 정치발전을 이루고자 한 것인지 노무현 대통령의 마지막 선택은 그 의도가 여전히 의문으로 남는다. 어쩌면 비례대표제나 결선투표제의 도입을 염두에 두었을 수도 있다. 그 경우에는 상기한 대로 연합정치의 활성화를 기대할 수 있기 때문이다. 그러나 그렇더라도 그것이 유러피언 드림을 향한 최선의 권력구조 개편안이 될 수는 없다. 역시 최선의 것은 비례대표제 및 온건 다당제와 더불어 협의주의 제도 패키지를 이루는 의원내각제나 분권형 대통령제가 아니겠는가. 이 의문이 풀릴 날을 기다릴 뿐이다.

참고문헌

김성환. 2010. 「유러피언 드림에서 코리언 드림의 길을 묻다」. 김병준·김창호 외 지음. 『10권의 책으로 노무현을 말하다』. 서울: 오마이북.

노무현. 2009a. 『진보의 미래』. 파주: 동녘.

_____. 2009b. 『성공과 좌절』. 서울: 학고재.

리프킨, 제러미(Jeremy Rifkin). 2005. 『유러피언 드림』. 이원기 옮김. 서울: 민음사.

민주정부10년위원회. 2010. 「경제정책 분야: 경제의 민주화를 향한 길 내기」. 『민주정부10년, 평가와 과제』. 2010년 7월 7일 국회 토론회 자료집.

안병진. 2005. 「한국정치의 미국화 과정에 대한 분석과 조망: 노무현 대통령의 최근 대연정 발언을 중심으로」. 『미국학논집』, 37호 3집.

참여정부 대통령비서실. 2009. 『노무현, "한국정치 이의 있습니다"』. 서울: 역사비평사.

최장집. 2007. 「민주주의를 둘러싼 오해에 대한 정리: 절차적 민주주의의 재조명」. 최장집·박찬표·박상훈 지음. 『어떤 민주주의인가』. 서울: 후마니타스.

최태욱. 2010a. 「진보적 자유주의 구현을 위한 정치제도 조건: 합의제 민주주의」. ≪한국정치연구≫, 19집 3호.

_____. 2010b. 「동아시아 시장경제체제의 '서울컨센서스' 모색」. 동북아역사재단 엮음. 『동아시아 공동체의 설립과 평화 구축』. 서울: 동북아역사재단.

_____. 2011. 「복지국가 건설과 '포괄정치'의 작동을 위한 선거제도 개혁」. ≪민주사회와 정책연구≫, 통권 19호.

Armingeon, Klaus. 2002. "The effects of negotiation democracy: A comparative analysis." *European Journal of Political Research*. Vol.41.

Cheibu, Jose Antonio, Adam Przeworski and Sebastian M. Saiegh. 2004. "Government Coalitions and Legislative Success Under Presidentialism and Parliamentalism." *British Journal of Political Science*, Vol.34, No.4.

Crenson, Matthew and Benjamin Ginsberg. 2007. *Presidential Power: Unchecked and Unbalanced*. W.W.Norton&Company.

Crepaz, Markus M. 2002. "Global, Constitutional, and Partisan Determinants of Redistribution in Fifteen OECD Countries." *Comparative Politics*. Vol.34. No.2.

Crepaz, Markus M. and Vicki Birchfield. 2000. "Global Economics, Local Politics: Lijphart's

Theory of Consensus Democracy and the Politics of Inclusion." in Markus Crepaz et al.(eds.). *Democracy and Institutions: The Life Work of Arend Lijphart*. Ann Arbor: The University of Michigan Press.

Lijphart, Arend. 1999. *Patterns of Democracy*. New Haven: Yale University Press.

_____. 2002. "The Wave of Power-sharing Democracy." in Andrew Reynolds(ed.). *The Architecture of Democracy: Constitutional Design, Conflict Management and Democracy*. Oxford: Oxford University Press.

Mainwaring, Scott. 1993. "Presidentialism, Multipartism, and Democracy: The Difficult Combination." *Comparative Political Studies*, Vol.26, No.2.

제2부 경제정책

제4장 FTA 정책: 미래를 위한 필연의 선택? _김석우

제5장 "재벌 개혁"의 내용과 성과 _김진방

제6장 부동산 정책: 포위된 부동산 혁명? 요란한 해프닝? _김용창

제4장

FTA 정책
미래를 위한 필연의 선택?

김석우 | 서울시립대학교 국제관계학과 교수

우리는 각 분야의 새로운 성장 동력을 창출해야 합니다. 외환 위기를 초래했던 제반 요인들은 아직도 극복해야 할 과제로 남아 있습니다. 시장과 제도를 세계 기준에 맞게 공정하고 투명하게 개혁해, 기업하기 좋은 나라, 투자하고 싶은 나라로 만들고자 합니다(노무현 대통령 취임사 중에서).

1. 머리말

지난 10여 년간 한국의 대외통상 정책, 특히 FTA(Free Trade Agreement: FTA) 정책은 큰 변화를 보였다. FTA의 국가 간 경쟁에서 가장 낙후됐던 한국이 FTA 경쟁을 선도하는 모습을 보이게 된 것이다.[1] 이러한 큰 정책 변화는 노무현 정부 시절 이뤄졌다. 노무현 정부의 대외경제 정책 중 가장

---

[1] 돈 문(Don Moon)은 한국이 세계 FTA 네트워크에서 후발 주자로부터 선두 주자로 변화했다고 설명하고 있다(Moon, 2010).

특징적인 것은 "동시다발적" FTA를 추진했다는 점이다. 노무현 정부 이전에 한국이 FTA 체결에서 다른 지역과 국가들에 비해 상당히 뒤처져 있었다는 점을 고려할 때, 그리고 노무현 정부가 서민과 노동자, 중소기업을 주요 정치적 지지 세력으로 하고 있었다는 점을 고려할 때, 이러한 개방화 정책은 다소 의외라고 판단할 수 있다. 특히 노무현 정부가 출범 초 '동북아 협력'에 외교 초점을 두었다는 점과 그로써 미국과의 갈등이 증가했다는 점을 고려하면, 노무현 정부의 한-미 FTA 추진과 협상 타결은 많은 학자들과 시민들이 예상하지 못했던 사건이라고 간주할 수 있다.

그렇다면 노무현 정부는 왜 과거의 대외경제 정책의 방향과 내용을 대폭 수정하여 "동시다발적" FTA를 과감하게 추진했는가에 대한 질문을 제기할 수 있다. "동시다발적" FTA를 추진하기 위한 국내외적 환경이 조성됐는가? 심각한 국내 정치경제, 그리고 사회적 반대를 예상했음에도 왜 이러한 정책을 추진했는가? 과감한 FTA 정책의 목적은 무엇이었는가? 이러한 질문들을 제기하고 답하는 과정에서 노무현 정부 FTA 정책의 근원을 규명하고 그 의미를 평가해볼 수 있을 것이다.

노무현 정부의 FTA 정책을 평가하기 위하여 필요한 또 하나의 작업은 과연 노무현 정부가 동시다발적 FTA를 통하여 달성하려고 했던 목적들을 달성했는가에 관한 분석이다. 특정한 목적을 위하여 FTA 정책을 추구했다는 사실과 그러한 목적들을 달성했는가는 매우 다른 문제이기 때문이다. 따라서 노무현 정부의 FTA 정책을 종합적으로 평가하기 위해서는 노무현 정부 FTA 정책의 환경적 요인과 목적을 분석하고, 그와 동시에 목적 달성 여부를 진단하는 작업이 필요한 것이다.

이 글은 다음과 같이 구성되어 있다. 2절에서는 노무현 정부 시절 추진됐던 FTA 정책의 내용을 설명할 것이다. 이 절에서는 노무현 정부 출범 시 노무현 정부가 당면한 FTA 관련 사안은 무엇이었는가를 설명할 것이다.

또한 노무현 정부 시절 구축됐던 제도적 개선에 관하여 설명할 것이다. 그리고 노무현 대통령이 FTA와 관련하여 어떤 언급들을 했는가를 살펴볼 것이다. 3절에서는 노무현 정부 시절 FTA 정책 변화를 일으켰던 상황적 요인들을 설명하고 분석할 것이다. 즉, 어떤 국내외적 환경적 요인들이 한국의 FTA 정책 변화를 야기시켰는가를 분석할 것이다. 4절에서는 노무현 정부가 FTA 정책을 통하여 추구했던 목적을 이론적으로 설명할 것이고, 5절에서는 이러한 목적들이 정말로 달성됐는가를 경험적으로 분석할 것이다. 마지막 절에서는 노무현 정부의 FTA 정책이 어떤 의미를 가지고 있는지를 간단히 논의할 것이다.

2. 노무현 정부의 FTA 정책 내용

노무현 대통령은 2003년 2월 25일 취임사에서 한국 경제의 발전 방향에 관하여 언급하면서 기업하기 좋은 나라, 그리고 투자하기 좋은 나라를 만들어야 함을 강조했다. 노무현 정부 출범 초기는 외환 위기를 거의 극복하는 모습을 보이긴 했지만 한국은 여전히 그 부정적 영향을 받고 있는 환경이었다. 한국의 일인당 국민소득은 다소 답보 상태를 보이고 있었다. 경제성장률도 둔화되는 모습을 보였다. 일본과 중국 간 샌드위치 상태에 놓인 한국 경제의 성장이 더욱 위축될 것이라는 전망도 나왔다. 이런 상황 속에서 한국의 선진 도약을 위하여 경제체제와 제도를 개혁해야 한다는 인식을 갖게 된 것이다.

노무현 정부 출범 후 한국의 FTA 정책은 두 가지 문제에 직면해 있었다. 첫 번째는 한-칠레 FTA의 국회 비준을 받아서 이 협정을 발효시키는 것이었다. 한-칠레 FTA가 기대보다 훨씬 더디게 진행됐다는 점을 고려할 때

상징적 의미건 실질적 의미건 간에 한-칠레 FTA를 비준하는 것은 매우 시급한 일이었다. 두 번째 문제는 김대중 정부 시절 약속한 한-일 FTA에 관한 협상을 개시하는 것이었다.

한-칠레 FTA는 1999년 개시하여 2003년 2월에 협정문에 정식 서명을 했다. 농산품 수입 급증에 대한 우려와 국내 정치적 반대로 국회 비준을 미루고 있던 정부는 노무현 정부 출범 후인 2003년 7월 비준 동의안을 국회에 제출했고, 결국 비준 동의안은 농민 단체의 심각한 저항에도 불구하고 국회 내 논의를 거친 후 2004년 2월 16일 국회 본 회의를 통과하고 2004년 4월 1일에 발효하게 된다.

한-일 FTA는 1998년 양국 통상장관이 민간 연구기관 간 공동 연구에 합의하면서 논의가 시작됐다. 다소 답보 상태를 보였던 한-일 FTA 협상은 2003년 10월 20일 한일 정상이 정부 간의 공식 협상 개시에 합의하면서 본격적 협상 국면에 돌입했다. 그 후 2003년 12월에 개최된 제1차 협상에서 2004년 11월 제6차 협상까지 지속적 협상을 벌였지만, 비관세 장벽 철폐 문제와 농산물 개방 수준에 대한 이견 차이로 협상이 중단됐다. 한국 기업인들의 다소 소극적 태도와 한일 간 산적한 정치적 문제도 협상의 지속과 타결을 방해하는 요인들로 작동했다. 독도 문제, 야스쿠니 신사 참배 문제와 역사 교과서 문제 등을 둘러싼 갈등이 서로에 대한 의구심을 증폭시켰고, 최고 정책 결정자 간의 신뢰를 약화시키는 요인으로 작동하여, 한일 FTA는 더 이상 진척을 이루지 못한 것이다.[2]

노무현 정부가 단독으로 추진한 FTA 정책에서 가장 두드러진 사건은 2003년 8월 FTA 추진위원회가 작성하여 8월 30일 대외경제장관회의에 보고되고 논의된 "FTA 추진 로드맵"의 완성이었다. 국민소득 2만 달러

---

[2] 한일 FTA가 잘 진척되지 못한 이유에 대해서는 문상복(Moon, 2010) 참조.

시대의 달성과 동아시아 핵심 국가로의 부상을 목적으로 작성된 "FTA 추진 로드맵"은 과거의 소극적이고 대응적인 FTA 정책을 보다 적극적이고 공세적인 FTA 정책으로 전환하자는 것이었다. 이를 위하여 "FTA 추진 로드맵"은 한국 정부가 동시다발적 FTA를 추진하고, 경제 규모가 큰 국가들과 FTA를 추진하고, 또한 높은 수준의 FTA를 추진하는 것을 내용으로 하고 있었다(외교통상부, 2003).

여러 지역의 다양한 국가들과 높은 수준의 FTA를 동시다발적으로 추진하기 위한 대책도 마련됐다. 우선 국내 구조조정과 산업의 경쟁력 강화 방안을 마련하는 것이 중요했다. FTA 체결로 발생하는 피해 분야에 대한 보완 대책을 마련해야 했고, FTA 추진위원회 구성 등 FTA 추진 조직 및 체제를 정비하는 일도 시급했다. 마지막으로 국민적 공감대를 형성하기 위한 노력을 강화하는 일도 중요했다.

2003년 8월에 확정된 노무현 정부 FTA 정책과 전략에 근거하여 제도적 정비가 우선 이뤄졌다. 2004년 6월 8일 대통령령으로「자유무역협정체결절차규정」이 공포된 것이다. 이 규정은 다양한 내용을 포함하고 있는 것이었고, FTA 협상과 체결에 관한 절차와 제도를 완비하기 위하여 마련된 것이었다. 이 규정은 자유무역협정 추진위원회 구성, 자유무역협정 민간자문회의 구성, 공청회 개최, 대외경제장관회의의 역할, 국회보고 절차, 자유무역협정안의 국무회의 상정과 대통령 재가, 그리고 국회비준 동의 요청 등에 관한 내용을 포함하는 것이었다. 이러한 제도와 절차의 구축을 기반으로 노무현 정부는 동시다발적 FTA를 추진하기 위한 법적 근거를 마련한 것이다.

노무현 대통령은 취임 전부터 FTA에 관한 상당한 관심을 표명했다. 대통령 당선자 시절인 2003년 2월 15일에 리카르도 라고스 에스코바르(Ricardo Lagos Escobar) 칠레 대통령을 만나 "이른 시일 내에 (한-칠레 FTA가)

비준되고 발효되도록 노력하겠다"는 점을 밝혔다. 노무현 정부 출범 후 2003년 6월 일본을 방문한 노무현 대통령은 FTA 논의가 정부 간 교섭 단계로 진전되기를 희망한다는 점을 밝혔다(≪한국경제≫, 2003.6.8). 또한 그해 10월 아세안+3 정상회의에 참여해서 한국이 FTA 문제와 관련하여 일본과 중국에 뒤처져 있다는 점을 지적하면서 한·아세안 FTA에 적극 대처해야 함을 지적했다(≪중앙일보≫, 2003.10.8). 2003년 10월에 있었던 대국회 연설에서는 자유무역협정이 세계경제의 대세로 자리 잡아가고 있다는 점을 강조하면서, 한국도 세계의 대세에 동참해야 함을 강조하여 한국의 FTA 정책이 적극적·공세적으로 바뀔 것임을 강조했다.

노무현 대통령은 그 이후에도 수차례에 걸쳐서 FTA의 중요성을 시민, 국회, 그리고 행정부에 강조했다. 특히 2004년 12월 16일 청와대에서 열린 국민경제지문회의 제3차 대외경제위원회 회의에서는 다음과 같이 FTA를 강조하는 발언을 했다. "전 세계적으로 자유무역협정이 일반화되면서 체결이 안 된 나라에서는 우리 상품이 밀리고 추방되는 위기감이 드는 시기입니다. … 대외경제 전략이 능동적·적극적으로 바뀌어야 합니다"(≪동아일보≫, 2004.12.16). 노무현 정부 시절 가장 큰 논란 대상이 됐던 한-미 FTA에 관해서도 여러 가지 언급을 통하여 이 협정의 중요성을 강조했다. 특히 한-미 FTA 추진 동기와 관련하여 기술·제도·서비스 부문을 미국 수준으로 끌어올리는 것이 한-미 FTA의 중요 추진 동기라고 강조하여, 한국 경제가 어떻게 변화되어야 하는가에 관한 방향을 제시하기도 했다. 한-미 FTA 협상 개시 이후에는 한-EU FTA와 한-캐나다 FTA, 그리고 한-중 FTA 체결의 중요성을 강조하면서 한국의 대외경제 정책이 적극적으로 바뀌어야 함을 강조했다.

이와 같이 노무현 대통령은 취임에서 퇴임까지 일관되게 한국 시장의 개방과 선진 경제체제와 제도를 구축하기 위하여 FTA 정책을 적극적으로

〈표 4-1〉 노무현 정부가 추진한 FTA

현재 발효 중인 FTA		비고
한-칠레 FTA	노무현 정부 출범 후 발효	김대중 정부 시절 협상 타결
한-싱가포르 FTA	노무현 정부 시절 협상 시작, 타결, 발효	
한-EFTA FTA	노무현 정부 시절 협상 시작, 타결, 발효	
한-ASEAN FTA	노무현 정부 시절 협상 시작, 협상 타결	상품무역협정은 노무현 정부 시절 발효, 서비스무역협정과 투자협정은 이명박 정부에서 발효
한-인도 CEPA	노무현 정부 시절 협상 시작	이명박 정부에서 협상 타결, 발효
서명/협상 타결 FTA		비고
한-미 FTA	노무현 정부 시절 협상 시작, 타결	비준 준비 중
한-EU FTA	노무현 정부 시절 협상 시작	이명박 정부에서 협상 타결, 현재 비준 준비 중
협상 중인 FTA		비고
한-캐나다 FTA	노무현 정부 시절 협상 시작	협상 진행 중
한-멕시코 FTA	노무현 정부 시절 협상 시작	협상 진행 중

추진했다. 한국 경제의 환경 악화, 국내 정치경제사회 집단의 강력한 반대, 미래에 대한 불확실성 등 다양한 위험성에도 불구하고 명확하고 강력한 FTA 정책을 일관되게 추진한 것이다. 노무현 정부 시절 추진됐던 FTA는 <표 4-1>과 같다.

3. 동시다발적 FTA 추진 배경

동시다발적 FTA를 추진한 국내외적 배경은 다양하다. 우선 하나의 배경으로 국제 경제환경의 변화를 고려할 수 있다. 한국은 전통적으로 다자주의 무역 체제를 선호했고, 또한 이 체제의 최대 수혜국 중 하나였지만, 다자주의 자유무역 체제가 답보 상태를 보이면서 한국의 대외경제 정책의 방향이 전환됐다고 지적할 수 있다. 다자주의 무역 체제는 우루과이 라운드 타결과 세계무역기구(World Trade Organization: WTO)의 발족으로 상당한 진전을 보였지만, 그 후로 더딘 무역자유화를 보이고 있다. 1999년부터 논의되기 시작한 새로운 다자간 자유무역 협상은 도하개발어젠다(Doha Development Agenda: DDA)로 발전했지만, 이 협상은 현재 별 성과 없이 지연되고 있다. 우루과이 라운드 타결에 근거한 국가 간 의무를 실행하지 못하고 있는 국가들이 많은 상황에서 새로운 다자간 무역 협상을 타결하기가 어려운 것이다. 또한 선진국들 간 농산물 개방 관련 대립, 저발전국가들의 대우 문제, 그리고 서비스 시장 개방을 둘러싼 국가 간 이견 등으로 현재 DDA는 당분간 타결 가능성이 희박한 것이 현실이다. 또한 DDA가 타결되더라도 국가 간의 최소한의 합의에 기초한 무역자유화가 될 가능성이 크고, 따라서 "얕은" 수준의 다자간 무역자유화로 큰 경제적 이익을 실현하기가 어려운 것이 사실이다. 무역에 크게 의존하고 있는 한국의 입장에서 다자간 자유무역 체제가 확대되지 않는다면 다른 대안을 모색할 수밖에 없는 것이고, 그 대안이 "동시다발적" FTA라고 평가할 수 있다.

이와 연관하여 다른 지역에서의 지역주의 확산 현상을 지적할 수 있다. 다자간 자유무역화 협상의 침체, 미국을 포함한 무역 강대국들의 대외경제 정책의 변화, 그리고 유럽의 경험 등에 근거하여 지역주의에 바탕을 둔 양자 간 혹은 최소주의 FTA가 1990년대 중반 이후 크게 증가하는 모습을 보이고 있다. 타 지역에서 발생하고 있는 지역주의의 확산과 FTA의 증가는 이 지역에 참여하지 않는 국가들에게는 상당한 경제적 위협이 될 수 있다. 왜냐하면 FTA는 근본적으로 비회원국들과 회원국들을 차별하는 배타적 성격을 보이고 있기 때문이다. 따라서 비회원국들 입장에서는 수출 시장의 축소와 그로 인한 국제경쟁력 약화를 감수해야만 하는 것이다.

지역주의 경쟁은 경제적 안보 딜레마라는 말로 표현할 수 있다. 즉,

모든 국가들이 다자주의 무역자유화와 이를 근거로 한 비차별 원칙의 획일적 적용으로써 경제 효율을 증가시키고, 수출시장 확대를 이룰 수 있다. 그러나 몇몇 지역에서의 FTA 형성은 다른 지역에서도 경쟁적으로 FTA를 형성하게 하는 요인으로 작동하고, 지역 간 혹은 국가 간 더 많은 FTA를 체결하기 위한 경쟁을 벌이게 되는 것이다. 이러한 경쟁은 국가 간 갈등을 조장하고, 종종 배타적 성격의 지역주의 확산이라는 부정적 결과를 초래한다. 국가들이 다자주의 자유무역 체제보다 더 열악한 상황에 직면하게 되는 것이다.

노무현 정부가 동시다발적 FTA를 추진한 직접적 원인 중 하나도 FTA 고려 대상 국가들과의 수출입 감소였다. 예를 들면 북미자유무역지대(이하 NAFTA) 성립 이후 한국의 대미 수출과 미국 시장 점유율은 꾸준히 하락했다. 1995년과 2005년 사이 10년 동안, 한국의 미국 시장 점유율은 3.6%에서 2.3%로 하락했다. 노무현 정부 출범 후에도 한국의 대미 수출 비중은 2003년에 17.7%, 2004년에 16.9%, 2005년에 14.5%, 그리고 2006년에 13.3% 등 꾸준히 감소하는 현상을 보였다.[3] 이는 중국의 수출 증가라는 원인도 있었지만, 한국이 미국과 FTA를 체결했다면 하락 폭을 줄이거나 오히려 시장 확대를 했을 가능성도 있다고 판단된다.

동시다발적 FTA를 추진한 또 하나의 배경으로 1990년대 이후 본격적으로 진행된 세계화의 영향도 지적할 수 있다. 세계화 시대는 무한 경쟁의 시대고, 따라서 국가와 기업은 효율성 극대화와 시장 확대를 통하여 국제경제체제에서 생존하고 자국의 이익을 극대화하기 위한 노력을 강구할 수밖에 없다. 지역주의는 근본적으로 회원국 간 무역자유화를 확대하기 위한 노력의 일환이고, 따라서 시장을 확대하고 이로써 규모의 경제(eco-

---

[3] 한국무역협회 통계 참고.

nomy of scale)를 달성하는 것은 경제 효율성을 증가시키고 국가이익을 증대시키는 효과를 내는 것이다. 따라서 전 세계적 무역자유화가 답보 상태를 보이고 있는 상황에서 양자 간 혹은 소수주의에 근거한 FTA를 체결하는 것은 국가들의 유용한 전략이라고 판단할 수 있다.

한국이 동시다발적 FTA를 추진한 또 다른 배경으로는 아시아 지역주의의 더딘 진행을 지적할 수 있다. 아시아 지역은 유럽과 북미 지역에 비하여 지역주의가 더디게 진행되고 있다. 유럽연합(이하 EU)의 국가들은 단일 통화를 형성하여 경제통합을 가속화시키고 있고, 구소련권 국가들도 통합체를 확대하고 있다. 북미 지역은 NAFTA가 형성된 이후 경제통합을 확대하고 있고, 중남미 지역으로의 경제통합 확대를 모색하고 있다. 반면에 아시아 지역은 동남아시아연합체(이하 ASEAN)를 중심으로 경제협력체를 구축해왔고, 또한 이 국가군과 한국·일본·중국 간 무역자유화 협정이 체결됐지만, 아시아 지역을 총괄하는 지역 협력체가 부재한 상태다. 특히 아시아 경제권의 핵심 국가들인 한국·일본·중국 간 자유무역협정은 공동 연구와 몇 차례에 걸친 공식 협상에 그치고 있고, 현재는 큰 진전이 없는 것이 사실이다. 이러한 상황 속에서 한국이 아시아 국가들과의 FTA를 추진하면서, 그와 동시에 비아시아 지역에 속한 국가들과 동시다발적으로 FTA 체결을 추진하는 것은 합리적 전략이라고 판단할 수 있다.[4]

하지만 이러한 배경들은 왜 노무현 대통령이 그 시점에 동시다발적이라는 매우 과감하고 놀라운 FTA 정책을 채택했는가에 대한 설명이 되기는 어렵다. 왜냐하면 다자주의 무역자유화의 약화, 타 지역에서의 지역주의 확대와 심화, 잠재적 FTA 대상국들과의 교역 감소, 그리고 아시아 지역에

---

4) 돈 문은 노무현 정부 시절 FTA 정책이 급격히 변한 이유로 범지역 간 FTA의 증가, 아시아 지역주의의 침체, 그리고 경제개혁과 개방경제 효과 등을 지적하고 있다(Moon, 2010: 112~120).

서의 지역주의 침체 등의 현상은 노무현 정부가 출범하기 전부터 등장한 것들이기 때문이다. 따라서 이러한 배경들을 중심으로 노무현 정부의 FTA 정책을 평가하기는 다소 어려운 측면이 있다. 따라서 노무현 정부의 FTA 정책을 평가하기 위한 또 다른 방안이 필요하다. 노무현 정부가 동시다발적 FTA를 추진하면서 책정했던 목적은 무엇인가를 분석하고 이러한 목적이 과연 달성됐는가를 검증하는 작업이 하나의 방법이 될 수 있다.

4. 노무현 정부의 FTA 정책에 대한 평가: 이론과 실제

노무현 정부의 FTA 정책을 평가하기 위해서는 우선 한국 정부가 어떤 목적을 가지고 동시다발적 FTA를 추진했는가를 분석하는 작업이 필요하다. 한 국가가 FTA를 추구하는 목적은 다양하다. 경제적 목적이 있을 수 있고, 또한 정치적 목적이 있을 수 있다. 경제적 목적과 정치적 목적 모두 국내적 목적과 국제적 목적으로 구분할 수 있다. 이에 대한 국제 정치경제 이론은 다양하다. 그 이론들은 다음과 같이 정리할 수 있다.[5]

국가들은 FTA 체결을 통하여 다양한 목적을 추구한다. 일반적으로 통상정책에서 국가들이 추구하는 목적은 경제적 목적과 비경제적 목적으로 구분될 수 있다. 경제적 목적은 무역자유화를 통한 경제적 이익의 확대와 경제적 손실의 축소라는 두 가지의 목적을 포함하고 있다. 국가들이 통상정책에서 자국의 시장을 보호하고 무역 상대국들의 시장을 개방하여, 자국의 수출을 증가시키고 수입을 억제하고, 궁극적으로 무역수지 흑자를

---

[5] FTA 체결 목적에 관한 이론적 논의 부분은 김석우(2008: 145~147)의 내용을 그대로 인용한 것임을 밝힌다.

향유하려는 중상주의적 통상 정책이 가능하다면 이는 적어도 부의 축적이라는 측면에서는 매우 좋은 정책일 것이다. 그러나 이 글에서 논의하고 있는 FTA는 이러한 중상주의적 통상 정책과는 거리가 먼 것이다. 왜냐하면 FTA는 상호 무역장벽의 축소를 전제로 하는 것이기 때문에 FTA 체결 국가가 상대 국가에 대하여 중상주의적 통상 정책을 채택하는 것은 거의 불가능하기 때문이다. 이러한 점을 고려할 때, FTA 체결은 기회와 위험을 모두 동반하게 된다. 기회로는 주로 FTA 체결 상대국의 시장 개방으로써 수출이 증가하고, 규모의 경제를 더 잘 활용할 수 있고, 기술적 발전을 도모할 수 있다는 측면에서의 경제적 이익을 생각해볼 수 있다. 하지만 위험 요인도 상존한다. FTA 체결을 통하여 자국의 시장을 개방해야 하고, 따라서 경쟁력이 떨어지는 산업의 기반이 약화 혹은 붕괴될 가능성이 크고, 이러한 산업에 종사하는 자본과 노동이 경제적 불이익을 얻을 것이기 때문이다.

이렇듯 기회 요인과 위험 요인을 동시에 고려하여 어떤 국가와 FTA를 체결하는 것이 경제적 이익을 증대시킬 것인가에 관한 두 가지의 경제학적 이론이 존재한다. 첫 번째 이론은 FTA 체결 국가들의 산업 경쟁성 혹은 보완성에 초점을 맞추는 이론이다. 이 이론에 의하면 산업 보완성이 큰 국가들 간의 FTA 체결이 더욱 큰 무역창출(trade creation) 효과를 가질 것이고, 이를 바탕으로 FTA 체결 국가들은 경제적 특화와 자유무역을 통하여 경제적 이익을 창출할 수 있을 것이라고 주장하고 있다.[6]

두 번째 이론은 중력 모델(gravity model)로, 이 모델에 의하면 한 국가의

---

[6] 지역무역협정 체결 국가 간의 산업 보완성과 산업 경쟁성, 그리고 그에 따른 무역창출 효과와 무역전환 효과에 대한 논의는 바이너(Viner, 1950)에 의하여 시작됐다. 한국의 입장에서 다른 국가들과의 FTA 체결의 경제적 효과를 무역구조와 산업구조를 통해 분석한 논의는 박희종 외(2007)와 유태환 외(2007) 참조.

입장에서 볼 때 경제적 규모가 크고, 인구가 많고, 경제발전 수준이 높은 국가와 FTA를 체결하는 것이 경제적 이익을 증진시키는 데 도움이 된다. 왜냐하면 경제 규모가 크고, 인구가 많고, 경제발전 수준이 높다는 것은 시장이 크고, 소비자들의 구매력이 높다는 것을 의미하고, 따라서 FTA 체결은 수출 증대에 상당한 기여를 할 것이기 때문이다.[7]

FTA를 체결하는 국가들의 비경제적 목적은 매우 다양하지만, 이 글에서는 주로 정치적 이익에 초점을 맞추려고 한다. 국가들이 FTA 체결을 통하여 추구하는 정치적 목적은 국내 정치적 목적과 국제 정치적 목적으로 구분할 수 있다. 우선 국내 정치적 목적으로는 FTA 체결이 초래할 경제적 이익의 확대를 통한 정치적 지지의 확보와 경제적 손실의 축소를 통한 사회적 안정의 유지라는 두 목적이 포함된다. FTA 체결은 상대국 시장의 확대와 수출 증대를 통하여 경제적 이익을 창출한다. 따라서 이렇게 창출된 경제적 이익의 일부를 향유할 수 있는 집단은 정부의 FTA 체결 정책에 정치적 지지를 보낼 것이고, 이를 통하여 정부는 정권을 유지하고 재창출하는 데 도움을 얻을 것이다.[8] 반면 위에서 지적했듯이, FTA 체결은 국내 시장의 개방을 의미하고, 취약한 산업의 경제적 손실을 초래한다. 그렇다면 이러한 취약한 산업에 종사하고 있는 자본과 노동, 혹은 수입 경쟁산업은 정부의 FTA 정책에 반대하고, 이를 저지하기 위한 다양한 유형의 행동을 취할 것이다. 개방을 통하여 경제적 손실을 입을 것으로 예상되는 취약 산업이 많을수록 반대는 강할 것이고, 이는 FTA 체결을 둘러싼 정치사회적 논의를 첨예화할 것이며, 이러한 과정은 사회적 안정을 훼손하고 정부에 정치적 부담을 안길 것이다. 따라서 FTA 체결을 추진하는 국가는 경제

---

[7] FTA에 관한 중력 모델의 주요 논의에 관해서는 프란켈(Frankel, 1997) 참조.
[8] FTA에 관한 국내 정치의 특성과 경쟁 유형, 보상 정책 등에 관한 자세한 논의는 김석우(2006) 참조.

적 이익을 극대화하지만 정치적 부담과 사회적 불안정을 축소할 수 있는 방향으로 정책을 추진하고, FTA 체결 상대국을 선택하게 될 것이다.[9]

FTA 체결과 관련된 국제 정치적 목적 역시 다양하다. 예를 들면 FTA 체결로 발생하는 경제 관계의 확대와 상호 의존의 증가를 통하여 국가 간 협력 관계를 증진시키고, 갈등을 완화하는 목적이 있다.[10] 또한 동맹국 간 FTA 체결은 동맹을 강화하고 공고히 하는 역할을 할 것이다.[11] 그리고 FTA 체결은 시장 개방을 통하여 국가의 역할을 축소시키고, 시장과 소비자 그리고 일반 시민의 역할 강화를 의미함으로써, 체결 국가들의 민주주의 수준 향상에도 기여할 수 있다. 이와는 반대로 민주주의 국가들은 FTA의 안정성을 높이고, 정부의 투명한 경제 운영의 의지를 시민들에게 전달하려는 목적을 가지고 FTA를 추진할 가능성도 크다.

지금까지의 논의를 종합하면, 국가들은 FTA 체결을 통하여 경제적 목적과 비경제적 목적을 동시에 추구한다. 경제적 목적은 주로 상대국의 시장 개방과 수출 확대를 통하여 경제적 이익을 얻는 것이다. 정치적 목적은 민주주의 강화, 동맹 강화, 지역 협력의 강화 등 국제 정치적 목적과 정치적 지지 확보와 사회 안정이라는 국내 정치적 목적으로 구분될 수 있다. 따라

---

[9] 무역자유화를 둘러싼 이익집단들 간의 경쟁 유형, 그리고 정부의 대응에 관한 논의는 매우 오래전부터 이뤄졌고, 경험적 분석들도 다수 존재한다. 무역자유화에 관한 계급적 갈등에 관해서는 스톨퍼 외(Stolper et al., 1941), 로고스키(Rogowski, 1989), 미드퍼드(Midford, 1993) 등을 참조. 그리고 이 문제에 관한 최근 논의는 히스콕스(Hiscox, 2001)와 김석우(2006) 참조.

[10] 정진영(2007)은 한·미 FTA가 끼칠 수 있는 안보 효과에 대하여 논의하고 있다. 특히 정진영은 분석의 대상을 한미 동맹뿐만 아니라 일본, 중국을 포함한 동아시아 국가들의 안보에 끼치는 문제에까지 확대하고 있다.

[11] 지역주의에 관한 현실주의 시각 설명에 관한 국내 문헌으로는 최영종(2001) 참조. 무역과 안보 간의 연계 문제에 관해서는 고와(Gowa, 1994), 맨스필드 외(Mansfield et al., 2001) 등 참조.

〈표 4-2〉 **FTA의 목적**

목적 \ 분석 수준	국제적	국내적
정치적	· 안보 · 외교 관계	· 국내 정치적 지지 · 사회적 안정
경제적	· 시장과 수출의 확대 · 해외투자의 확대	· 경제의 재구조화 · 선진 경제체제의 구축

자료: Kim(2007).

서 이러한 목적을 추구하는 국가는 FTA를 추진하고 체결할 때, 상대적으로 시장이 큰 국가, 경제적 교류의 증진에 따른 비용이 적게 드는 국가, 상대국으로부터의 수입이 국내 산업에 끼치는 영향이 적은 국가, 동맹국가, 인접한 국가 등을 FTA 체결 상대국으로 선택할 가능성이 크다. 또한 민주주의 국가들일수록 FTA를 추진·체결할 가능성이 큰 것이다.[12]

국가들이 FTA를 통하여 추구하는 다양한 목적들은 <표 4-2>와 같이 정리할 수 있다.

이러한 논의가 타당한 것들이라면, 우리는 노무현 정부의 FTA 정책을 평가하기 위하여 노무현 정부가 어떤 목적을 추구했고, 추구된 목적들이 실현됐는가를 분석해야 한다. 여러 측면의 FTA의 성과가 중장기적으로 나타난다는 점을 고려할 때, 평가 작업은 쉽지 않다고 판단된다. 다만 단기적으로 나타난 성과와 중장기적으로 나타날 수 있는 성과에 대한 예측을 통하여 평가 작업을 진행할 수 있을 것으로 본다.

---

[12] FTA 목적과 관련된 정치적·경제적 목적과 국내적·국제적 목적에 관하여 정리한 논의는 김석우(2007) 참조.

5. 노무현 정부 FTA 정책의 평가

1) 국내 정치적 성과

노무현 정부가 동시다발적 FTA를 추진하면서 얻은 국내 정치적 성과는 몇 가지로 정리될 수 있다. 첫 번째는 가장 논란이 됐던 한-미 FTA 협상에 대한 국민적 지지가 커지면서 노무현 대통령에 대한 국정 지지도가 높아졌다는 것이다. 물론 노무현 대통령에 대한 국정 지지도 향상이 모두 노무현 정부의 FTA 정책에 기인하는 것은 아니다. 다만 한-미 FTA를 추진함으로써 노무현 정부의 대미 정책에 대한 보수층의 의구심이 완화됐고, 이로써 노무현 대통령에 대한 지지도가 높아졌다고 추측할 수 있다. 노무현 정부가 출범부터 동북아 중심의 외교, 그리고 과거 정권보다는 친중 외교정책을 펼쳤다는 인식이 팽배했다. 이러한 정책은 전통적으로 친미 외교정책을 지지했던 보수층으로부터 반감을 얻었고, 노무현 대통령에 대한 지지도를 하락시키는 요인으로 작동했다. 그러나 노무현 정부는 이라크 파병 문제, 용산기지 이전 문제, 그리고 한-미 FTA 추진 등의 사안들에서 미국과 긴밀히 협력하는 모습을 보임으로써 보수층의 지지를 회귀시키는 데 다소 효과적이었던 것으로 판단할 수 있다. 한-미 FTA 협상이 시작되기 전부터 국내 정치적으로 많은 논란과 갈등이 있었지만, 노무현 정부가 꾸준히 한-미 FTA 협상을 추진하고 타결시킬 수 있었던 요인 중 하나는 국민 다수가 한-미 FTA에 찬성했다는 점일 것이다. 이러한 국민적 지지는 노무현 정부에 대한 지지도 향상으로 이어졌다고 판단할 수 있다. <표 4-3>은 한-미 FTA에 관한 찬반 여론조사를 나타내는 것이다.

2003년 취임 당시 노무현 대통령에 대한 국민 지지도는 73.8%였다. 그 후 노무현 대통령에 대한 지지도는 계속 하락 곡선을 그리면서 2005년

〈표 4-3〉 한·미 FTA 협상 당시 여론조사 결과

여론조사 일시	조사 기관	찬성과 반대
2006년 6월 3일	≪한국일보≫-미디어리서치	58.1 : 29.2
2006년 10월 31일	≪코리아타임스≫	45.8 : 43.8
2007년 1월 11일	한국무역협회-한국갤럽	55.4 : 35.3
2007년 2월 15일	SBS, ≪중앙일보≫ 등	50.6 : 43.0
2007년 4월 4일	KBS-미디어리서치	51.2 : 42.2

10월 29.0%, 그리고 2006년 12월 19.6%로 하락하여 최악의 상태를 맞는다. 그러나 한·미 FTA가 체결된 이후 노무현 대통령에 대한 지지도는 다소 올라가 2007년 8월에는 33.6%까지 상승하는 모습을 보였다.

두 번째는 앞서 언급했듯이, FTA 정책에 관한 국내 제도와 절차를 구축함으로써 국내 정치적 발전을 이뤘다는 것이다. 이를 통하여 한·미 FTA 협상과 그 후 추진됐던 많은 다른 FTA 협상들에서 제도와 절차를 둘러싼 논쟁이 많이 감소됐다. 또한 제도와 절차의 개선을 통하여 동시다발적으로 진행됐던 FTA 협상에 대한 국내 정치적 비용을 덜 지불하는 효과도 있었다고 판단할 수 있다.

세 번째는 '쇄국론'과 '개국론' 논쟁을 잠재웠다는 점이다. 한·미 FTA 협상이 시작되면서 치열하게 전개됐던 '쇄국론'과 '개국론' 간의 논쟁은 한·미 FTA 협상이 타결되면서 급속히 가라앉게 된다. 그리고 그 후에 전개된 많은 FTA 협상에서는 더 이상 이런 논쟁들이 등장하지 않는다. 한국 경제의 개방과 개혁이 당연시되는 현상을 보인 것이다. 물론 한국 경제의 개방과 개혁이 미래에 어떤 결과를 초래할지는 예측하기 어렵다. 다만 세계화와 더불어 개방과 효율이 핵심 담론으로 자리 잡은 국제 경제체제에서 대외경제 부분에 크게 의존하고 있는 한국 경제가 이런 방향의 정책을 채택하는 것은 당연한 일일 것이다. 따라서 한·미 FTA를 추진하고 그와 동시에 다른 국가들과 FTA를 추진하는 전략을 통해서 한국 경제의 미래에 대한 방향을 제시하고, 이와 관련된 국내 정치적 논쟁의 비용을 감소시켰다는 점이 하나의 국내 정치적 성과라고 평가할 수 있다.

네 번째는 다른 국내 정치경제적 사안들에 대한 관심 저하를 통하여 이들 사안과 관련된 국내 정치적 비용을 줄였다는 점이다. 노무현 정부는 한-미 FTA를 추진할 당시 다른 많은 정치경제 문제들에 직면해 있었다. 부동산 정책, 연금개혁 문제, 조세제도 개편 문제 등이 그것들이다. 이러한 문제들은 한-미 FTA 협상이 없었다면 국내 정치적으로 크게 논쟁이 됐을 정책들이다. 그러나 한-미 FTA 협상을 둘러싸고 국내 정치경제의 거의 모든 집단들이 치열한 논쟁을 전개함으로써 이러한 문제들에 대한 관심을 다소 희석시킬 수 있었다는 것이다. 즉, 이 사안들을 추진하는 데 드는 국내 정치적 비용을 감소시킬 수 있었다.

마지막은 국내 정치 사안에 대한 민주적 논의를 확대시키는 역할을 담당했다는 점이다. 특히 한-미 FTA는 한국 사회를 분열시키는 '이질적' 사안이었고, 경제문제를 둘러싼 논쟁과 친미·반미와 연관된 이데올로기 논쟁이 복합적으로 포함된 갈등적 사안이었다. 한-미 FTA를 추진하면서 많은 토론회와 청문회가 개최됐다. 여러 형태의 '인식론적 공동체'들이 자신들의 견해와 주장의 타당성을 증명하기 위하여 치열한 논쟁을 벌였다. 이러한 논쟁은 민주주의 절차를 향상시키는 역할을 담당했고, 또한 국민들을 교육·참여시키는 역할도 담당했다. 전체적으로 민주적 논의가 확대된 것이다.[13]

---

13) FTA가 민주주의 발전에 긍정적인 영향을 끼칠 수 있다는 논의는 김석우(2007) 참조.

2) 국제 정치적 성과

한-미 FTA를 포함한 동시다발적 FTA를 추진한 노무현 정부의 국제 정치적 성과 역시 다양한 측면에서 분석할 수 있다. 첫 번째로는 한-미 FTA 협상 당시 제기됐던 한미 간 정치·안보 협력의 강화라는 목적을 어느 정도 달성할 수 있었다는 점이다. 앞서 언급했듯이, 노무현 대통령 정부가 출범한 이후 다소 위기 국면을 맞았던 한미 간 외교 관계는 한-미 FTA 협상 시작과 더불어 상당히 개선되는 모습을 보였다. 이러한 관계 개선을 바탕으로 한미 간 안보 분야에서의 협력이 확대될 수 있었다.

두 번째는 한국이 FTA 중심 국가로서 자리매김하는 기회를 만들었다는 점이다. 한국은 노무현 정부 출범 이전까지 FTA 정책에서 WTO 회원국 중 가장 뒤떨어진 국가였다. 단 하나의 FTA도 발효시키지 못했었기 때문이다. 이러한 상황이 동시다발적 FTA 추진으로써 획기적으로 변화했다. 한국은 국제경제에서 큰 시장을 확보하고 있었던 미국, 캐나다, EU, ASEAN 등 많은 국가들과 동시다발적으로 FTA 협상을 추진하고 타결시켰던 것이다. 한국의 수출 규모가 전 세계에서 차지하는 비중과 한국과 FTA를 체결하는 국가들이 전 세계에서 차지하는 비중을 동시에 고려할 때, 많은 국가들이 한국과 FTA를 체결하려는 노력을 강구하게 됐고, 이를 통하여 한국이 FTA 허브 국가로서 도약할 수 있는 기회를 만들었다.

이와 연관하여 한국의 동시다발적 FTA 전략이 FTA 협상에서 유리한 위치를 선점하게 하는 효과가 있었다는 점도 지적할 수 있다. 노무현 정부가 동시다발적 FTA 전략을 취함으로써 한국에 FTA 협상 가능성을 타진하는 국가들이 늘어났고, 이는 한국의 FTA 협상 위치를 제고시키는 요인으로 작동했다는 것이다. 또한 다른 국가들이 경쟁적으로 한국과 FTA를 우선적으로 체결하려는 노력을 보임으로써 협상 과정이 수월하게 전개됐다고 판단할 수 있다.

　마지막으로는 한국의 위상이 다소 제고됐다는 점이다. 한-칠레 FTA 협상이 예상보다 지연되고 기대보다는 낮은 수준으로 타결됨으로써 한국은 국제사회에서 여전히 보호무역 특성을 견지하는 국가로 간주됐다. 그러나 노무현 정부가 들어서면서 추진된 다소 과감하고 신속한 FTA 전략이 이러한 국제사회의 의구심을 희석시킬 수 있는 계기를 만든 것이다. 특히 미국과 EU 같이 경제 규모가 크고 한국보다 경제적으로 앞선 국가들과의 FTA 협상은 한국의 대외 신뢰와 국제 위상을 제고시키는 데 일조했다고 평가할 수 있다. 또한 동시다발적으로 진행된 FTA 추진 전략은 한국의 개방형 통상 국가로서의 의지를 대외적으로 표명하는 수단이 됐고, 이는 앞으로 전개될 다자간 혹은 지역주의에 기초한 무역자유화 협상에서 한국의 위상과 협상 위치를 제고시킬 것으로 기대할 수 있다.

3) 국내 경제적 성과

　<표 4-1>에서 나타나듯이, 노무현 정부가 추진한 FTA는 상당히 많다. 그러나 노무현 정부 당시 체결되어 발효된 FTA는 그렇게 많지 않다. FTA 협상과 체결, 그리고 비준이 통상적으로 수년 동안 계속된다는 점을 고려할 때 이는 당연한 일이다. 노무현 정부에서 시작됐지만, 여전히 협상 중이거나 국회의 비준을 기다리고 있는 FTA 사안이 많다. 따라서 노무현 정부가 추진한 동시다발적 FTA의 경제적 효과를 분석하는 일은 쉽지 않다. 노무현 정부 출범 이후 많은 국가와 FTA가 추진됐지만, 지금까지 발효되어 무역자유화가 실현되고 있는 FTA는 소수에 불과하다. 한국이 FTA 협정을 맺고, 비준을 받아서 발효가 된 사례는 한-칠레, 한-싱가포르, 한-EFTA, 한-ASEAN 등에 지나지 않는다. 이 사례들도 FTA가 발효된 지 얼마 지나지

않아서 어떤 경제적 효과가 있었는지를 분석하는 것은 어려운 작업이다. 따라서 더 정확한 경제적 평가는 몇 년 혹은 몇십 년 후에나 가능한 일이라고 할 것이다.

　이러한 한계에도 불구하고 노무현 정부가 추진한 동시다발적 FTA의 경제적 성과를 평가하려고 시도하는 일은 필요한 작업이다. 왜냐하면 FTA의 경제적 성과에 대한 진단 없이 앞으로 더 많은 FTA를 추진하는 것은 상당한 위험을 내포하고 있기 때문이다. 다른 국가와의 FTA 체결은 수출시장의 확대라는 측면도 있지만 국내 시장의 개방과 산업구조의 재편이라는 측면도 있기 때문에 긍정적 효과와 부정적 효과가 동시에 나타나게 된다. 따라서 FTA의 부정적 효과가 더 큰 경우 더 많은 FTA를 추진하는 것은 경제적으로 비합리적인 정책이라고 판단할 수 있다. 또한 어떤 특성을 가진 국가와의 FTA가 어떤 경제적 결과를 초래했는가를 분석함으로써 미래에 어떤 국가와 FTA를 추진할 것인지 결정할 수도 있다. 예를 들면 앞서 이론 부분에서 지적했듯이, 산업 보완성이 큰 국가와 하는 경우, 시장 규모가 큰 국가와 하는 경우, 인구가 많고 소득수준이 높은 국가와 하는 경우, 지리적으로 인접한 국가와 하는 경우 등이 긍정적 경제 효과를 높일 수 있는 환경들이다. 그러나 이러한 이론들은 대부분 정적 분석에 그치고 있기 때문에, 중장기적인 동태적 변화에 대한 분석은 어려운 것이 사실이다. 경제행위자들은 새로운 환경에 적응하여 그들이 행동을 변화시킬 수 있고, 기술적 변화에 의한 경제환경 자체가 변화할 수 있고, FTA 체결 국가 수가 많아짐에 따라 경제 환경이 변화할 수 있는 등 많은 변화 요인들이 존재한다. 따라서 FTA의 경제적 효과를 정확하게 분석하기 위해서는 정적 분석과 동적 분석을 모두 포함하는 포괄적 분석이 필요하고, 이는 상당한 시간이 소요되는 작업이다.

　노무현 정부가 동시다발적 FTA를 추진하면서 이루려고 한 국내 경제적 목적은 대략 두 가지로 정리될 수 있다. 첫 번째는 한국 경제의 선진화다. FTA를 통하여 국내 산업의 개혁, 규모의 경제 달성, 서비스 산업의 발전, 산업 전반의 효율성 제고 등을 추구하고 이를 통하여 한국 경제의 선진화를 이루겠다는 것이다. 두 번째는 한국 경제에서 국제경쟁력이 취약하고, 이런 이유 때문에 개방화를 강력히 반대하는 농업 부문의 개혁이다.[14] 이 두 목적이 달성됐는가를 분석하는 작업은 쉽지 않다. 왜냐하면 이 두 목적의 달성 여부를 객관적으로 측정할 수 있는 지표를 제시하기 어렵기 때문이다.

4) 국제 경제적 성과

노무현 정부의 국제 경제적 성과 역시 아직 정확하게 판단하기 어렵다. 국내 경제적 성과와 마찬가지로 국제 경제적 성과를 분석하기 위해서는 중장기적 동태적 분석이 필요하기 때문이다. 다만 현재까지 나타난 FTA 체결 효과들에 한정하여 분석을 시도할 수밖에 없다.

노무현 정부가 동시다발적 FTA를 추진하면서 세웠던 국제 경제적 목적은 수출 시장의 확대, 수출 소득의 증가와 경상수지 개선이다. 이러한 목적 중 수출 시장의 확대와 수출 소득의 증가라는 목적은 어느 정도 달성되어 왔다고 판단할 수 있다.[15] FTA가 체결·발효되어 실질적 효과가 나타나기

---

14) 노무현 대통령은 한-미 FTA를 추진하는 과정에서 국민을 설득하기 위하여 한-미 FTA가 경제적으로 이익이 되고, 농산물에 대한 피해가 적을 것이고, 선진국을 향한 한국 경제의 승부수임을 강조했다.
15) 한국의 대 칠레 수출은 2004년 한-칠레 FTA가 발효된 후 2005년 62.5%, 2006년 36.1%, 2007년 98.9% 등 매우 빠르게 증가했다. 대 싱가포르 수출 역시 2006년 한-싱가포르 FTA가 발효된 후 2007년에 25.9%, 2008년에 36.3% 등 빠르게 증가했다.

시작한 사례들을 볼 때, 한국과 FTA를 체결한 국가들에 대한 수출이 큰 폭으로 증가하여 수출 소득이 동시에 증가하는 현상을 보인 것이 사실이기 때문이다.[16] 경상수지에 대한 부분은 판단하기 어렵다. 노무현 정부 이후 꾸준히 경상수지가 확대되어온 것이 사실이지만, 이러한 증가 현상이 반드시 FTA 체결 효과라고 규정하기는 어렵기 때문이다.

6. 맺음말

사실 왜 노무현 대통령이 과감한 FTA 전략을 추진했고, 특히 한-미 FTA를 서둘러서 추진했는가에 대해서 정확히 알 수는 없다. 앞서 설명했듯이 노무현 정부가 처해 있던 국내외적 상황, 그리고 노무현 대통령의 언급에 근거해서 추측할 수 있을 뿐이다. 몇몇 요인들을 생각해볼 수 있다. 첫 번째는 대통령의 자유주의(liberalism)를 지적할 수 있다. 대통령이라는 직책은 다른 직책과는 다르게 국민과 국가 전체의 이익을 고려해야 한다. 장관은 부처의 이익, 국회의원은 지역구의 이익, 그리고 이익집단들은 자신들의 이익을 위해, 자신들의 요구와 선호를 정책에 반영하기 위해 노력할 수 있다. 그러나 대통령은 입장이 다르다. 대통령은 국가 전체를 생각해야 한다. 따라서 대통령은 일반적으로 대외 경제에 관해서 자유주의 사상에 근거한 정책을 채택하기 마련이다. 특히 한국같이 대외 의존도가 심한 국가의 대통령에게는 구조적 한계가 있을 수밖에 없기 때문이다.[17]

---

16) 한국 경제의 개방화와 경쟁력 강화, 그리고 이를 통한 수출 증가는 노무현 정부 때 빠르게 증가했다. 예를 들면 2003년에서 2006년까지 한국의 수출은 19% 증가했고 외환 보유고는 18.4% 증가했다(한국은행 경제통계 시스템과 한국무역협회 통계 참조).

두 번째는 대통령 측근들의 정책과 사상을 생각해볼 수 있다. 특히 통상교섭본부장으로서 동시다발적 FTA를 추진했던 김현종의 역할이 어느 정도 작동했다고 볼 수 있다.[18] 또한 과거의 정권들보다는 다소 진보적 성향의 정부였지만, 대통령과 강한 개인적 유대와 신뢰가 있었던 총리와 담당 장관들의 지지 역시 큰 역할을 한 것으로 판단할 수 있다.

마지막으로 앞서 지적한 대내외적 환경들을 고려할 수 있다. 미국과의 관계, 국내 경제의 침체, 그리고 중국의 부상으로 야기된 경제적 위협 등이 노무현 대통령으로 하여금 과감한 경제 개혁과 개방을 추진하게 한 한 요인이라고 판단할 수 있다. 그리고 취임사와 취임 이후 노무현 대통령의 언급에서 엿볼 수 있듯이, 노무현 대통령은 한국 경제의 재도약에 큰 관심을 가지고 있었으며, 한국 경제의 재도약은 과감한 개방과 개혁을 통해서만 달성될 수 있다는 인식을 가지고 있었던 것 같다.

노무현 대통령은 일관되게 FTA 정책을 추진했고 대외개방 정책을 추진했다. 김대중 정부가 다소 국제기구들과 타 정부들의 압력에 의해서 다소 소극적으로 개방을 했다면, 노무현 정부는 외부로부터의 강압 없이 자발적·적극적으로 대외시장 개방을 모색했다. 이러한 점은 높게 평가될 수 있을 것이다. 왜냐하면 한국 경제의 미래에 대한 방향과 비전을 제시하는 계기를 공고히 했기 때문이다.

노무현 정부의 FTA 정책의 성공 여부는 시간이 지난 후에 알 수 있을 것이다. 노무현 정부의 동시다발적 FTA 추진 전략은 적어도 그 형식에서는 성공했다. 실제로 많은 국가들과 FTA를 추진했고, 그 성과도 상당하기

---

17) 국제 통상에 관한 대통령의 자유주의에 관한 이론적 논의는 베일리 외(Bailey et al., 1997), 카롤(Karol, 2000)을 참조.
18) 김현종은 노무현 대통령 당선자 시절 첫 대면에서 '개방형 통상 국가'를 강조했고, 이것이 동북아 중심 국가전략의 핵심이 되어야 함을 강조했다(김현종, 2010: 12~13).

때문이다. 다만 국내 경제개혁과 선진 경제로의 전환이라는 궁극적 목적의 달성 여부는 앞으로 지켜볼 일이다. 그러나 한국의 과거 경험을 비추어 볼 때 한국의 FTA 정책은 성공으로 귀착될 가능성이 크다. 박정희 정부의 산업 정책+수출진흥 정책, 그 후 지속적으로 추진된 개방화·자유화 정책을 근거로 한국이 발전한 것이 사실이기 때문이다. 그리고 개방화가 반드시 국내 산업의 피해와 연관되어 있지 않다는 경험과 교훈을 얻은 것도 사실이다. 국내 산업의 조정과 경제행위자들의 적응, 그리고 정부의 지원이 복합적으로 작동하면 새로운 산업을 창출하고 고용을 확대하고 한국 경제를 부상시킬 수 있다는 경험을 갖고 있다. 따라서 노무현 정부의 대외 통상 정책과 그와 연관된 경제개발 전략은 옳은 방향으로 설정된 것이라고 판단할 수 있다.

노무현 정부의 FTA 정책에 대한 평가는 이명박 정부를 포함한 노무현 정부 이후의 정부들이 어떤 FTA 전략과 정책을 채택하느냐에 크게 영향을 받을 것이다. 노무현 정부에서 시작한 정책 내용을 지속하느냐에 따라 한국 경제의 미래가 변화할 것이기 때문이다. 다만 현재까지 이명박 정부는 적어도 FTA 정책에 관해서는 노무현 정부의 정책을 계승한 것으로 판단된다. 더 많은 국가와 높은 수준의 FTA를 추진해왔고, 앞으로도 그럴 것으로 판단되기 때문이다. 따라서 미래를 알 수 없는 국면이긴 하지만, 이러한 정책이 지속된다면 노무현 정부의 FTA 정책에 대한 종합적 평가가 가능한 시점이 있을 것으로 판단된다.

하나의 역설적 사실은 국내 정치적으로 진보적 성향의 정당을 배경으로 한 노무현 정부였기에 오히려 더 많은 FTA를 추진할 수 있었다는 것이다.[19] 왜냐하면 만약 보수 정권이 한·미 FTA를 포함한 여러 FTA를 동시다

---

[19] 김현종 전 통상교섭본부장은 그의 책에서 다음과 같이 언급했다. "참여정부가 진보

발적으로 추진했다면 더 큰 국내 정치적 논란과 저항에 직면했을 가능성이 컸기 때문이다. 그 경우 국내 정치·사회·경제적 비용이 막대했을 것이다.

노무현 대통령은 자신의 대외경제 정책의 성과를 보지 못하고 서거했다. "운명이다." 노무현 대통령 서거 후 발간된 자서전에서 노무현 대통령이 한 말이 그의 생각을 대변하고 있다. 그 생각이 옳았기를 기원할 뿐이다.

> 나는 우리 국민의 역량을 믿었다. 산업화와 민주화를 다 이뤄낸 우리의 현대사를 볼 때 국민들이 FTA에 내포된 위험과 불확실성을 감당해갈 수 있다고 믿었다. 이런 믿음이 없었다면 한-미 FTA를 추진하기로 결심하지 못했을 것이다(노무현재단, 2010: 255).

정권이기 때문에 미국과의 FTA를 국민이 이해하고 또 받아들일 수 있는 것입니다"(김현종, 2010: 41).

참고문헌

김석우. 2006. 「자유무역협정의 국내정치경제」. ≪세계정치≫, 제6집, 61~92쪽.
_____. 2007. 「FTA와 민주주의」. ≪21세기 정치학회보≫, 제17집 2호, 67~85쪽.
_____. 2008. 「FTA의 정치경제학: FTA 체결요인에 관한 경험적 분석을 중심으로」. ≪21세기 정치학회보≫, 제18집 1호, 143~159쪽.
김현종. 2010. 『김현종, 한미 FTA를 말하다』. 서울: 홍성사.
노무현재단. 2010. 『운명이다』. 경기: 돌베개.
박희종 외. 2007. 「한국과 FTA 추진국가간의 무역구조에 관한 연구」. ≪국제지역연구≫, 제11집 2호, 494~518쪽.
유태환·배성일. 2007. 「CGE 자본축적모형을 이용한 한국과 주요 무역상대국의 FTA 체결에 대한 경제적 효과 분석」. ≪무역학회지≫, 제32집 2호, 421~441쪽.
정진영. 2007. 「지역무역협정의 안보적 외부효과: 한미 FTA를 중심으로」. ≪국방연구≫, 제50집 1호, 61~80쪽.
최영종. 2001. 「현실주의 지역통합 이론: 그 가능성과 한계」. ≪한국 정치학회보≫, 제35집 2호, 409~426쪽.
Bailey, Michael A., Judith Goldstein and Barry R. Weingast. 1997. "The Institutional Roots of American Trade Policy: Politics, Coalitions and International Trade." *World Politics*, Vol.49.
Frankel, Jeffrey A. 1997. *Regional Trading Blocks in the World Economic System*. Washington, DC: Institute for International Economics.
Gowa, Joanne. 1994. *Allies, Adversaries and International Trade*. Princeton: Princeton University Press.
Hiscox, Michael J. 2001. "Class Versus Industry Cleavages: Inter-Industry Factor Mobility and the Politics of Trade." *International Organization*, Vol.55, No.1, pp.1~46.
Karol, David. 2000. "Divided Government and U.S. Trade Policy: Much Ado About Nothing?" *International Organization*, Vol.54, No.4, pp.825~844.
Mansfield, Edward et al. 2000. "Free To Trade: Democracies, Autocracies and International Trade." *American Political Science Review*, Vol.94, pp.305~322.
Midford, Paul. 1993. "International Trade and Domestic Politics: Improving on Rogowski's

Model of Political Alignments." *International Organization*, Vol.47, No.4, pp.535~564.

Moon, Don. 2010. "From Latecomer to Forerunner in Global FTA Networks: A Change in South Korea's FTA Policy." *Korean Political Science Review*, Vol.44, No.5, pp.101~126.

Moon, Sang-Bok. 2010. "Demystifying the Impasse of the Korea-Japan FTA: The Pivotal Role of Big Business Associations in S. Korea's Trade Policy." *Journal of International and Area Studies*, Vol.17, No.2, pp.1~20.

Rogowski, Ronald. 1989. *Commerce and Coalitions: How Trade Affects Domestic Political Alignments*. Princeton: Princeton University Press.

Stolper, Wolfgang F. and Paul A. Samuelson. 1941. "Protection and Real Wages." *Review of Economic Studies*, Vol.9, pp.58~73.

Viner, Jacob. 1950. *The Customs Union Issue*. New York: Carnegie Endowment for International Peace.

제5장

"재벌 개혁"의 내용과 성과

김진방 | 인하대학교 경제학부 교수

1. 머리말

한국에서는 소수의 개인이 적은 지분으로 많은 대기업을 절대적으로 지배하며, 그런 지배가 대물림되고 있다. 이를 가리키는 말로는 '재벌 체제'가 적절하다.

재벌 체제의 문제로 지적되는 것들 중 하나가 '경제력 집중'이다. 많은 대기업을 절대적으로 지배하는 개인은 기업을 넘어 시장과 경제를 지배하고, 정치와 사회에까지 막대한 영향력을 행사한다. 이 경우 국민경제의 효율성과 공정성이 훼손되기 쉽고, 안정성까지 위협받는다. 지배력이 대물림되기에 더욱 그러하다. 효율성, 안정성, 공정성의 훼손은 개별 기업을 둘러싸고서도 일어난다. 적은 지분과 절대적 지배의 결합은 계열회사 출자를 통해 가능한데, 이는 소유와 지배의 괴리를 의미하며 지배주주와 외부 주주 사이의 '대리인 문제'를 일으킨다. 지배주주인 총수 일가는 회사 가치를 높이기보다는 자신들의 이익을 챙기려 할 테고, 분산된 외부 주주가 이를 감시하고 통제하기란 현실적으로 매우 어렵다.

재벌 체제를 좋게 보는 견해도 있다. 지배주주와 경영자의 구분이 없으니 둘 사이의 대리인 문제는 당연히 없을 테고, 재벌 그룹의 내부거래가 시장 거래를 대체하므로 '거래 비용'이 절감되고, 자본시장의 '불완전성' 때문에 이뤄질 수 없는 모험 투자가 그룹의 지원으로 이뤄지고, '범위의 경제'를 내부화할 수 있으므로 더 많은 투자가 이뤄진다는 것이다. 그러나 재벌 그룹 내부의 거래와 투자는 수익성이 아닌 다른 이유에서 이뤄지기 쉽고, 한 재벌 그룹의 수익성과 국민경제의 효율성은 일치하지 않을 수 있다. 그리고 무엇보다도 재벌 체제의 지속과 강화는 시장경제의 건전한 발전을 저해하기 쉽다.

당연한 말이지만 재벌 체제 개혁은 재벌 체제의 나쁜 점을 없애거나 줄이기 위해서다. 외환 위기 속에서 출범한 '국민의 정부'가 핵심 과제들 중 하나로 천명한 "재벌 개혁"도 그런 의미의 개혁일 것이다. 그래서 기업 경영의 책임성과 투명성을 높이기 위해 여러 법률을 개정했고, 지배주주와 외부 투자자 사이의 대리인 문제를 완화하기 위해 여러 제도를 강화하거나 새로 도입했다. 주주대표소송제도와 기업공시제도가 대표적이다. 그렇지만 '국민의 정부'는 경제력 집중에는 소홀했다. 오히려 재벌 그룹 금융·보험회사의 의결권 행사와 지주회사 설립을 허용하는 등 총수의 지배력 강화와 확대를 도왔다.

'참여정부'에서는 재벌 체제 개혁이 더 이상 핵심 과제가 아니었다. 대통령이 공약으로 내건 "20대 기본 정책" 중 아홉 번째가 "재벌 개혁 등 공정한 경쟁질서 확립"이지만, 바로 그 앞에 "기업하기 좋은 나라"와 "7% 신성장"이 놓여 있었다. 참여정부가 출범하면서 아홉 번째 기본 정책을 구현하기 위한 "태스크 포스"가 구성되고 "로드맵"이 작성되긴 했으나 대부분 입법화가 미뤄지거나 나중에 되돌려졌다. 참여정부는 재벌 기업의 수출과 투자 증대를 통한 "경제 살리기"에 치중했으며, 투자 증대에 장애가 된다고 생각되는 것이면, 혹은 재벌 측에서 그렇다고 말하면, 무엇이든 폐지 또는 완화하려 했다. 심지어 재벌의 불법행위마저 관행으로 넘기곤 했다.

사정이 이러한 만큼 참여정부가 재벌 체제와 관련하여 한 일보다 하지 않은 일을 따져야 한다는 지적은 충분히 타당하다. 그렇지만 여기서는 어떤 일을 했거나 하지 않았기에 나타난 결과로서의 현상에 초점을 맞추기로 한다. 재벌 그룹이 지주회사 체제로 전환하면서 총수의 지배력이 강화됐음을 사례를 통해 확인하고, 재벌 그룹의 계열회사 출자가 늘면서 소유와 지배의 괴리가 확대됐음을 통계를 통해 확인할 것이다. 경제력 집중이 심화됐음도 여러 통계를 통해 확인할 것이다. 대리인 문제의 가장 노골적인 발현이라고 할 수 있는 총수 일가의 '빼돌리기(tunneling)'는 참여정부에서 더욱 심해진 것이어서 빠뜨릴 수 없다. 이것도 통계와 사례를 통해 확인하기로 한다.

2. 관련 법률 개정 및 제정

국민의 정부에서 "재벌 개혁"은 주로 「상법」, 「증권거래법」, 「외부감사법」의 개정으로 나타났다. 이에 비해 참여정부 초기의 "재벌 개혁"은 주로 「공정거래법」 개정으로 나타났고, 후기의 후퇴도 「공정거래법」 개정으로 나타났다. 참여정부에서 이뤄진 「증권관련집단소송법」 제정과 「상속증여세법」 개정도 재벌 체제와 무관하지 않다. 그렇지만 참여정부와 재벌의 관계를 상징적으로 보여주는 사건은 「금산법」 개정이다.

1) 「독점규제및공정거래에관한법률」

「공정거래법」이라고 줄여서 부르는 이 법률은 1980년에 제정됐다. 1986년에는 이 법률 3장의 제목에 '경제력 집중의 억제'가 추가되면서 출자총액 제한, 상호출자 금지, 금융·보험회사 의결권 제한, 지주회사 설립 금지 등의 조항이 추가됐다. 그 후 출자총액 제한이 강화됐고, 채무보증 제한 조항이 추가됐다. 강화된 출자총액제한제도는 순자산 대비 출자총액 비율의 한도를 25%로 정했으며, 1998년 4월부터 시행될 예정이었다.

그러다가 1998년에 국민의 정부가 들어서면서 채무보증 제한 조항은 강화됐지만 다른 조항들은 삭제 또는 완화했다. 삭제된 것은 출자총액 제한 조항이고 완화된 것은 금융·보험회사 의결권 제한 조항인데, 이에 대해 정부가 내세운 이유는 외국인에 의한 적대적 인수 합병 가능성이다. 지주회사에 관한 조항도 완화됐다. 지주회사 설립 금지가 행위 제한으로 변경된 것이다. 이에 대해 정부가 내세운 이유는 구조 조정과 기업지배구조 개선이다. 그 후 출자총액제한제도가 다시 도입됐지만 다양한 예외 조항이 더해졌다. 국민의 정부에서 새로 도입된 제도도 있다. 대규모 내부거래의 이사회 의결 및 공시를 의무화한 것이다.

2002년 당시 노무현 대통령 후보가 공약으로 내건 "20대 기본 정책" 중 아홉 번째가 "재벌 개혁 등 공정한 경쟁질서 확립"이며, 거기에는 "상호출자·채무보증 금지 및 출자총액 제한 유지"와 "금융회사계열분리청구제도 도입"이 포함된다. 그렇지만 참여정부 기간 중 "유지"는 완화로 바뀌어 나타났고, "도입" 약속은 애초에 폐기됐다.

출자총액 제한의 완화는 "합리적 개선"이라는 이름으로 추진됐는데, 2004년 12월의 법 개정으로 '적용제외'와 '예외인정'이 확대되는 동시에 '졸업기준'이 신설됐다(10조). 그리고 2007년 4월에는 제도 적용 대상 기업

집단 및 소속회사를 축소할 뿐만 아니라 순자산 대비 출자총액 비율의 한도를 25%에서 40%로 높이는 법 개정이 이뤄지면서 출자총액제한제도가 유명무실하게 됐다.[1] 이 제도가 기업의 투자를 저해한다는 재벌 측의 주장에 참여정부와 열린우리당이 동조한 것이다. 그렇지만 이 개정으로 재벌 총수는 계열회사 자금을 동원하여 자신의 지배력을 강화하거나 확대하는 게 더 쉬워졌다.

지주회사 행위 제한도 2004년 12월에 이어 2007년 4월과 8월의 법 개정으로 대폭 완화됐다(8조의2). 그 내용은 네 가지로 정리할 수 있다. 첫 번째, 지주회사가 보유해야 하는 자회사 주식 비율에 관한 것인데, 그 비율의 하한을 자회사가 상장회사인 경우에는 30%에서 25%로, 비상장회사인 경우에는 50%에서 40%로 낮췄다. 두 번째, 사업 관련 손자회사를 허용했다가 사업 관련 요건을 폐지하여 전면 허용했고, 증손회사까지 허용했다. 세 번째, 지주회사가 초과해서는 안 되는 부채비율 상한을 100%에서 200%로 높였다. 네 번째, 지주회사 설립 또는 전환 후에도 금융·보험회사 주식을 2년간 계속 보유할 수 있게 했고, 그 유예기간을 2년 더 연장할 수 있게 했다. 지주회사 체제로의 전환이 소유구조 단순화를 통해 기업지배구조 개선에 기여한다는 게 정부가 내세웠던 개정 이유다. 그렇지만 이 개정으로 한 지주회사가 같은 자기자본으로도 더 많은 자회사, 손자회사, 증손회사를 지배할 수 있게 됐다.

국민의 정부가 완화했고 참여정부가 강화한 제도도 있다. '대규모 기업집단' 소속 금융·보험회사가 보유하는 계열회사 주식의 의결권 행사를 금지하는 제도가 그것이다. 이 제도는 2002년 초의 법률 개정에 의해 금지에서 제한으로 바뀌어 30%까지의 의결권 행사가 허용됐다. 이 행사 한도

---

[1] 출자총액제한제도는 2009년 3월의 법률 개정으로 완전히 폐지됐다.

가 2004년 말의 법률 개정에 의해 2006년부터 매년 5%씩 낮춰져 2008년 4월부터는 15%가 되게 했다(11조). 이 개정으로 삼성생명이 보유하는 삼성전자 주식의 의결권이 영향을 받은 듯하지만 2003년 말 현재 삼성생명이 '특수 관계인'과 함께 보유하는 삼성전자 지분은 15.64%다.[2]

참여정부에서 새로 도입한 제도로는 대기업집단 현황에 대한 정보 공개가 있다. 2006년 말의 법률 개정 때 신설된 조항에 의거해서 2007년부터 인터넷 포털 사이트(groupopni.ftc.go.kr)를 통해 대규모 기업집단 계열회사의 지배구조, 소유구조, 내부거래 등의 현황을 공개하고 있다(14조의5). 그리고 이에 앞서 2004년 말의 법률 개정 때는 대규모 기업집단 소속 비상장회사의 공시 의무를 규정하는 조항을 추가했다(11조의3).

요약하면 참여정부 기간에 「공정거래법」의 출자총액 제한 조항과 지주회사 행위제한 조항은 대폭 완화됐고, 금융·보험회사 의결권 행사 제한 조항은 강화됐다. 그리고 재벌 그룹의 공시 의무와 공정위의 정보 공개는 확대됐다. 덧붙여 밝히면 2006년에 널리 논의됐던 순환출자 금지는 도입되지 않았으며,[3] 일반 지주회사의 금융 자회사 보유 허용도 논의로 그쳤다. 후자는 현 정부에서 추진되고 있다.

2) 「증권관련집단소송법」

집단소송(class action lawsuit)은 한 피해자가 가해자를 상대로 소송을 하면 다른 피해자들은 별도 소송 없이 그 판결로 피해를 구제받을 수 있는 제도

---

[2] 「공정거래법」 11조에서 상한으로 규정된 15%는 발행주식 대비 비율이다. 따라서 자기주식을 제외한 유통주식 대비 비율은 더 높을 수 있다. 2008년 4월 현재 삼성전자의 자기주식이 14.2%이므로 15% 상한은 17.5%의 의결권을 의미한다.

[3] 순환출자의 의미와 현황에 대해서는 김진방(2007a) 참조.

로서 한국에서는 시행되지 않던 것이다. 이 제도를 증권 관련 사안에 도입해야 한다는 주장은 1990년대 초부터 제기되어왔으며, 국민의 정부가 들어서면서 더욱 구체화됐다.[4] 기업의 회계 부정, 허위 공시, 부실 감사, 내부자 거래, 시세조종 등의 불법행위는 다수의 소액 투자자들에게 손해를 입히는데, 기존의 소송 제도로는 이들이 그런 불법행위의 책임자들로부터 손해를 배상받기가 거의 불가능하다는 인식에서다. 집단소송제가 도입되어 손해를 배상받기가 쉬워지면, 그런 불법행위가 줄어들고 기업 경영의 투명성과 책임성이 높아지리라는 기대가 있었다. 그리하여 2001년에는 법무부 내에 특별위원회가 구성됐고, 그해 12월에는 정부의 「증권관련집단소송법」 제정안이 국회에 제출됐다. 그리고 2002년 당시 노무현 대통령 후보는 증권집단소송제도의 조기 도입을 공약으로 제시했다.

「증권관련집단소송법」은 2003년 말에 국회를 통과하여 2005년부터 부분적으로 시행됐다. 그렇게 되기까지 많은 논란과 곡절이 있었다. 한나라당은 소송 남용을 방지하기 위한 규정을 추가 도입하자고 주장했고,[5] 참여정부와 열린우리당도 그런 주장에 동조했다. 그 결과 이 법이 시행된 지 5년이 넘도록 집단소송은 단 한 건만 허가됐다.[6] 이에 대해 적용 대상이 지나치게 제한적일 뿐만 아니라 입증책임, 소송비용, 소송요건 등에서 원

---

4) 1996년에 법무부에서 「집단소송법」 시안을 마련했으나 국회에 제출되지 않았다. 처음으로 국회에 법률안이 제출된 것은 1998년으로, 의원입법 발의였다. 그리고 2000년에 다시 송영길 등의 의원입법 발의가 있었다. 자세한 내용은 김일중·김진호(2008) 참조.

5) 임태희 의원 등 34인이 2003년 6월에 수정 법안을 제출하면서 밝힌 취지는 "증권관련 집단소송의 소송제기 요건을 강화하는 등 남소를 억지할 수 있도록 일부 제도를 보완"하는 것이다.

6) 2009년 4월 법원은 허위 공시와 관련하여 진성이엔티에 대한 집단소송을 허용했다. 이지언(2011) 참조.

고에 현저히 불리하기 때문이라는 지적이 많다.

2003년의 입법 과정에서 논의됐던 사항들 중 하나가 과거의 회계 부정인데, 이 문제가 법 시행을 앞두고 다시 제기됐다. 과거의 회계 부정으로 인한 현재의 회계 부정에는 법 적용을 유예하자는 한나라당의 주장에 열린우리당과 참여정부가 동조하고 나선 것이다.[7] 그리하여 2005년 3월에 법이 개정되면서 적용은 다시 2007년으로 미뤄졌다.

3) 「상속세및증여세법」

재벌 그룹 총수 일가의 상속·증여세와 관련하여 개혁의 핵심은 열거주의에서 포괄주의로 전환하는 것이다. 전자는 세법에 열거된 상속·증여 행위에 대해서만 과세하는 제도고, 후자는 법률에 별도의 면세 규정을 두지 않은 한 상속·증여로 볼 수 있는 모든 거래에 대해 세금을 물릴 수 있도록 하는 제도다. 한국에서는 열거주의가 적용되어왔으나 국민의 정부 때 유형별 포괄주의로 바뀌었다. 2000년 말에 「상속세및증여세법」이 개정되면서 법에 열거된 것과 유사한 상속·증여 행위에 대해서도 과세할 수 있는 제도가 도입된 것이다(42조). 그러나 이 제도로도 총수 일가의 세금 없는 증여 또는 상속을 막기는 어렵다는 지적이 있었고, 2002년 당시 노무현 대통령 후보는 완전 포괄주의 실시를 공약했다.

완전 포괄주의를 실시하기 위한 법 개정은 비교적 수월하게 이뤄졌다.[8]

---

[7] 2004년 12월 27일 법사위, 재경위 소속 열린우리당 의원들과 홍재형 의장, 이헌재 재경부 장관, 김승규 법무부 장관, 윤증현 금감위원장 등이 당정 협의를 열어 과거 분식에 대한 2년 유예안을 결정하여 발표했다.

[8] 일부에서 위헌 소지가 있다는 주장이 제기되기는 했다. 김영용(2003), 민태욱(2003) 참조.

2003년 말에 개정된 「상속세및증여세법」은 "명칭·형식·목적 등에도 불구하고 경제적 가치를 계산할 수 있는 유형·무형의 재산을 타인에게 직접 또는 간접적인 방법에 의하여 무상으로 이전(현저히 저렴한 대가로 이전하는 경우를 포함한다)하는 것 또는 기여에 의하여 타인의 재산 가치를 증가시키는 것"이 모두 과세 대상임을 명시하고 있다(2조).

4) 「금융산업의구조개선에관한법률」

흔히 「금산법」으로 줄여 부르는 이 법은 1997년 초에 「금융기관의합병및전환에관한법률」을 전면 개정한 것이다. 이 법 5장은 '금융기관을 이용한 기업결합'을 제한하기 위한 조항들로 구성되는데, 그 첫 번째인 24조는 한 기업집단 소속 금융회사가 그 집단 소속 다른 회사의 주식을 5% 이상 소유하려면 금융감독위원회의 승인을 받도록 규정하고 있다. 이 조항은 「공정거래법」의 11조처럼 금융과 산업을 분리하는 동시에 경제력 집중을 억제하기 위한 것이다.

그런데 입법 당시 삼성전자를 비롯한 여러 계열회사의 주식을 5% 이상 소유하고 있던 삼성생명은 그 후 오랫동안 이를 시정하지 않았고, 삼성카드는 입법 후에도 에버랜드 주식 25.6%를 취득했다. 이어서 현대캐피탈도 기아자동차 주식 10%를 취득했다. 그런데도 금융감독위원회는 법규 위반에 대한 벌칙 규정이 없다는 핑계로 이를 방치했다. 반면 2002년에 동부화재가 아남반도체 주식을 취득했을 때는 경고와 함께 시정 명령을 내렸다.

2004년에 이런 사실이 드러나면서 논란이 됐고, 26명의 국회의원이 초과소유분 강제매각 조치를 담은 「금산법」 개정안을 발의했다. 이와 달리 참여정부와 열린우리당은 삼성생명의 삼성전자 주식 소유 및 의결권 행사를 허용하는 「금산법」 개정을 주장했다. 그 후 오랜 논란과 곡절을 거쳐

2007년 초에 개정안이 국회를 통과했으며, 새 법률의 부칙 3조와 4조에 따라 삼성생명은 주식을 계속 소유하면서 의결권은 2008년 4월까지 온전히 행사하고, 그 후부터는 「공정거래법」 11조에 맞춰 행사할 수 있게 됐다. 삼성생명이 소유하는 삼성전자 주식은 아무런 제재도 받지 않게 된 것이다. 그리고 삼성카드가 보유한 에버랜드 주식도 5년 내로 처분하면 되게 됐다.

이 「금산법」 파동은 참여정부와 삼성그룹의 관계를 적나라하게 보여주는 사건들 중 하나로 기억되기에 충분하다.

3. 관련 통계와 사례

재벌 체제의 문제가 경제력 집중과 소유·지배 괴리를 통해 나타나는 것이라면, 참여정부에 의한 "재벌 개혁"의 성과는 이 두 현상을 통해 측정할 수 있다. 그리고 그 효과의 하나로서 재벌 그룹 총수 일가의 사익 추구 행위를 검토할 수 있는데, 여기서는 사익 추구의 가장 노골적인 형태인 '빼돌리기'를 살펴본다.

1) 지주회사 체제 전환과 총수의 지배력 강화

참여정부에 의한 "재벌 개혁" 중 하나가 재벌 그룹으로 하여금 지주회사 체제로 전환하도록 유도하는 것이었고, 참여정부 기간에 설립된 여러 지주회사들 중에서는 SK㈜와 CJ㈜의 규모가 가장 크다. 그런데 이 "개혁"의 결과는 다름 아닌 총수의 지배력 강화다.

먼저 SK그룹의 경우를 보자. 2007년 7월에 SK㈜로부터 SK에너지가 분할 설립됐고, 존속회사 SK(주)는 지주회사가 됐다. 이에 앞서 SK(주)는 자기주식을 취득하여 17.3%를 보유하고 있었으며, 분할 시 자기주식 지분에 비례하여 SK에너지 주식을 배정받았다. 의결권 없는 자기주식이 의결권 있는 자회사 주식으로 바뀐 것이다. 한편 SK(주) 주식 11.2%를 보유하던 SKC&C에 배정된 SK에너지 주식은 동년 10월에 SK(주)가 새로 발행한 주식과 맞바꿨다. 이른바 현물출자 방식의 유상증자다. 그 결과 SKC&C가 보유하는 SK(주) 주식 지분이 25.4%로 증가했고, SK(주)가 보유하는 SK에너지 주식 지분이 28.5%로 증가했다. 그룹 총수가 SKC&C를 통해 행사할 수 있는 의결권이 11.2%에서 25.4% 내지 28.5%로 커진 것이다. SKC&C는 총수 일가가 발행주식의 55.0%를 소유하는 회사다. 총수 일가가 직접 보유하던 SK(주) 주식 지분도 현물출자 방식의 유상증자를 통해 1.0%에서 2.2%로 증가했고, 동시에 SK(주)가 보유하는 SK에너지 주식 지분도 1.0% 포인트 증가하여 29.5%가 됐다. 외부 주주 일부도 현물출자 방식의 유상증자에 참여했기에 SK(주)가 보유하는 SK에너지 주식 지분은 31.2%가 됐다. 정리

〈표 5-1〉 SK(주)의 지주회사 전환과 지배주주 지분 변동

	2007년 6월 30일		증가	감소	2007년 10월 30일	
	주식 수	지분(%)	주식 수	주식 수	주식 수	지분(%)
SKC&C	14,365,127	11.16	7,770,849	10,199,241	11,936,735	25.42
최태원	1,252,525	0.97	677,555	889,293	1,040,787	2.22
친인척	38,150	0.03	10,358	27,087	21,421	0.05
소계	15,655,802	12.17 (14.72)	8,458,762	11,115,621	12,998,943	27.68 (32.13)
자기주식	22,310,340	17.34	14,247	15,840,341	6,484,246	13.81
발행주식	128,695,064		9,640,243	91,373,495	46,961,812	

자료: SK(주)의 2007년도 사업보고서와 분기보고서.
주1: 소계의 괄호 속 수치는 자기주식을 반영하여 계산한 의결지분율.
주2: SK(주)와 SK에너지의 분할 비율은 0.29:0.71이며, 그 비율로 발행주식과 지배주주 보유주식 감소.
주3: SK에너지 주식 1주의 현물출자에 대해 SK(주) 신주 0.76주를 배정했으며, 그 비율로 지배주주 보유주식 증가.

하면, 지주회사 체제로 전환하기 전에는 총수가 직접, 그리고 SKC&C를 통해 SK(주) 주주총회에서 행사하던 의결권이 12.2%였으나, 전환 후에는 그것의 2.3배인 27.7%로 커졌고, SK에너지 주주총회에서 행사하는 의결권은 그것의 2.6배인 31.2%로 커졌다. SK(주)의 자기주식을 감안하여 다시 계산하면, <표 5-1>에서 보듯이, 총수의 의결지분율이 14.7%에서 32.1%로 증가했다. 이를 위해 총수 일가가 들인 돈은 전혀 없다. 오로지 SK(주)의 자기주식 취득과 분할, 그리고 주식 교환을 통해 총수의 그룹 지배력이 강화됐다. 바로 이것이 지주회사 체제 전환의 목적이고 결과다.

SK그룹 총수의 지배력은 강화됐을 뿐만 아니라 확대됐다. SK그룹의 계열회사 수는 2007년 4월의 57개에서 2008년 4월의 64개를 거쳐 2009년 4월의 77개로 늘었다. 그리하여 8개의 자회사와 43개의 손자회사와 10개의 증손회사를 거느리는 지주회사가 있고, 그 지주회사 아래 다른 지주회사가 있어 9개의 자회사와 1개의 증손회사를 거느리고, 그 지주회사를 지배하는 회사가 있고, 그 바깥에 다수의 계열회사가 또 있다. 그리고 자회사들 중 하나는 증권회사다. 참여정부에 의해 연장된 유예기간이 끝나는 2009년 7월까지도 SK그룹은 금융회사를 보유하고 순환출자를 유지하는 등 10건의 규정 위반을 해소하지 않았고, 지금까지도 금융회사를 보유하고 있다. 참여정부에 의해 완화된 「공정거래법」의 지주회사 행위제한 규정이 SK그룹의 이런 전환을 도왔다.

SK그룹의 사례는 다른 재벌에게도 좋은 모방 대상이 되고 있다. 2007년에만도 상호출자 제한 기업집단 중에서 CJ그룹, 한진중공업그룹, 웅진그룹이 지주회사 체제로 전환했다. 이들 중 CJ그룹과 한진중공업그룹은 모두 자기주식 대량 취득 후 인적 분할, 그리고 현물출자 방식의 유상증자를 통해 지주회사와 자회사에 대한 총수의 지배력을 강화했다. 2010년에는 코오롱그룹이 이를 따랐다. <표 5-2>에서 보듯이[9] 세 그룹은 총수 일가의

〈표 5-2〉 4개 재벌 그룹의 지주회사 전환과 지배주주 지분 변동

그룹명	지주회사	자회사	자기주식 취득(%)	지배주주 배정(%)	지배주주 지분(%) 변동		
					이전(a)	이후(b)	b/a
SK	SK㈜	SK에너지	17.34	87.74	12.17	27.68	2.28
CJ	CJ㈜	CJ제일제당	19.10	98.05	19.65	43.36	2.21
한진중공업	한진중공업홀딩스	한진중공업	19.58	98.58	16.72	50.05	2.99
코오롱	코오롱	코오롱인더스트리	19.91	99.78	15.31	52.48	3.43
평균			18.98	96.04	15.96	43.39	2.73

자료: 각 회사의 해당 연도 사업보고서와 분기보고서 및 유가증권신고서.
주1: "지배주주"는 총수와 그 가족을 가리키되 SK의 경우는 SKC&C도 포함하며, "배정"은 새로 발행된 지주회사 주식 중 지배주주에 배정된 주식의 비율.
주2: "평균"은 4건의 단순 평균.

지주회사 지분율이 각각 2.2배, 3.0배, 3.1배로 높아졌다.

㈜두산도 2009년에 지주회사로 전환하면서 자기주식 비율을 29.9%로 높였고, 그 결과 총수 일가의 지배력이 강화됐다. 두산그룹도 유예기간 2년이 지난 2011년 1월까지 지주회사가 2개의 금융 계열회사를 소유·지배하는 등 9건의 행위제한 규정 위반을 해소하지 않고 있으며, 계열회사 수는 2008년 4월의 21개에서 2010년 4월의 29개로 늘었다.

돌이켜보면, 1998년까지는 지주회사 설립 또는 전환이 「공정거래법」에 의해 금지됐다. 1999년에 국민의 정부가 지주회사를 허용하면서 내세웠던 이유는 구조 조정의 용이성과 소유구조의 단순화였다. 그러면서도 지주회사가 재벌의 지배력 확대를 위한 수단이 되지 않도록 여러 가지 제한을 두었다. 그런데 참여정부는 소유구조의 단순화가 기업 경영의 책임성·투

---

9) <표 5-2>는 경제개혁연대(2009b)가 작성한 표를 참조하여 재작성한 것이다. 이 표에 포함된 웅진그룹의 경우는 자기주식 취득 없이 지주회사 체제로 전환했기에 <표 5-2>에서 제외했다.

명성 제고로 이어진다고 주장하면서 「공정거래법」의 지주회사 행위제한 규정을 대폭 완화했다. 그렇지만 참여정부가 실제로 허용하고 권장한 지주회사 체제는 다단계 계열 출자의 다른 이름일 뿐이다. 실질적으로는 금융 자회사도 허용했다. 결국 참여정부는 재벌 총수에게 지배력 확장과 강화를 위한 수단을 제공했을 뿐이며, 그로써 경제력 집중과 소유지배괴리 확대를 조장했다.

2) 출자비율 상승과 소유지배괴리 확대

참여정부에 의해 「공정거래법」의 지주회사 행위제한 규정이 완화되고 출자총액제한제도가 유명무실해졌다. 그것이 한 요인이 되어 재벌 그룹 계열회사들의 출자비율이 상승하고, 소유지배괴리가 확대됐다. 이는 재벌 그룹 계열회사들의 내부지분 규모와 구성을 통해 확인할 수 있다. 여기서는 30대 재벌 그룹을 4대 및 위성, 5위 이하 6개, 11위 이하로 나눠 1997년에서 2007년까지 10년에 걸친 변화를 살펴보기로 한다.[10]

「공정거래법」 10조에 의해 제한되는 각 계열회사의 출자비율은 '순자산' 대비 출자총액 비율이며, '순자산'은 자본총계 또는 자본금에서 출자

---

10) 30대 재벌 그룹은 2004년 4월 1일 자산총액을 기준으로 선정했다. 따라서 대우그룹은 포함되지 않는다. 2000년과 2001년에 현대자동차그룹과 현대중공업그룹이 현대그룹으로부터 분리됐으나 셋 모두 "4대 및 위성"에 포함시킨다. 2004년에 LG그룹으로부터 분리된 GS그룹도 여기에 포함시킨다. 따라서 "4대 및 위성"에 포함되는 재벌 그룹의 수가 1997년의 4개에서 7개로 늘어난다. 그 외의 위성 그룹은 "11위 이하"에 포함시키며, 따라서 그 수가 1997년의 15개에서 2004년의 20개를 거쳐 2005년에는 21개가 된다. 현대백화점, 현대산업개발, 한국철강, 오리온, 한국투자금융, 한진중공업이 차례로 포함되기 때문이다. "5위 이하 6개" 그룹에는 롯데, 한진, 한화, 금호, 두산, 동부가 포함된다. 이 분류는 김진방(2005)을 따른 것이다.

총액을 뺀 금액이다.[11] 여기서는 해당 계열회사가 보유하는 다른 계열회사 주식의 순자산가액으로 출자총액과 '순자산', 그리고 출자비율을 계산하기로 한다.[12] 한 그룹의 출자비율은 소속 계열회사 출자비율의 가중평균이며, 가중치는 '순자산'이다. 이 방식은 여러 그룹의 출자비율 평균을 계산할 때도 적용된다.

이렇게 계산되는 한 그룹의 출자비율(q)은 계열회사 지분율(s)로부터도 계산될 수 있다. 즉, $q=s/(1-s)$이다. 한 그룹의 평균 출자비율이 높으면 당연히 그 그룹의 평균 계열회사 지분율이 높다. 여기서는 계열회사 지분율과 총수 일가 지분율(w)의 합 또는 그것을 수정한 '의결지분율(x)'로 총수의 지배력을 측정할 수 있다.[13] 한편 총수 일가 지분율은 총수 일가의 직접 소유만을 반영하므로 계열회사를 통한 간접 소유를 더해야만 '소유지분율($\hat{w}$)'이 계산된다. 즉, $\hat{w}=w/(1-s)$이다. 이렇게 계산된 총수(일가)의 소유지분율과 의결지분율의 차이 또는 비율로 소유와 지배의 괴리를 측정하기도 하는데, 여기서는 두 지분율의 차이를 의결지분율로 나눈 비율로 '소유지배괴리도(d)'를 측정하기로 한다. 즉, $d=(x-\hat{w})/x=1-(\hat{w}/x)$이다. 이렇게 계산되는 소유지배괴리도는 0에서 1 사이의 값을 가지며, 의결지분율이 어느 수준을 넘으면 의결지분율이 많이 높아지더라도 소유지배괴리

---

11) 순자산은 일반적으로 총자산에서 부채를 뺀 것을 가리킨다. 그러나 「공정거래법」 10조에서 말하는 '순자산'은 거기서 다시 출자총액을 뺀 것이다.
12) 「공정거래법」은 각 계열회사의 출자총액을 보유주식의 취득가액으로 계산한다. 이런 측정이 규제를 위해서는 적절하더라도 분석을 위해서는 보유주식의 순자산가액으로 계산하는 게 타당하다.
13) 여기서 말하는 총수 일가 지분율(w)과 계열회사 지분율(s)은 발행주식에서 자기주식을 뺀 유통주식에 대한 비율이며, 사업보고서 등에 표시되는 지분율보다 높을 수 있다. <그림 5-1>의 출자비율, 소유지분율, 의결지분율, 소유지배괴리도는 모두 이렇게 조정된 지분율로부터 계산된 것이다.

도는 그다지 커지지 않는다.14) 그리고 소유지배괴리도는 출자비율이 높을수록 크고,15) 소유지분율이 높을수록 작다.

<그림 5-1a>는 4대 및 위성, 5위 이하 6개, 11위 이하 재벌그룹들의 평균 출자비율 추이를 보여준다. 4대 및 위성 재벌그룹들의 평균 출자비율은 1997년 경제 위기 직후의 급등과 급락을 거친 뒤에는 40% 근처를 오르내린다. 그러나 2008년 4월 지주회사 체제로 전환한 SK그룹이 54.2%고, 순환출자 비중이 높은 현대중공업의 출자비율은 그보다도 높은 62.9%다. 5위 이하 6개 재벌 그룹의 평균 출자비율은 1997년 이후 줄곧 빠르게 상승하여 2002년 말의 52.5%를 거쳐 2008년 4월에는 71.7%에 이르렀고, 11위 이하 재벌그룹들의 평균 출자비율도 2002년 말의 35.6%에서 2008년 4월의 51.7%로 빠르게 상승했다. 그중에서도 한화, 두산, 동양, 한국투자금융그룹의 출자비율은 100%를 훨씬 넘어 상승했다.

출자비율 상승은 소유지배괴리도 상승을 수반한다. <그림 5-1b>에서 보듯이, 출자비율이 급등한 5위 이하 6개 재벌그룹의 경우 소유지배괴리도 평균은 1997년 말의 0.578에서 2002년 말의 0.647을 거쳐 2008년 4월 0.685를 기록한다. 10년 사이에 18% 상승한 것이다. 특히 한화, 금호, 두산 그룹은 2008년 4월 소유지배괴리도가 0.8 내외인데, 이는 4대 및 위성 재벌그룹 평균보다도 높은 수치다. 4대 및 위성 재벌그룹 평균은 1997년 말의 0.702에서 2002년 말의 0.765를 거쳐 2008년 4월 0.787을 기록한다.

---

14) 의결지분율이 25%에서 35%로 상승하는 것과 45%에서 55%로 상승하는 것은 그 의미가 전혀 다르다. '소유지배괴리도'는 이런 현실을 반영할 수 있도록 정의하는 게 좋다. 여기에서 정의한 소유지배괴리도는 소유지분율이 10%로 일정하다면, 전자의 경우는 0.600에서 0.714으로 증가하는 데 비해 후자의 경우는 0.778에서 0.818로 증가한다. 김진방(2007b) 참조.

15) 두 지분율과 괴리도의 정의로부터, $d = q(1/x - 1)$.

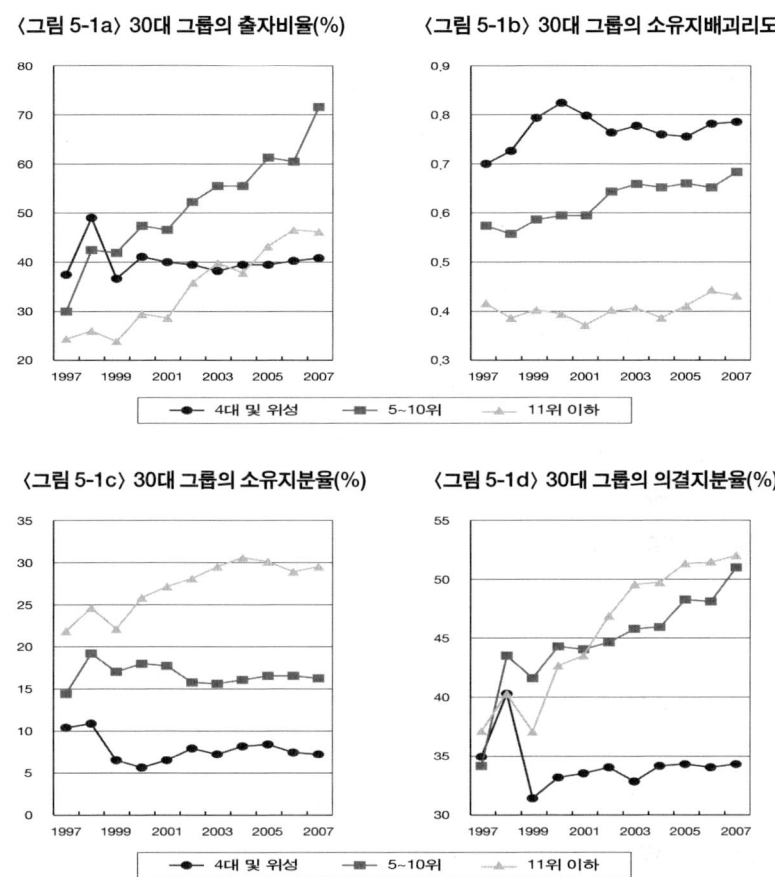

자료: 김진방(2005), 김진방·조민수(2010), 공정거래위원회 포털(groupopni.go.kr).
주1: 4대 및 위성: 삼성, 현대, 현대자동차, 현대중공업, LG, GS.
　　5~10위: 롯데, 한진, 한진중공업, 한화, 금호아시아나, 두산, 동부.
　　11위 이하: 본문설명 참조.
주2: 각 비율의 정의와 의미는 본문설명 참조.

그렇지만 SK그룹의 소유지배괴리도는 2008년 4월 0.907로서 삼성그룹의 0.829보다도 높다. 11위 이하 재벌그룹은 <그림 5-1c>에서 보듯이 출자비율과 함께 총수 일가 소유지분율도 상승했기에 소유지배괴리도 평균은 그다지 상승하지 않았으며, 2008년 4월 0.432다. 그렇지만 동양그룹과 코오롱그룹의 소유지배괴리도는 5위 이하 6개 재벌그룹 평균보다도 높은 0.865와 0.693이다.

이처럼 출자비율과 소유지배괴리도는 그룹의 규모에 따라 다르고, 비슷한 규모의 그룹들 사이에서도 서로 다르다. 그렇지만 참여정부 기간에 여러 재벌 그룹의 출자비율과 소유지배괴리도가 빠르게 상승한 것만은 분명하다. 30대 재벌 그룹 가중평균을 보면, 출자비율은 2002년 말의 41.1%에서 2008년 4월의 46.9%로 상승했고, 같은 기간 중 소유지배괴리도는 0.765에서 0.787로 상승했다. 출자총액 제한과 지주회사 행위제한이 완화되지 않았더라면 그런 상승이 쉽지 않았을 것이다.

3) 경제력 집중

'경제력 집중'은 소수의 개인이 많은 대기업을 절대적으로 지배하는 상황을 가리킨다. 이런 의미의 경제력 집중은 재벌 총수의 의결지분율과 함께 재벌 그룹의 국민경제적 비중을 통해 측정할 수 있다.[16] 그리고 국민경제적 비중은 국내총생산(GDP) 대비 자산총액, 매출총액, 부가가치총액 등으로 측정될 수 있다. 국민계정의 투자에서 재벌 그룹의 투자가 차지하는 비중을 계산할 수도 있다.

무엇으로 측정하든 재벌 그룹의 국민경제적 비중은 참여정부 기간에 빠르게 증가한다. <그림 5-2a>와 <그림 5-2b>는 1996년에서 2009년까지 14년에 걸친 10대 재벌 그룹의 자산과 부가가치의 추이를 국내총생산과 비교하여 보여준다. 일관성을 위해 "10대"에는 이 기간 중 분리된 현대백화점, 현대산업개발, 현대자동차, 현대중공업, LS, GS, 한진중공업그룹이

---

16) 경제력 집중을 측정하는 지표에 관해서는 송원근·이상호(2005)를 참조하라.

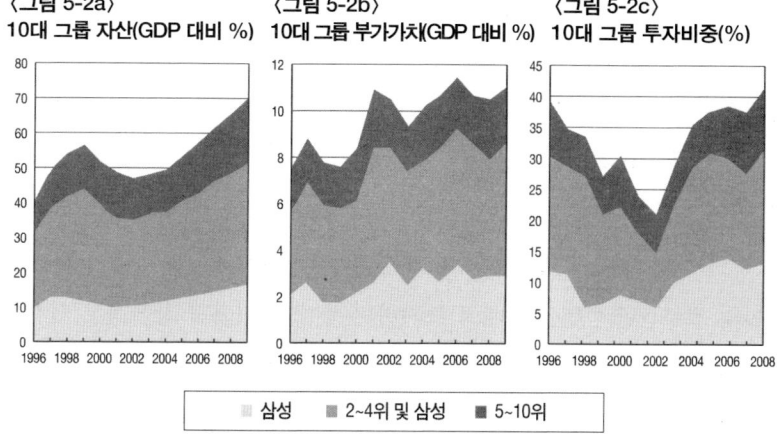

⟨그림 5-2a⟩ 10대 그룹 자산(GDP 대비 %)
⟨그림 5-2b⟩ 10대 그룹 부가가치(GDP 대비 %)
⟨그림 5-2c⟩ 10대 그룹 투자비중(%)

자료: KIS-Value 합산재무제표(금융·보험회사는 제외).
주1: 2~4위 및 위성: 현대, 현대자동차, 현대중공업, LG, GS, SK.
　　 5~10위: 롯데, 한진, 한진중공업, 한화, 금호아시아나, 두산, 동부.
주2: "투자"는 그룹합산현금흐름표의 "유형·무형·리스자산 증가"에서 "감소"를 공제한 금액. "비중"은 국민계정의 "설비투자"와 "무형고정투자"의 합과 비교하여 계산.

차례로 포함된다. 따라서 "10대"에 포함되는 재벌 그룹의 수는 1996년의 10개에서 2002년의 14개를 거쳐 2005년의 17개로 늘어난다. 각 그룹의 자산과 매출은 소속회사 자산총계와 매출액의 합인데, 각 금액은 금융·보험회사는 제외하고 작성된 합산재무제표에서 가져온다.

　10대 재벌 그룹의 자산은 1997년의 242조 원에서 2002년의 321조 원을 거쳐 2007년의 554조 원으로 증가했고, 같은 기간에 국내총생산은 491조 원에서 684조 원을 거쳐 901조 원으로 증가했다. 따라서 그 기간에 후자에 대한 전자의 비율은 49.3%에서 46.9%로 낮아졌다가 61.4%로 높아졌다. 10대 재벌 그룹의 국민경제적 비중을 이 비율로 측정한다면, 참여정부 기간 중에 그 비중이 1.31배로 늘어난 것이다. 4대 재벌 그룹으로 한정해서 그 비중을 측정하면, 2002년의 35.3%에서 2007년의 45.8%로 높아져서 1.30배로 늘었다. 반면 삼성그룹만으로 그 비중을 측정하면, 참여정부 기간 중에 10.5%에서 14.0%로 높아져서 1.33배로 늘었다. 이런 추세는 2008년과 2009년에도 계속된다. 1999년 이후 낮아지던 10대 재벌 그룹의 국민경제적 비중이 참여정부 기간과 그 직후에 빠르게 높아진 것이다.[17]

국내총생산과 직접 비교할 수 있는 것은 부가가치다.[18] 10대 재벌 그룹의 부가가치 비중은 기복이 심하지만, 1996~1997년 평균 7.66%에서 2001~2002년 평균 9.78%를 거쳐 2006~2007년 평균 10.85%로 상승했다. 국민의 정부 5년 동안 1.28배로 증가하던 추세가 이어져 참여정부 기간에도 1.11배로 증가한 것이다. 4대 재벌 그룹으로 한정해서 측정해도 그 추세는 거의 같다.

참여정부가 줄곧 강조하던 투자에서는 10대 재벌 그룹의 비중이 더 빠르게 증가했다. 각 재벌 그룹의 투자는 합산재무제표의 '유형·무형·리스자산' 순증가액으로 측정하고, 이것을 국민계정의 '설비투자'와 '무형고정자산투자'의 합과 비교하여 비중을 계산했다. 이렇게 계산된 비중은 2002년의 21.0%에서 2007년의 37.0%로 상승하여 무려 1.73배가 됐다. 그 5년 사이에 굴곡이 없지는 않지만 가파른 상승 추세가 완연하다. 2001년의 21.0%가 유난히 낮은 것이긴 하지만, 1994~2002년의 평균 비중 29.0%와 비교하더라도 참여정부 기간 중의 평균 비중 35.3%는 매우 높은 것이다. 이런 추세는 4대 재벌 그룹 또는 삼성그룹에 한정하면 더 뚜렷이 나타난다.

여기서 측정한 것은 10대 재벌 그룹의 국민경제적 비중이다. 당연한

---

17) 재벌 그룹의 자산이 1998년과 1999년에 증가한 가장 큰 이유는 소속회사들의 자산재평가와 유상증자다.
18) 한 기업의 부가가치는 그 기업의 생산 활동에 참여한 생산요소에 귀속되는 소득으로서 인건비, 금융 비용, 임차료, 조세, 감가상각비, 세전순이익을 더한 것이다. <그림 5-2b>의 부가가치는 NICE신용평가가 계산한 부가가치율을 합산재무제표의 매출액에 곱한 수치다.

말이지만, 어느 한 부문의 비중이 늘면 다른 부문의 비중이 준다. 참여정부 기간에 10대 재벌 그룹을 제외한 다른 경제주체의 국민경제적 비중은 줄었다는 것이다. 자산, 부가가치, 투자 중 어느 것으로 측정하더라도 그렇다. 한편으로는 재벌 기업에 대한 재벌 총수의 지배력이 강화되고, 다른 한편으로는 재벌 기업의 국민경제적 비중이 증대하면서, 경제력 집중은 더욱 심화된 것이다.

4) 주식거래와 내부거래를 통한 빼돌리기

대리인 문제의 가장 노골적인 형태가 '빼돌리기'다. 회사의 재산과 수익을 경영자 또는 지배주주가 차지해버리는 것이다. 재벌 그룹에서 행하는 빼돌리기에는 두 가지 유형이 있다. 하나는 회사로 하여금 새 주식을 헐값에 발행하게 해서 그 주식을 총수 일가가 인수하는 것이다. 삼성그룹의 에스원, 삼성엔지니어링, 에스원, 제일기획에 이은 삼성에버랜드와 삼성SDS의 사례가 대표적이다. 다른 하나는 총수 일가가 많은 지분을 가진 회사와 그렇지 않은 회사 사이에서 전자에 유리한 거래를 하게 하는 것이다. 삼성그룹의 서울통신기술, 현대자동차그룹의 글로비스와 현대엠코, SK그룹의 SKC&C 등이 대표적이다. 이 두 가지 유형 중 후자의 빼돌리기는 참여정부 기간에도 그치지 않았고, 오히려 심해졌다.

이를 더 자세히 살펴보기에 앞서, 참여정부 기간 중에도 빼돌리기가 만연했음을 시사하는 수치를 검토하기로 한다. <그림 5-3a>는 4대 재벌 그룹과 그로부터 분리된 6개 재벌 그룹(현대산업개발, 현대백화점, 현대자동차, 현대중공업, LS, GS) 소속회사들의 발행주식 액면가 및 발행가 총액의 추이를 보여준다.[19] 발행가 총액은 1997년 말의 9조 2,000억 원에서 2002년 말의 52조 6,000억 원을 거쳐 2007년 말의 74조 3,000억 원으로 증가했

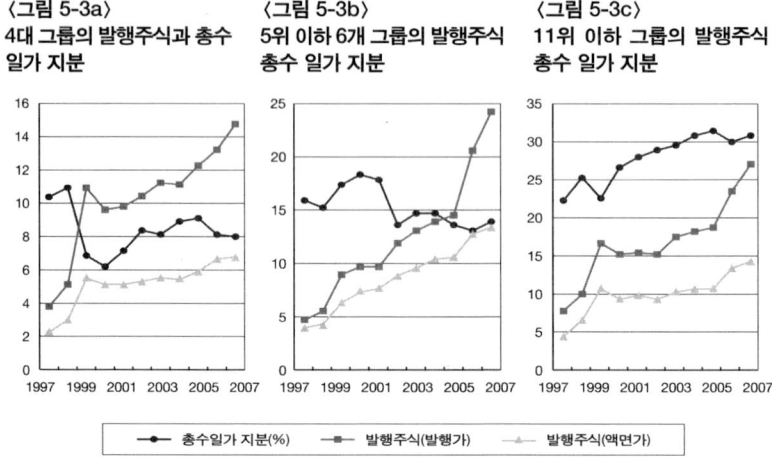

〈그림 5-3a〉
4대 그룹의 발행주식과 총수
일가 지분

〈그림 5-3b〉
5위 이하 6개 그룹의 발행주식
총수 일가 지분

〈그림 5-3c〉
11위 이하 그룹의 발행주식
총수 일가 지분

● 총수일가 지분(%) ■ 발행주식(발행가) ▲ 발행주식(액면가)

자료: 김진방(2005), 김진방·조민수(2010), 공정거래위원회 포털, KIS-Value 합산재무제표.
주1: "발행주식"의 액면가와 발행가 총액 단위는 각 그림에서 차례로 5조 원, 1조 원, 5,000억 원.
주2: "4대 그룹"과 "5위 이하 6개 그룹"에는 1997년 이후 분리된 위성 그룹(현대백화점, 현대산업개발, 현대자동차, 현대중공업, LS, GS, 한진중공업) 포함.

다. 발행주식이 이렇게 빠르게 증가할 때면 총수 일가의 지분율이 빠르게 하락하는 게 정상이다. 총수 일가가 새로 주식을 취득하지 않는다면 발행주식 수와 총수 일가 지분율은 반비례하기 때문이다. 그런데도 4대 및 위성 재벌그룹의 총수 일가 지분율 가중평균은 1997년 말의 10.4%에서 2002년 말의 8.5%를 거쳐 2007년 말의 8.0%로 하락하는 데 그쳤다. 이는 두 가지로 설명될 수 있다. 첫 번째로 총수 일가가 그 사이에 소속회사의 주식을 대량 취득했을 수 있고, 두 번째로 총수 일가가 많은 지분을 가진 소속회사가 유난히 많은 이익잉여금을 쌓았을 수 있다.[20] 전자의 경우라

---

19) 역시 합산재무제표에서 추출한 수치이기에 금융·보험회사는 제외된다.
20) 총수 일가 지분율 평균은 각 회사의 자본총계를 가중치로 사용하며, 자본총계의 일부가 이익잉여금이다. 이익잉여금은 회사의 순이익 중 주주에게 배당되지 않은

면 총수 일가가 그 많은 주식을 무슨 돈으로 사들였을지 물어야 하고, 후자의 경우라면 해당 회사의 그 많은 이익이 어떻게 가능했는지 물어야 한다. 어느 경우든 빼돌리기가 아니고서는 실현되기 어렵다.

빼돌리기가 의심스럽기는 중하위 재벌 그룹이 더 심하며, 참여정부 기간에 더욱 그러했다. 5위 이하 6~7개 재벌 그룹(롯데, 한진, 한진중공업, 한화, 금호, 두산, 동부) 소속회사의 발행주식총액은 발행가 기준으로 2002년 말의 12조 원에서 2007년 말의 24조 3,000억 원으로 증가하여 두 배가 됐다. 그렇다면 그 사이에 총수 일가 지분율은 절반이 되는 게 당연하다. 그러나 현실에서는 13.8%에서 14.1%로 오히려 상승했다. 한편 11위 이하 13개 재벌 그룹(신세계, CJ, 동양, 대림, 효성, 동국제강, 코오롱, KCC, 한솔, 대한전선, 세아, 영풍, 태광산업) 소속회사의 발행주식총액이 발행가 기준으로 2002년 말의 4조 9,000억 원에서 2007년 말의 6조 5,000억 원으로 증가하는 동안에도 총수 일가 지분율은 28.9%에서 31.1%로 상승했다.

앞서 언급했듯이, 빼돌리기의 전형적인 예들 중 하나가 삼성에버랜드다. 삼성에버랜드는 1996년 총수의 아들과 세 딸이 실권전환사채를 인수했고, 이를 통해 신주 125만 주를 주당 7,700원에 인수하여 64.0%의 지분을 확보했다. 그런데 삼성카드, 삼성캐피탈, 삼성전기, 삼성SDI 등은 1998년과 1999년에 삼성에버랜드 주식 84만 주를 주당 10만 원에 인수했다. 두 인수 가격을 비교하면, 총수 자녀가 1,154억 원의 이득을 취했거나 삼성카드 등이 775억 원의 손해를 입었음을 알 수 있다. 전자라면 삼성에버랜드의 대주주였던 제일모직, 삼성물산 등의 재산을 총수 일가가 빼돌린 셈이고, 후자라면 삼성카드 등의 재산을 총수 일가가 빼돌린 셈이다. 이에 대해 2000년에 법학 교수 43인이 검찰에 고발했으나 검찰은 공소시효 만료를

부분이다.

하루 앞둔 2003년 4월에야 기소했고, 그로부터 다시 6년이 지난 2009년 5월에야 대법원 판결이 내려졌다. 삼성에버랜드 이사들의 배임 혐의에 대해 내려진 판결은 1심과 2심에서는 유죄였으나 최종심에서는 6 대 5로 무죄였다.[21] 참여정부는 이런 법의 허점을 고치려는 노력도 제대로 하지 않았다. 「상속증여세법」을 고쳐 조세 부과를 가능하게 하는 데 그쳤고, 총수 일가의 빼돌리기를 사법 당국이 처벌하거나 피해자가 배상받기 쉽게 하는 법률 개정에는 무관심했다.

삼성그룹의 총수 일가에 의한 빼돌리기는 서울통신기술을 통해서도 이뤄진 것으로 보인다. 총수의 아들은 1996년에 서울통신기술 신주 30만 주를 주당 5,000원에 인수하여 50.7%의 지분을 확보했다. 이에 비해 삼성그룹 계열회사 노비타는 2000년에 서울통신기술 주식 9만 6,000주를 주당 7만 원에 인수했다. 그리고 서울통신기술의 매출은 1996년의 689억 원에서 2002년의 2,204억 원을 거쳐 2007년의 3,476억 원으로 증가했다. 이 3,476억 원 중 삼성전자 등 다른 소속회사에 판매한 것이 46.7%다. 그리고 삼성전자에 판매한 1,234억 원은 모두 "통신용역"이다. 시장가격이 없거나 알기 어려운 무형의 용역을 판매하는 것이다. 자산 거래도 빼돌리기의 통로가 되는데, 서울통신기술은 1999년에 삼성전자로부터 홈오토메이션 사업을 양도받았다.

계열회사와의 거래를 통한 빼돌리기로서 가장 규모가 큰 것은 아마도 글로비스일 것이다.[22] 글로비스는 현대자동차그룹의 총수와 그 아들이

---

[21] 총수 자녀의 전환사채를 통한 신주 취득은 삼성에버랜드의 주주였던 제일모직 등이 전환사채 인수를 포기하여 생긴 일이므로 삼성에버랜드 이사들에게는 잘못이 없다는 것이 무죄판결의 요지였다. 이 판결에 앞서 경제개혁연대가 주주를 모집하여 제기한 주주대표소송에서는 제일모직 이사들이 130억 원을 배상해야 한다는 1심 판결이 2011년 2월에 내려졌다.

2001~2002년에 함께 50억 원을 출자하여 설립한 개인회사며, 현대자동차 등의 물류 업무를 넘겨받았을 뿐만 아니라 국내 계열회사로부터 자동차 부품을 매입하여 해외 계열회사에 수출하는 사업으로 영역을 확장했다. 그리하여 2007년에는 매출이 2조 5,102억 원으로 늘었고, 그중에서 2조 1,618억 원은 국내외 계열회사가 매입한 것이다. 그리하여 총수 부자가 글로비스를 통해 2007년 말까지 실현했거나 또는 보유하고 있는 이득이 1조 5,350억 원을 넘는다.[23]

빼돌리기의 가장 흔한 사례로는 시스템 통합(SI) 회사를 들 수 있다. SK그룹의 SKC&C를 필두로 거의 모든 재벌 그룹이 시스템 통합 회사를 계열회사로 두고 있으며, 그중 많은 회사는 총수 또는 그 가족이 대주주다.[24] 경제개혁연대(2007)의 지적처럼 시스템 통합 회사는 적은 자본으로 설립 또는 인수할 수 있고, 계열회사로부터의 안정적인 물량 확보가 가능하다. 거기에다가 이들 회사가 제공하는 용역에 대해 "현저히" 높은 대가가 지불됐음을 입증하기란 공정거래위원회로서도 쉽지 않다. 바로 이런 점 때문에 재벌그룹 총수와 자녀들이 빼돌리기의 통로로 시스템 통합 회사를 선호하는 것으로 보인다.

---

22) 그 외 여러 재벌 그룹에서 이뤄진 총수 일가의 빼돌리기에 대해서는 경제개혁연대(2009a)를 참조하라.
23) 총수 부자가 2004년에 보유 주식 일부를 매각하고 받은 대금이 1,063억 원이고, 2007년에 일부 주식을 "기부"하기 전까지의 보유 주식 2,250만 주를 2007년 말 시가인 주당 6만 3,500원으로 평가하면 1조 4,288억 원이다. 두 금액의 합이 1조 5,350억 원이고, 그동안의 배당금은 여기에 포함되지 않았다.
24) 경제개혁연대(2007)의 조사에 따르면, 2007년 5월 43개 중 28개 재벌 그룹이 30개의 시스템 통합 회사를 계열회사로 두고 있으며, 그중 12개사는 총수 일가가 50% 이상 지분을 보유하고 있다. 태광시스템즈, 한화S&C, 현대U&I, 대림I&S, 동부C&I 등이 그 예다.

현실이 이런데도 불구하고 참여정부는 방관했다. 참여정부 출범 초기에 공정거래위원회는 부당 내부거래를 근절하겠다는 의지를 표명했고, 2003년 10월에 조사 결과를 발표하기는 했다. 그러나 이 조사에서는 삼성에버랜드, 삼성SDS 등이 관련된 약간의 부당 내부거래가 적발됐을 뿐이다. 그 후 2006년 4월 검찰이 현대자동차그룹의 비자금을 수사하여 총수를 구속하자 비로소 공정거래위원회도 현대자동차그룹의 내부거래를 조사했고, 2007년 10월에 현대자동차 등과 글로비스 사이의 거래를 '불공정거래행위'로 판정하여 85억 원의 과징금을 부과했다.[25] 그러나 이 과징금은 총수 부자가 가져간 1조 5,350억 원의 이득에 비할 바가 못되며, 그마저도 글로비스가 아닌 현대자동차 등에 부과되는 것이다.[26] 더구나 다른 대부분의 빼돌리기에 대해서는 이런 과징금조차 부과하지 못했다. 외부 주주 등 이해관계자들이 나서서 총수 일가의 빼돌리기를 막을 수 있게 하는 「상법」 등의 개정에도 참여정부는 무관심했다. 그러는 사이 내부거래를 통한 빼돌리기가 재벌 그룹에서는 당연한 일이 되어버렸다.

4. 맺음말

참여정부는 계속해서 '투자부진론'에 휘둘렸다. 기업의 투자가 부진해서 고용이 저조하고 경제가 침체된다는 것이다. 이 진단과 함께 내려진

---

25) 현대자동차는 이 처분의 취소를 구하는 행정소송을 제기했고, 현재 대법원에 계류 중이다.
26) 그 후 경제개혁연대에 의해 주주대표소송이 제기됐고, 현대차가 납부한 과징금 47억 원의 90%를 총수가 배상해야 한다는 1심 판결이 2011년 2월에 내려졌다. 그리고 양측이 항소하지 않기로 하여 이 판결이 확정됐다.

처방에는 종종 '경영권 보호'가 들어간다. 재벌 그룹 총수들이 적대적 인수합병을 두려워하고 있으며, 그래서 재벌 기업이 투자와 고용을 늘리기보다 자기주식을 취득하거나 현금을 쌓아둔다는 게 그 처방의 근거다. 비슷하지만 다른 근거로서 '주주자본주의'의 폐해도 지목된다. 외부 투자자들은 '근시안적'이어서 장기 투자나 모험 투자를 지나치게 낮춰 평가하는데, 이런 외부 투자자들의 선호에 맞춰야 하는 재벌 기업들이 투자를 줄이고 배당을 늘린다는 것이다. 여기에 '자본 국적론'도 가세한다. 해외 자본이 재벌 기업에서 총수를 몰아내고 경영권을 차지하면 본사를 해외로 옮기거나 고용을 줄이고 임금을 삭감하는 등 우리 경제와 국민에게 해를 끼치리라는 것이다.

참여정부 5년 사이에 10대 및 위성 재벌그룹의 투자가 국민경제에서 차지하는 비중이 빠르게 커졌으며, 10대 및 위성 재벌그룹 총수 일가의 의결지분율이 40% 이하로 내려간 적이 없다. 재벌 기업의 배당률이 높아지지도, 현금보유 비중이 커지지도 않았다. 그런데도 참여정부와 열린우리당은 '경영권 보호' 주장에 동조했고, 출자총액제한제도를 유명무실한 것으로 바꿔버렸고, 지주회사 행위제한을 대폭 완화했다. 참여정부와 열린우리당은 거기서 그치지 않았다. 차등의결권, 독약증권 등을 허용하여 총수 일가의 지배력 세습을 도우려 했고, 일각에서는 "뉴딜" 또는 "대타협"이라는 이름으로 그것을 부추겼다. 심지어 금산분리까지 완화하려 했다. 그러면서 재벌 그룹의 내부거래를 통한 빼돌리기는 새 관행이 되도록 방관했다. 그러는 사이 재벌 그룹 총수의 지배력은 강화됐고, 재벌 기업의 소유지배괴리는 확대됐고, 경제력 집중은 심화됐다.

참고문헌

경제개혁연대. 2007. 「왜 재벌 총수 일가는 IT회사를 선호하는가」. ≪경제개혁리포트≫, 2005-5호.

_____. 2009a. 「회사기회의 유용을 통한 지배주주일가의 부(富)의 증식에 관한 보고서」. ≪경제개혁리포트≫, 2009-6호.

_____. 2009b. 「지주회사 전환을 통한 지배주주 일가의 지배권 강화 효과」. ≪경제개혁이슈≫, 2009-7호.

김영용. 2003. 「상속·증여세 포괄주의 위헌 소지 있다」. ≪I LOVE CO≫, 7호, 56~57쪽.

김일중·김진호. 2008. 「한국 증권관련집단소송법 적용범위의 적절성에 관한 연구: 입법과정 검토 및 실증분석」. ≪금융연구≫, 22권 3호, 103~142쪽.

김진방. 2005. 『재벌의 소유구조』. 서울: 나남.

_____. 2007a. 「출자총액제한제도의 이론과 현실」. ≪경제발전연구≫, 13권 1호, 185~222쪽.

_____. 2007b. 「30대 재벌 그룹의 순환출자: 측정과 분석」. ≪경제발전연구≫, 13권 2호, 171~210쪽.

김진방·조민수. 2010. 「한국 기업집단의 자본구조와 소유구조: 경제위기 이후의 변화와 그 의미」. ≪윤리경영연구≫, 11권 1호, 49~90쪽.

민태욱. 2003. 「증여세 완전포괄주의의 문제점」. ≪연세법학연구≫, 9권 2호, 1~21쪽.

송원근·이상호. 2005. 『재벌의 사업구조와 경제력 집중』. 서울: 나남.

이지연. 2010. 「증권관련 집단소송제도의 문제점과 개선방향」. ≪주간금융브리프≫, 19권 39호, 3~7쪽.

제6장

부동산 정책
포위된 부동산 혁명? 요란한 해프닝?

김용창 | 서울대학교 지리학과 교수

1. 머리말

한국인은 허리가 끊어지도록 일하지만 주거 비용과 내 집 마련 부담, 자녀 사교육비 조달로 평생을 보내면서 버는 돈을 재미있게 쓰지도 못하고 일생을 마감해야 하는 불쌍한 처지에 놓인 경우가 많다. 참여정부는 이 중 한 축인 부동산과 전면전을 치른 정부다.

2005년 7월 참여정부는 "하늘이 두 쪽 나더라도 부동산만은 확실히 잡겠다", "헌법을 바꾸는 정도로 힘들여서 바꾸지 않으면 안 되는 부동산 정책을 만들겠다"고 장담했다. 부동산 대책에 정권의 명운을 걸겠다고 공언하며 정권 초기부터 수많은 부동산 대책을 발표했다.

일찍이 프리드리히 엥겔스(Friedrich Engels)는, 자본주의 체제는 주택문제를 해결하는 오직 한 가지 방식을 가지고 있는데, 바로 끊임없이 새로운 주택문제를 낳는 방식이 그것이라고 비꼰 바 있다. 그래서 당대 개량주의자들의 해결책은 노동계급의 구원책도 아니며 결국은 실패할 것이라고 봤다(Engels, 1872: 236). 엥겔스의 지적은 그간 아파트 중심의 대량생산·대량

소비 체제에 근거한 주택·토지공급 체제를 통해 한편으로는 물리적인 주택문제를 해결하면서 다른 한편으로는 역대 정부의 부동산 정책이 나올 때마다 새로운 유형의 문제가 계속 등장한 한국 부동산 문제를 잘 표현하는 말이라고 볼 수 있다.

참여정부에게도 내내 이른바 버블세븐 아파트 중심의 부동산 '가격 문제'가 부동산 쟁점의 전부였고, 이 문제로 날이 새고 졌다. 결과적으로 참여정부는 아파트 가격상승 문제를 해결하지 못하고 주저앉았다. 그리고 후임 정부는 참여정부의 부동산 정책 골격을 단번에 허물었다. 이렇게만 본다면 참여정부의 부동산 정책은 장담과는 달리 실패한 것이다.

그러나 참여정부가 도전하고자 했던 한국 부동산 문제의 구도 또는 '부동산 동맹 체제'는 무엇이었고, 도전 과제는 어떤 의미가 있는가, 가격 측면 이외에 우리 사회 부동산 시스템에 대한 개혁의 공과는 무엇인가를 생각해볼 때, 참여정부의 부동산 정책을 그렇게 단순하게 실패작이라고 단언할 수는 없으며, 그 의미를 새롭게 조명할 필요가 있다.

2. 부동산 가격 변동과 참여정부의 부동산 정책

1) 부동산 가격 변동 추이와 특징

부동산 가격의 불안정과 급등은 역대 모든 정부의 정국 운영에 만성적인 부담으로 작용한다. 그만큼 한국에서 부동산 가격 안정은 절대적인 부동산 의제다. 참여정부 역시 임기 중 전 기간에 걸쳐 부동산 '가격' 대책에 치중하면서 보다 근본적인 부동산 문제를 개혁하는 데 부동산 가격 문제가 걸림돌로 작용했고, 이는 여타 정책에도 영향을 미쳐 결국에는 정책 불신 및 실패 인식의 계기로 작용했다.

한국에서 본격적인 경제성장이 이뤄지는 1960년대 이후 부동산 가격의 상승 패턴은 크게 네 시기로 구분할 수 있다. 1960년대와 1970년대는 고도성장에 따른 토지수요 증가, 통화팽창과 중동 진출에 따른 유동성 증가 등의 요인으로 가격이 급등했다. 1978년 한 해의 서울 토지가격상승률이 135.7%에 달할 정도로 토지가격 중심의 가격 상승이 특징이다.

반면에 1980년대 이후의 시기는 과잉유동성이 마찬가지로 중요한 요인으로 작용하고 토지 가격도 상승하지만 주택을 중심으로 한 가격 상승이라는 특징을 띤다. 그에 따라 아파트 공급 중심의 대단위 택지 개발과 신도시 건설로 주택 공급을 대폭 확대하는 동시에 토지공개념 등과 같은 불로소득 환수와 수요억제 정책으로 대처했다. 이때부터 아파트 중심의 주거문화가 본격적으로 열렸다. 후반부로 올수록 가격 상승 폭은 줄지만 그간의 자산가격 상승에 따라 변동시가총액은 커지고, 그만큼 부동산 자산의 격차도 커지는 구조며, 과잉유동성도 전반기의 고속성장 기반과 달리 성장이 더딘 상황에서 유동성 증가라는 차이를 보이고 있다.[1]

참여정부 내내 부동산 문제의 핵심은 평형별·지역별로 차별적인 주택 가격 상승과 공급확대 문제였다. 과거 부동산 급등 국면과 가장 큰 차이는 토지가격 문제에서 주택가격 문제로 전환했다는 것이고, 그것도 주택 형태와 지역에 따라 가격 상승이 국지적 패턴을 띠면서 상대적 박탈감을

---

1) 참여정부의 부동산가격상승률은 공시지가현실화율 반영 문제 등을 놓고 경제정의실천시민연합(이하 경실련)과 쟁점을 형성하기도 했다. 경실련은 자신들의 추계 방법으로 보면 2005년 부동산시가총액이 5,895조 원으로서 정부의 공시가격 시세 반영도는 49%에 불과하고, 국세청보다 건교부 통계의 시세 반영도가 훨씬 낮게 나타나는 등 건교부의 통계자료가 매우 부실하다고 비판했다. 그리고 2005년 보유세의 실효세율은 0.05%에 불과하고, 8·31 조치 이후에 신규 아파트 분양 가격이 적정치보다 2배 이상 높은 것으로 나타났다고 발표한 바 있다(경제정의실천시민연합, 2005).

〈표 6-1〉 부동산 가격의 급등 시기와 주요 특징

급등 시기	부동산 가격 상승	주요 특징
1964~1971	· 연평균 지가상승률 50% · 1969년 지가상승률 80%	· 높은 경제성장률과 토지수요 증가 · 경부고속도로 건설, 서울 강남지역 개발계획 발표 · 1960년대 중반 이후 통화팽창과 외자도입
1975~1979	· 연평균 토지 가격 30.6% 상승 · 1978년 지가상승률 서울 135.7%, 울산 110.82%	· 물가상승률과 지가상승률 모두 높은 시기 · 고도성장에 따른 개발 촉진 및 소득증대 효과, 중동 특수와 통화팽창 · 비업무용 토지 중과세, 양도세 중과
1988~1990	· 연평균 주택 가격 16.3% · 토지 가격 26.7% 상승	· 주택공급 부족과 국제수지 흑자 · 물가상승률은 상대적으로 낮아졌지만 부동산 가격은 상승 · 토지공개념제도 도입, 분당 신도시 건설 등의 200만 호 주택 건설

2001~2006	· 토지 가격 2002~2007년
	  전국 38.4%, 서울 46.8%, 경기 39.3%, 충남 34.8% 상승
	· 주택 가격 2001~2006년 전년 말 대비 누계
	  전국 주택매매 가격 45.6%, 서울 아파트 92.5%*
		· 2001년 이후 단기유동성의 급증
		· 아파트 가격 중심의 가격 상승, 주택 형태 및 지역별 가격상승 격차 심화
		· 분양가 자율화 이후 분양 가격 지속적 상승
		· 신도시 추가 건설, 재건축 억제, 양도세 강화, 종합부동산세 도입 등 많은 부동산 대책 시행

참여정부	· 토지 가격
	  전국 21.8%, 서울 30.9%, 경기 26.2%, 충남 32.3% 상승
	· 주택 가격 전년 말 대비 누계
	  전국 주택매매 가격 22.4%, 서울 아파트 45.9%*
		상동

자료: 국토해양부 전국 지가변동률, 국민은행 전국 주택가격 동향 조사.
주: * 매매가격종합지수상승률은 2001년 1월 대비 2007년 1월 기준으로 전국 주택매매가격지수는 55.3%, 서울 아파트는 139.6%, 참여정부 기간 종합지수상승률은 2003년 1월 대비 2008년 1월 기준으로 전국 주택가격지수는 24.4%, 서울 아파트가격지수는 56.2% 상승함.

〈그림 6-1〉 토지 가격의 변동률 추이

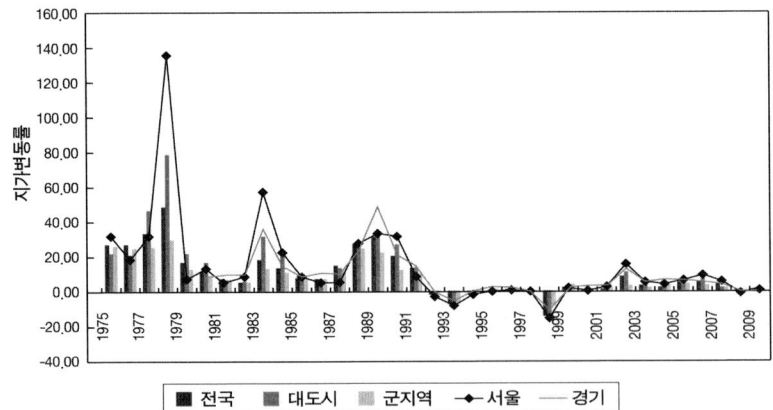

자료: 국토해양부, 전국 지가변동률.

〈그림 6-2〉 주택매매 가격 전년 동월 대비 증감률(단위: %)

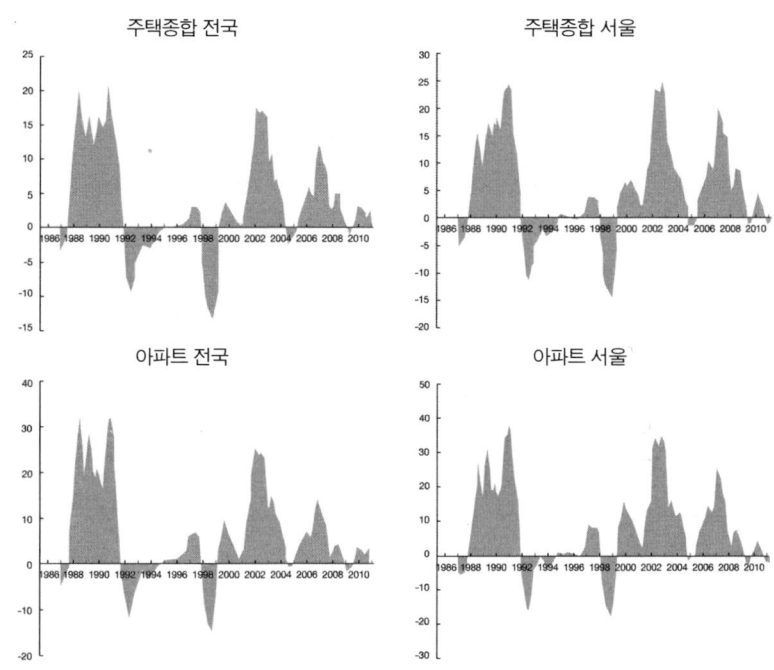

자료: 국민은행 전국 주택가격 동향 조사.
주: 주택종합은 아파트, 단독, 연립을 포함한 것임.

더욱 키우고 사회적 갈등을 유발한 것이다. <그림 6-2>에서 나타나듯이 전국 주택의 가격상승률이 서울 아파트의 가격상승률에 비해 20% 이상 차이가 나고, 타워팰리스 아파트 한 단지가 강북구 등 구 전체의 시가총액을 넘어서는 현상이 이를 잘 대변한다(김용창, 2004). 일부에서는 참여정부의 주택가격상승률은 전 세계적인 상승 국면에서 오히려 주요 선진국에 비해 낮은 편이고, 주택가격 상승을 배경으로 특단의 정책 개입을 한 것 자체가 잘못이라는 평가도 있다(김경환, 2007: 241).

한편 주택 공급의 측면에서는 주택보급률 산정 기준에 따라 차이가

〈표 6-2〉 주택보급률 추이

(단위: %, 천 가구, 천 호)

연도	전국			수도권			서울		
	보급률	주택 수	가구 수	보급률	주택 수	가구 수	보급률	주택 수	가구 수
새로운 주택보급률 기준									
2005	98.3	15,663	15,887	96.0	7,165	7,462	93.7	3,102	3,310
2006	99.2	15,978	16,105	95.7	7,302	7,628	94.1	3,151	3,350
2007	99.6	16,295	16,634	95.0	7,419	7,813	93.2	3,172	3,403
2008	100.7	16,733	16,619	95.4	7,625	7,994	93.6	3,232	3,454
2009	101.2	17,071	16,862	95.4	7,796	8,169	93.1	3,258	3,501
과거 주택보급률 기준									
2003	101.2	12,669	12,515	92.8	5,431	5,855	86.3	2,203	2,553
2004	102.2	12,988	12,714	93.9	5,614	5,979	89.2	2,278	2,554
2005	105.9	13,223	12,491	96.8	5,782	5,976	89.7	2,322	2,588
2006	107.1	13,534	12,634	96.9	5,901	6,099	91.3	2,370	2,597
2007	108.1	13,793	12,760	96.9	6,015	6,207	91.8	2,391	2,605
2008	109.9	14,169	12,891	98.3	6,209	6,319	93.8	2,451	2,613
2009	111.0	14,456	13,025	99.0	6,370	6,435	94.6	2,479	2,621

자료: 국토해양부(2010b).

있지만 한국은 적어도 물리적 측면에서는 주택 현대화를 일정 수준 이뤘다고 볼 수 있다. 역설적으로 주택 가격의 지속적 상승 시스템과 주택 상품화(산업화), 아파트 중심의 대량생산·대량소비 방식의 주택수급 체제에 기초하여 여타 3세계 국가들과는 달리 절대적인 주택 부족과 불량주거 문제를 비교적 단기간에 극복했다고 볼 수 있다. 2009년 현재 전국의 주택보급률은 구기준으로 111%, 신기준으로는 101.2%에 달하고 있고, 주택 문제의 핵심 지역인 수도권의 경우도 100%에 이르고 있다.[2]

---

[2] 주택보급률은 보통 가구 수에 대한 주택 수의 백분율(주택 수/보통 가구 수×100)로 정의한다. 보통 가구 수는 일반 가구 수에서 비혈연 가구와 1인 가구를 제외한 가구 수로 정의하고, 주택 수는 인구주택총조사 결과를 기준으로 빈집을 포함하여 산정(다가구주택은 1호로 계산)한다. 새로운 주택보급률은 기존 주택보급률이 다가구주택을 1호로 집계하고, 1인 가구를 가구 수에 포함시키지 않는 문제가 있기 때문에 일반

2) 참여정부 부동산 정책의 전개와 특징

참여정부는 주지하다시피 수많은 부동산 정책을 발표했다. 2006년 12월 한나라당 정책위원회는 참여정부가 2003년 4월에서 2006년 11월까지 43개월 동안 총 54회, 한 달 평균 1.3회꼴로 부동산 대책을 발표하여 아무도 믿지 않는 땜질 식 정책을 시행했다고 비판한 바 있다. 또한 경실련과 ≪시민의신문≫은 2003년 3월에서 2006년 7월까지 참여정부가 총 971건, 하루 평균 0.8건의 부동산 정책을 쏟아내 "부동산 문제만큼은 투기와의 전쟁을 해서라도 꼭 잡고 말겠다"는 발언이 빈말이 아니었다고 비꼰 바 있다. 참여정부의 부동산 대책에 대한 발언이 나올 때마다 부동산 가격이 계속 상승하면서 참여정부는 희화 또는 조롱의 대상이 됐다.

참여정부는 출범 초기인 2003년 5월 주택가격 안정 대책과 더불어 주거복지 로드맵을 통해 계층별 서민 주거안정 방안을 제시했다. 이후 2003년 10·29 대책, 2005년 8·31 대책, 2006년 3·30 대책과 11·15 대책, 2007년 1·11 대책과 1·31 대책 등으로 이어지는 주요 대책을 통하여 투기수요 억제, 시장 투명성 제고, 주택공급 확대, 서민 주거안정 정책이라는 4대 정책기조를 중심으로 부동산 정책을 추진했다. 이 가운데 가장 주목을 끌었으며 부동산 정책의 완결판이라고 할 수 있는 8·31 대책은 종합부동산세, 양도소득세 등을 강화하여 부동산 투기를 억제하고, 실거래가격 신고 의무화 및 등기부 기재 등을 통해 부동산 시장 투명성을 제고하는 것이었다. 아울러 이전의 수요억제 위주의 대책에서 벗어나 송파 신도시 건설 등 안정적인 주택공급 방안을 마련하여 중장기적인 수급 안정을 도모하고

가구 수는 1인 가구를 포함하는 일반 가구 수로 대체하고, 주택 수에 다가구 구분 거처 수를 반영하며, 가구 수는 기존 1인 가구를 포함하는 '일반 가구'로 산정한다. 주택 수는 '현행 주택 수+다가구주택의 구분 거처 호수'로 집계한다.

<표 6-3> 참여정부의 주요 부동산 정책 일지

연도	부동산 대책	주요 대책내용
2003	5·23 대책	· 수도권 전역 및 충청권 일부 분양권 전매 금지 · 주상복합 및 조합 아파트 분양권 전매 금지 · 수도권 전역 투기과열지구 지정, 재건축아파트후분양제 도입
2003	9·5 대책	· 1가구 1주택 양도세 비과세요건 강화 · 재건축 소형평형 의무 비율 60% 도입
2003	10·29 대책	· 1가구 3주택 양도세 중과, 투기 지역 LTV 40%로 하향 · 주택거래신고지역 지정, 종합부동산세 도입 발표(2005년)
2004	2·4 대책	· 주상복합아파트 분양권 전매 제한 · 주택거래신고제 시행 · 주택거래허가제, 재건축 개발이익 환수 등 부동산공개념제도 도입 준비
2004	9·15 대책	· 보유세제 개편 기본방안 발표(토지와 건물의 통합 평가, 통합 과세) · 「종합부동산세법」 제정(2005년 1월 5일 시행)
2005	2·17 대책	· 재건축개발이익환수제 및 재건축 안전진단 절차 강화, 초고층 불허, 판교 일괄분양 등 투기방지 대책 · 채권·분양가병행입찰제 도입
2005	5·4 대책	· 부동산보유세율 단계적 강화 · 1가구 2주택 양도세 실거래가 과세 및 과세대상 확대
2005	8·31 대책	· 종합부동산세 대상 9억 원에서 6억 원 초과로 강화 및 개인별과세에서 세대별합산과세로 전환, 재산세과표적용률 2009년까지 100% 인상 · 다주택양도세 강화(1가구 2주택 이상 양도세 중과), 개발 부담금 재부과, 기반시설부담금제 도입, 송파 신도시 건설 · 공공택지분양가상한제 적용대상 모든 평형확대 · 분양권 전매제한 강화 · 모든 부동산 실거래가 과세 및 등기부 기재(2006년)
2006	3·30 대책	· 재건축초과이익환수제 도입, 고가주택대출요건(DTI) 강화 · 주택거래신고지역 내 주택매입 시 자금조달계획 신고
2006	10·27 대책	· 추가 신도시 건설계획 발표: 검단 신도시 지정, 파주 신도시 확장
2006	11·15 대책	· LTV, DTI 등 주택담보대출관리 강화(수요 관리), 서민주택금융지원 강화 · 신도시 등 공공택지 조기 추진(공급 확대), 분양가 인하
2007	1·11 대책	· 분양가상한제 민간 택지로 확대 · 수도권 및 지방 투기과열지구 민간택지 분양원가공개 확대, 공공택지 원가항목 확대(7개 → 61개) · 토지임대부 및 환매조건부 분양 시범실시 · 수도권 민간분양주택 전매제한기간 확대 · 청약가점제 조기 시행
2007	1·31 대책	· 장기임대주택 공급 확대, 수요자 중심의 임대정책 추진, 비축용 장기임대주택 추가 건설 · 분양주택 공급 확대를 위해 공공역할 강화

자 했다(대통령자문정책기획위원회, 2008).

그러나 부동산 정책이 자주 바뀌면 경제주체들은 해당 제도를 지속

가능한 것이 아니라 한시적 변화로 받아들이고, 심리적 대기 행태나 조기 실행태도를 갖는다(시장의 정체 또는 조기 시장과열). 그 때문에 해당 제도의 본래 의미가 자리를 잡지 못한다. 참여정부 역시 너무 많은 정책을 발표함으로써 이러한 문제를 더욱 극복하지 못한 것이다.

이러한 부동산 대책에도 불구하고 주택가격 상승을 억제하지는 못했다. 해당 정책이 발표되는 시기에 일시적으로 가격 상승이 멈칫하거나 하락했지만 곧바로 상승하는 패턴을 반복했다(<그림 6-3> 참조). 그리고 이러한 정책 수명주기는 이전 1980년대 후반보다 훨씬 짧아져서 정책효과 자체를 의문시하는 상황에 이르렀다고도 볼 수 있다. 이러한 패턴은 정책의 강도를 서서히 높이는 정책을 실시함으로써 정책의 면역도만을 높여주는 결과를 낳기도 했다. 물론 본격적인 정책 효과가 나타나려면 일정한 기간에 동일한 정책을 지속적으로 시행하여 완전하게 제도적 정착을 이루는 것이 필요하다는 견해도 가능하다. 이러한 측면에서 볼 때 참여정부 이후 기존의 부동산 정책, 특히 8·31 정책을 무력화시켰기 때문에 그 정책 효과를 판단하기에는 무리가 있다. 그리고 부동산 가격 측면에서 2006년을 정점으로 2007년에는 하락세로 돌아서며, 그 이후는 미국 서브프라임 위기에 따른 금융위기 국면에서 더욱 떨어졌다. 이러한 결과에 대해 한국은행은 2008년 분석에서 참여정부의 부동산 정책이 주택가격 안정에 기여했다고 평가했다. 즉, "2006년 중 주택가격 상승의 영향과 공시가격 현실화, 과표 적용률 상향 등으로 고가 주택의 재산세 및 종합부동산세가 크게 늘었다"며 결과적으로 주택 가격을 안정시키는 효과를 가져왔다고 분석한 바 있다(한국은행, 2008: 61~65).[3]

---

[3] 같은 보고서에서 한국은행은 공급 측면에서 볼 때도 신규 주택에 대한 분양가상한제가 민간 주택으로 확대됐고, 청약가점제의 시행으로 무주택자 우선 원칙에 따라 주택을 공급한다는 점에서 무주택자 등 주택 실수요층의 불안 심리를 해소하는 데 기여한

〈그림 6-3〉 아파트 가격상승률 추이와 부동산 정책 변화(단위: %)

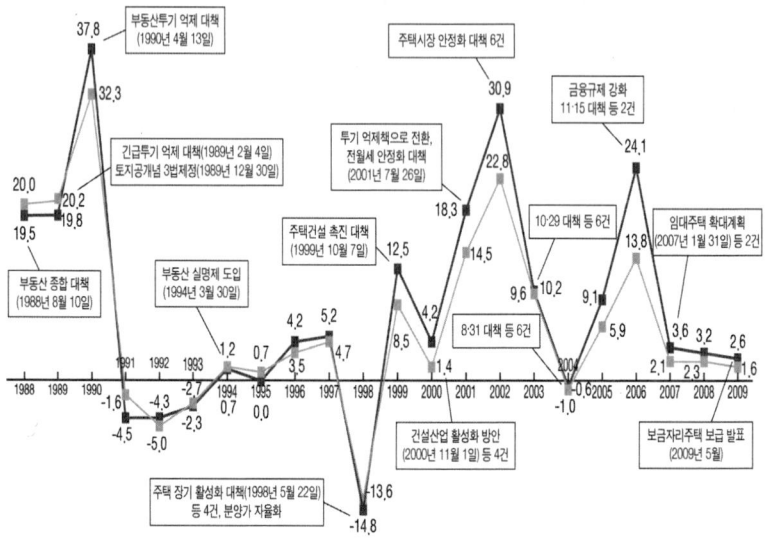

자료: ≪경향신문≫ 2010년 4월 20일.
주: 가격상승률은 국민은행 발표 자료이며, 전년 12월 대비 변동률을 나타낸다(진한 실선은 서울 변동률, 옅은 실선은 전국 변동률).

이처럼 참여정부가 부동산 가격상승 문제에 대해 초기에 근본적으로 대처하지 못하고 사후적으로 점진적 강화 정책을 실시하게 된 것은 가격 상승에 대한 인식에서 찾을 수 있다. 2005년 당시 버블 논란에 대해 정부는 한국의 경우 일본과는 달리 강남 등 일부 지역의 주택 가격 등을 제외하고는 자산 버블 가능성은 크지 않은 것으로 평가했다. 주택 부문의 경우 2005년 6월 실질 주택가격(전국 기준)은 1990년대 초반의 정점에 비해 현저히 낮은 수준이며, 전국과 서울의 경우 소득 대비 매매가격 기준으로도 이전 고점인 1991년 수준을 하회한다고 봤다. 토지 부문의 경우도 소비자

것으로 평가했다.

물가를 감안한 실질 가격은 1990년대 초반의 정점보다 크게 낮은 수준이며, 다만 수도권 개발 지역, 행정중심복합도시 대상 지역 등을 중심으로 높은 상승세를 시현하고 있다는 분석이었다(재정경제부, 2005). 그러나 정부는 2006년 결국 '버블세븐'이라는 신조어를 만들게 된다.[4]

3. 참여정부의 도전 과제와 부동산 동맹 체제의 저항

1) 건설자본 분파의 동맹

부동산 가격이 지속적으로 상승하거나 높은 가격을 유지하는 경제는 토지 생산성 향상 저해 및 기업 투자의욕 저하, 생산설비 확충 비용의 증가, 주거비용 상승에 따른 고임금 및 노동분규 유발, 노동소득의 상대적 감소와 노동 윤리의 저하, 사회간접자본 측면에서 높은 물류비용 형성 및 하부구조 건설 비용의 상승, 인플레이션 형성 등 사회경제 전반에 걸쳐 악영향을 미친다는 것은 주지의 사실이다.

부동산과 일차적으로 가장 큰 이해관계를 갖는 집단은 건설 자본이다. 그러나 한국 경제는 대기업들이 예외 없이 건설 회사를 소유하는 구조이기 때문에 건설 자본이라는 특정 자본 분파의 이해와 자본 일반의 이해가 충돌할 때 이를 조정할 수 있는 메커니즘이 없는 구조적인 문제를 안고 있다. 부동산 가격의 상승이 미치는 다양한 악영향을 모두 인식하고 있음에도 불구하고 자본 일반의 입장에서 건설자본 분파의 이해를 제어하지

---

[4] 버블세븐이라는 용어는 2006년 5월 15일 청와대 브리핑 「특별 기획: 부동산, 이제 생각을 바꿉시다」 시리즈 1탄 '통계로 보는 부동산에 대한 오해와 진실'에서 처음으로 사용됐다.

〈표 6-4〉 표준 건축비 및 기본형 건축비 추이

(단위: 만 원/평당)

연도	'77	'78	'79	'80	'81	'82	'85	'88	'89	'90	'91	'92	'93
85m² 이하 (25.7평)	55	68	78	90	105	105	115	126.8	104	120	132.7	141.2	148.7
85m² 초과 (25.7평)	55	68	78	90	105	134	134	134	107	123	139	146.5	155.5
분양가격 정책	'77.8~'81 시가연동 분양가격상한제 '81.6 분양가격 규제 해제 '82.12 분양가격상한제 재도입					'82.12~'88. 중대형 획일적 분양가격 규제 '83.5 채권입찰제			'89.11 원가연동제 '93.9 지하 주차장 설치기준 마련 '92. 주상복합아파트 분양가 자율화				

연도	'94	'95	'96	'97	'98	'99	'00	'02	'04	'05	'06.3	'06.9
85m² 이하 (25.7평)	157.2	165	177.5	185.2	193.5	193.5	210	229	288	339	341.1	344.5
85m² 초과 (25.7평)	164	172.5	185.5	193.5	202.5	-	-	-	-	-	368.9	372.5
분양가격 정책	'95.11 일부 지역 중대형 분양가 규제 폐지 '96.12 수도권 및 대도시 제외한 분양가 자율화 '98.1 수도권 민간택지 분양가 자율화					'98.12 주택분양가 원가연동제 폐지 및 분양가 자율화 '02.5 지자체 분양가 자율조정권고 정책				'05.3 원가연동 방식의 공공택지 분양가 상한제 도입 및 기본형 건축비 고시 '06.2 원가연동제 확대		

자료: 김용창(2006a).

못하는 상태가 계속 이어지고 있다.

이와 관련해 참여정부에서 가장 큰 쟁점은 분양가격상한제와 원가 공개다. 참여정부는 이 문제에 대해 일관성을 유지하지 못하고 오락가락했다. 한국에서 주택분양 가격의 통제 역사는 아파트의 공급 역사와 일치할 만큼 그 역사가 오래됐다. 1963년 「공영주택법」에서 공영주택의 입주금과 임대료를 건설 원가에 연계하도록 정한 것을 시작으로, 1977년에는 주택 규모에 관계없이 획일적인 분양가격상한제를 도입하여 정부가 정한 상한선보다 낮아야 주택사업계획을 승인했다. 1989년에는 민간 아파트의 분양가를 택지비와 적정이윤을 포함한 건축비를 상한 가격으로 규제하는 원가연동제로 전환했으며, 1999년부터는 국민주택기금의 지원을 받는 18평 이하

<표 6-5> 참여정부 아파트 평당 분양가격과 증가율 추이

(단위: 만 원, %)

지역	평당 분양가격					평당 분양가격 증가율				
	'03	'04	'05	'06	'07	'03~'04	'04~'05	'05~'06	'06~'07	'03~'07
강원	473	511	514	579	564	8.1	0.7	12.5	-2.6	19.3
경기	655	717	765	1,065	1,046	9.4	6.7	39.3	-1.8	59.7
경남	433	496	596	646	719	14.5	20.2	8.3	11.3	66.0
경북	409	417	510	594	622	1.9	22.3	16.6	4.7	52.1
광주	449	497	565	602	707	10.5	13.8	6.5	17.4	57.2
대구	690	628	796	835	754	-9.0	26.7	4.9	-9.7	9.3
대전	544	569	862	756	1,044	4.6	151.5	-12.3	38.1	92.0
부산	681	826	785	722	1,126	21.3	-5.0	-8.0	55.9	65.3
서울	1,092	1,229	1,315	1,414	1,799	12.5	7.0	7.5	27.2	64.7
울산	552	648	774	1,119	1,051	17.4	19.4	44.6	-6.1	90.3
인천	603	672	855	840	1,256	11.5	27.3	-1.8	49.5	108.4
전남	316	394	476	578	556	24.7	20.6	21.5	-3.7	76.0
전북	448	481	556	574	632	7.4	15.6	3.3	10.1	41.2
제주	525	540	446	-	462	2.9	-17.5	-100.0	-	-12.0
충남	462	523	554	632	767	13.3	5.9	14.1	21.4	66.0
충북	464	495	489	634	760	6.5	-1.2	29.7	19.8	63.6

자료: 닥터아파트(http://www.drapt.com).

소형주택을 제외한 전면적인 분양가자율화제도를 시행했다(김용창, 2006a).

그러나 참여정부 들어 분양가 상승이 지속되자 2005년에는 25.7평 이하 중소형 아파트에 대해 과거의 표준 건축비와 다른 기본형 건축비 개념에 입각한 원가연동 방식으로 분양가를 규제하는 분양가상한제를 다시 도입했다. 그러나 이후에도 신규 아파트의 분양 가격이 계속 상승하자 분양가 공개 논란이 대두했다. 분양가 공개의 쟁점은 현상적으로는 원가공개 형태를 띠고 있지만 정치 환경에 따라서는 분양 가격을 실질적으로 인하할 수 있는 방안을 도입하기 위해 과거의 분양가격 통제 정책으로의 복귀 여부, 공공 택지뿐만 아니라 민간 택지를 포함하는 완전한 예정 분양원가의 공개 여부라는 이중적인 형태를 띠는 것이었다. 많은 논란에도 불구하고 결국 분양 가격의 실질적 인하 효과는 보지 못했다(김용창, 2006b).

2) 부동산 중심의 가계자산 포트폴리오와 담보대출

일반적으로 한국 가계의 투자 포트폴리오 구성 특징은 실물자산 중심이며, 이 때문에 사용가치가 아닌 자산수요 증가에 기반을 두고 주택을 비롯한 부동산 가격이 상승하는 구조다. 즉, 주택 및 부동산 부문에서 공간 시장의 논리보다는 자산 시장의 논리가 지배적이라는 것이다. 이러한 실물자산 중심의 포트폴리오 경향은 1990년대 초중반의 73~76%대에서 더욱 심화되어 2006년 3월 기준 대한상공회의소 조사에서는 실물자산의 비중이 89.8%였고, 특히 총 자산에서 부동산 자산이 차지하는 비중이 88.6%에 달했다. 이러한 부동산 자산 비중은 미국과 일본 등 선진국과 비교할 때 과도하게 높은 수준이라는 것을 알 수 있다(김용창, 2006b).

〈표 6-6〉 가계자산 구성의 국제 비교

(단위: %)

국가	자료	연도	실물자산 비중	금융자산 비중
한국	한국은행(2001)	1997	73.0	27.0
	유경원(2004)	1993	76.0	24.0
		1995	78.0	22.0
		1997	78.0	22.0
		1999	81.0	19.0
		2000	83.0	17.0
		2001	83.0	17.0
	대한상공회의소(2006)	2006	89.8	10.2
	하나금융연구소(2006)	2005	70~80	20~30
	통계청(2007)	2006	76.8*	20.4
미국	한국은행(2001)	1997	36.9	63.1
	유경원(2004)	1998	60.0	40.0
	하나금융연구소(2006)	2005	40.0	60.0
	재정경제부(2007)	2004	36.0	64.0
일본	한국은행(2001)	1997	55.4	44.6
	하나금융연구소(2006)	2004	42.0	58.0
	재정경제부(2007)	2004	61.7	38.3

자료: 김용창(2006b), 재정경제부(2007).
주: * 금융자산에는 전·월세 보증금이 포함되어 있으며, 이 금액을 부동산 자산 비중으로 고려할 경우 가계 자산에서 부동산 자산이 차지하는 비중은 81.1%임.

이러한 성향으로부터 부동산 관련 대출은 자연히 늘어나게 된다. 2000년 이래 개별 가계의 부채가 지속적으로 증가했으며 참여정부 기간에도 예외는 아니었다. 전승훈·임병인(2008)에 따르면 이처럼 증가한 부채는 주로 부동산 구입을 위해 사용한 것이다. 자산 세부 항목별로는 2000~2006년에 부동산 중에서도 거주에 필요한 주택자산증가율은 110.9%였고, 자산 증식을 목적으로 보유한 '주택 이외 부동산'의 증가율은 323.3%에 달했다.

아울러 규모와 특성에 대해서는 많은 논란이 있지만 과잉유동성은 가계 자산 포트폴리오의 불균형과 결합하여 늘 위험 요인으로 작용하고 있다. 모든 가계와 경제주체가 부동산 중심의 자산보유 형태를 취하고 있는 상황에서 대안 출구를 구조적으로 찾지 못하고 늘 부동산 주변을 맴돌고 있기 때문이다. 그동안 부동산 가격 급상승의 특성을 보면 해당 시기별로 특수한 과잉유동성(과잉 자본축적)에서 비롯된 자본순환의 위기에서 발생한 것이며, 유동성 출구를 부동산 부문에서 찾고 있는 것도 공통적이다. 자본투자전환(capital switching) 이론에 따르면 자본순환 위기 국면에서 과잉유동성에 기반을 두고 부동산 개발을 통한 위기 해결을 시도하는 것이 자본의 논리며, 이는 공간 시장과 자본시장의 통합 가속화에 따라 쌍방 전염의 효과를 낳는다(Harvey, 1999).

앞서 <표 6-1>의 부동산 가격 상승패턴에서 보듯이 이러한 자산보유 형태와 유동성 패턴이 결합해 부동산 정책의 변화가 있을 때마다 태풍의 눈으로 작용했다. 유동성 관리 문제는 참여정부에서도 초기부터 제시됐으나(김용창, 2004: 25~27, 43), 적절히 대응하지 못하다가 임기 후반부에 주택담보인정비율(이하 LTV), 총부채상환비율(이하 DTI) 강화 대책을 수립했다.

2005년 들어 주택 가격이 불안해지면서 주택담보대출이 급등하기 시작했다. 이에 금융위원회는 2005년 6월 30일 「주택담보대출 리스크 관리 강화 방안」을 마련하여 LTV를 강화했고, 이후에도 지속적으로 주택담보

⟨표 6-7⟩ 단기 유동성의 추이

(단위: 조 원)

한국은행 단기 유동성 추계		우리투자증권 단기 부동자금 추계	
연도	금액	연도	금액
2003년 12월	460.4	2002년 1월	320.7
2004년 12월	472.5	2005년 4월	405.4
2005년 12월	515.9	2008년 5월	506.3
2006년 12월	561.6	2009년 12월	620.3
2007년 7월	557.0	2010년 2월	616.5

자료: 한국은행 광의 유동성 동향(2007.9), 연합뉴스, 2010.5.2.
주1: 한국은행 단기 유동성: M1(현금 및 요구불예금, 수시입출식저축성예금) 및 만기 6개월 미만 금융 상품(6개월 미만 정기예금, CD, RP, 표지어음, MMF, 단기채권형수익증권, CMA, 자발어음 등)으로 추계.
주2: 우리투자증권 단기 부동자금: 수시입출금식예금, 6개월 미만 정기예금, MMF 등으로 추계.

⟨표 6-8⟩ 주택담보대출 규제의 변화

시기	정책 내용
2002년 10월	· 주택의 LTV 상한 60%로 축소 · 주택담보대출의 BIS 위험 가중치 상향 · 주택담보대출 차주에 대한 개인 신용평가 실시 권고
2003년 5월	· 투기지역 만기 3년 이하 은행 LTV 상한 40%로 축소
2003년 10월	· 투기지역 만기 10년 이하 은행·보험사 LTV 상한 40%로 축소
2005년 6월	· 1단계 주택담보대출 리스크 관리 강화방안 시행 · 투기지역 아파트담보대출자의 추가대출 금지 · 상호저축은행 LTV 상한 60%로 축소
2005년 8월	· 2단계 주택담보대출 리스크 관리 강화방안 시행 · 아파트담보대출 취급제한을 개인별에서 세대별로 전환 · 미성년자에 대한 주택담보대출 금지 · 30세 미만 미혼 차입자의 총부채상환비율 40% 상한 설정
2006년 3월	· 투기지역 6억 초과 아파트 신규 구입 시 DTI 40% 상한 적용
2006년 11월	· 은행·보험사의 LTV 예외적용대상 폐지 · 투기지역 모든 아파트담보대출에 대한 DTI 규제 적용 · 비은행예금기관의 LTV 상한 50%로 축소
2007년 1월	· 주택담보대출 여신심사 선진화 방안 시행 · 주택담보대출 심사 시 차주의 신용과 상환능력 평가를 필수화
2009년 7월	· 수도권 전역에 대한 LTV 상한 50%로 축소
2009년 9월	· 수도권 전역에 대한 DTI 상한 40% 적용 · 비투기권 지역으로 DTI 규제 확대
2009년 10월	· 제2금융권까지 DTI 규제 확대
2010년 4월	· 비강남권 DTI 규제 완화(50%로 적용)
2010년 9월	· 2011년 3월까지 DTI 규제 한시적 해제, 단 강남3구(강남·서초·송파)는 적용 제외

자료: 허석균(2010).

대출이 증가하자 2006년 3·30 대책을 통해 채무상환 능력을 종합적으로 평가할 수 있도록 대출 제도를 개선했다. 투기 지역 내에서 6억 원이 넘는 고가 아파트를 새로 구입하는 경우 대출자의 소득 범위 내에서 정상적인 원리금 상환이 이뤄질 수 있도록 기존의 LTV 규제와는 별도로 총부채상환비율 40% 한도 내에서 대출을 조정한 것이다(대통령자문정책기획위원회, 2008).

DTI 규제는 통상 금융기관의 대출 부실을 방지하기 위해 대출자의 상환 능력을 평가하는 제도로서 금융기관이 자율적으로 시행한다. 그러나 참여정부는 금융기관의 자율적인 대출심사 기준을 정부 정책으로 강제했다. 이는 금융 선진국에서는 유례를 찾기 어려운 정책이었다. 그러나 2008년의 미국 서브프라임모기지 사태에 따른 경제위기 상황에서 주택대출 건전성 확보를 통해 부동산 시장 붕괴와 금융 시스템의 부실을 방지한 대책이었다는 평가를 받고 있다.[5]

3) 언론의 저주와 부동산 광고의 이해관계

한국의 언론처럼 매일 많은 지면을 할애하여 자세하게 부동산 관련 보도, 광고성 기사, 투자 컨설팅을 하는 나라도 드물 것이다. 그런 만큼

---

[5] 최근 장민(2010)의 분석에 따르면 주택 가격이 장기적으로 하락하여 주택 구입을 목적으로 부채를 확대한 가계들이 자본이득을 누릴 수 없게 된다면 그동안의 금융비용을 상쇄하지 못할 것으로 보고 있다. 또한 주택 가격의 하락은 LTV 상승 등 가계의 부채 구조를 악화시킬 가능성도 있기 때문에 DTI 규제의 전면적 완화 등 수요증대 정책은 주택 가격의 장기적 버블 형성 및 붕괴 가능성을 확대하는 주택 가격의 일시적 급등을 초래하거나 가계의 부실 가능성을 더욱 증대시키는 부정적인 방향으로 작용할 가능성이 크다고 분석한다. 특히 고소득층은 LTV 규제에, 중·저소득층은 DTI 규제에 상대적으로 많은 영향을 받는다는 점을 고려하면 DTI 규제 완화는 취약한 재무구조를 지닌 중·저소득층의 가계부채 문제를 더욱 악화시킬 수 있다는 결론을 내리고 있다.

부동산 정책을 경기부양 수단으로 활용하지 않는다는 참여정부의 정책은 보수 언론의 집중적인 십자포화 대상이었다. 2006년 1월 1일에서 11월 30일까지 ≪조선일보≫, ≪중앙일보≫, ≪동아일보≫의 부동산 관련 사설 84건, 칼럼 61건을 분석한 자료에 따르면 총 244개의 쟁점으로 참여정부의 부동산 정책을 비판하고 있다. 1년도 채 안 되는 기간에 대표적인 신문들이 칼럼과 사설만으로도 너무 많은 비판을 퍼부어댔다. 공급 확대, 규제 완화, 세금 폭탄, 정권 무능 등 다양한 범주에 걸쳐 가히 비판의 홍수를 이루고 있다. 이러한 칼럼과 사설 논조를 따라서 일반 기사나 기타의 글에서도 매일같이 사실상 저주를 퍼부었다고 볼 수 있다.

> 재산세도 양도세도 모두 높여 '투기 잡는 쌍권총'으로 홀러덩 둔갑해버렸다. … 고가의 1가구 1주택에 대한 면제 혜택을 폐지하고, 세율을 높이는 것도 모자라 최근 들어서는 60%의 단일세율 적용(1가구 2주택)까지 검토하고 있는 분위기다. 집이나 땅으로 이익 챙기는 꼴은 절대 좌시하지 않겠다는 최고통치자의 결연한 의지가 양도소득세라는 칼날에 적나라하게 묻어나고 있는 것일까(≪중앙일보≫, 2005.8.24).

참여정부 시절에 보수 언론의 부동산 보도 패턴은 정부의 부동산 정책에 대한 편향된 시각을 제공하기에 충분했다. 주요 언론의 정책 무력화 시도는 종합부동산세 도입·양도소득세 중과 등 세제 강화로 국민의 조세 부담이 크게 증가할 것이라는 '세금 폭탄론', 재건축 규제 강화로 강남 지역의 주택 공급을 위축시켜 가격 불안을 지속시킨다는 '공급 부족론', 정부 규제로 주택 수요가 감소하여 미분양 증가, 건설업체 부도 등 내수 침체를 심화시킨다는 '경기 침체론' 등 다양한 형태로 이뤄졌다. 또한 정책 일관성 부재 등을 지적하며, 정부 정책은 실패할 수밖에 없다는 '정책 실패론'을 제기하기도 하고, 편 가르기·정치적 의도설 등으로 '정책 음모론'을 내세워 정부의 정책 의지를 왜곡하기도 했다(국정홍보처, 2008). 최소한 부동산 가격 급등이 주는 사회경제적 폐해를 고려하면, 총 자본의 입장에서 볼 때 개별 자본의 이해와 반하는 정책적 수단을 동원할 수 있는 것이 자본주의 국가의 기본 성격이라는 것을 도외시하고 있는 것이다.

이러한 무차별적 비판은 참여정부 자체에 대한 거부감 때문이라고 판단할 수도 있겠지만 부동산 경기 활성화에 따른 경제적 실익(광고 수익)에 대한 기대가 작용한 것이라고도 볼 수 있다. 특히 주요 언론의 건설 및 부동산 부문 광고에 대한 의존도가 절대적으로 높기 때문에 부동산 관련 논조에도 막강한 영향을 미치지 않을 수 없는 것이다(강미선, 2004).

민주언론운동시민연합(2005)이 분석한 자료(2005년 3~5월)에 따르면, ≪조선일보≫, ≪중앙일보≫, ≪동아일보≫의 경우 전체 광고지면 가운데 부동산 광고가 차지하는 비율이 20% 이상이며, 전체 신문지면에서는 10%

〈표 6-9〉 ≪조선일보≫, ≪중앙일보≫, ≪동아일보≫의 참여정부 부동산 정책 비판 사설과 칼럼(2006)

(단위: 건, %)

구분	≪조선일보≫		≪중앙일보≫		≪동아일보≫		합계		총합
	사설	칼럼	사설	칼럼	사설	칼럼	사설	칼럼	
공급 확대	5	2	9	7	4	9	18	18	36
	15.2	8.7	17.6	18.4	6.6	23.7	12.4	18.2	14.8
규제 완화	3	4	9	3	11	8	23	15	38
	9.1	17.4	17.6	7.9	18.0	21.1	15.9	15.2	15.6
세금 폭탄	9	7	10	11	17	13	36	31	67
	27.3	30.4	19.6	28.9	27.9	34.2	24.8	31.3	27.5
좌파 정책	2	0	5	0	8	0	15	0	15
	6.1	0.0	9.8	0.0	13.1	0.0	10.3	0.0	6.1
금융정책 비판	1	2	4	6	1	0	6	8	14
	3.0	8.7	7.8	15.8	1.6	0.0	4.1	8.1	5.7
정권 무능	9	4	8	4	16	6	33	14	47
	27.3	17.4	15.7	10.5	26.2	15.8	22.8	14.1	19.3
원가공개 반대	1	1	4	0	1	1	6	2	8
	3.0	4.3	7.8	0.0	1.6	2.6	4.1	2.0	3.3

후분양제 반대	0	1	0	1	0	1	0	3	3
	0.0	4.3	0.0	2.6	0.0	2.6	0.0	3.0	1.2
기타	3	2	2	6	3	0	8	8	16
	9.1	8.7	3.9	15.8	4.9	0.0	5.5	8.1	6.6
합계	33	23	51	38	61	38	145	99	244
	100	100	100	100	100	100	100	100	100

자료: 민주언론시민연합·토지정의시민연대(2006).
주: 조사자료 원본에서 코드론의 분류 범주는 정권 무능과 합산, 포퓰리즘과 색깔론은 좌파 정책으로 합산함.

이상이다. 그리고 절대량에서 《조선일보》의 부동산 광고 지면은 《한겨레》의 6.7배에 이른다. 또 《조선일보》, 《중앙일보》, 《동아일보》는 분석 대상인 12일치 중 부동산 광고가 없는 날이 하루도 없으며, 전체 광고지면 중 부동산 광고의 비율이 20% 이상인 날이 7~8일이다. 《동아일보》의 경우는 부동산 광고가 전체 광고지면의 50%에 육박하는 날도 있다. 공식적인 광고뿐만 아니라 기사형 광고도 많은 것을 고려하면 이들 3대 일간지에서 부동산 부문이 차지하는 영향력은 매우 크다고 볼 수 있다. 따라서 반드시 건설·부동산 자본 분파를 옹호한다고 말할 수는 없지만 일정한 영향력을 미치고 있다고는 할 수 있는 것이다.

4) 평생 짊어지는 부동산 부채, 부동산 기반의 사회경제적 격차 심화

참여정부는 부동산 중심의 가계 포트폴리오를 근본적 바꾸지 못했기 때문에 온 국민이 부동산 중심의 자산증식 구조에 여전히 편입되어 있다. 그 결과 가계소득의 대부분을 부동산 관련 지출과 저축에 할애하면서 생활의 품질을 높이지 못하고, 부동산 부채를 평생 짊어지는 '허구적 중산층' 생활양식을 고착시키고 있다.

참여정부의 부동산 정책, 특히 보유세 강화 정책은 이러한 악순환 고리를 끊으려고 시도했다는 측면에서 큰 정당성을 부여할 수 있다. 그러나 이러한 과제는 여전히 미해결 상태로 남아 있다. 한국 대부분의 인구가 거주하고 있는 서울을 비롯해 대도시에서 생활에 필요한 지출을 고려하면 정상적인 노동소득을 모아서 주택을 구입하는 것은 사실상 불가능한 상황이 지속되고 있다. 투자 목적이 아니라 실제 거주용 주택을 구입하는 데서도 유일한 방법은 과도한 주택대출뿐이고, 부동산 부채를 짊어지는 삶이 유일한 방법인 것이다.

2000년대 들어 가계대출, 주택대출 및 주택담보대출은 한 해도 거르지 않고 계속 증가하고 있는 현실이 이러한 현상을 잘 보여준다. 전체 가계대출 중 주택대출이 차지하는 비중도 2005년 53%에서 2010년 60.9%로 증가하여 가계 빚 증가의 주범이 주택대출이며, 저축은행 등 비은행예금취급기관의 주택대출 비중도 계속 증가하여(2007년 9.9% → 2010년 12.3%) 대출구조의 위험성 역시 증가하고 있다.

한편에서는 이처럼 부동산 부채를 평생 짊어지고 사는 일생이 펼쳐지지

〈표 6-10〉 가계대출 및 주택대출 추이(12월 말 잔액 기준)

(단위: 십억 원)

대출 기관	2002	2003	2004	2005	2006	2007	2008	2009	2010
예금은행대출	222,017	253,757	276,327	305,514	346,222	363,681	388,573	409,504	431,457
(주택대출)	-	-	-	208,422	240,951	245,764	254,736	273,687	289,623
(주택담보대출)	-	152,532	169,236	190,237	217,116	221,640	239,688	264,228	284,525
비은행예금취급기관	54,956	68,256	79,214	87,726	97,126	110,417	127,390	141,233	164,428
(주택대출)	-	-	-	-	-	47,050	56,423	64,788	73,193
(주택담보대출)	-	-	-	-	-	46,630	55,996	64,603	73,094
주택대출 합계	-	-	-	208,422	240,951	292,814	311,158	338,475	362,816
주택담보대출 합계	-	152,532	169,236	190,237	217,116	268,270	295,684	328,831	357,619
가계대출 합계	276,973	322,013	355,540	393,240	443,348	474,098	515,963	550,737	595,885

자료: 한국은행 가계대출 통계자료 참조.

만 다른 한편에서는 부동산을 통한 사회경제적 격차를 확대재생산시키는 것이 한국의 부동산 체제다. 참여정부 시절의 주택 문제는 주택의 절대적 부족, 중대형 아파트의 부족이라는 담론이 지배적이었고, 문제 해결을 위해서는 조세정책이나 금융정책보다는 주택공급 확대가 필요하다는 논리를 대다수의 언론과 학자, 건설 회사 들이 앞장서서 유포했다.

이러한 논리의 문제점은 다주택 보유가 일반적인 상황에서는 단순한 물리적 주택 공급이 그만큼의 시장 효과를 갖지 못한다는 사실을 애써 외면했다는 것이다. 다주택 보유자에 의한 자본이득 추구형 포트폴리오가 일반화되어 있는 상황에서 단순히 주택만을 공급하면 기존 보유주택을 담보로 구입 여력이 있는 다주택 보유자가 주택 구입을 확대하게 된다. 물리적 공급 확대에도 불구하고 그만큼 무주택자가 구입할 수 있는 주택 수는 증가하지 않는 것이다. 참여정부는 많은 반발을 무릅쓰고 양도소득세와 주택보유세 정책을 통해 다주택 보유를 강력하게 억제하는 수요관리 정책을 시행했다. 그러나 <표 6-5>에서 나타나듯이 신규 주택의 분양가격이 지속적으로 증가하는 것을 통제하지 못함으로써 무주택자의 소유 접근성을 높이지 못한 수요관리 정책이었다고 볼 수 있다.

이처럼 주택을 비롯한 부동산 소유의 격차는 부동산 가격 상승의 지역적 차이와 결합하면서 노동소득의 격차를 넘어 부동산을 발판으로 사회경제적 격차를 확대재생산 하는 구조를 낳고 있다. 2006년 통계청의 가계자산 조사 자료에 근거하여 분석할 경우 2006년 한국 가계 순자산의 불평등은 5분위 기준으로 상위 20%와 하위 20% 배율이 171.5배로서 소득의 불평등 분배 수준(7.6배)보다 무려 22.4배나 큰 것으로 나타난다. 그리고 부동산의 경우도 소유의 집중도가 심한 것으로 나타났는데, 주택을 제외하면 상위 10% 가구가 한국 부동산의 78.4%를 보유(평균 보유금액 6억 9,342만 원)하고 있고, 주택을 포함한 전체 부동산의 경우는 상위 10% 가구가

〈표 6-11〉 부자 순위별 순자산 규모액 현황

(단위: 백만 원)

순위(%)	순자산액	순위(%)	순자산액	순위(%)	순자산액
1	2,302.0	30	211.4	70	50.5
5	948.5	40	150.8	80	27.2
10	538.6	50	107.6	90	7.3
20	307.9	60	76.2	100	-348.7

자료: 이한구(2007).
주: 2006년 통계청 가계자산 조사 자료에 근거한 현황임.

〈표 6-12〉 2010년도 토지와 주택가격 총액의 지역별 분포

(단위: 억 원, %)

구분	개별 공시지가		주택 공시가격		아파트 공시가격(A)		닥터아파트 조사 가격(B)		아파트 공시가와 시가 간 차이(B-A)	
	총액	비중	총액	비중	총액	비중	총액	비중	총액	비중
서울	10,870,348	31.7	7,087,651	38.6	5,216,187	38.8	6,949,617	40.0	1,733,430	44.0
부산	1,461,993	4.3	892,828	4.9	656,802	4.9	921,745	5.3	264,943	6.7
대구	973,690	2.8	653,366	3.6	466,412	3.5	637,243	3.7	170,831	4.3
인천	2,092,394	6.1	959,850	5.2	723,122	5.4	954,093	5.5	230,971	5.9
광주	509,793	1.5	303,398	1.7	233,740	1.7	256,587	1.5	22,847	0.6
대전	639,432	1.9	417,377	2.3	306,609	2.3	404,364	2.3	97,755	2.5
울산	466,295	1.4	281,068	1.5	202,860	1.5	230,441	1.3	27,581	0.7
경기	9,890,664	28.8	5,168,269	28.2	4,047,675	30.1	5,320,262	30.6	1,272,587	32.3
강원	773,733	2.3	259,834	1.4	149,234	1.1	155,630	0.9	6,396	0.2
충북	723,831	2.1	276,539	1.5	176,388	1.3	184,577	1.1	8,189	0.2
충남	1,659,237	4.8	404,068	2.2	257,582	1.9	296,123	1.7	38,541	1.0
전북	637,304	1.9	279,876	1.5	193,016	1.4	196,715	1.1	3,699	0.1
전남	697,245	2.0	209,236	1.1	120,944	0.9	95,512	0.5	-25,432	-0.6
경북	1,151,237	3.4	403,372	2.2	227,291	1.7	230,233	1.3	2,942	0.1
경남	1,429,679	4.2	658,639	3.6	446,281	3.3	538,476	3.1	92,195	2.3

제주	340,513	1.0	93,454	0.5	30,988	0.2	20,472	0.1	-10,516	-0.3
수도권	22,853,406	66.6	13,215,770	72.0	9,986,984	74.2	13,223,972	76.0	3,236,988	82.2
전국	34,317,388	100.0	18,348,825	100.0	13,455,131	100.0	17,392,090	100.0	3,936,959	100.0

자료: 국토해양부(2010), 닥터아파트(2010).
주: 개별 공시지가와 주택 공시가격, 아파트 공시가격은 2010년 1월 1일 기준이며, 닥터아파트의 가격은 2010년 12월 21일 기준 가격임.

전체 부동산(주택 포함)의 53.4%를 보유(평균 보유금액 11억 9,882만 원)하고 있다. 그리고 2006년 5월 말 한국에서 부자 순위(자산 수준) 상위 1% 이내의 가구에 포함되려면 가구 순자산(총 자산-총 부채)이 23억 원은 되어야 하는 것으로 나타났다(이한구, 2007).

부동산을 통한 이러한 분배구조 악화는 계층적 역진 구조뿐만 아니라 지역 불평등을 더욱 심화시키는 역할을 수행한다. 지역발전의 최대 재원이라고 할 수 있는 재산세가 지방세고, 재산세를 부동산 가격에 따라 징수하는 구조이기 때문에 부동산 가격이 높은 지역일수록 조세 재원이 풍부해질 수밖에 없다. 공시가격 기준으로 토지는 66.8%, 주택은 72.0%, 아파트는 74.2%를 수도권이 차지하여 과세 기반의 지역 간 격차가 매우 심각한 상황이다. 그리고 과세기준인 공시가격과 시가 간 격차가 무려 약 394조 원에 이르러 조세 부과 실효성을 약화시키고 있는데, 격차의 대부분을 수도권이 차지하고 있고, 지방의 경우는 공시가격이 시가보다 오히려 높아서 과세기준 자체에서도 조세 불형평성이 나타난다. 현재 종합부동산세가 사실상 무력화됨으로써 부동산에 기반을 둔 이러한 재정 기반의 지역 간 역진적 구조를 해소할 방법은 없어졌다.[6]

---

[6] 최근 분석에 따르면 공시가격 12억 원, 15억 원, 20억 원 주택별로 각각 종합부동산세 무력화 이전 기준으로 세액을 산출하면 각각 450만 원, 735만 원, 1,210만 원이지만 현 정부 감세조치 이후 같은 가격 주택의 산출 세액은 각각 최소 0원, 40만 원, 74만

이처럼 부동산 소유의 불평등은 노동소득의 격차를 훨씬 상회하고 있으며, 경제성장에 따라 전반적으로 가격이 상승하던 과거와는 달리 지역·부동산 유형별 가격 상승의 격차가 커지고 있는 상황에서 부동산을 매개로 하는 계층·지역 간 부(富)의 역진적 분배 구조를 심화시킨다. 참여정부 시기의 주택가격 상승은 지역별로는 서울의 강남 지역 및 분당·용인·과천 등의 특정 신도시, 주택 유형별로는 중대형 아파트 및 재건축 아파트가 주도하는 국지화 경향을 뚜렷하게 보여줬다. 참여정부는 이러한 부동산의 역진적 분배 체제를 획기적으로 시정하려고 했지만 가격 상승의 차별화를 심화시킴으로써 오히려 강화시키는 결과를 낳았다.

5) 부동산 조세정책, 불로소득 환수와 보유과세 현실화

참여정부의 부동산 조세정책은 한마디로 부동산, 특히 주택을 대상으로 하는 불로소득 차단과 보유 비용의 증대, 부의 격차억제 정책이라고 할 수 있다. 먼저 양도소득세는 부동산 가격 상승에 따른 불로소득을 환수하기 위한 세금이다. 참여정부는 부동산 거래에 따른 불로소득을 환수하기 위해 실제 거주 목적이 아닌 주택에 대한 양도차익환수율을 높이고, 실질적 환수 기반을 강화하는 방향으로 정책을 시행했다. 전자와 관련하여 1세대 3주택 이상 보유자는 2005년부터 양도차익에 대해 60% 중과, 투기지역 탄력세율 적용 시 최대 82.5% 부과 정책을 시행했고, 미등기양도자산의 경우는 2004년부터 70%로 중과했다. 이후 1세대 2주택자에 대해서는 2007년부터 50% 단일 세율을 적용했다. 후자와 관련해서는 실거래가격의

원이며, 1세대 1주택의 경우 납부 대상인 12억 원 초과 주택은 전국 1,418만 채 주택 중 3만 7,461채(0.26%)에 불과하다(이정희, 2011).

〈표 6-13〉 참여정부 부동산 조세정책의 변화

발표 시기	주요 정책수단과 내용
2003년 10월	· 종합부동산세 조기 시행(2006년 → 2005년) · 토지·주택 과다 보유자에 대해 보유가 부담이 되도록 보유세 강화 · 1세대 다주택자 양도세 강화 · 1세대 3주택 이상 보유자에 대해 양도세율 60%로 인상 · 투기지역 2주택 이상자, 양도세 탄력세율 우선 적용. 2004년 1월 1일 시행
2005년 5월	· 거래세 완화 조치 · 5월 1일부터 등록 세율 1~1.5%p 인하 　개인 간 거래 3% → 1.5%, 법인 간 거래 3% → 2.0% · 양도세 실거래가 과세 확대조치 · 기존 양도세 실거래가 과세대상(전체 대상의 30% 수준임) 　① 1세대 3주택, ② 6억 원 초과 고가주택, ③ 투기지역 내 부동산 　④ 1년 이내 단기양도 및 미등기 양도 시 　⑤ 위장 전입으로 취득한 부동산 양도 시 · 2006년부터 1세대 2주택자의 경우 거주하지 않는 주택의 양도, 비사업용 나대지·잡종지 및 부재 지주의 농지와 임야, 목장 용지를 양도하는 경우에도 실거래가 과세대상 확대 · 2006년 시행 예정 양도세 실거래가 과세를 8·31 대책 후 2007년부터 시행
2005년 8월	· 종합부동산세 과세 방법 및 기준 강화 · 과세방법: 인별 합산 → 세대별 합산, 과세기준: 주택 9억 원 → 6억 원 · 2007년 모든 주택에 대해 실거래가 과세로 전환 · 1세대 2주택 양도세 강화 조치 · 50% 단일 세율(장기보유특별공제 적용 배제) · 대상: 수도권 및 광역시 소재 기준시가 1억 원 초과 주택, 기타지역 소재 기준시가 3억 원 초과 주택 · 1세대 1주택 대상 · 장기보유특별공제율 상향 조정: 15년 이상 장기 보유자에 대해 45% 공제 신설 · 개인 간 주택 거래 시 거래세 1%p 인하

자료: 닥터아파트(http://www.drapt.com).

80% 정도를 반영하는 공시가격을 기준으로 과세하는 경우 실효성이 작다는 측면이 있기 때문에 과세기준을 2007년부터 모든 부동산에 대해 실거래가격 기반으로 전환했다(대통령자문정책기획위원회, 2008).[7]

---

[7] 양도차익에 대한 실거래가 과세 기반으로 전환된 것은 불로소득에 대한 과세 형평성 제고 의지를 보여준 것이다. 1975년 양도소득세를 처음 도입했을 당시에 조세원칙에 따라 실거래가를 적용했으나 검증의 어려움에 따라 많은 민원이 발생해 1983년 기준시가 체제로 바꿨다. 따라서 2007년부터 양도세 전면 실거래가 과세 기반으로 전환된 것은 30여 년 만에 최초의 도입 취지로 돌아간 것이었다.

참여정부 부동산 보유세 정책의 기본 방향은 보유 단계에서 부과하는 재산세·종합토지세 등이 약하고, 거래 단계에서 부과하는 취득세·등록세 등 거래세 비중이 높은 구조를 개혁하는 것이었다. 보유세 강화 정책은 많은 반발을 유발했다(김경환, 2007). 기본적으로 부동산 보유에 대한 조세는 부동산이 발생시키는 미래 순편익을 감소시킴으로써 가격을 하락시키는 효과를 낳는다. 보유세 부담만큼 순편익이 감소함에 따라 현재 시점에 일시불로 지급하는 금액이 감소하는 효과를 '자본화(capitalization)'라고 한다. 이러한 자본화를 통한 부동산 가격안정 효과는 보유세 인상에 따른 임대료 전가 현상이 얼마나 강하게 나타나는가에 달려 있다. 만약 보유세 인상분만큼 임대료가 오른다면 보유세의 부동산 가격안정 효과는 전혀 발생하지 않을 수도 있다. 그러나 전가 정도는 임대 시장, 즉 공간 시장의 상황이 매수자 주도 시장인가 공급자 주도 시장인가에 따라 달라지기 때문에 보유세 인상이 일방적으로 전가될 것이라는 가정은 성립하지 않는다. 또한 자본화 효과는 한 번만 나타나며, 그 이후에 구입한 사람들의 수익률에는 영향을 미치지 못하고, 오히려 보유세가 부과되면 장기적으로 건물 공급이 감소하여 임대료가 상승하고 주거 면적이 감소한다는 주장에 부딪히기도 한다. 그러나 자본화 효과에 기반을 둔 첫 거래 이후 가격상승 패턴이 지속되지 않는다면 수익률 정체로 결국은 가격안정 효과를 낳는다. 그리고 장기적으로 공급물량 감소 여부는 보유세와 공급량 간 단순한 두 요인의 관계일 뿐이며, 여타 대안투자 수단의 수익률 차이에 따라 증감 여부가 결정되는 것이다. 자본시장과 공간 시장의 통합, 글로벌 자본시장의 통합이 심화되는 상황에서 이러한 단순한 관계 설정 역시 실물경제와 금융시장에서는 무의미한 설정인 것이다.

어쨌든 종래의 보유세 정책은 낮은 보유 비용 때문에 자본이득을 목적으로 하는 부동산 선호 성향을 크게 하는 반면, 거래세 비중이 높기 때문에 계층과 무관하게 거래 비용이 높은 문제점을 안고 있었다. 아울러 보유세가 지방재정의 핵심 재원이지만 종가세 구조로서 지방재정의 불평등을 심화시키는 체제였기 때문에 이를 보완하는 것이 필요했다.

이러한 문제점을 극복하기 위한 수단이 과표적용률을 상향시킴으로써 보유세 부과의 실효성을 높이고, 재산세의 일부를 종합부동산세 형태의 국세로 전환시켜 지역균형발전 재원으로 활용하는 것이었다. 재산세는 과표적용비율을 2007년까지 50%, 2008년부터 매년 5%씩 인상하여 2017년에 100%에 이르게 하고, 토지 및 건축물의 경우 종전 50%에서 2006년부터 매년 5%씩 인상하여 2015년에 100%에 도달하도록 하며, 종합부동산세의 경우 2009년에 100%에 도달하도록 하는 정책이었다. 아울러 인별 합산 과세는 조세를 회피하기 위한 목적으로 가구 내에서 부부나 자녀 등에게 부동산 소유를 분산시키는 문제점을 낳고 있었기 때문에 세대별 합산 방식으로 바꿨다(대통령자문정책기획위원회, 2008).

그러나 이러한 양도소득세와 재산세, 종합부동산세 등의 적용대상 자체는 매우 한정되어 있었음에도 참여정부 부동산 정책 가운데 가장 심하게 한나라당과 언론의 집중 공격을 받았다. 특히 《조선일보》, 《중앙일보》, 《동아일보》 등 주요 언론은 이러한 부동산 조세정책에 대해 '세금 폭탄', '세금 몽둥이', '징벌적 중과세', '세금 때리기', '세금 긁기' 등 자극적인 단어를 동원하여 비판을 퍼부었다.

이러한 공격을 받으면서 시행한 정책이었지만 부동산 거래에 따른 양도차익의 환수는 참여정부 기간에 가격 상승에 따른 양도차익이 막대하게 증가한 것에 비해 효과적이지는 못했다. 한국의 재산 관련 실현 양도차익의 대부분이 부동산 관련 재산이었음에도 불구하고 환수 실적은 높지 않았다. 재산 종류별 양도차익 발생은 2006년 기준으로 토지와 건물, 부동산 권리 등 부동산 관련 재산이 90%고, 주식과 기타 자산은 각각 8.9%, 1.1%

에 불과한 상황에서 참여정부 2003~2006년 기간에만도 160조 4,000억 원의 실현 양도차익이 발생했다. 이 중 양도소득세로 19조 1,000억 원을 징수하여 실현 불로소득의 11.9% 정도만 환수했다. 그리고 2003~2005년 기간 양도차익 발생의 지역적 분포는 수도권이 74%를 차지하여 부동산 거래를 통한 지역 간 부의 격차를 더욱 심화시켰다(이한구, 2007; 김용창, 2008).

그러나 종합부동산세 정책은 지방재정 균형 제고에 의미가 있었다. 종합부동산세는 비록 국세지만 지방세 성격이 강한 재산보유세로서 주로 수도권에서 징수하기 때문에 중앙정부의 수직적 조정 메커니즘을 통해 사실상 지방자치단체 간 수평적 재정조정 역할을 수행하는 것이었다. 예컨대 2006년 종합부동산세 신고분은 총 1조 7,179억 원으로 이 중 1조 3,422억 원을 실제 징수하여 지방교부세 형식으로 부동산거래세(취득세·등록세) 감소에 따른 손실 보전(8,409억 원)에 우선 사용하고, 나머지(5,013억 원)는 각 지방자치단체의 재정 여건을 고려한 균형발전 재원으로 각 자치단체에 배분했다. 이 결과 서울은 2006년 1조 681억 원을 징수하여 26%(2,825억 원)만 지방교부세로 배정받았고, 경기도는 3,679억 원 중 60%인 2,194억 원만 받았다. 반면 나머지 지역은 징수한 종합부동산세에 비해 평균 3.2배의 금액을 배정받았다(김용창, 2008).

그러나 이러한 참여정부의 부동산 조세정책은 2009년 5월 이른바 「경제활성화 지원 세제 개편안」 관련 법 개정이 국회에서 통과됨에 따라 해체의 운명을 맞이했다. 3주택 이상자에 대한 양도세 중과(60%)는 2003년 10·29 대책에서 도입하여 2005년 1월 1일부터 시행한 후 만 4년 만에, 2주택자 양도세 중과(50%)는 2005년 8·31 대책 때 도입하여 2007년 1월 1일부터 시행한 후 만 2년이 지나 전면 폐지됐다. 그리고 2008년 11월 13일 주택 및 종합합산대상 토지에 대한 '세대별 합산과세'가 혼인과 가족생활 보장을 규정한 헌법을 위반하고 있다는 헌법재판소의 위헌결정에 따라 종합부동산세를 다시 '인별합산' 체제로 전환했다. 그리고 2008년 9월 23일 「종합부동산세 개편 방안」을 통해 과세기준 금액을 종전의 주택 공시가격 6억 원에서 9억 원으로 상향 조정했다.

4. 결론: 포위된 혁명? 요란한 해프닝?

미셸 푸코(M. Foucault)는 『감시와 처벌』에서 여러 형태의 정치·사회·군사 조직뿐만 아니라 온갖 행위 방식들, 생각하는 습관들, 지식 체계들 속에서 일상적으로 작용하는 무형의 유동적인 흐름을 권력이라고 봤다(푸코, 2003). 푸코가 말하는 권력의 의미는 인간을 지배하는 기술과 전략이 매우 정교하고, 그 존재를 알 수 없게 하나의 생활양식으로 작동하고 있다는 것을 일깨워준다. 이러한 의미에서 부동산을 둘러싼 동맹 체제는 부동산 관련 의식세계를 지배하는 보이지 않는 강고한 권력이다.

참여정부는 이러한 부동산 권력을 개혁하고자 했다. 참여정부의 부동산 부문에서 도전은 한국 사회에서 오랫동안 암적인 존재로 작동했던 부동산 체제에 대한 혁명적 전환, 고속 경제성장 체제하에서 만들어진 부동산 체제 또는 문화에 대한 근본적 개혁을 시도한 것이라고 볼 수 있다. 그러나 '개별 가계―대자본과 중소 자본을 가리지 않는 건설 자본―주요 언론―부동산 거래 관련 산업―관료·학계―금융권' 사이에 맺어진 세계적으로도 보기 드문 강력한 '부동산 동맹 체제'를 해체시키지도 약화시키지도 못했다. 부동산을 매개로 하는 부의 계층적·지역적 역진 구조를 전혀 해소하지 못했다. 결과적으로는 정책의 기본 이념과 골격이 계승되지 못하면서 요란한 해프닝으로 끝나고 말았다.

그러나 참여정부의 부동산 정책 정신 그 자체가 실패작이라는 것은 아니다. 여전히 도전해야 할 과제인 것이다. 한국 사회는 왜 스스로 부동산의 덫에 걸리려 하는가? 이미 오래전부터 부동산 경기가 활황이든 침체든 국민 생활과 경제에 엄청난 해악을 미치는 것을 경험해왔을뿐더러, 경제 세계화의 여파로 미국인들이 주택대출금을 갚지 못해 발생한 국제 금융위기의 피해를 입고 있으면서도 말이다. 적어도 참여정부는 이러한 자기 파멸적인 부동산 함정과 덫에 걸리지 않으려고 노력했다.

물론 데이비드 하비(D. Harvey)와 앙리 르페브르(H. Lefèbvre)가 말하듯이 물리적 자본축적 환경(built environment)의 조성은 자본주의가 위기를 돌파하는 하나의 장치다. 그러나 마누엘 카스텔(M. Castells)이 말하듯이 이러한 시스템은 실은 거대한 폰지 사기(Ponzi Scheme) 시스템을 토대로 이뤄졌고, 개발 업자와 은행의 이윤, 그리고 토건 업자, 건축 업자, 대출 브로커, 대금 업자, 부동산 중개인, 주택 거래자의 이윤만을 약속하는 개발 체제일 뿐이라는 비판을 받고 있다. 미래가 아닌 허황된 당장의 이익(instant profit)만을 약속하는 것이 유일한 존재 이유(raison d'être)인 이러한 발전 체제의 대안을 모색할 때인 것이다(Burkhalter and Castells, 2009; 김용창, 2011).

'내가 산 가격보다 더 높은 값으로 사줄 사람이 있을 것'이라는 막연한 기대에 의존하는 부동산 심리가 존속하고, 이를 옹호하는 부동산 동맹 체제가 있는 한 한국의 경제와 삶의 질을 근본적으로 개혁하는 것은 요원한 일이다.[8]

---

[8] 참여정부 시절 부녀회를 중심으로 추진된 아파트 가격 지키기 운동이 사회적 문제가 된 적이 있다. 이러한 움직임은 꽤나 오랜 역사를 가지고 있다. 1983년에도 역시 아파트 가격 상승이 문제가 됐다. 이 당시 아파트 가격이 급상승하면서 인기 지역인 강남 지역뿐만 아니라 그동안 잘 팔리지 않던 강동·강서·구로 지역 등 변두리 지역까지 모두 값이 올랐고, 그동안 제값을 받지 못하던 아파트들이 덩달아 값을 높게 부르고, 반상회마다 아파트 가격 지키기 운동이 벌어진 선례가 있다(≪매일경제≫, 1983.3.26).

참고문헌

강미선. 2004. 「한국 신문 광고 내용분석」. ≪저널리즘평론≫, 통권 18호, 91~154쪽.
경제정의실천시민연합. 2005.12.14. 「주먹구구식 통계에 기초한 정부의 부동산 정책을 신뢰할 수 없다」(보도자료).
국정브리핑 특별기획 팀. 2007. 『대한민국 부동산 40년』. 한스미디어.
국정홍보처. 2008. 「부동산 및 주거복지 정책」. 『참여정부 국정운영백서: 경제』.
국토해양부. 2010a. 『2010년도 부동산 가격공시에 관한 연차보고서』.
_____. 2010b. 『2010년도 주택업무편람』.
김경환. 2007. 「외환위기 전후 주택시장 구조변화와 주택정책」. ≪경제학연구≫, 제55집 제4호, 369~399쪽.
김수현. 2008. 『주택정책의 원칙과 쟁점』. 한울.
김용창. 2004. 『한국의 토지 주택정책』. 부연사.
_____. 2006a. 「아파트 분양원가 공개와 분양가 인하 방법」. 『분양가, 어떻게 잡을 것인가?』. 토론회 자료집(참여연대).
_____. 2006b. 「주택시장 안정을 위한 유기적 주택정책 구성방안」. 『참여정부 부동산 정책 평가와 대안 모색』. 토론회 자료집(천정배 의원실).
_____. 2008. 「수평적 형평화 기금에 의한 지역균형발전전략 연구(II)」. ≪대한지리학회지≫, 제43권 제6호, 914~937쪽.
_____. 2011. 「새로운 도시발전 패러다임 특징과 성장편익 공유형 도시발전 전략의 구성」, ≪공간과 사회≫, 제21권 제1호(통권 35호), 107~152쪽.
닥터아파트. 2010.12.22. 「전국 아파트 시가총액 25조원 증발」(보도자료).
대통령자문정책기획위원회. 2008. 『부동산시장 안정 및 주거복지』.
민주언론운동시민연합. 2005. 『왜 보수언론은 부동산 정책을 흔드나』. 토론회 자료집.
민주언론시민연합·토지정의시민연대. 2006.12.9 「조선·중앙·동아의 '부동산 관련 사설 및 칼럼' 분석 비평」(보도자료).
박성욱. 2007. 「부동산에 대한 과세의 거시경제적 효과」. ≪금융경제연구≫, 제285호, 1~36쪽.
변창흠. 2008. 「참여정부 부동산 정책의 평가와 향후 과제」. ≪도시정보≫, No.311, 2~26쪽.

손낙구. 2008. 『부동산계급사회』, 후마니타스.

송태정·강중구. 2008. 「주택시장 불안 요인 점검」. ≪LG Business Insight≫, 1012호(10월 29일), 2~19쪽.

유경원·이혜은. 2009. 『우리나라 가계부채 문제의 진단과 평가』. 보험연구원.

이장규. 2005.8.24. "거꾸로 가는 부동산 대책". ≪중앙일보≫.

이정희. 2011.4.7. 「각 지자체별 종부세 부과 주택조사 보고서」(보도자료).

이한구. 2007.10.4. 「노무현정부 4년간 재산관련 양도차익 급증」(보도자료).

_____. 2007.12.2. 「2006년도 가계자산조사 현황분석 및 시사점」(보도자료).

장민. 2010. 「주택담보대출의 안정성에 관한 토론」. ≪한국 경제포럼≫, 제3집 제3호, 65~75쪽.

재정경제부. 2007. 『2006년 가계자산조사분석』.

전강수·남기업·김수현. 2008. 「종합부동산세를 둘러싼 거짓과 진실」. 이용섭 의원실.

전승훈·임병인. 2008. 「2000년 이후 가계의 자산 및 부채 보유 실태의 변화분석」. ≪재정학연구≫, 제1권 제2호, 133~162쪽.

정준호. 2009. 「시장패러다임의 변화와 노무현 정부의 부동산 정책」. 부동산연구회 기획. 『위기의 부동산』, 후마니타스, 121~151쪽.

푸코, 미셸(Michel Foucault). 2003. 『감시와 처벌』. 오생근 옮김. 나남출판.

하비, 데이비드(David Harvey). 1999. 『자본의 한계: 공간의 정치경제학』. 최병두 옮김. 한울.

한국은행. 2008. 「제2장 경제동향 제2절 실물경제; 주택매매가격 및 전세가격 안정세 시현」. 『연차보고서 2007』, 61~65쪽.

한나라당 정책위원회. 2006. 「날아간 서민의 희망」.

허석균. 2010. 「금융안정성 측면에서 바라본 주택담보대출」. ≪한국 경제포럼≫, 제3집 제3호, 5~29쪽.

Burkhalter, L. and Castells, M. 2009. "Beyond the Crisis: Towards a New Urban Paradigm." in Lei Qu. et. al(eds.). *The New Urban Question: Urbanism Beyond Neo-Liberalism*, International Forum on Urbanism, pp.21~43.

DTZ Consulting&Research. 2006. *Housing, Economic Development and Productivity*.

Engels, F. 1987. 「주택문제에 대하여」. 김세균 감수. 『칼 마르크스 프리드리히 엥겔스 저작선집(제4권)』. 박종철 출판사.

제3부 노동과 사회정책

제7장 참여정부 지역균형발전 정책의 성과와 한계 _강현수

제8장 복지 개혁: 복지국가 이상과 발전주의 유산 사이에서 _구인회

제9장 '여성' 정책의 제도화를 통해 본 참여정부의 실험성: 국가 페미니즘의 경험 _김은실

제10장 사회 통합적 노동 개혁, 진보의 좌절과 현실 타협 _이병훈

제7장

참여정부 지역균형발전 정책의 성과와 한계*

강현수 | 중부대학교 도시행정학과 교수

1. 머리말

　참여정부는 역대 어느 정부보다 지역균형발전 정책을 중시한 정부였다. 지역균형발전 정책을 국가의 핵심 의제, 이른바 대통령 국정 과제로 격상시켰고, 이를 위한 추진 기구로 대통령 직속의 '국가균형발전위원회'를 구성했으며, 「국가균형발전특별법」을 제정했다.[1] 그리고 행정중심복합도시 건설, 공공기관 이전 및 혁신도시 건설과 같은 대규모 수도권 분산 정책을 과감하게 추진했고, 지역혁신체계 구축 같은 새로운 지역산업 정책을 실험했으며, 다양한 낙후지역 개발 사업들을 시행했다. 하지만 참여

---

* 이 글은 필자가 그동안 참여정부 균형발전 정책의 평가와 관련하여 썼던 글들(강현수, 2006, 2007a, 2007b, 2008)을 토대로 일부 내용을 수정 보완한 것이다.
1) 참여정부는 보편적으로 사용되는 '지역' 균형발전 대신 '국가' 균형발전이라는 용어를 사용했는데, 그 이유는 과거 주변적 위치에 머물렀던 균형발전이라는 의제를 전 국가적 의제로 격상시켰기 때문이며, 과거 의존형 지방화에서 자립형 지방화로의 전환이라는 새로운 접근 방식을 강조하기 위함이라고 한다(국가균형발전위원회, 2003).

정부의 지역균형발전 정책은 임기 중에도 논란과 갈등이 이어졌으며, 차기 정부인 이명박 정부에 들어와서는 정책 방향이 바뀌고 관련 사업의 상당 부분이 축소되거나 폐기되고 있다.

이 글의 목적은 참여정부가 임기 5년 동안 역점을 두고 추진했던 지역균형발전 정책의 성과와 한계를 평가하려는 것이다. 하지만 이 작업은 필자의 모자란 역량 외에도 다음과 같은 이유 때문에 쉬운 일이 아니다. 우선 참여정부가 임기 5년 동안 추진했던 지역균형발전 정책과 관련 사업들이 워낙 광범위하고 다양했기 때문에 그 전체를 이 짧은 글로 세세히 평가하기가 쉽지 않다. 두 번째, 지역균형발전의 당위성 및 목표에 대한 서로 다른 입장들이 존재한다. 한쪽에서는 우리나라의 심각한 지역 불균형 현상 때문에 지역균형발전의 필요성을 역설하지만, 다른 쪽에서는 지역균형발전의 당위성 자체를 부정하거나 국가가 지역균형발전 정책에 개입하는 것을 반대한다.[2] 또 국가 개입의 필요성을 인정하더라도 그 개입 정도나 목표에 대한 입장 차이가 있다. 특히 그동안 우리나라에서는 수도권 규제의 강도와 존속 여부를 둘러싸고 입장의 첨예한 대립 전선이 형성되어 있다. 세 번째, 결실을 보기에는 상당한 오랜 시간을 필요로 하는 지역균형발전 정책의 속성으로 참여정부 임기가 끝난 지 3년이 지난 지금 시점에서도 정책의 성과를 판단하기 어려운 사업들이 있다. 대표적으로 아직 본격적인 입주도 시작하지 않은 행정중심복합도시나 혁신도시 건설 사업이 있다. 이러한 한계들을 전제하면서, 이 글에서는 지역균형발전의 당위성과 국가 개입의 필요성을 인정하는 필자의 개인적 입장에 입각하여, 참여

---

[2] 국가가 지역균형발전 정책에 개입하는 것을 반대하는 대표적인 입장에 대해서는 신도철(2008) 참조. 신진보의 입장에서 지역균형발전 정책의 필요성을 주장한 필자와 신보수의 입장에서 "균형"발전 대신 "자율적" 발전을 강조한 신도철의 입장 차이가 잘 대비된 글로는 강현수(2007c) 및 신도철(2007) 참조.

정부 지역균형발전 정책을 총론적 차원에서 평가해보고자 한다. 미리 말하자면, 필자는 참여정부의 지역균형발전 정책 추진의지를 높이 사고 있고, 처음에 내세웠던 정책 방향도 매우 바람직했다고 보지만, 정책이 일선에서 실제 집행됐던 구체적 과정에 대해서는 비판적으로 보는 입장이다.

이를 위해 먼저 참여정부가 지역균형발전 정책을 그토록 강력하게 추진했던 배경과 정책추진 방향을 짚어보고, 다음에는 가장 역점을 두고 추진했던 핵심 정책들을 몇 개 부분으로 나눠 그 성과와 한계를 살펴본다. 마지막으로 참여정부의 지역균형발전 정책에 대해 총괄적으로 평가해본다.

2. 참여정부 균형발전 정책의 추진 배경과 방향

우리나라에서 지역 간 불균형의 문제는 우리 정치의 고질적 문제인 지역주의와 결합되어 국가 통합을 어렵게 하는 원인으로, 또 낙후지역에서 개발 지상주의를 부추기는 온상이 되어 지속 가능한 발전을 저해하는 원인으로 작용해왔다.

우리나라에서 나타나는 지역 간 불균형은 도시와 농촌 간, 대도시와 중소도시 간, 경부축과 비경부축 간 등 여러 차원에서 나타나고 있다. 1980년대까지는 수도 서울의 지나친 비대화 문제와 경인 지역과 영남 일부 지역에 편중된 산업 발전이 가장 문제시됐다. 하지만 최근에는 서울의 영향권이 인천과 경기도를 포함하는 수도권 전체로 확산됨과 동시에 그동안 발전의 수혜 지역으로 여겨지던 영남권의 경제도 정체되면서, 수도권과 나머지 비수도권 간의 불균형이 우리나라에서 가장 민감한 지역 불균형 문제로 간주되고 있다.

현재 수도권은 다른 지역에 비해 기업의 입지 환경뿐 아니라 문화나 교육 같은 정주 환경도 우월하여 인구와 산업이 계속 집중되고 있다. 특히 젊은 연령층, 고부가가치 부문, 고소득 직종, 공공 및 민간의 중추 관리기능, 정치 및 경제 권력의 수도권 집중 정도는 인구나 산업의 집중 정도보다 훨씬 더 높다. 이와는 대조적으로 비수도권 지역의 경제는 위축 현상이 심화되고 있다. 각 지역마다 다소 차이는 있겠지만, 수도권과 연접되어 기능적으로는 이미 수도권에 속하는 충청과 강원 일부 지역을 제외한 나머지 비수도권 지역은 기존의 주력 산업이 쇠퇴의 징후를 보이고 있는 반면, 이를 대체할 새로운 성장 산업의 전망이 어둡다는 공통점이 있다. 또한 지역경제 회생의 주체가 될 수 있는 유능한 인재와 자본이 소득과 수익의 기회를 찾아 수도권으로 유출되고 있어서 문제를 더욱 악화시키고 있다. 이 같은 수도권과 비수도권 사이의 불균형 문제를 해소하기 위해 역대 정부는 수도권 규제 및 지역균형발전 정책을 추진해왔다. 하지만 수도권과 비수도권 사이의 격차는 해소되지 않고 오히려 더욱 확대되어왔다.

2003년 대통령에 취임하여 참여정부를 출범시킨 고(故) 노무현 대통령은 그 자신이 지방의 어려운 사정과 고충을 잘 이해하고 있으며, 오래전부터 지방이 처한 문제점과 극복 방안을 연구한 지역 전문가라는 점을 강조한 바 있다. 노무현 대통령은 우리나라가 통합된 국가, 효율적인 나라, 경쟁력 있는 나라가 되기 위해서 지역균형발전이 반드시 필요하다고 봤다.[3]

---

[3] 이와 관련하여 2003년 대통령직인수위원회 시절 노무현 대통령 당선자의 발언 내용은 다음과 같다. "여러 가지 국가 목표 중에서도 국가 성장과 발전이라는 전략의 관점에서 봤을 때, 대외적으로 한국이 동북아시아의 중심 국가로 가야 한다는 비전과 국내적으로 지방화의 비전이 필수적이다. 이대로는 수도권도 더 이상의 효율성을 기할 수 없고, 지방도 생산성이 있는 활동이 불가능하다. 그리고 이대로 격차가 더 심해지면 중앙과 지방 간의 균열과 갈등이 사회의 큰 부담이 될 수도 있다. 따라서 앞으로 통합된 국가, 효율적인 나라, 경쟁력 있는 나라가 되기 위해서는 동북아시대의 비전과 지방화라는 목표를 반드시 달성해야 한다. 내 목표는 대통령으로 재임하는

<표 7-1> 참여정부의 국가균형발전의 새로운 패러다임

구분	기존 패러다임	참여정부의 패러다임
발전 목표	· 총량적 성장	· 균형적 성장
추진 주체	· 중앙정부 주도	· 지방정부 주도
추진 전략	· 수도권 규제 강화 (zero-sum strategy)	· 수도권·지방의 상생 발전 (win-win strategy)
주요 정책	· SOC 등 물리적 인프라 확충	· 지역혁신체계 구축을 통한 지방의 자생력 강화
추진 방식	· 단편적·분산적 추진 (법·제도적 기반 미비)	· 종합적이고 일관된 추진 (특별법·특별회계 신설)

자료: 국가균형발전위원회(2003).

참여정부는 그동안의 역대 정부가 균형발전을 추진하겠다고는 했으나 제대로 실천하지 못한 원인이 지방분권의 미비, 미진한 공공 개입, 실효성 없는 추진 체계 때문이었다고 봤다. 그래서 출범 초기에 참여정부가 앞으로 추진할 국가균형발전의 새로운 패러다임을 <표 7-1>과 같이 제시한 바 있다(국가균형발전위원회, 2003).

참여정부 패러다임 중에 과거와 다른 가장 핵심적인 차별성은 지방 주도의 상향적 지역발전 체제를 주창했다는 것이다. 지금까지 역대 정부에서 균형발전을 위한 각종 정책들을 펴왔지만, 대부분 중앙정부 주도의 하향식 방식으로 추진됐으며 이로 인해 각 지방은 중앙정부로부터 더 많은 자원을 분배받으려는 로비 경쟁에만 치중했고 지방 내부의 역량 강화에는 소홀했다는 것이다. 따라서 참여정부는 지방분권을 균형발전과 동시에 추진하면서 지방이 스스로 주체가 되어 발전 전략을 기획·추진하는 새로운 지역 주도의 지역발전 패러다임을 정착시키겠다고 선언했다. 두 번째

5년 동안에 내리막으로만 내려가던 지방의 경제력과 문화를 오르막으로 바꾸어놓는 전환점을 만들겠다는 것이다"(국가균형발전위원회, 2003 재인용).

중요한 차별성은 과거의 요소 투입형 방식에 입각한 양적 성장전략에서 벗어나 혁신주도형 질적 발전전략으로 전환하겠다는 것이었다. 이때 가장 중시됐던 정책 개념이 지역의 학계, 산업체, 시민사회, 언론, 그리고 지방정부 등이 함께 협력하여 혁신을 추동하는 이른바 지역혁신체계(regional innovation system) 개념이었다. 세 번째, 참여정부는 수도권과 비수도권이 함께 번영할 수 있는 '상생 전략'을 강조했다. 과거에는 수도권의 억제를 통해 지역 불균형을 교정하는 데 주력했다면, 이제는 전국 각 지역을 상호의존 관계·상생 관계로 발전시켜 전 국토의 성장 잠재력을 극대화하겠다는 것이다. 종합적으로 참여정부는 내생적 발전 전략을 통해 지방이 스스로의 힘으로 일어설 수 있는 '자립형 지방화'를 강조했다. 자립형 지방화를 위해서는 지방정부의 자치권을 신장하고 지방 사회의 혁신 능력을 제고하여 모든 지방의 역동적 발전을 촉발하는 역동적 균형이 필요하다고 강조했다. 여기서 역동적 균형이란 '결과의 균형'을 의미하는 것이 아니라 '기회의 균형'을 의미하는 것이라고 부연했다(국가균형발전위원회, 2003).

참여정부가 제시했던 새로운 균형발전 정책 패러다임은 그전까지의 우리나라 지역균형발전 정책의 문제점을 제대로 파악했을 뿐만 아니라, 앞으로 나아가야 할 바람직한 정책 방향을 정확히 제시한 것이라고 본다. 하지만 이 글에서 이제부터 좀 더 자세히 살펴보겠지만, 참여정부가 출범 초기 제시했던 새로운 패러다임이 이후 구체적인 정책집행 과정에서는 제대로 반영되지 못하고 과거 패러다임의 강고한 벽에 부딪힌 경우가 많았다. 그래서 참여정부가 선언한 수사학적 수준의 정책 패러다임과 현실에서 실제 집행된 정책 내용에는 상당한 괴리가 있었다. 그렇게 된 이유는 참여정부가 내세웠던 새로운 정책 패러다임이 우리나라 현실에서 적용하기에는 상당히 이상적·규범적이었던 데다가, 이처럼 이상적이고 규범적인 정책 패러다임을 실천할 정치적·행정적 의지와 역량이 취약하여 실제 현장에서 작동해야 할 효과적인 집행 체계와 제도적 역량을 구축하는 데 실패했기 때문이다(김용웅·차미숙·강현수, 2009: 591~595).

3. 참여정부의 핵심 지역균형발전 정책에 대한 평가

1) 참여정부 균형발전 정책 개괄

참여정부의 균형발전 정책은 대통령 자신이 큰 관심을 가졌기 때문에, 대통령 직속 국가균형발전위원회는 물론 각 부처들도 앞다투어 관련 정책과 사업들을 발굴하여 추진했으며 그로써 매우 다양한 사업들이 균형발전의 명분으로 진행됐다. 상당히 복잡한 참여정부 균형발전 정책의 개관이 가장 체계적으로 정리된 것은 2004년 8월 수립된 국가균형발전 5개년 계획이다.

이 계획에 따르면 참여정부 국가균형발전의 비전은 "균형발전을 통한 제2의 국가 도약"으로, 목표는 "지역혁신체계에 입각한 역동적 지역발전"으로 제시됐고, 그 아래 크게 네 가지 주요 추진전략과 주요 실천과제가 <표 7-2>와 같이 정리되어 있다.

이후 참여정부에서 균형발전 정책을 주도했던 국가균형발전위원회에서는 <표 7-2>와는 약간 다르게, 즉 <표 7-3>과 같은 여섯 가지 하부 정책, 즉 ① 제도 구축, ② 혁신 정책, ③ 균형 정책, ④ 산업 정책, ⑤ 공간 정책, ⑥ 질적 발전 정책으로 구분하고 있다.[4]

---

[4] 참여정부 국가균형발전위원회의 다른 발간 자료에서는 ① 제도 구축을 빼고 다섯 가지로 구분하기도 한다.

〈표 7-2〉 국가균형발전 5개년 계획의 주요 실천과제

추진 전략	주요 실천과제	
혁신 주도형 발전기반 구축	지역혁신체계 구축	
	지역혁신역량 증대	지역 인적자원 개발 및 지역대학 육성
		지역 과학기술의 진흥
		지역 전략산업 혁신역량 강화
		지역 문화·관광 육성
		지역 정보통신 진흥
	산학연 네트워크 강화	
	지역별 혁신 클러스터 육성	
낙후지역 자립기반 조성	낙후지역 개발	
	농산어촌형 RIS 구축	
	지역경제 활성화	
수도권의 질적 발전 추구	수도권 기능의 지방 분산	
	수도권의 계획적 관리	
	수도권의 경쟁력 증진	
네트워크형 국토구조 형성	지역 인프라 확충	
	개방거점 및 관련 인프라 확충	
	환경 친화적 국토 관리	

자료: 국가균형발전위원회·산업자원부(2004).

〈표 7-3〉 참여정부 국가균형발전 정책 분야별 과제

분야	과제명
제도 구축	· 균형발전 5개년 계획 수립 · 균형발전특별회계 운영 및 제도 개선 · 균형발전사업 평가체제 확립
혁신 정책	· 지역혁신체계 구축 및 운영 지원 · 지방대학 육성 및 지역인적자원 개발 · 산학협력 활성화
균형 정책	· 낙후지역 활성화 · 지역특화발전특구 추진 · 문화관광자원을 활용한 자립형 지역 개발
산업 정책	· 지역전략산업 진흥 · 산업단지 혁신 클러스터화 · 대덕연구개발특구 육성
공간 정책	· 신국토구상 수립·추진 · 공공기관 지방 이전 및 혁신도시 건설 · 수도권 기업의 지방 이전
질적 발전 정책	· 수도권의 계획적 관리방안 수립 · (신규) 살기 좋은 지역 만들기

자료: 국가균형발전위원회(2006).

한편 참여정부 임기를 1년여 남긴 2007년에는 지방에 획기적인 투자 유인을 제공하는 것을 주 내용으로 하는 참여정부 제2단계 균형발전 정책 구상이 발표됐다. 이 2단계 균형발전 정책 방향은 크게 기업 대책과 사람 대책으로 구분되는데, 기업 대책은 지방에서 기업하는 데 어려움이 없도록 강력한 인센티브를 주는 것이고, 사람 대책은 지방에서 생활하는 데 불편함이 없도록 주거와 교육 여건 등 생활 여건을 개선하겠다는 것이다 (국가균형발전위원회 외, 2007). 또한 발전 정도에 따라 지역의 유형을 구분하고 이에 따라 지역별 차등지원 정책 및 개별 시도 단위를 넘어선 5+2 초광역경제권 구축의 필요성을 제안했다. 그렇지만 이 2단계 균형발전 정책 구상 및 초광역경제권 제안은 참여정부 임기를 얼마 남겨놓지 않은 시점에서 추진된 관계로 극히 일부를 제외하고는 입법화나 제도화되지 못했다. 그러나 차기 정부인 이명박 정부가 이 초광역경제권 개념을 받아들였고 이 개념은 이명박 정부가 추진하는 지역정책의 가장 핵심적인 슬로건이 됐다.

이제부터 참여정부 균형발전 정책을 네 가지 부문, 즉 첫 번째, 지역혁신 및 산업 정책(<표 7-3>의 분류에 따르면 혁신 정책과 산업 정책), 두 번째, 낙후지역 개발 정책(위 분류상 균형 정책), 세 번째, 수도권 분산 정책(위 분류상 공간 정책), 네 번째, 관련 제도 정비(위 분류상 제도 구축)로 나눠 각각 참여정부가 제시한 정책 패러다임이 관련 정책과 핵심 사업에서 어떻게 반영되고 실행됐는지를, 그리고 그 성과와 문제점이 무엇이었는지를 간단히 평가해보고자 한다.

2) 지역혁신 및 산업 정책

참여정부 균형발전 정책의 가장 중요한 기조가 이른바 혁신 주도형 지역발전 정책이라고 할 수 있다. 지역발전에서 혁신을 강조하는 정책 방향은 서구 유럽에서는 1990년대부터, 우리나라에서는 지난 김대중 정부 때부터 도입되기 시작했다. 그리고 참여정부에 들어와 균형발전 정책의 핵심 기조로 자리 잡았다. 이 덕분에 참여정부 들어와 균형발전 정책의 주관 부서가 SOC건설을 주관하는 건설교통부에서 산업 정책을 주관하는 산업자원부로 옮겨가게 된다.

참여정부의 지역혁신 및 산업 정책을 대표하는 가장 핵심적인 정책 개념이 바로 지역혁신체계의 구축이었다. 이를 위해 참여정부는 각 시·도, 시·군별로 지방자치단체, 대학, 기업, 연구 기관 등 이른바 산·학·연·관이 함께 참여하는 지역혁신협의회를 구성하여 지역 단위에서 지역혁신주체들의 공동 학습을 통한 혁신창출 기반을 조성하고자 했다. 참여정부가 중시한 지역혁신의 핵심 주체는 지방대학이었다. 그래서 지방대학의 육성 → 지역혁신의 활성화 → 지역산업의 발전 → 지방과 수도권의 격차 완화 → 인재의 지방 정착 → 지방대학의 발전으로 이어지는 선순환의 고리를 마련함으로써 새로운 자립형 지방화의 토대를 구축해나가고자 했다. 또 하나 중요한 정책 개념이 특정 산업의 지리적 집적지를 의미하는 클러스터(cluster) 개념이었다. 그래서 지역의 산업 단지들을 혁신 클러스터로 육성하려는 사업들을 전개했다.

지역산업 발전을 위하여 이처럼 혁신과 클러스터를 강조하는 참여정부의 정책 방향은 서구 선진국들의 지역정책 흐름과 부합하는 것이었다. 1960년대 이후 우리나라의 산업화 과정을 주도한 중앙정부는 국가 전체 차원에서 각 산업 부문의 육성에만 관심을 가졌지 각 지역 단위에서 차별적인 지역산업 정책의 필요성에 대해서는 관심이 없었다. 그렇지만 세계화 시대 WTO 체제에서 국가 단위의 산업 정책을 계속 추진하기가 어려워졌다. 마침 참여정부 들어와 지역혁신체계나 클러스터 개념이 강조되고,

지역경제 발전을 통한 균형발전을 달성하려는 노력이 진행되면서 우리나라 산업 정책에서도 지역적 관점이 중요해졌다. 참여정부 들어와 각 지역별로 지역 실정에 맞는 차별적인 산업 육성 및 이를 위한 지역 맞춤형 산업 정책을 수립하고, 또 각 지역 단위에서 지역 내부의 다양한 경제사회 주체들 사이의 연계 혹은 네트워크를 구축하려는 노력도 본격적으로 진행됐다. 참여정부는 이처럼 국가의 산업정책이 지역을 중시하는 방향으로 전환되는 데 큰 기여를 했다(강현수, 2005).

그러나 문제는 참여정부가 강조한 지역혁신체계나 클러스터의 개념이 우리나라 지역산업 현장에서 우러나온 토착적 개념이 아니라, 우리와는 지역산업 실정이나 제도적 환경이 다른 서구 선진국에서 만들어져 직수입된 것이었고, 그래서 우리의 현실과 상당히 유리된 관념적 개념이었다는 데 있다. 지역혁신체계나 클러스터 개념 자체가 잘못된 것은 아니었지만, 우리나라 지역산업 육성을 위한 정책 개념으로 활용하기에는 다음과 같은 몇 가지 문제점이 드러났다. 우선 첫 번째, 지역혁신체계가 제대로 작동하려면 각 지역의 관련 주체들이 자율성을 가지고 있어야 한다는 것이 전제인데, 우리나라와 같이 정치 행정적으로 중앙집권 구조에, 경제 산업적으로 서울에 본사를 둔 재벌 중심 구조에서는 공공은 물론 민간 부문에서도 지역 주체들의 자율성이 별로 없다. 두 번째, 각 지역의 내부에서도 비합리적·비민주적 권력구조가 온존하고 있었다. 지역혁신체계가 성공적으로 작동하기 위해서는 지역 단위에서 합리적이고 민주적인 절차와 과정을 통해 지역발전을 추진할 지역 거버넌스가 존재해야 한다. 참여정부는 이를 위해 지역혁신협의회라는 새로운 기구를 만들었지만, 급하게 새로 만들어진 지역혁신협의회가 임명권자인 지방자치단체장의 간섭이나, 기존의 지역 내 기득권 세력이나 토호 집단들의 이해관계에서 벗어나 합리적이고 민주적인 지역 거버넌스 구조를 보여주는 데 성공했다고 보기가 어렵다

(강현수, 2003; 하승수, 2007; 김주완, 2010). 세 번째, 우리나라의 지역산업 구조도 이런 정책 개념이 작동할 수 있는 서구 선진국의 경우와 달랐다. 우리나라에서는 재벌 중심의 산업 구조 때문에 독립적 중소기업들의 수평적 연대가 매우 미흡하다. 재벌 기업의 주력 공장들이 각 지역산업 구조의 중핵을 차지하고 있지만, 주요 의사결정이나 핵심 연구기능은 서울에 있는 본사나 수도권에 위치한 자체 기업부설연구소에서 이뤄진다. 지역 단위에서 산·학·연·관 연계를 강조한 지역혁신체계나 클러스터 개념은, 연구나 생산, 판매 활동 들이 국가 단위를 넘어 전 세계 차원에서 조직되고 있는 우리나라의 재벌 기업들의 공간조직 방식과 부합하는 것은 아니었다. 그래서 우리나라와 같은 산업 구조에서 국가혁신 체제와 구별되는 지역혁신 체제의 존재 가능성 자체에 대한 회의적 시각도 있었다(이정협 외, 2006). 지역에서 실질적으로 중요한 연계 관계는 재벌의 분공장과 하청 중소기업 간의 관계였는데, 참여정부는 이 같은 대기업과 중소기업 간의 연계 관계보다, 지방대학이나 공공 연구기관 같은 공공 부문과 민간 부문 간의 연계 관계에 더 치중했다(강현수, 2005). 참여정부는 지방대학 및 공공 연구기관들이 지역의 민간 기업들과 밀접한 관계를 맺도록 지원했지만, 이들이 산학협력을 통해 지역 기업들에 실제로 도움을 주기가 쉽지 않았다. 지방대학 및 공공 연구기관의 산학협력 역량 자체가 취약하다는 문제 외에도, 이들이 지원할 수 있는 기술이 대기업에게는 너무 낮은 수준이고, 지역에서 실제로 도움이 필요한 중소기업에게는 너무 높은 수준이라는 불일치의 문제가 드러났다(권오혁, 2007).

참여정부가 지역혁신체계와 클러스터 개념을 강조하기는 했지만 실제 참여정부의 지역산업 정책에서 가장 많은 예산이 투여된 곳은 지역 전략산업 육성 정책이었다. 1999년 대구의 섬유산업을 시발로 부산, 광주, 경남에서 이른바 4개 시·도 지역산업 진흥사업이라는 이름으로 추진됐던 사업은 이후 수도권을 제외한 9개 시·도로 확대된 바 있는데, 참여정부는 이 사업을 더욱 확대하여, 각 시·도별로 4개씩 지역 전략산업을 선정하여 집중 육성하는 정책을 추진했다. 하지만 특정 산업 부문을 정부가 골라서 선별적으로 지원하는 지역 전략산업 육성 정책은 참여정부가 강조한 지역혁신체계 구축과는 개념적으로 모순되는 정책이었다(강현수, 2003). 지역혁신체계 개념이 강조하는 정책 방향은 특정 산업을 선정하여 집중 육성하는 것이 아니라, 지역산업 전반에서 연계와 지식의 확산을 촉진시킴으로써 지역혁신의 잠재력을 향상시키는 것이었기 때문이다. 이러한 발상은 혁신이 첨단 과학기술 산업에서만 나타나는 것이 아니라 기존의 전통 산업이나 서비스 산업에서도 가능하며, 또 새로운 지식 창출도 중요하지만 기존의 지식을 새롭게 조합하는 것도 중요하다는 인식에서 태동한 것이었다. 즉, 과학기술형(STI) 혁신 양식만큼이나 경험 기반형(DUI) 혁신 양식도 중요하다는 것이 지역혁신체계 개념의 핵심 함의다(Asheim, 2010).[5] 그러나 참여정부는 선택과 집중 원칙에 의거하여 특정 전략 산업을 육성하는 방향으로 나아갔고, 이로써 여기에 끼지 못한 나머지 지역산업들은 정책에서 소외될 수밖에 없게 됐다. 참여정부가 새로운 패러다임으로 강조했던 지역혁신체계 개념과 실제 정책추진 방향은 서로 상충되는 것이었다.

3) 낙후지역 개발 정책

참여정부는 출범 초기에 지역혁신 및 산업 정책을 가장 중시했지만, 이런 정책은 산업 자체가 미발달되어 있는 낙후지역에서는 별로 실감 나지

---

[5] 과학기술형 혁신 양식이란 과학(Science), 기술(Technology), 혁신(Innovation)에 기반을 둔 혁신 양식이며, 경험 기반형 혁신 양식이란 실행(Doing), 사용(Using), 상호작용(Interacting)에 기반을 둔 혁신 양식이다.

않는 정책이었다. 그래서 참여정부는 곧이어 낙후지역을 위한 정책들을 적극적으로 개발해나가게 된다. 참여정부의 낙후지역 정책들은 각 부처별로 매우 다양한 형태로 추진됐기 때문에 그 특징을 한마디로 정의하기 어렵다. 그렇지만 과거의 낙후지역 개발이 주로 물적 인프라 공급 위주의 기초 생활환경 정비에 중점을 두었다고 한다면, 참여정부는 경제기반 확충 및 소득 창출에 주안점을 둔 소프트웨어적 사업들을 개발하기 시작했다. 참여정부 들어 낙후지역을 대상으로 새로 시작된 신활력 사업이 그 대표적인 예다. 또한 참여정부는 살기 좋은 지역 만들기 사업 등과 같이 주민 스스로가 주체가 되는 상향식 지역개발 사업들을 새롭게 시도했다.

이처럼 참여정부는 낙후지역 개발을 위해 많은 관심과 함께 새로운 정책 방향을 제시하기도 했다. 그러나 참여정부의 낙후지역 개발 정책은, 참여정부가 출범 초기 극복하고자 했던 각 부처별 개별 분산적 사업추진 방식을 크게 탈피하지 못했다. 소도읍 육성, 면 단위 개발, 마을 정비, 주택 개량, 산촌 개발, 오지 개발, 도서 개발, 어촌 개발, 생활용수 개발, 도로 정비, 자연환경 보전사업 등 유사한 사업이 서로 다른 법률적 근거에 의하여 행정자치부, 농림부, 건설교통부, 해양수산부 등 여러 다른 중앙 부처에 의해 분산적으로 추진됐다. 낙후지역 개발 사업의 목표 지역도 사업별로 시군 수준, 읍·면 수준, 마을 수준 등으로 그 공간 규모가 제각기 달라서 사업의 공간적 위계와 기능적 연계 등이 제대로 정리되지 못했다. 무엇보다도 낙후지역 개발 정책이 지역의 선호보다는 중앙정부 각 부처의 주도로 추진됐다. 사업 예산을 중앙정부가 쥐고 사업 모델도 중앙정부가 결정하고, 지방정부는 단순히 이를 수동적으로 따르도록 하는 전통적 사업 방식이 상향적 지역발전을 강조했던 참여정부 때도 그다지 개선되지 못했다. 지방에서 지역의 실정에 맞는 사업을 스스로 발굴해서 시행하는 것이 아니라, 중앙 부처의 예산을 따기 위해 중앙 부처가 만들어놓은 지침과 규정대로 사업을 집행하기에 급급했다. 이 과정에서 각 중앙 부처가 각기 추진하는 사업을 지역 실정에 맞게 융합하거나, 창조적으로 변형할 재량권이 지방에 주어지지 못했다. 이렇게 된 이유는 뒤에서 따로 다루겠지만, 참여정부가 균형발전과 동시에 추진했던 지방분권 정책이 지체됐기 때문이다. 참여정부는 지방분권과 균형발전을 동시에 추진하여 지역이 주도하는 지역발전 패러다임을 정착시키겠다고 선언했지만, 오랫동안 지속되어온 우리나라 중앙집권적 관료 체계의 구조적 벽을 넘지 못했다.

4) 수도권 분산 정책

참여정부는 지금까지의 수도권과 지방 간 대립 관계를 극복하고 양 지역이 함께 상생할 수 있는 방안을 모색하겠다고 선언했다. 이를 위해 참여정부는 역대 어느 정부도 감히 하지 못했던 과감하고 획기적인 수도권 분산 정책을 강력하게 추진했다. 참여정부는 이러한 분산 정책이 비수도권의 발전은 물론 수도권에도 이익이 된다고 봤다. 수도권은 과밀 현상을 해소하여 삶의 질을 높일 수 있고, 어느 정도 분산 효과가 가시화되면 수도권의 규제도 완화시켜 줄 명분이 생기기 때문이다.

참여정부의 과감한 수도권 분산 정책은 비수도권 지역에서 큰 호응을 얻었지만 수도권 지역에서는 많은 반대와 저항에 부딪혔다. 당시 야당이었던 한나라당과 보수 언론들도 참여정부의 다른 균형발전 정책에 대해서는 별다른 반응을 보이지 않았으나 수도권 분산 정책에 대해서는 적극적으로 반대 의견을 개진했다. 대표적인 예가 참여정부의 대선 공약이기도 했던 신행정수도 건설이었다. 국회에서 입법까지 성공했던 신행정수도 건설 정책은 결국 헌법재판소의 위헌판결로 좌절된다. 그러나 참여정부는 다시 중앙행정부처 지방 이전과 행정중심복합도시 건설, 공공기관 이전과 혁신도시 건설 같은 대규모 수도권 분산 정책을 추진했다. 참여정부는 수도권 기능을 분산하기 위해서는 지방에도 수도권에 필적하는 정주 환경을 조성해야 한다고 보고 수도권 분산 정책과 대규모 개발 정책을 연계했다.

필자는 개인적으로 참여정부의 과감한 수도권 분산 정책의 당위성을 적극 공감하는 입장이지만, 어쨌든 참여정부가 원래 의도했던 수도권과 비수도권 간의 상생 발전 대신 오히려 수도권과 비수도권 간에, 또 비수도권 지역들 간에 사회적 갈등이 심화되고, 균형발전 정책이 정략적 대상이 되어 많은 사회적 비용이 지출됐다는 점은 참여정부 수도권 분산 정책의 문제점이라고 지적할 수밖에 없다. 참여정부 임기 이후에도 사회적 논란은 계속됐다. 이명박 정부 들어와 행정중심복합도시 건설 정책의 수정을 둘러싼 논란, 하나로 통합된 LH공사의 본사 이전지 선정을 둘러싼 논란 등이 그 예다.

또 하나의 문제점은 수도권 분산 정책이 분산대상 지역에 대한 대규모 개발 사업으로 연결되면서, 이러한 개발 사업의 수혜대상 지역이 되고자 각 지역 간의 경쟁이 촉발됐고 그 과정에서 각 지역의 개발 지상주의가 만연하게 됐다는 점이다. 행정중심복합도시나 혁신도시와 같은 개발대상 지역에서는 환경 파괴, 부동산 가격 상승, 기존 도심의 쇠퇴 등 부작용이 나타나거나 우려되는 한편, 여기서 제외되어 참여정부 균형발전 정책의 수혜 대상에서 소외됐다고 생각하는 지역들은 저마다 균형발전을 명분으로 다른 방식의 특혜를 요구했다. 참여정부 임기 말기에는 각 지역마다 토지이용 규제 완화와 국고 지원을 요구하는 특별법 제정 요구가 쇄도하더니, 결국 우리나라 해안가 전체를 개발 대상으로 하는 「동서남해안권발전특별법」과 낙후지역 전체를 개발 대상으로 하는 「신발전지역특별법」이 참여정부 임기 말기인 2007년 말과 2008년 초 국회에서 제정되기에 이르렀다.

참여정부는 지역균형발전의 새로운 패러다임으로 하드웨어·물리적 개발 정책 대신, 소프트웨어·산업 혁신 정책을 주창했다. 그러나 참여정부 임기 동안 행정중심복합도시·혁신도시·기업도시 건설 같은 물리적 개발 계획은 매우 구체적으로 진행된 반면, 이러한 개발이 지역에서 어떻게 고용을 창출하고 산업 혁신을 이룩할 것인가에 대한 구체적인 구상과 실천은 취약했다(변창흠, 2005).[6] 물리적 개발 역시 전국적으로 너무 많은 곳에서 너무 큰 규모로 계획되고 추진되다 보니, 결국 계획이 예정대로 실행되지 못하고 장기 표류하거나 방치되는 원인이 됐다.

5) 관련 제도 정비

그동안 우리나라 중앙정부 차원에서 추진된 균형발전 정책의 문제점 중 하나는 각 부처가 각자 자기가 맡은 부문(sector)에 대한 각각의 개별적 정책 수단을 가지고 있는데, 이러한 정책 수단들이 서로 체계적으로 연계 운영되지 못하고 중복 운영되거나 산발적, 각개약진 식으로 진행되어 상당한 비효율을 초래하고 있다는 점이었다. 따라서 참여정부는 지금까지의 개별 분산적 정책추진 방식을, 종합적·입체적 정책 추진으로 바꾸려고 노력했다. 이를 위해 「국가균형발전특별법」을 제정했고, 중앙정부 단위에서는 국가균형발전위원회, 지방정부 단위에서는 지역혁신협의회를 새로 만들었다.

국가균형발전위원회는 중앙정부 차원에서 균형발전에 관한 주요 사항을 조정 심의하는 대통령 자문 기구로서, 역대 균형발전 정책 추진에 가장

---

[6] 이는 참여정부가 수행한 여러 균형발전 정책에 대한 국민의 인지도 조사 결과에서도 잘 드러난다. 행정도시·혁신도시·기업도시 같은 개발 정책의 국민 인지도에 비해, 클러스터 같은 혁신 정책의 국민 인지도는 매우 낮았다(초의수, 2008).

큰 문제점으로 지적된 개별 부처 할거식 정책 추진의 문제점을 극복하고 이를 통합·조정하는 역할을 해주기를 기대하면서 설치된 것이다. 지역혁신협의회란 지역 차원에서 지역발전과 지역혁신을 추진하는 주체로서, 지역발전 계획의 검토와 지역혁신주체 간 네트워킹 등을 목적으로 설립된 것이다. 그러나 국가균형발전위원회는 대통령자문위원회라는 애매한 위상 때문에 출범 당시부터 첨예한 이해관계가 대립되는 각 부처 간 사업 조정 및 지역 간 예산 배분 등의 조정 역할을 과연 책임지고 수행할 수 있을 것인가에 대한 우려가 제기됐다. 대통령 자문 기구로서의 위상은 대통령의 균형발전 의지가 강하고 대통령이 나서서 위원회에 힘을 실어줄 때는 상당히 효과를 발휘할 수 있지만, 그렇지 않을 경우는 유명무실한 조직이 될 수 있기 때문이다. 실제로 이명박 정부 들어와 명칭이 지역발전위원회로 바뀐 이 위원회는 참여정부 때와 같은 권한과 기능을 발휘하지 못한 채 유명무실한 기구로 전락하고 있다. 참여정부 들어 새로 구성된 지역혁신협의회 역시 출범 당시부터 그 기능과 권한이 불명확하다는 지적이 제기됐고, 결국 앞서 언급한 것처럼 지역발전을 위한 민주적 거버넌스 체계로서 제대로 역할을 수행하지도 못하고 이명박 정부 때 폐지되어버렸다.

국가균형발전특별회계(이하 균특회계)가 신설된 것도 참여정부 들어 새롭게 달라진 내용이다. 균특회계는 지금까지 각 부처별로 독자적으로 사용되던 기존 국가균형발전 관련 재원의 연계성과 통합성을 높이고, 중앙부처의 투자 우선순위에 따라 쓰던 재원을 지방자치단체의 우선순위에 따라 쓰게 한다는 취지하에 만들어졌다. 균특회계가 각 부처에서 특정 용도로 지원되는 지역 관련 재원을 통합하여 지방의 우선순위에 따라 포괄적으로 지원한다는 면에서 기존의 국고보조금보다는 지역의 자율성 측면에서 진일보한 측면이 있다. 그러나 균특회계는 중앙정부 전체 이전재원의 약 10%에 불과한 수준이고, 기본적으로 국고보조금을 개편하여 설치한 것이기 때문에, 지역의 자율적 발전을 추구하는 참여정부 지역발전 정책의 취지에 적합한 재원이기에는 출발부터 여러 가지 한계를 지니고 있었다(김정훈, 2008). 균특회계의 실제 운영에서도 중앙 부처의 영향력과 간섭이 여전한 관계로 지방정부의 자율적 선택의 폭이 너무 좁다는 지적이 지방정부 차원에서 제기됐다.

결국 국고보조금 성격을 별로 탈피하지 못한 균특회계보다 더 근본적인 개혁 방향은 지방정부가 중앙정부의 눈치를 보지 않고 자율적으로 지역발전에 사용할 수 있는 재원을 확충해주는 것이다. 참여정부 들어와서 지방정부가 자율적으로 사용할 수 있는 지방교부세율이 15%에서 19.24%(분권교부세율 포함)로 상향됐고, 지방예산 편성지침을 폐지하고 지방채 발행이 자율화되는 등의 성과가 있었다. 그렇지만 중앙정부와 수도권에 유리하고, 개발 지상주의를 촉발하는 요인이 되는 현행 지방재정 구조의 근본적 개혁은 이루지 못했다. 현재 우리나라에서는 국세와 지방세의 비중이 약 8 대 2로 중앙정부에 유리하다. 또 재산세, 취득세 같은 부동산 관련 세제가 지방세의 큰 몫을 차지하고 있다. 그래서 부동산 가격이 높고 주택은 물론 기업 본사나 사무실 같은 비주거용 건물이 많은 서울과 수도권 지역이 유리한 구조이다. 이러한 구조 속에서 지방정부는 자체 세원을 늘리기 위해 개발을 통해 부동산 경기를 부추기려는 개발주의적 유혹에 빠지기 쉽다(정준호, 2008). 그렇게 해도 모자라는 재원은 중앙정부의 재원에 의존할 수밖에 없으며, 더 많은 중앙정부의 예산을 확보하기 위해 설령 지역에서 볼 때 문제가 많은 사업이더라도 중앙정부가 추진하는 대규모 개발사업 유치 경쟁에 적극적으로 나서게 되는 것이다. 이런 측면에서 종합부동산세를 국세로 하고 이를 지방교부세로 활용한 참여정부의 부동산 세제 개혁은 균형발전 정책에도 부합하는 것이었다(정준호, 2008). 하지만 이명박 정부 들어 종합부동산세가 유명무실해지면서 이 제도의 취지도 퇴색했다.

물론 지방재정의 자율성이 커지는 것이 지방분권의 완성은 아니다. 지역 내부의 풀뿌리 민주주의가 갖춰지지 않는다면 지방재정의 자율성 증대가 오히려 지역 내 기득권 세력의 부패로 연결될 가능성이 높다. 참여정부는 풀뿌리 민주주의와 주민 참여 활성화를 위해 주민소송제, 주민투표제, 주민소환제를 도입했다. 그러나 지방정부와 오랫동안 유착 관계를 맺어온 지역의 관변 단체들이 여전히 온존하는 등, 지역의 새로운 주체 형성과 이들의 내부 역량을 키우는 부분에 대해서는 상대적으로 미흡했다(하승수, 2007; 김주완, 2010).

4. 참여정부 균형발전 정책에 대한 총론적 평가

지금까지 참여정부 균형발전 정책을 주요 부문별로 각각 간단히 평가해 봤다. 이 절에서는 총론적인 입장에서 참여정부 균형발전 정책의 성과와 아울러 한계를 살펴보고자 한다.

1) 참여정부 균형발전 정책의 성과

총론적 입장에서 참여정부 균형발전 정책의 첫 번째 성과로 들 수 있는 것은 균형발전 정책의 획기적인 지위 격상이다. 참여정부는 역대 정부의 국가정책에서 주변적 위치에 머물렀던 균형발전이라는 의제를 정권 차원의 국가적 의제, 즉 대통령 국정 과제로 격상시켰다. 대통령 자신의 직접적인 관심과 의지 덕분에 행정중심복합도시 건설이나 공공기관 지방 이전 같은, 역대 정부가 감히 시도하지 못했던 과감한 수도권 분산 정책들이 추진될 수 있었다. 이처럼 범정부적 차원에서 균형발전 정책이 추진된 결과 수도권에 대비한 비수도권의 각종 성과 지표들이 개선됐다. 지방정부가 자율적으로 쓸 수 있는 예산의 총량과 비율도 과거 정부에 비해 상당히 개선됐다(국가균형발전위원회, 2007a).

두 번째 성과로서, 참여정부는 균형발전 정책의 성격을 형평성을 강조하는 분배적 성격의 정책에서, 국가 경쟁력을 높이는 성장 정책으로 전환시켰다. 즉, 균형발전 정책이 지역격차 해소, 낙후지역 개발 등 국가 발전의 보완적 기능을 수행하는 한정된 공간 정책에서 벗어나 경제의 지구화 시대에 경쟁력을 높이는 국가발전 정책으로서 위상을 높인 것이다. 이러한 변화는 최근 선진국의 지역정책 동향과도 일맥상통한다(김용웅·차미숙·강현수, 2009).

세 번째 성과는 균형발전 관련 정책의 추진을 뒷받침하는 제도의 개선이다. 비록 대통령자문위원회라는 제도적 한계가 있기는 했지만, 중앙정부 차원에서 균형발전 정책을 총괄 조정하는 기구인 국가균형발전위원회가 발족됐다. 또한 「국가균형발전특별법」이 만들어졌고, 이 법에 근거하여 균특회계도 새로 만들어졌다. 국가균형발전 5개년 계획이 수립됐고, 각 지역별로도 지역혁신 5개년 계획이 수립됐다. 여전히 부족하지만 균형발전 관련 통계들도 정비됐다.

네 번째, 참여정부가 제창한 새로운 균형발전 정책 방향, 즉 의존형 지방화에서 자립형 지방화로의 전환, 내생적 발전전략 추구, 지역혁신체계 강조, 지방분권과 상향식 접근 강조 등은 중앙만을 바라보던 지역사회의 기존 관행에 일부 자극을 주었다. 지역에서 지방대학의 역할이 커지고 지방정부도 지역발전에 더 적극적으로 관심과 노력을 기울이기 시작했다. 하지만 여전히 중앙정부에 의존하는 경향이 지속되는 것은 참여정부가 지방분권을 제대로 추진하지 못했기 때문이다.

2) 참여정부 균형발전 정책의 한계

　이처럼 참여정부의 균형발전 정책은 많은 성과를 냈지만, 처음에 기대했던 만큼의 결과를 내지는 못했다. 참여정부 균형발전 정책의 한계로는 다음과 같은 점들을 지적할 수 있다.
　첫 번째, 국가가 주도하는 균형발전 정책의 목표가 구체화되지 못했고, 대상 지역 역시 세분화되지 못했다는 것이다. 균형발전 정책의 세부적인 대상과 구체적인 목표를 마련하기 위해서는 먼저 균형발전 정책의 대상인 균형의 공간적 단위에 대한 합의가 중요하다. 그래야 균형에서 뒤처지는 공간 단위에 대한 지원 명분과 수준이 정해질 수 있기 때문이다. 참여정부는 균형발전 정책을 국가적 과제로 추진하면서도 균형발전 정책의 대상인 균형의 공간 단위를 명확하게 적시하지 않았다. 미루어 추측하기에 수도권과 비수도권 사이의 균형이 핵심이었다고 볼 수 있다. 하지만 균형의 공간적 단위가 수도권과 비수도권이라는 지나치게 큰 단위로 설정되면서, 비수도권 내부의 영남권, 충청권, 강원권, 호남권 등 우리나라에서 역사적 맥락을 가지고 있는 광역권 간의 경제적·사회문화적 차별성이나, 광역시와 도 사이, 시군 기초자치단체들 사이 등 다양한 형태의 차이와 불균형이 제대로 정책에 반영되지 못했다. 좀 더 작은 공간 단위로 들여다보면 상당한 지역 간 편차가 있는데도 불구하고 비수도권, 혹은 수도권에 속한다는 이유로 모두 같은 범주로 취급되는 일반화의 오류가 생기는 것이다. 이로써 수도권과 비수도권 사이의 불필요한 갈등이 조장되기도 했다. 결국 초광역·광역·기초 단위별로 입체적이고 차별적인 균형발전의 목표와 대상이 정확하게 제시되지 못했다.
　두 번째, 위와 밀접히 연관된 것으로 참여정부는 합리적인 균형발전 정책 대상지역 선정 및 지원의 객관성과 투명성을 제도적으로 마무리 짓지 못했다. 그동안 우리나라의 중앙정부가 지역별로 예산을 배분하는 과정은 합리적 논거보다는, 대통령이나 정권 실세의 출신 지역, 혹은 유력 정치인의 로비에 의해 좌우되고는 했다. 이처럼 중앙정부 재원이 합리적 기준이 아니라 정략적으로 배분됐기 때문에, 중앙 권력의 쟁탈을 둘러싼 지역 간 갈등 및 대립이 격화되고는 했다. 참여정부는 이러한 문제를 해소하겠다고 선언했지만 균특회계의 도입보다 한 걸음 더 나아간 지역별 예산배분 제도 개혁을 이루지 못했다. 이런 관점에서 참여정부가 임기 말 2단계 국가균형발전 정책의 일환으로 제시한 지역의 발전정도 구분에 따른 차등적인 지역 지원제도가 제안만 된 채, 제도적으로 정착되지 못한 것이 아쉽다.

세 번째, 참여정부 지역균형발전 정책의 가장 큰 한계로서 지방분권의 실종을 들 수 있다. 참여정부는 지역 주도의 내생적 균형발전 정책을 새롭게 주창했지만 실제 정책의 추진 방식은 여전히 중앙정부가 주도하는 중앙집권적·외생적 방식에서 크게 벗어나지 못했다. 그 이유는 참여정부의 분권이 지방의 요구에서 출발한 점도 있지만, 더 근본적으로는 고 노무현 대통령의 의지가 담긴 위로부터 기획된 분권이었기 때문이다. 중앙정부가 주도하는 분권은 중앙정부와 지방정부의 이해관계가 상충할 때 결국 중앙정부에 유리한 방향으로 진행될 수밖에 없다(Harrison, 2008; Rodríguez-Pose and Gill, 2003). 참여정부의 지방분권 및 균형발전 정책 역시, 지방이 처음부터 주도했던 것이 아니라 대통령과 중앙정부가 주도했다. 그러다 보니 중앙정부는 시혜자의 입장, 지방정부는 수동적 대상이 되는 경우가 많았다(강원택, 2009).

물론 중앙정부에 비해 뒤떨어지는 지역의 정책수립 역량을 감안할 때, 중앙정부가 직접 분권과 균형발전 정책을 주도하는 것이 더 신속하고 효율적일 수도 있다. 그러나 장기적 관점에서 본다면 각 지역에서 내생적이고 상향적인 지역발전 정책을 추진할 수 있는 토대 혹은 전제 조건이 바로 지방분권이다. 물론 분권의 실종은 참여정부의 책임만은 아니다. 서로 연대하여 중앙정부로부터 보다 많은 분권을 더 강력히 요구하지 못한 각 지역의 책임이기도 하다.

네 번째, 국가 전체적으로, 특히 낙후지역에서 개발 지상주의가 만연되면서 많은 부작용을 낳았다. 참여정부가 균형발전 정책을 추진해나가면서, 특히 수도권 기능의 분산과 비수도권 지역의 성장을 촉진코자 하면서 비수도권 지역들에서 많은 대규모 개발 사업들이 추진됐고, 개발을 촉진하기 위한 여러 가지 규제완화 특별법을 제정했다. 균형발전을 명분으로 한 대규모 개발 사업들과 규제완화 특별법은 수도권에 비해 낙후된 비수도권 지역의 발전을 촉진한다는 당위성과 주민들의 그동안의 소외 심리를 배경으로 정당성을 부여받았다. 하지만 비수도권 지역에서 진행된 많은 개발 사업들이 균형발전이라는 훌륭한 명분에도 불구하고, 기존의 계획 및 개발 제도들의 일관성을 훼손하는 문제뿐만 아니라, 개발이익 환수 장치가 부재한 우리나라 현실에서 과도한 개발이익의 발생과 부동산 가격 상승의 부작용을 초래했다. 또 다른 문제점은 이런 개발 사업들이 내용 면에서 기존의 물리적인 부지조성 사업이나 신도시 건설 방식과 별다른 차별성을 지니지 못했기 때문에, 참여정부 균형발전 정책이 표방했던 목표인 지역의 내생적 혁신 역량을 강화하는 데 거의 기여하지 못했다는 것이다. 결국 참여정부의 균형발전 정책이 개발주의 혹은 신개발주의를 부추겼다는 비판을 받게 됐고(강홍빈, 2004; 조명래, 2004), 그 여파는 이명박 정부가 한반도 대운하 같은 대규모 환경파괴 사업을 지역발전의 명분으로 당당히 추진하는 상황으로 이어졌다. 지방정부에게 예산편성의 자율권만 넘겨줘도 낭비적인 대규모 공공개발 사업이 대폭 축소될 수 있다는 점에서(Flyvbjerg, 2008; Flyvbjerg et al., 2003) 개발 지상주의의 확산은 분권의 실종과 깊은 관계가 있다.

마지막으로 지적할 수 있는 것이, 그 결실을 맺기에는 오랜 시간이 필요한 균형발전 정책이 참여정부 임기 이후 차기 정부에서도 지속될 수 있을 만큼의 정치적·사회적 동의를 받지 못했다는 점이다. 국가적 자원의 지역적 배분 문제를 직접 다루는 균형발전 정책은 필연적으로 정치적일 수밖에 없으며, 정치적이어야 하는 것이 당연하다. 그렇지만 합리적 토론과 설득을 통해 정책의 문제점이 보완되고, 각 지역 간의 이해가 조정되어 최종적으로 합의가 도출되는, 우리가 이상적으로 기대하는 정치적 과정이 진행되지 못했다. 오히려 수도권과 비수도권 간, 또 각 지역 간의 갈등은 증폭됐고 균형발전 정책 자체가 특정 지역의 표심을 겨냥한 정략적 발상으로 간주되기도 했다. 물론 이 문제는 당시의 야당에도 상당한 책임이 있기 때문에 모든 책임을 참여정부 탓이라고 돌릴 수는 없다. 그럼에도 불구하고 정권의 임기 이후에도 지속적으로 진행될 수 있는 튼튼한 사회적 합의와 추진 체계를 만들지 못한 것은 참여정부 균형발전 정책의 한계로 지적될 수 있다.

5. 맺음말

참여정부는 해방 이후 우리나라의 역대 어느 정권보다도 지역균형발전 정책을 적극적으로 추진했던 정부다. 그렇게 열심히 노력한 만큼 상당한 성과도 있었다. 그렇지만 참여정부가 출범 초기에 내걸었던 새로운 정책 패러다임을 임기 내 실제 추진했던 여러 정책과 사업 내용 속에서 제대로 구현하지 못했다. 또 차기 정부에서도 이 정책이 꾸준히 지속될 수 있게끔 확고한 국민적 지지를 받는 데도 실패했다.[7] 참여정부에 뒤이어 출범한 이명박 정부는 참여정부의 지역균형발전 정책을 계승하기보다는 강력히

〈표 7-4〉 이명박 정부의 지역균형발전 정책 패러다임 전환

균형·혁신·분산 ⇨ 상생·경쟁·분권
▶ 산술적 균형·지역 안배 ⇨ 상대적·역동적 균형
▶ 중앙집권적 시혜 ⇨ 분권과 자율(지방주권 확립)
▶ 소규모 분산투자 ⇨ 통합·네트워크화를 통한 규모의 경제
▶ 소모적·모방적 지역주의 ⇨ 생산적·창조적 지역주의
▶ 닫힌 국토 ⇨ 열린 국토

자료: 지역발전위원회(2008).

비판하면서 지역 정책의 방향을 <표 7-4>와 같이 전환하겠다고 선언했다.

이명박 정부의 새로운 지역 정책을 주도한 집단은 참여정부의 지역균형발전 정책을 정치 공학적인 포퓰리즘이라고 비판하던 집단이었다. 이들은 참여정부 시절에도 신행정수도 및 행정중심복합도시 건설의 중단, 공공기관 이전 및 혁신도시 건설의 중단, 수도권 규제의 철폐를 주장했다. 그리고 대안으로 중앙집권적 균형발전 정책 대신 지방분권에 입각한 지역 정책의 필요성을 역설했다(최상철, 2007). 이명박 정부의 지역정책 방향이 참여정부와 가장 단적으로 차이가 나는 지점은 '균형'이라는 단어를 의도적으로 빼버린 것이다. 기능과 성격은 비슷하지만 이름을 국가균형발전위원회에서 지역발전위원회로, 국가균형발전특별회계에서 광역·지역발전특별회

---

7) 고 노무현 대통령은 재임 중 지역균형발전 정책에 지대한 관심을 기울였던 만큼, 차기 정부에서도 흔들림 없이 지속되기를 원했다. 노 대통령은 2007년 9월 제주 서귀포 혁신도시 기공식장에서 행한 연설에서 본인의 임기가 끝난 후에 균형발전 정책이 위축되거나 멈추거나 되돌아갈 수도 있다는 것을 걱정하면서 다음과 같이 발언한 바 있다. "저는 제 임기 안에 첫 삽을 뜨고 말뚝을 박고 대못을 박아버리고 싶은 것이죠. 땅에 대못을 박는 것이 아니라 국민 여러분의 가슴 속에 이 균형발전 정책이 꼭 필요한 정책이라는 확신과 애정을 심어줘야만 이 정책이 무너지지 않고 유지될 수 있다고 생각합니다."

계로 바꿨다. 균형 대신 이명박 정부가 강조하는 것은 경쟁이다. 그래서 수도권 규제나 수도권 분산 정책에서는 양 정부의 입장이 매우 상반된다. 그런데 나머지 지역 정책에서는 큰 차이를 발견하기 힘들다. 특히 중앙집권 대신 지방분권의 필요성을 강조하고 있으나 제대로 실천하지 못하는 점은 참여정부나 이명박 정부가 거의 비슷하다.

이명박 정부가 출범한 지 3년이 지난 지금, 이명박 정부의 지역 정책 역시 참여정부와 마찬가지로 기존의 관행의 벽에 부딪혀 자신들이 제시한 패러다임을 제대로 실천하지 못하고 있을 뿐만 아니라, 오히려 참여정부보다 더 퇴행적인 모습을 보여주고 있다. 4대강 사업을 비롯하여 동남권 신공항 건설, 국제 과학비즈니스벨트 조성같이 중앙정부가 주도하는 포퓰리즘적·개발 지상주의적 성격의 정책들이 더욱 기승을 부리고 있기 때문이다. 참여정부와 이명박 정부가 동시에 주창한 지방분권의 길은 여전히 요원하다. 지방분권이 실종된 지역 정책은 중앙정부가 주도할 수밖에 없고, 결국 이 글에서 살펴본 참여정부 균형발전 정책의 한계가 반복될 수밖에 없다. 결국 관건은 중앙정부의 시혜가 아니라 지역 스스로의 힘에 의해 지방분권을 추동할 수 있느냐의 여부다. 지방분권을 제도적으로 요구하면서 그와 동시에 현재 제도 속에서 지역에 실질적으로 도움이 되는 정책이 무엇인지를 지역 스스로 판단·기획·실행·요구할 수 있는 지방정부 및 주민들의 아래로부터의 역량이 결국 향후 우리나라 지역 정책의 성공 여부를 좌우하게 될 것이다.

참고문헌

강원택. 2009. 「노무현 정부의 분권형 국정운영 의의와 한계」. ≪계간 광장≫, 4호.
강현수. 2003. 「참여정부 지역균형발전 정책 수단의 효과성: 지역혁신체계와 신행정수도를 중심으로」. 한국공간환경학회 2003년 학술심포지엄 자료집.
_____. 2005. 「대기업주도 생산연계의 협력관계와 공간적 특성」. ≪한국경제지리학회지≫, 제8권 제2호.
_____. 2006. 「참여정부 지역개발정책의 추진현황과 향후 과제」. ≪농정연구≫, 2006년(여름) 통권 18호.
_____. 2007a. 「참여정부 균형발전 정책의 성과와 과제」. 참여사회연구소 주최 심포지엄 2007년 자료집.
_____. 2007b. 「참여정부 지역균형발전정책의 평가와 과제」. 한국공간환경학회 주최 2007년 추계 학술대회 자료집.
_____. 2007c. 「지역발전정책 개혁(신진보)」. 한반도선진화재단·좋은정책포럼 외. 신보수-신진보 차기정부 국정과제 대토론회 자료집
_____. 2008. 「참여정부 지역균형발전의 성과와 문제점」. 한국지방자치학회 주최 동계학술대회 자료집
강홍빈. 2004. 「'신개발주의' 비판: 균형발전과 신개발주의의 갈등」. ≪공간과 사회≫, 통권 21호.
고영선 엮음. 2008. 「2008 국가예산과 정책목표: 지역개발정책의 방향과 전략」. 한국개발연구원 연구보고서.
고영선·김광호. 2009. 「지역개발정책의 목표와 전략 재정립」. KDI정책포럼 제209호(2009-02).
국가균형발전위원회. 2003. 「국가균형발전의 비전과 과제」.
_____. 2005.11. 「참여정부의 국가균형발전정책: 비전과 성과보고」.
_____. 2006.11.7. 「국가균형발전정책의 성과와 과제」.
_____. 2007a. 「참여정부의 지방분권과 국가균형발전정책: 성과와 향후 과제」.
_____. 2007b. 「2단계 균형발전정책 대국민 보고회 자료」(2007.2.7).
국가균형발전위원회·산업자원부. 2004.8 「제1차 국가균형발전5개년계획」.
국가균형발전위원회 외. 2007.7.25. 「2단계 균형발전정책 종합계획」.

국토연구원. 2005. 「지방분산분권과 국토균형발전의 대응과제」.
권오혁. 2007. 「참여정부 지역산업정책의 평가와 문제점 분석」. ≪경제와 사회≫, 통권 75호.
김영수 외. 2007. 『지역산업정책 10년의 성과와 과제: 지역산업진흥사업을 중심으로』. 산업연구원.
김용웅·차미숙·강현수. 2009. 『신지역발전론』. 한울.
김정훈. 2008. 「지역정책의 효과성 제고를 위한 균특회계의 개편방안」. 한국농촌경제연구원 엮음. 『지역균형발전정책의 새로운 도전과 구상』.
김주완. 2010. 「지방의 권력구조와 토호세력: 문제는 관변단체와 국회의원이다」. ≪황해문화≫, 겨울호.
박경. 2005. 「지역균형정책인가 신성장정책인가?: 신지역주의의 문제점과 대안모색」. ≪경제발전연구≫, 제11권 제1호.
변창흠. 2005. 「참여정부 개발사업 추진정책의 성격과 과제」. 한국공간환경학회·한국지역사회학회 춘계 공동심포지엄 자료집.
_____. 2007. 「참여정부 지역균형발전정책의 평가와 향후 과제」. 한국정책분석평가학회 2007년 학술대회 발표논문집.
_____. 2009. 「수도권 규제완화 정책의 평가와 질적 발전의 과제」. 한국미래발전연구원 주최. 지방분권과 국가균형발전 종합토론회 자료집.
성경륭. 2007. 「참여정부의 국가균형발전정책: 이론과 전략」. 국가균형발전위원회 엮음. 『국가균형발전정책의 이론과 실천』. 코리아프린테크.
_____. 2009. 「참여정부의 국정성과와 미래과제」. ≪광장≫, 4호.
신도철. 2007. 「지역발전정책 개혁(신보수)」. 한반도선진화재단·좋은정책포럼 외. 2007 신보수·신진보 차기정부 국정과제 대토론회 자료집.
_____. 2008. 『21세기 새로운 지역발전정책 패러다임: 참여정부의 포퓰리즘적 균형발전정책에서 지방분권에 기초한 자율적 지역발전으로』. 한반도선진화재단.
이정협 외. 2006. 『한국형 지역혁신체계의 모델과 전략: 지역혁신의 유형과 발전경로』. 과학기술정책연구원.
정원식. 2009. 「신지역주의 관점에서 참여정부와 이명박 정부의 지역개발정책의 비교분석」. ≪한국정책과학학회보≫, 제13권 제3호.
정준호. 2007. 「한국경제의 공간구조: 그 현실과 쟁점」. ≪시민과 세계≫, 제11호.

_____. 2008. 「참여정부의 부동산정책의 평가」. ≪동향과 전망≫, 통권 74호.

_____. 2010. 「지역문제의 담론지형에 대한 비판적 검토」. ≪동향과 전망≫, 통권 78호.

조명래. 2004. 「참여정부의 '얕은 진보주의'와 '포퓰리즘적 신개발주의'」. ≪환경과 생명≫, 통권 39호(봄호).

지역발전위원회. 2008.12. 「2008 이명박 정부 지역발전정책 연차보고서」.

초의수. 2008. 「참여정부 국가균형발전정책에 대한 평가 연구: 국민인식조사를 중심으로」. ≪지방정부연구≫, 제12권 제3호.

최병두. 2004. 「참여정부의 신개발주의와 환경문제」. 한국공간환경학회 2004년 가을 학술대회 및 환경비상시국회의 정책토론회 자료집.

최상철. 2007. 「참여정부의 국토 도시정책과 국가의 위기」. 최상철 엮음.『노무현 정부의 국토정책과 국가의 위기』. 나남.

하승수. 2007.『지역, 지방자치, 그리고 민주주의』. 한국 풀뿌리 민주주의의 현실과 전망』. 후마니타스.

Asheim, B. 2010. "Constructing Regional Advantage in a Globalising Knowledge Economy: The Role of Regional Innovation Systems in Diverse Regions." UNIDO 외 주관 지역발전국제포럼 2010 자료집.

Flyvbjerg, B. 2008. "Public planning of mega-projects: Overestimation of demand and underestimation of cost." (Chap. 7) in Priemus, H. et al(eds.). Decision-making on mega-projects: cost-benefit analysis, planning and innovation Edward Elgar Publishing.

Flyvbjerg, B. et al. 2003. *Megaprojects and Risk: An Anatomy of Ambition*. Cambridge: Cambridge University Press.

Harrison, J. 2008. "Stating the Production of Scales: Centrally Orchestrated Regionalism, Regionally Orchestrated Centralism." *International Journal of Urban and Regional Research*, Vol.32. No.4. pp.922~941.

Rodríguez-Pose, A and Gill, N. 2003. "The global trend towards devolution and its implications." *Environment and planning C*, Vol.21. No.3. pp.333~351.

http://www.pcbnd.go.kr 참여정부 국가균형발전위원회(현재 폐쇄됐음).

http://www.region.go.kr 이명박 정부 지역발전위원회.

제8장

복지 개혁

복지국가 이상과 발전주의 유산 사이에서

구인회 | 서울대학교 사회복지학과 교수

1. 서론

1987년 정치적 민주화와 시민사회의 등장, 1997년 외환 위기를 계기로 사회복지제도는 크게 확장되고 개혁됐다. 김대중 정부는 외환 위기를 맞이하여 대량 실업과 이로 인한 빈곤 급증에 즉각적인 대응책을 실시했다. 또 고용보험을 신속하게 확대하고 국민기초생활보장제도라는 근대화된 공공부조제도를 출범시키는 등 구조적인 개혁도 진행했다. 더 나아가서는 국민연금의 적용 대상을 취약 계층을 포함한 전 국민으로 확대했고, 지역별·직장별 조합으로 분산되어 있던 건강보험을 하나의 전국적 기구로 통합하는 제도 개혁을 추진했다.

노무현 정부는 김대중 정부가 이룬 복지 개혁의 기초 위에서 새로운 시대적 과제에 대응했다. 급성적인 실직 빈곤은 진정됐지만 노동시장의 여건 악화로 인한 근로 빈곤의 만성적인 증가가 정부에게 큰 도전으로 등장했다. 저출산·고령화의 급속한 진행으로 노후소득과 의료보장, 사회서비스 등에 대한 욕구도 분출됐다. 노무현 정부는 이러한 시대적 과제를 맞이하여 복지 정책의 확대로 대응했고, 한국 복지국가 구축에서 작지 않은 역할을 했다. 노무현 정부에서는 사회보험 가입자를 취약 계층으로 넓히는 노력을 계속했고, 연금제도의 개혁도 추진했다. 또 기초보장제도를 개선해 빈곤층 지원을 확대했다. 건강보험 보장성 강화를 위해 노력했는가 하면, 보육, 장기 요양 등 사회 서비스의 급속한 확충을 위해 노력했다.

김대중 정부에서 노무현 정부에 이르는 시기에 전개된 이러한 사회복지 개혁의 내용은 경제성장 지상주의가 지배하던 개발독재 시대와 대비되는 것으로, 평등과 재분배를 추구하는 복지국가 사회정책으로서의 면모를 띠었다. 그러나 노무현 정부의 복지개혁 추진에도 불구하고 시민들의 삶의 질은 개선되지 못했다. 양극화와 빈곤층 증가가 지속됐고, 저출산·고령화 추세도 급속한 진행을 계속했다. 고용·건강·노령·돌봄 등 영역에서 사회적 위험의 증가는 교육·주거 불안과 함께 중산층의 삶까지 위협하게 됐다.

노무현 정부의 복지 개혁의 공과 과를 둘러싸고 다양한 평가가 존재한다. 비교적 단기간에 급속하게 복지를 확대한 노무현 정부의 노력을 긍정적으로 평가하면서도 한계를 지적하는 견해가 있다(김영순, 2009). 일부 연구는 이러한 노무현 정부 복지정책의 한계가 사회투자론적 경향과 관련된 것으로 보기도 한다(김원섭, 2008). 이에 비해 노무현 정부의 복지 개혁이 근로연계복지를 강화하고 사회보험 등의 영역에서 복지 재정에 대한 국가 책임을 회피하는 등 근본적으로는 복지 확대에 소극적이었으며 신자유주의 노선으로 귀결됐다는 비판도 있다(조영훈, 2008). 이 비판은 김대중 정부의 복지 개혁의 성격을 신자유주의로 규정하는 견해들과 맥을 같이한다(조영훈, 2002; 손호철, 2005).

노무현 정부의 복지 개혁에 대해서는 이렇게 다양한 견해가 교차하고 있지만, 이 견해들이 당시 실시된 복지 정책에 대한 구체적이고 종합적인 평가에 기초하고 있는지에 대해서는 따져볼 여지가 있다. 이 글에서는 노무현 정부에서 추진된 복지 정책의 내용을 살펴보고, 그 성과와 한계, 문제점을 평가한다. 노무현 정부가 복지 정책의 과제에 대해 어떤 접근법을 취했는지, 복지 개혁으로 무엇을 산출했는지를 살펴보고, 노무현 정부 시대의 분배 실태에 비추어 이 시기 복지 정책을 평가한다. 이 글에서는 노무현 정부의 복지 개혁이 새로운 시대적 과제에 효과적으로 대처하는 데 한계가 있었음을 지적하고, 그러한 한계는 노무현 정부의 복지 전략이 산업화 시기 발전주의적 복지 체제의 유산, 특히 재정 지출의 소극주의를 극복하지 못한 데서 비롯된 바 크다는 점을 논했다. 이 글은 이러한 평가에 기초하여 향후 한국의 복지 정책이 나아가야 할 방향에 대한 시사점을 찾는 것으로 마무리한다.

2. 노무현 정부의 복지 확충

1) 노무현 정부의 복지 정책의 과제

노무현 정부가 출범한 시기 한국 사회에서는 삶의 질을 악화시키는 새로운 사회경제적 요인들이 본격적으로 그 모습을 드러내기 시작했다. 산업화 시기 고성장을 지속한 경제는 저성장으로 전환했고 노동시장의 고용 여건은 악화됐다. 1997년 외환 위기가 진정되면서 실직과 사업 파산 등으로 인한 빈곤층 문제는 주춤하게 됐지만, 저숙련 근로자의 임금과 고용 안정성 등이 급속하게 나빠져 근로 빈곤층의 증가가 심각해졌다. 근로 빈곤층이 증가한 데는 세계화·탈산업화·기술편향적(skillbiased) 기술 변화 등이 종종 그 원인으로 거론됐고, 비정규직 고용 증가도 크게 주목을

〈표 8-1〉 저임금 근로자의 규모 추이

(단위: %)

구분	2001년 8월	2002년 8월	2003년 8월	2004년 8월	2005년 8월	2006년 8월
임금 근로자	22.6	23.2	24.1	26.3	26.6	25.8
정규직	17.5	18.8	17.6	19.7	19.4	19.0
비정규직	36.3	35.0	37.7	37.5	39.1	38.3

자료: 이병희 외(2008).

받은 요인으로 나타났다.

이 시기 저임금 근로자의 규모 추이는 이러한 변화를 잘 보여준다. <표 8-1>에서 나타나듯이, 전체 임금 근로자 중 저임금 근로자의 비중은 2000년대에 지속적인 증가 추세를 보인다. 임금이 중위 임금의 3분의 2 미만인 근로자를 저임금 근로자로 규정하는 OECD 정의에 따르면, 2001년 임금 근로자의 23%를 차지하던 저임금 근로자는 2004년부터 26%대를 유지했다. 국제적으로도 한국의 저임금 근로자의 비중은 높은 수준이다. 비정규직·여성·중고령자에서 저임금 근로자의 비중이 높은 것으로 나타났다(이병희 외, 2008).

<표 8-2>는 비정규직 근로자의 규모 추이를 보여준다. 첫 번째 행에는 우리나라 노사정위원회의 정의에 따른 비정규직(non-regular) 근로자 수치를 제시했고, 두 번째 행부터는 OECD의 비정규직 정의에 해당하는 임시 근로자(temporary worker) 정의에 따라 수치를 제시했다. 표에서 나타나듯이, 우리나라에서는 비정규직이 매우 빠르게 증가했다. 2001년에는 비정규직 근로자가 전체 임금 근로자의 27%를 차지했다. 불과 몇 년 뒤인 2007년까지 비정규 근로자는 36%로 증가했다. OECD 기준 비정규직에 해당하는 임시 근로자 규모는 더 빠른 속도로 증가하는 양상을 보인다. 한국은 비정규직 고용이 OECD의 다른 국가들에 비해 매우 큰 규모다. 2005년 한국의 비정규직 근로자 규모는 전체 임금 근로자의 30%에 육박하여 스페인 다음

〈표 8-2〉 비정규직 근로자 규모의 추이

(단위: %)

구분	2001	2002	2003	2004	2005	2006	2007
비정규직 근로자	27.0	27.4	32.6	37.0	36.6	35.5	35.9
임시 근로자	16.6	18.1	25.9	29.7	29.4	28.3	28.2

자료: 비정규직 근로자 수치는 이병희·정성미(2007), 임시 근로자 수치는 Jones and Tsutsumi(2009)를 참고.

〈표 8-3〉 고용 지위별로 본 임금과 사회보험 가입 상태(2007)

(단위: %)

구분	임금	고용보험	국민연금	건강보험
정규직	100.0	64.3	76.3	76.1
비정규직	63.5	39.2	38.2	40.0

자료: 이병희·정성미(2007).

수준이다. OECD 국가들의 평균치가 12.8%이니 한국의 비정규 규모가 놀라운 수준임을 알 수 있다(Grubb, Lee and Tergeist, 2007).

비정규직 근로자들은 저임금과 고용 불안정, 낮은 복지 급여 등 열악한 처우를 받고 있다. 2007년 현재, 비정규직 근로자들의 임금은 정규직 근로자들의 64%에도 미치지 못한다. 고용보험의 경우, 정규직 근로자들은 64.3%가 가입한 상태였지만, 비정규직 근로자들은 39.2%만이 가입 상태를 보였다. 국민연금이나 건강보험의 경우도 비정규직 근로자들은 38.2%와 40.0%의 가입률을 보여 정규직에 비해 훨씬 낮은 수준이었다. 비정규직 근로자 증가가 사회보험 가입 확대에 커다란 장애 요인이 됐음을 짐작할 수 있다.

이러한 노동시장 변화 이외에도 저출산·고령화 등 급속한 인구학적 변화가 우리 사회에 큰 도전으로 등장했다. 2000년 인구의 7%를 차지하는 노인 인구가 2018년 14%로 증가하여 고령 사회로 진입하게 되고 2026년에는 인구의 20%를 노인이 차지하는 초고령 사회로 진입할 것으로 예측되고 있다. 또한 여성이 가임기 동안 출산할 평균 자녀 수를 나타내는 합계출산율이 크게 떨어졌다. 1997년 외환 위기를 거치며 1.5 아래로 떨어진 합계출산율이 2002년 1.17까지 더욱 떨어진 후 크게 개선되지 않아 2008년 1.19에 머무르고 있다.

고령화가 급속하게 진행되어 기본적인 노후소득보장제도로서 국민연금제도의 개혁이 매우 급박한 과제로 등장했다. 저부담·고급여의 연금 재정구조 개혁으로 연금 재정의 안정화를 추진하는 것이 필요했다. 또 김대중 정부에서 전 국민으로 연금 적용을 확대한 법적 개혁에도 불구하고 광범위하게 존재하는 연금의 사각지대를 해소하는 것도 쉽지 않은 과제로 남았다.

고령화 진행과 소득수준의 향상으로 국민의 의료 욕구도 급팽창했다. 김대중 정부에서는 건강보험을 전국 단일구조로 통합하는 제도 개혁을 이뤘지만, 저부담·저급여의 건강보험 구조에는 변함이 없어 국민의 의료 욕구를 충족시키기 위한 정부의 공적인 역할 확대가 본격화되지 못했다. 노무현 정부는 건강보험의 급여 확장을 통해 의료 보장성을 강화할 과제를 맞이하고 있었다.

저출산과 고령화의 진행으로 산업화 시기 가족에만 의존하던 노인과 아동에 대한 돌봄 기능을 이제는 사회적 책임으로 받아들여야 한다는 점이 분명해졌다. 아동 보육과 노인·장애인에 대한 장기 보호(long-term care) 등을 중심으로 사회 서비스의 인프라를 구축하고 재정 지원을 확장하여 급증하는 돌봄 수요에 대응하는 것이 새로운 과제로 제기됐다.

이렇게 노무현 정부는 근로 빈곤층의 증대, 연금 개혁, 건강보험 보장성 확대, 돌봄 서비스 확충이라는 새로운 시대적 과제에 직면했다. 노무현 정부는 김대중 정부 시기에 개혁된 복지 제도를 한층 확충하는 방식으로 이러한 과제에 대응했다. 김대중 정부는 법적 개혁을 통해 저소득 취약 계층을 포괄하는 방향으로 사회보장제도의 적용 대상을 확대했다. 산업화 시기 발전주의 복지 체제는 중산층과 대기업 정규직 근로자 위주의 사회보험 실시, 민간 기관을 통한 선별적 사회 서비스 제공 등으로 국가 재정에 의한 복지 지출을 최소화하면서 가족의 부양 기능에 크게 의존하는 특성을 가졌다. 김대중 정부는 국민기초생활보장제도를 도입해 빈곤층 지원 기반을 마련했으나, 사회보험 혜택을 개선하여 저소득층으로 넓히고 가족 부양을 대신하는 사회 서비스를 확충하는 과제는 노무현 정부의 몫으로 남았다.

2) 소득보장제도의 확장

노무현 정부의 소득보장 영역에서의 과제는 근로 빈곤층 증대에 대한 대처와 재정적 지속 가능성을 높이면서 사각지대를 해소하는 연금 개혁 두 가지로 요약된다. 이러한 과제에 대해 노무현 정부는 고용보험과 국민연금 같은 사회보험과 기초보장제도 등의 공공부조제도라는 두 축을 중심으로 대응했다. 그러나 사회보험에서의 성과에는 한계가 있었고, 실질적인 진전은 저소득층에 급여를 집중하는 선별적 공공부조 프로그램(targeted benefits)의 확대를 중심으로 나타났다.

첫 번째, 근로 빈곤층과 관련된 노무현 정부의 대응은 비정규직 근로자 보호 강화, 고용보험의 가입대상 확대, 기초보장제도의 보완 등에서 시작됐다. 비정규직 근로자 대책은 정권 후반기가 되어서야 보호입법으로 그 모습을 드러냈다. 그러나 그마저도 악화되는 비정규직 문제에 대해 실효성 있는 대책이 되지 못했다. 비정규직이 증가한 원인으로는 1998년 김대중 정부에서 정리 해고와 파견 근로를 법제화한 노동시장 개혁이 자주 거론됐다. 하지만 더 근본적으로는 산업화 시기에 형성된 대기업 정규직에 대한 고용 보호가 강화되고 이에 노동 비용을 낮추고 고용 유연성을 높이려는 기업의 대응 확산이 중요한 것으로 보인다. 노무현 정부는 비정규직에 대한 보호규제 강화 대책을 추진하여 2005년 「비정규직보호법」을 도입했지만 비정규직 문제의 악화 양상에는 큰 변화를 주지 못했다.

고용보험 가입 확대도 큰 성과를 거두지 못했다. 노무현 정부는 2004년 일용근로자에게까지 고용보험 적용을 확대하는 등 적용 예외자를 줄이는 노력을 지속했다. 그 결과 2002년 임금 근로자의 48%이던 가입자는 꾸준히 늘었지만 2009년 58% 선에 머물러 취약 근로자 집단 다수가 미가입 상태에 남았다. 이렇게 고용보험 가입자 확대에서 나타난 어려움에는 사회보험료 부담이 작용했다. 고용보험을 가입할 경우 국민연금 등 여타 보험료 기여 부담이 함께 발생하는 것이 가입의 제약 요인으로서 중요했다 (이병희, 2010).

노무현 정부는 기초보장제도를 보완하는 데서 일정한 성과를 보였다. 2000년 기초보장제도의 실시와 함께 149만 명으로 증가한 수급자 수는 2002년까지 131만 5,000명으로 줄었지만, 노무현 정부 기간 꾸준히 증가하여 2003년 137만 명에서 2007년에는 155만 명으로 늘었다. 기초생활급여, 의료급여 등을 총괄한 중앙정부 예산 지출도 2003년 3조 7,295억 원, GDP

⟨표 8-4⟩ 기초보장제도 수급자 규모 변화

연도	총 수급자 가구(가구)	총 수급자 인원(명)	전체 인구 대비(%)
2000	688,354	1,488,874	3.17
2001	698,075	1,419,995	3.00
2002	691,018	1,315,185	2.76
2003	717,861	1,374,405	2.87
2004	753,681	1,424,088	2.96
2005	809,745	1,513,352	3.14
2006	831,692	1,534,950	3.18
2007	852,420	1,549,848	3.20
2008	854,205	1,529,939	3.15
2009	882,925	1,568,533	3.22

자료: 보건복지부, 「국민기초생활보장 수급자 현황」, 각 연도.

의 0.49%에서 2007년 6조 5,797억 원, GDP의 0.67%로 늘었다. 이러한 변화는 부양 의무자 기준 완화, 재산기준 개선, 최저생계비 인상 등 노무현 정부의 노력이 반영된 것으로 볼 수 있다. 하지만 사각지대 빈곤층이 여전히 광범위하게 존재하고, 자활사업 확충 노력에도 불구하고 근로 능력자의 탈수급과 자립 지원에서는 별 진전을 거두지 못했다.

근로 빈곤층 대책에서 노무현 정부의 독자적 기여는 근로장려세제의 도입에서 찾을 수 있다. 노무현 정부는 특히 근로 능력이 있는 저소득 가족을 위해서 일을 하면 생계가 보장되도록 하는(making work pay) 정책을 구축하고자 했다. 근로장려세제는 저소득 가구에 대한 소득 지원과 근로 유인을 위해 도입됐다. 근로장려세제는 저소득 가구에 대해 근로를 많이 할수록 급여를 많이 지급하는 방식으로 설계되어 있어, 기초보장제도와 같은 전통적인 공공부조가 갖고 있는 소득 지원과 자립 지원의 상충성을 크게 완화할 것으로 기대됐다. 이러한 점에서 근로장려세제는 기초보장제도에 비해 근로 빈곤층에 적합한 성격의 제도로서, 근로 빈곤층이 기초보장제도를 벗어나 자립하도록 유인하는 데 긍정적인 영향을 미칠 것으로 기대됐다. 그러나 근로장려세제는 그 도입이 새 정부 출범 이후로 시기가 늦어진 데다, 급여가 연 최대 120만 원으로, 빈곤을 완화하기에 미흡한 수준이고 대상도 제한적이어서 효과를 거두지 못했다. 근로장려세제는 2008년 도입되어 2009년부터 59만 1,000가구에 대해 4,537억 원의 세금 환급을 실시했다.

두 번째, 노무현 정부에서는 국민연금 가입 확대를 위한 노력을 지속하면서 연금 개혁을 추진했다. 국민연금은 1999년 연금 가입대상을 전 국민으로 확대하면서 가입자 수가 1,627만 명으로 늘었다. 그 이후 가입자 수는 꾸준히 증가하여 2009년까지 1,840만 명이 됐다. 또 2003년부터 사업장 적용 확대를 추진하여 사업장 가입자 수가 2009년 964만 명으로 늘어

〈표 8-5〉 국민연금 가입자 추이

(단위: 천 명)

연도	총 가입자	사업장 가입자	지역 가입자	임의 가입자 등
1988년	4,431	4,431	-	1
1999년 4월	16,269	4,993	11,113	163
2000년	16,210	5,676	10,419	114
2005년	17,124	7,950	9,124	51
2007년	18,267	9,149	9,063	54
2008년	18,335	9,493	8,781	61
2009년 5월	18,401	9,637	8,699	66

자료: 국민연금공단 월별 통계, 윤석명(2010)에서 인용.

지역 가입자 수가 870만 명을 넘었다. 그러나 이러한 성과에도 불구하고 지역 가입자 중 보험료를 납부하지 않는 납부 예외자가 많아 2006년 이후로는 가입자의 27%인 500만 명 선으로 유지되어 근로 세대의 연금 사각지대가 넓다. 더욱이 노령 세대에서 노후소득보장을 받지 못하고 있는 인구 규모는 훨씬 크다. 65세 이상 노인 중 공적연금 수급자는 2008년 22.8%에 그쳤다(윤석명, 2010).

노무현 정부 시기 국민연금 가입확대 노력이 한계를 보인 것은 가입자의 보험료 기여에만 의존한 가입확대 전략 탓이 크다. 납부 예외자 대다수는 소득수준이 낮은 불안정 고용 상태의 노동자들과 영세 자영업자들로서 기여금 납부 능력이 떨어진다. 기존의 사회보험 정착 전략은 상당한 수준의 고용 안정성을 전제로 하는 것이었다. 하지만 노동시장에서는 고용 증가가 정체하고 비정규직 등 고용 불안정이 크게 늘어나는 상황에서, 발전주의 시대 대기업을 대상으로 적용된 이러한 전략을 고수하는 것은 연금 사각지대 해소에 효과적이지 못함이 드러났다.

노무현 정부는 2007년 「국민연금법」 개정을 통해 연금 재정의 지속가능성을 높임과 동시에 사각지대 해소를 위해 새로운 대책을 도입했다. 개정법에서는 재정 안정화를 위해 60%인 연금급여의 소득대체율을 2008

년 50%로 내리도록 했고 2028년까지 다시 40%로 내리도록 하여 연금 재정의 안정을 기했다. 그리고 연금 사각지대에 있는 노인에 대한 지원책으로 기초노령연금을 도입하여 하위 소득자 70%를 대상으로 국민연금 가입자 월평균 소득액의 5% 수준(2010년 현재 홀몸노인은 최대 9만 원, 부부노인은 15만 2,000원)의 급여를 지급하도록 했다. 이렇게 제도의 대상은 넓고 급여 수준은 낮아, 연금 사각지대의 빈곤 노인에 대한 지원 효과에는 한계가 있었다. 또 2028년까지는 급여를 국민연금 가입자 월평균 소득액의 10% 수준으로 인상하도록 하여 저소득층의 국민연금 가입에 부정적인 인센티브가 작동하게 됐다.

3) 의료보장과 사회 서비스 확장

김대중 정부 시기 건강보험 통합으로 건강보험의 재원 조달과 위험분산 기능이 강화되어 보장성 확대를 위한 제도적 기반이 구축됐다. 노무현 정부는 이러한 기초 위에서 건강보험 보장성 확대를 추진할 과제를 맞이했다.

이와 관련된 정책 변화로 우선 2004년에는 의료비 지출이 6개월에 300만 원을 초과하는 경우 초과액을 상환해주는 진료비본인부담금상환제 도입을 들 수 있다. 2007년에는 본인 부담금 상한선을 6개월 200만 원으로 인하했다. 이명박 정부가 들어선 이후인 2009년에는 연간 본인 부담금 상한선을 소득 구간별로 차등 적용(하위 50% 이하 소득계층은 200만 원, 50~80% 계층은 300만 원, 상위 20% 계층은 400만 원)하게 변했다.

노무현 정부는 또 2005년에서 2008년까지 건강보험 보장성 확대 계획을 추진했다. 이 계획은 건강보험 보장성을 선진국 수준으로 확대하는 것을 목표로 했다. 이 계획은 매년 건강보험 재정 상황을 고려하여 암 등 중증 질환을 대상으로 본인부담률을 20%에서 10%로 낮추거나 의료적 비급여

〈표 8-6〉 연도별 건강보험 보장률 추이

구분	2004	2005	2006	2007
전체	61.3%	61.8%	64.3%	64.6%
암 환자	49.6%	66.1%	71.0%	71.5%
고액 환자	49.0%	59.6%	64.7%	67.6%

자료: 최기춘 외(2009).

(의약품, 검사 등)에 대한 급여를 확대하는 방식으로 추진됐다. 보장성 강화 노력은 일정한 성과를 거뒀다. 2004년 61.3%이던 건강보험 보장률은 2007년 64.6%로 향상됐다. 암 환자 보장률은 2004년 49.6%에서 2007년 71.5%로 올랐고, 500만 원 이상을 부담하는 고액 환자에 대한 보장률도 2004년 49.0%에서 2007년 67.6%로 증가됐다(최기춘 외, 2009).

하지만 건강보험 보장성의 개선 정도는 선진국 수준으로 보장률을 강화한다는 목표와는 거리가 먼 것이었다. 이는 국가 간의 보장성을 비교하기 위한 가장 일반적 지표인 총 국민의료비 중 공공재원(조세, 건강보험 등)의 비율을 통해서 알 수 있다. 2008년 55%인 우리나라의 국민의료비 대비 공공의료비 비중은 OECD 국가 중 미국, 멕시코에 이어 낮아서 전 국민 공공의료보험이 있는 나라 중에는 가장 낮은 수준이다.

이렇게 보장성 목표 달성이 미흡한 가장 중요한 이유로는 건강보험료에 기초한 소극적인 재정 전략을 들 수 있다. 중증 질환에 대한 본인부담률을 낮추는 방식은 간접적인 의료비를 증가시킨다. 보장성 확대계획 이후인 2005년에서 2007년까지 3년간 2조 3,000억 원의 추가적인 급여비가 발생했는데, 비용 증가의 상당 부분은 본인부담률 인하 때문으로 보인다. 건강보험료를 통한 재원 조달로는 이러한 비용을 충당하며 보장성을 크게 확대하기 어려웠다.

노무현 정부 시기에는 아동·노인·장애인 등을 대상으로 하는 사회 서비스가 본격적으로 확대됐다. 정부가 사회 서비스 제공자 역할을 확대해온 서구와는 달리 우리나라에서 정부는 보조금을 지원하고 민간 기관이 사회 서비스 제공자 역할을 담당하는 방식으로 발전했다. 이러한 서비스 제공 방식은 정부의 복지 지출을 최소화하면서 서비스 욕구에 제한적으로 대응하는 발전주의 체제의 특성이라 하겠다. 노무현 정부는 정부의 개입을 확대하여 민간 의존적 서비스 공급 체계의 공공성을 높여 급증하는 국민의 서비스 욕구를 충족시켜야 했다. 정부 개입의 방향으로는, 서구와 같이 서비스 제공자로서의 역할을 확대하는 것과 민간을 통한 서비스 제공 기조를 유지하면서 정부는 재정 지원자와 규제자로서 역할을 수행하는 방안을 생각할 수 있다.

노무현 정부는 초기에 보육 등의 영역에서 공공 기관에 의한 서비스 직접 제공을 늘리기 위해 노력을 기울였으나 큰 성과를 거두지는 못했다. 후기로 갈수록 노무현 정부의 사회 서비스 정책은 민간의 서비스 제공자 역할을 전제하고서 이뤄진 것으로 보인다. 하지만 노무현 정부는 이러한 기조 위에서 일정한 변화를 추진하여 공급자 중심으로 이뤄진 공공과 민간의 관계를 수요자 중심으로 재편하고 사회 서비스 제공에서 영리 기관의 역할을 확대했다. 공급자 중심의 전달 체계에서는 공급자가 서비스 수요자를 선택하는 방식으로 서비스 전달이 이뤄지고, 따라서 공급자에게는 서비스의 질을 강화할 유인이 결핍되며, 수요자보다는 정부의 요구에 우선하게 되는 경향이 있는 것으로 지적됐다(김용득, 2007). 더욱이 정부의 지원을 받는 비영리 기관이나 공공 제공기관에 의존해서는 증대하는 서비스 수요에 부응하기 어렵게 됐다. 이러한 환경에서 노무현 정부는 재정 지원에서 바우처(voucher) 등을 통해 수요자 재정 지원을 확대하는가 하면, 수요가 급증하는 장기 요양 등 돌봄 서비스 분야에서는 영리 기관을 진입시켰다.

〈표 8-7〉 보육료 지원 중앙정부 예산 추이

(단위: 억 원)

연도	2002	2003	2004	2005	2006	2007	2008	2009
보육료 지원	2,102	3,120	4,050	6,001	7,910	10,435	14,178	17,104

사회 서비스 영역에서 노무현 정부가 수행한 공공 역할은 주로 재정 지원이었다. 특히 중산층을 포괄하는 넓은 수요자층으로 재정 지원을 확대하여 서비스 이용 부담을 덜어주는 노력을 기울였다. 보육·장기 보호 등 돌봄 서비스 영역에서는 취약 계층과 저소득층에 대한 선별적인 서비스로부터 제도가 시작되어 중산층을 포괄하도록 대상을 넓히는 발전 전략을 밟았다. 아동 보육의 지원 대상이 소득수준이 도시 근로자 평균소득에 이르는 가구까지를 포함하도록 확대됐다. <표 8-7>은 노무현 정부 출범 이전인 2002년 2,102억 원에 불과하던 중앙정부 보육료 지원 예산이 2008년에는 1조 4,178억 원으로 급격하게 증가했음을 보여준다. 지방정부가 중앙정부 예산만큼 대응 지출을 하는 점을 생각하면 전체 보육재정은 중앙 예산의 두 배 정도가 될 것으로 보인다.

노무현 정부는 장기요양 욕구가 있는 노인에 관련 서비스를 제공하여 당사자의 삶의 질을 향상시키고 가족의 수발 부담을 완화하는 것을 목적으로 노인장기요양보험제도를 추진하여 2008년 제도가 도입됐다. 이 제도에서는 장기요양보험료를 통한 재원 조달로 서비스 이용자의 본인 부담을 전체 비용의 20% 이하로 낮췄다. 이용자의 서비스 만족도도 비교적 높은 것으로 알려져 있고, 수발자 부담도 크게 감소시켜 제도 도입의 기본 취지를 실현하고 있는 것으로 보인다. 그러나 장기 요양 대상자가 노인의 12%가 넘을 것으로 추산됨에도 불구하고 2009년 8월 현재 서비스 이용자는 노인 인구의 4.2%에 그치고 있다.

공공 부문에서 서비스를 직접 제공하는 것이 아니라 시장 기제를 활용하여 민간 기관이 서비스 제공을 확대하도록 하는 경우에는 시장적 방식이 가져올 수 있는 폐해를 방지하는 것이 중요하다. 민간의 다양한 주체들에 의해 제공되는 서비스를 연계·조정하며, 서비스의 질을 향상시키기 위해 정부의 역할을 강화하는 것이 필요한 것이다. 그러나 장기요양보험의 경우 정부는 제도시행 초기에 충분한 양의 서비스 제공자 확보에만 치중한 나머지, 제공 기관과 인력·서비스에 대한 적절한 질 관리를 경시했다. 그 결과 보육 서비스 경우처럼 장기 요양 서비스에서도 공급자의 난립으로 서비스 제공 인력에 대한 처우가 열악해지고 서비스 질 하락에 대한 우려가 증대됐다(윤희숙 외, 2010).

노무현 정부가 사회 서비스 영역에서 추진한 또 하나의 중요한 변화로는 지방분권화를 들 수 있다. 2005년 중앙정부가 관리하는 국고보조사업의 지방 이양과 분권교부세 도입을 통해 사회보험과 공공부조 이외의 많은 사회 서비스 프로그램을 지방정부 책임으로 넘겼다. 사회 서비스의 경우 지역적 실정에 맞춰 주민 욕구에 민감하게 대응하는 것이 필요한 만큼 지방분권의 기본적 방향은 적절한 것으로 평가할 수 있다. 그리고 재정적 기반이 취약한 우리나라 지방분권의 현실에서 사업 권한은 지방으로 이양하되 재정 책임은 중앙정부가 지속하는 방식의 추진이 필요했다. 그러나 실질적인 분권화 과정은, 재정 책임은 지방으로 넘기고 권한은 중앙이 유지하는 방식으로 집행되어 많은 무리와 부작용을 낳았다(구인회·양난주·이원진, 2009).

3. 노무현 정부의 복지정책 평가

1) 경제적 분배 실태

우리나라 소득분배는 1990년대 중반 이래로 악화 추세를 보였고, 노무현 정부 기간에도 지속됐다. <그림 8-1>은 통계청 자료에 따라 1990년에서 2010년까지 지니계수 추이를 나타낸다. 2인 이상 도시가구의 그래프에서 나타나듯이, 우리나라의 지니계수는 1992년에 가장 낮은 수준을 보였다. 1990년대 초반이 산업화된 한국에서 가장 평등한 시기였던 것으로 보인다. 그런데 소득 불평등도가 1998년 외환위기 시기에 크게 악화됐다. 그리고 위기 진정과 함께 다소 개선되는 듯했으나, 2000년대 초반을 거치며 다시 불평등의 악화 추세가 나타났다. 2010년 지니계수는 외환위기 직후와 비슷한 0.289의 수치를 보인다. 전체 가구를 대상으로 가구소득의 불평등을 측정한 지니계수는 이보다 훨씬 커서 2010년에 0.310이었다.

우리나라 전체 인구 중 중위 소득 50% 미만의 상대 빈곤층 규모로 나타난 빈곤 추이에 따르면, 이 시기 우리나라 소득분배 상황은 한층 심각하다 (<그림 8-2> 참조). 2인 이상 도시가구를 보면, 1990년 상대 빈곤층의 규모는 전체의 7.1%를 차지하여 낮은 수준을 보이나, 그 이후에는 지속적으로 증가했다. 외환위기 시기인 1999년에 11.4%였던 빈곤율은 한동안 주춤했지만, 2010년에는 12.5%로 외환위기 시기를 넘는 수준을 유지하고 있다. 2010년 전체 가구에 대한 상대빈곤율은 도시 가구의 빈곤율보다 훨씬 높은 수치인 14.9%에 달한다는 점도 주목할 필요가 있다.

우리나라의 소득분배 실태는 OECD의 다른 나라들과 비교하면 어떤 상태일까? <표 8-8>에 따르면, 2000년대 중반 현재 스웨덴, 덴마크 등의 북유럽 국가들은 지니계수가 0.23대로 가장 평등한 상태를 보이며 프랑스,

〈그림 8-1〉 1990년대 이후 지니계수의 추이(가처분소득 기준)

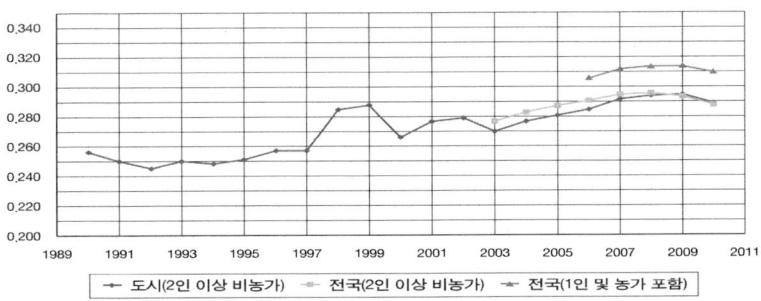

자료: 통계청(2010), 소득분배지표.
주: 가처분소득=시장소득+공적이전소득-공적비소비지출.
　　시장소득(세전소득)=근로소득+사업소득+재산소득+사적이전소득.

〈그림 8-2〉 1990년대 이후 상대빈곤율의 추이(%, 가처분소득 기준, 중위 소득 50% 미만)

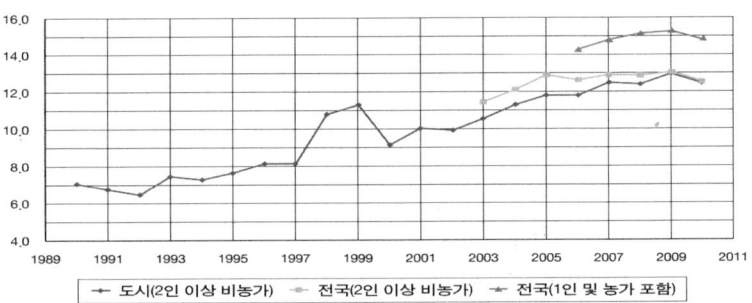

자료: 통계청(2010), 소득분배지표.
주: 가처분소득=시장소득+공적이전소득-공적비소비지출.
　　시장소득(세전소득)=근로소득+사업소득+재산소득+사적이전소득.

독일 등 유럽의 대륙 국가들도 0.3 미만의 비교적 양호한 상태다. 한편 미국, 영국 등은 0.38과 0.33 등 가장 높은 불평등도를 나타낸다. 한국은 소득 불평등도에서 OECD 국가들 중 중간 수준으로 나타나 지니계수는 OECD 평균치인 0.31대다.

그러나 OECD 국가들과 비교할 때, 한국의 빈곤 실태는 소득 불평등도

〈표 8-8〉 2000년대 중반 소득분배의 국제 비교

국가	지니계수	상대빈곤율(%)
미국	0.381	17
영국	0.335	8
캐나다	0.317	12
이탈리아	0.352	11
독일	0.298	11
프랑스	0.281	7
핀란드	0.269	7
스웨덴	0.234	5
덴마크	0.232	5
일본	0.321	15
한국	0.312	15
OECD 평균	0.311	11

자료: OECD Income Distribution Questionnaire, OECD(2008: 52, 154).
주: 상대빈곤율은 중위 소득 50% 미만 기준. 한국은 2005년, 다른 나라들은 2004~2005년의 수치임. 일본은 지니계수 2003년, 빈곤율 2000년.

에 비해 한층 나쁘다. 중위 소득 50% 기준으로 본 한국의 상대빈곤율은 15%로서 미국의 17% 다음인 예외적으로 높은 수준이다. OECD 평균빈곤율은 11%로서 다수의 OECD 국가들은 이보다 낮은 수준의 빈곤율을 보인다. 특히 노인의 상대빈곤율은 45%에 달해 최악의 상태임을 알 수 있다.

이러한 분배 악화는 노동시장 양극화와 인구 고령화 등 사회경제적 여건 변화에 주된 원인이 있지만 김대중 정부에서 시작되어 노무현 정부에서 발전된 우리나라 사회보장제도가 제 역할을 다하지 못했기 때문이기도 하다. 이러한 점은 소득재분배에서 정부가 하는 역할을 국제적으로 비교해봄으로써 확인할 수 있다. <그림 8-3>에서 알 수 있듯이 우리나라의 시장소득의 분배 상태는 다른 나라에 비해 좋은 편이지만, 공적인 소득지원을 한 후의 가처분소득 분배 상태는 다른 나라에 비해 좋지 않은 것으로 나타난다. 2000년대 중반 서구국가들의 시장소득빈곤율의 평균치는 26.4%지만 가처분소득 기준 빈곤율의 평균치는 10.6%다. 이 서구 국가들

<그림 8-3> 2000년대 중반 조세와 이전 전후 상대빈곤의 국제 비교(%)

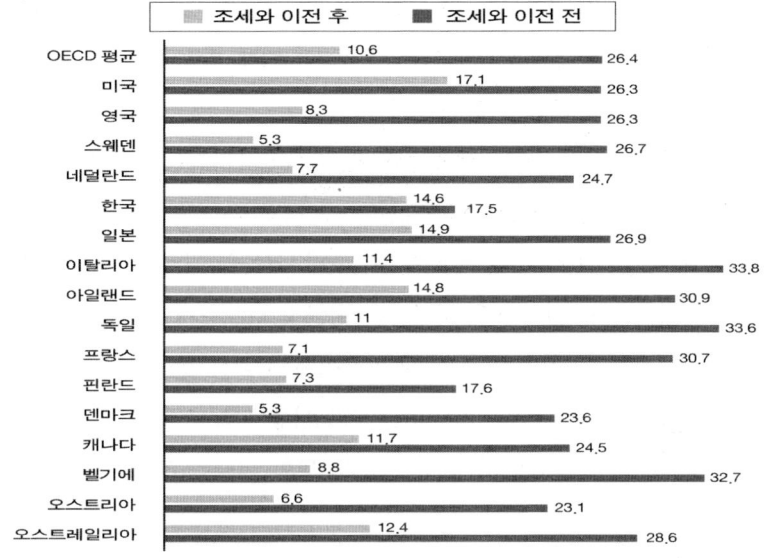

자료: Income Distribution, Stats.oecd.org, OECD(2011).
주: 빈곤은 중위 소득 50% 미만 기준의 상대빈곤율.

의 경우, 정부가 공적 이전과 조세를 통해서 시장소득빈곤율의 60%를 줄인 셈이다. 그러나 한국 정부는 소득분배를 개선하는 데서 의미 있는 역할을 하지 못했다. 2000년대 중반에 시장소득빈곤율이 17.5%였지만, 정부의 개입 이후 빈곤율은 14.6%로 큰 차이가 나지 않는다.

우리나라 저소득층의 소비 기회는 소득분배지표에서 나타나는 것 이상으로 급격하게 악화된 것으로 보인다. 경제가 외환 위기로부터 회복된 2000년 초반부터 주택가격의 급격한 상승이 이뤄졌다. 의학기술의 진보와 함께 의료비용도 치솟았다. 더구나 치솟는 교육비 지출로 개인과 가족은 큰 경제적 부담을 지게 됐다. 의료·교육·주거는 현대사회를 살아가는 데 필수적인 서비스다. 이 필수적 서비스에 대한 공적 지원은 특히 저소득층의 지출 부담을 낮춰주는 역할을 하고 따라서 소득 불평등을 완화하는 역할을 한다. 그러나 한국에서는 의료와 사회 서비스 확대가 시민의 욕구 증대를 따라가지 못해, OECD의 다른 국가들에 비해 개인과 가족이 소비지출의 많은 부분을 직접 부담해야 한다.

의료지출의 경우를 보면, 2008년 현재 OECD 국가들은 평균적으로 총 의료지출의 72.0%를 공적으로 부담한다(OECD, 2010a). 그러나 한국에서는 전체 의료지출의 54.9%가 공적으로 부담된다. 교육의 경우에는 그 격차가 더욱 심각하다. 2007년 OECD 국가들은 평균적으로 전체 지출의 82.6%를 공적인 재원으로 충당한다. 같은 해 한국에서는 공적 재원으로 충당하는 비율이 57.6%에 그치고 있다(OECD, 2010b). 이렇다 보니 교육비지출로 인한 경제적 부담은 전 국민의 문제가 됐다. 또한 저소득층 자녀들은 교육 기회를 제한받게 되어, 이제 일반 국민과 정책 결정자들은 교육 기회의 격차를 통한 소득 계층 간 격차의 세대 간 확대재생산을 우려하게 됐다. 아동 보육과 노인·장애인에 대한 장기 보호도 미흡한 상태를 벗어나지 못했다. 또한 많은 복지국가들에서는 저렴한 공공임대주택을 공급하고 저소득 가구에 대한 임대료지원제도를 시행하여 개인과 가족의 주거비지출 부담을 낮추고 있다. 그러나 한국에서는 주거비 부담에 대한 공적 지원이 매우 미흡할 뿐 아니라, 최근에는 주택가격 상승으로 그 부담이 증가하고 있다.

2) 노무현 정부의 복지 정책의 공과

분배 악화에 대응하기 위해서는 노무현 정부는 복지 정책을 확충하여 공적이전 역할을 강화하는 노력을 기울였다. <그림 8-4>는 1990년에서 2007년까지 한국의 사회지출의 변화를 GDP의 퍼센티지로 보여준다. 우리

〈그림 8-4〉 한국의 사회지출 추이 1990~2007(% of GDP)

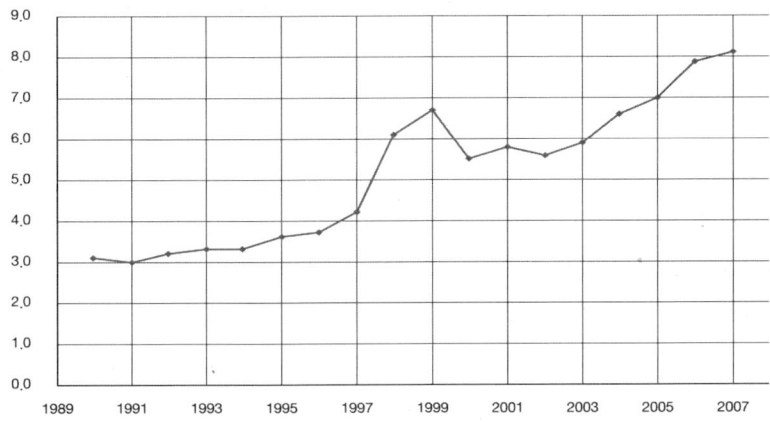

자료: Social Expenditure-Aggregated data, stats.oecd.org, OECD(2011).
주: 사회지출은 공공(public)지출과 법정민간(mandatory private)지출을 합한 것임.

〈표 8-9〉 OECD 국가들의 사회지출, 2007(% of GDP)

국가	프랑스	독일	스웨덴	영국	미국	일본	한국	OECD 평균
사회지출	28.7	26.2	27.7	21.3	16.5	19.3	8.1	19.8

자료: Social Expenditure-Aggregated data, stats.oecd.org, OECD(2011).
주: 사회지출은 공공지출과 법정민간지출을 합한 것임.

나라 사회지출은 1990년에는 GDP의 3.1%를 차지했다. 외환위기 직후인 1999년에는 사회지출 수준이 6.7% 이상으로 치솟았다가 감소된 후 2000년부터 다시 증가세를 보였다. 특히 노무현 정부가 출범하기 직전인 2002년 사회지출은 GDP의 5.6%를 차지했는데 2007년에는 8.1%로 올라 약 2.5%p 증가를 보였다. 이는 약 1.4%p 사회지출 증가를 보인 김대중 정부와 비교해도 매우 급속한 증가다.

그러나 노무현 정부 시기 한국 복지국가의 발전 정도는 여전히 제한적인 것이었다. <표 8-9>에서 나타나듯이 우리나라의 사회지출은 2007년

GDP의 8.1%로서 OECD 평균 19.8%에 비해 10%p 이상 떨어진다. OECD의 새로운 복지지출 추정치인 순사회지출로 볼 경우에는 GDP의 10.7%로 높아지지만, 여전히 OECD의 다른 국가들과는 비교가 되지 않을 정도로 낮은 수준이다.

노무현 정부의 복지 정책은 추진이 지연되어 정책 실행이 집권 후반기에 집중됐고 실행 전략은 상당히 보수적인 색채를 띠는 한계를 보였다. 복지국가 발전을 위한 지향에도 불구하고 정부 재정의 역할을 적극적으로 확대하지 않아 발전주의 체제에서의 사회보험과 민간 서비스 의존형 전략을 탈피하지 못했다. 공공부조와 일부 사회 서비스에서 정부 재정의 역할을 크게 늘렸지만, 많은 사회보장 영역에서는 보험기여금과 수요자 부담금으로 조달된 재원에 의존하는 전통적인 전략을 유지했다. 그러나 고용이 정체하고 불안정화된 상황에서 수혜자 보험기여금과 서비스 이용자 부담에 의존해서는 새로운 과제들에 효과적으로 대응하기 어려웠다.

우선, 근로 빈곤층을 위한 고용 안전망 구축에 어려움을 초래했다. 근로 빈곤 문제의 뿌리에는 저소득층 다수가 고용보험 미가입 상태에 있어 실직시 생계 지원과 재취업 지원 대책이 매우 미흡한 상황에 놓여 있다. 고용보험 확대와 개선을 통해 사회적인 범위에서 고용과 소득의 안정성을 기하는 것은 개별기업 단위에서 고용 안정성을 확보하려는 비정규 고용 규제보다 효과적인 대안이 될 수 있었다. 그러나 노무현 정부는 실효성이 크지 않은 비정규 고용 규제에 과도한 기대를 가졌는가 하면, 근로 빈곤층 고용보험 가입 지원 등을 통한 고용 안전망 구축을 위한 노력을 기울이는 데 너무 소극적이었다. 노무현 정부의 노력은 고용보험 적용 제외대상을 축소하고 보험료 징수를 위한 행정 체계를 개선하는 선에 머물렀다. 그러나 그간의 경과는 영세업체 사용자와 근로자의 경우 보험료 부담분을 감면하고 가입을 장려하는 정부의 재정 지원 없이는 성과를 보기 어렵다는 것이 확인됐다(이병희, 2010).

 근로 빈곤층에 대한 고용 안전망 구축 노력이 성과를 거두기 위해서는 국민연금과 건강보험을 포함하여 사회보험 사각지대 전체를 같이 해소하는 접근을 취해야 한다. 가입자의 입장에서 고용보험료를 납부하면 이와 연계된 다른 사회보험료에 대한 납부 부담도 발생한다. 이 점은 3개 사회보험(국민연금, 건강보험, 고용보험) 중 하나라도 직장을 통해 가입하지 않은 459만 명 중 382만 명이 3개 사회보험에 모두 가입하지 않았다는 사실에서도 확인된다(이병희, 2010). 따라서 지원 대책도 사회보험 전체의 가입을 지원하는 방향으로 추진되어야 성과를 거둘 수 있다. 특히 보험료 부담이 큰 연금가입 확대가 중요하다.

 노후소득보장 영역에서는 연금가입 기회가 주어졌지만 보험료 미납이나 체납으로 연금 수급의 어려움이 예상되는 가입자에 대한 대책을 마련하는 것이 중요하다. 저소득 지역 가입자의 실질적인 연금가입률을 높여야 하는 것이다. 하지만 노무현 정부에서는 보험료 납부 능력이 떨어지는 가입자를 돕거나 이들의 가입 인센티브를 높이기 위한 지원책을 실시하지 않았다. 사업장 가입 확대를 추진했지만 영세업체 사용자와 근로자에 대한 보험료 지원이 없었다. 또 보험료 전액을 부담하는 영세자영자 등 저소득 지역 가입자들에 대해서 보험료 부담을 줄이는 노력도 없었다. 국민연금에 최저 연금을 보장하는 등 저소득층의 연금 혜택을 늘려 이들의 보험가입 인센티브를 강화하는 노력을 기울이지 않았다.

 노무현 정부는 연금 혜택을 제대로 못 받는 노령 계층의 소득보장을 위해서 2007년 국민연금 개혁과 함께 기초노령연금제도를 도입했지만 유효적절한 선택으로 보기 어렵다. 이 제도의 대상은 노인의 70%로 너무 넓고, 급여는 낮은 수준이어서 소득보장 효과를 내기 어렵게 설계됐다. 더욱 중요한 문제는 기초노령연금이 저소득층의 국민연금 참가 유인을 현저하게 떨어뜨릴 수 있다는 점이다. 기초노령연금액이 국민연금 최저 등급 가입자가 20년간 보험료를 납부했을 때의 연금액과 비슷한 수준이어서 저소득층으로서는 연금에 가입할 동기가 매우 약화된다(윤석명, 2010). 기초노령연금의 급여 수준을 크게 올려 소득보장 기능을 강화하되 지급 대상을 저소득층으로 축소하고 국민연금 성숙에 따라 기초노령연금 대상이 축소되도록 제도를 개선하는 과제가 남게 됐다.

건강보험 보장성 확대에서 성과가 미흡한 것도 건강보험료 재정에 의존한 추진 전략에서 기인한 바가 크다. 중증 질환의 본인부담률을 인하하는 방식의 보장성 확대 전략은 해당 의료 서비스의 가격 하락을 의미해 이용량 증대를 초래한다. 이러한 의료비 증가 상황에서 보장성 확대를 실현하기 위해서는 건강보험료 증가와 함께 정부 재정을 확충하는 전략을 취해야 했다. 다른 한편으로는 의료비 증가를 통제하는 효과적인 전략을 선택해야 했다. 이런 점에서 보장성 확대 전략을 질환별 본인부담률 인하 방식에서 누적의료비본인부담상한제 중심으로 전환하는 것을 고려했어야 했다. 본인부담상한제의 실효성을 높이기 위해서 건강보험에서 보장하지 않는 비급여 서비스 중 필수 의료항목을 급여로 전환하는 노력이 필요했다. 진료비지불제도를 합리적으로 개편하여 의료 공급자에 의한 유인 수요를 통제하는 것도 해결되지 않았다. 건강보험의 보장성이 낮은 결과, 가구의 소비지출 중 의료비의 비중이 높고 저소득층은 과다한 지출 부담으로 빈곤층으로 전락하는 현실이 지속되고 있다.

노무현 정부는 보육·장기 보호 등 사회 서비스 영역에서는 정부 재정지원을 늘리거나 보험료를 통한 재정조달 방식으로 지원을 늘려 서비스 대상을 넓혔다. 그러나 여전히 서비스 대상이 저소득층에 제한되어 있는 경우가 많고, 장기 요양의 경우 서비스에서 제외된 대상자도 많다. 노무현 정부의 사회 서비스 전략에 대해서는 중앙집권적인 공공공급 확대노선을 취하지 않은 점에 대해 비판이 많다. 그러나 민간 기관을 통한 서비스 제공 기조를 유지하면서 수요자 중심적 접근을 도입하거나 지방분권화를 추진한 전략은 그 나름대로 장점이 있다. 소득보장 영역과는 달리 사회 서비스 영역에서 지역적 실태와 수요자 욕구를 중심에 두는 접근을 강조하는 것은 서구 복지국가에서 나타난 관료적 경직성을 피하고 서비스 효율을 높이는 전략으로서 의의가 있다.

그러나 노무현 정부에서는 공공과 민간의 협력 전략이 재정 부담을 줄이기 위해 정부의 공적 역할을 방기하고 지방이나 민간에 책임을 전가하는 방식으로 집행된 면이 작지 않다. 공공성을 높이기 위한 시설과 인력에 대한 지원, 서비스의 질 관리를 위한 평가, 규제자로서 정부의 적극적인 역할, 지방 자율성을 제고하기 위한 중앙정부의 책임이 방기된 면이 크다. 이러한 문제점은 사회 서비스 인력에 대한 처우 악화와 서비스 질 하락 등으로 사회 서비스 발전의 제약 요인이 됐다.

노무현 정부는 이렇게 정부 재정의 적극적인 확충을 피하면서 소극적으로 사회보험료와 수혜자 부담에 의존한 재정조달 전략을 탈피하지 못한 결과, 근로빈곤 문제나 연금 개혁, 건강 보장성과 사회 서비스 확대 등의 과제에서 큰 성과를 거두지 못했다.

노무현 정부의 복지 이념은 정권 후반기로 가면서 사회투자론으로 수렴되는 모습을 보인다. 영국 등 서구에서 제시된 사회투자론은 전통적인 복지국가에 대해서 연금 등 과도한 소득보장의 소비적 성격을 비판하면서 사회 서비스 지원을 통한 인적자본 투자를 강조하는 등의 개혁 전략을 제시한다. 또 고용 보호와 탈시장적인 소득보장 대신에 노동시장 유연화를 수용하고 그러한 기초 위에서 사회적 보호를 실현하고자 한다. 그리고 복지 제공자로서 민간의 역할 확대를 옹호하는 논리도 포함하고 있다. 노무현 정부에서는 이런 사회투자론을 일정 부분 받아들여 전통적인 복지

국가와는 거리를 두는 경향을 보였다.

일각에서는 이러한 노무현 정부의 이념 지향을 신자유주의적인 것으로 규정하고 정부가 재정 역할의 확장에서 보인 소극적인 태도가 이러한 이념 지향 때문에 나타난 것으로 해석한다(조영훈, 2008). 그러나 노무현 정부의 사회투자론은 복지 확대를 위한 정치적 기반의 취약성을 보완하려는 노력의 일환으로 보인다. 사회 서비스 등 복지의 투자적 측면을 강조하여 복지 확장론에 대한 지지를 넓히고자 한 것이다. 그리고 노무현 정부의 사회투자론에서는 서구의 제3의 길 노선에서와 같은 소득보장에 대한 비판은 부각되지 않았다. 이는 노무현 정부가 자신의 복지국가 발전 전략을 담은 보고서, 「비전 2030」 등을 통해 2030년에는 OECD 평균 수준의 사회지출을 하는 선진 복지국가를 목표로 내세운 점에서도 확인된다.

노무현 정부가 보인 재정적 소극성은 이념에 기초한 의도적인 선택의 결과라기보다는 과거 발전주의 유산의 관행적 반영인 측면이 강하다. 정무권(2002)은 발전주의 복지제도의 특징을 국가재정 개입을 최소화한 사회보험이 중심이 되고 공공부조와 사회 서비스 확대를 최소화하면서 규제를 통해 민간 부문의 복지 기능에 의존하는 것으로 정의했다. 이러한 정의에 비추어 본다면, 노무현 정부의 복지 정책은 공공부조와 사회 서비스에서 정부 재정의 역할을 확대했다는 점에서 발전주의를 극복한 복지 지향을 보인다. 하지만 급여를 확장하기 위한 재원 조달을 사회보험료나 이용자 부담에 크게 의존하고 정부 재정의 역할에 소극성을 보였다는 점에서 발전주의적 유산을 보게 된다. 이러한 발전주의적 유산은 노무현 정부의 개혁 주체의 사고방식, 개혁의 실행 주체인 관료 집단의 성향 등을 통해 발현된 것으로 볼 수 있다. 그러나 노무현 정부의 복지 개혁이 그에 걸맞은 복지재정 확충 전략 없이 이뤄진 점이 더 중요한 것으로 보인다.

노무현 정부는 복지를 확장하기 위해서 노력했지만, 이를 위한 복지재정 확충의 장기적 전략은 크게 고려하지 않았던 것으로 보인다. 급증하는 복지지출에 대비하기 위해서는 소득세수 확대, 부가가치세와 사회보험기여금의 세율 인상 등으로 국민부담률을 늘리는 다양한 방안을 강구해야 한다. 2006년 우리나라의 국민부담률은 GDP의 26%로서, 37%를 넘는 OECD 평균치와 비교해 11%p 정도 작다. 이 격차의 절반은 우리의 소득세 수입이 OECD 국가들보다 적어 생긴 것이고, 나머지 절반은 부가가치세와 사회보험료율이 낮기 때문이다. 한국의 개인소득세수는 GDP 대비 4.1%로서 OECD 평균 9.2%보다 5.1%p 작다. 부가가치세수는 한국이 GDP 대비 4.5%인데, OECD는 6.8%로서 2.3%p의 차이가 있다. 사회보험기여금은 한국이 5.7%지만 OECD는 9.4%로 3.7%p 작다(Jones, 2009).

노무현 정부는 공공부조와 사회 서비스 지출 증가에 필요한 재원을 주로 정부 재정의 지출구조 개선을 통해 마련하면서 연금·의료·고용의 영역에서는 주로 사회보험료 재원에 의존하는 개혁을 추진했다. 우리나라에서 정부는 전통적으로 복지로 인한 재정 부담을 피하는 방안으로 사회보험을 이용했다. 노무현 정부 또한 사회보험 의존 경향을 보여, 발전주의적 체제를 극복한 복지국가 구축을 추진하면서 그 방법에서는 발전국가의 유산을 벗어나지 못했다. 건강보험료에 의존한 보장성 확대, 장기요양보험 실시 등으로 사회보험 의존성을 유지했다.

그러나 근로소득에 대한 원천징수 방식으로 징수되는 사회보험기여금에 의존한 재원 조달은 급격한 재원 확충이 어렵다. 또 고용에 부정적인 영향을 미친다(Pontusson, 2005). 아울러 사회보험기여금에 대한 과도한 의존은 피용자와 자영자 간의 조세 형평성 측면에서도 문제를 발생시킨다. 최근까지도 건강보험료 등에서는 피용자와 자영자의 기여금 부담 차이가 더욱 벌어지고 있다. 이러한 격차는 조세 공평성에 대한 피용자의 불만을 증가시키고 사회보험료 인상을 어렵게 만드는 중요한 요인이 됐다.

따라서 재산소득 등 근로소득 이외의 다양한 개인소득에 대한 과세를 늘리고, 부가가치세 등 소비세 역할의 확대를 추진하여 정부의 복지 재정을 확충할 필요가 있었다. 소비세의 역진성에 대한 우려가 있으나 북유럽 국가들의 경험은 복지지출의 재분배 기능으로 그 부작용을 해소할 수 있음을 보여줬다. 노무현 정부 시기의 사회보험 의존적인 소극적 재정 전략은 지속적인 복지 확충의 여지를 제한하는 제약으로 남아 있다.

4. 결론: 한국 복지국가 발전에 대한 함의

노무현 정부는 노동시장 여건 악화로 인한 근로 빈곤의 증가에 대응해야 했고, 저출산·고령화의 급속한 진행에 대응해 연금 개혁과 건강 보장성 확대 과제를 해결해야 했으며, 보육과 장기 보호 등 돌봄 서비스에 대한 국민 욕구도 충족시켜야 했다. 노무현 정부는 이러한 시대적 과제를 맞이하여 복지 정책을 확충하는 노력을 기울였다.

노무현 정부의 복지 개혁의 지배적인 관심은 평등과 재분배, 사회적 연대를 높이는 데 있어서, 확대된 복지 정책은 복지국가의 사회정책으로서의 면모를 띠었다. 산업화 시기 발전주의 복지 체제는 중산층과 대기업 정규직 근로자 대상의 사회보험과 민간 기관을 통한 선별적 사회 서비스 제공 등으로 국가재정에 의한 복지지출을 최소화하면서 가족의 부양 기능에 크게 의존하는 특성을 가졌다. 또 빈곤층에 대한 지원은 매우 형식적이었다. 이렇게 발전주의 시대의 복지는 자원을 경제성장에 집중하면서 핵심 산업인력 등을 동원하고 체제내화 하는 수단으로서의 성격이 강했다. 반면에 김대중 정부에서 이어진 노무현 정부의 개혁은 빈곤층 지원을 확대했고, 사회보험 혜택을 저소득층으로 넓히고 가족을 지원하는 사회 서비스를 확충하고자 했다. 이렇게 노무현 정부의 복지정책 확대는 경제성장 지상주의가 지배하던 개발독재 시대와 대비되는 것으로서 한국이 복지국가로 진입하고 있음을 보여줬다.

그러나 이러한 노력에도 불구하고 노무현 정부는 양극화와 고령화의 추세에 맞서 빈곤 악화와 중산층의 삶의 질의 하락을 막는 데 성공하지 못했다. 노무현 정부의 복지국가 구축 노력이 한계를 보인 데는 복지 재정을 확충하기 위한 적극적인 노력 없이 소극적으로 사회보험에 의존하는 재정조달 전략을 고수한 것이 큰 요인으로 작용했다. 사회보험 의존형 전략이라는 발전주의 유산으로 발전주의 복지제도를 극복하려 한 것에 좌절의 씨앗이 있었다.

이러한 재정적 소극주의와 함께 몇 가지 전략적 오류도 노무현 정부가 근로빈곤 문제나 연금 개혁, 건강 보장성과 사회 서비스 확대 등의 과제에서 큰 성과를 거두지 못한 요인으로 작용했다. 근로빈곤 문제에 대한 접근에서는 개별기업 단위에서의 비정규 고용 규제에 대해 과도한 기대를 가진 반면, 사회적 단위에서 고용 안정성을 보장하기 위한 노력에는 소극적인 태도를 보였다. 연금 개혁에 대해서는 근로 세대 연금가입 지원이 미흡한 상태에서 기초노령연금의 역할에 대한 혼선마저 보여 노후소득보장제도 구축에 어려움이 발생했다. 건강 보장성 확대 방안의 경우 적절한 비용 통제방안을 과감한 재정 투자와 결합하지 못했다. 사회 서비스 영역에서는 수요자 중심적·지방분권적 접근을 실현하기 위해 요구되는 공공 역할에 적극 대처하지 못했다.

이제 한국 복지국가는 이러한 노무현 복지 실험의 한계를 극복하고 앞으로 나아가기 위해 새로운 발전의 비전과 전략을 가다듬어야 할 시점에 있다. 한국 복지국가의 비전은 정부의 적극적인 역할 확대라는 전제 위에서 추진되어야 한다. 복지의 저발전을 낳은 발전주의 유산을 벗어나지 못하는 소극적 접근으로는 우리 사회의 빈곤과 불평등을 해결하기가 어렵고 고령화의 새로운 시대 환경에 대응하기도 어렵다. 한국 복지국가를 건설하기 위한 효과적인 전략을 구체화하는 작업 또한 정부의 적극적인 역할이라는 전제 위에서 진전을 기대할 수 있다.

참고문헌

구인회. 2006. 『한국의 소득불평등과 빈곤: 소득분배 악화와 사회보장정책의 과제』. 서울대학교출판부.
구인회·양난주·이원진. 2009. 「참여정부 복지분권화에 대한 비판적 고찰」. ≪한국사회복지학≫, 61(2), 61~84쪽.
김영순. 2009. 「노무현 정부의 복지정책: 복지국가의 제도적·정치적 기반 형성 문제를 중심으로」. ≪경제와사회≫, 82호, 161~185쪽.
김용득. 2007. 「외환위기 이후 10년의 사회복지서비스 정책: 쟁점과 과제」. 『한국사회복지연구회 추계 학술대회 자료집』, 146~172쪽.
김원섭. 2008. 「참여정부에서 한국 복지국가의 발전, 신자유주의 국가?」, ≪한국사회≫, 9(2), 29~54쪽.
박형수·전병목. 2009. 『사회복지 재정분석을 위한 중장기 재정추계모형 개발에 관한 연구』. 한국조세연구원.
손호철. 2005. 「김대중 정부의 복지개혁의 성격: 신자유주의로의 전진?」. ≪한국정치학회보≫, 39(1), 213~231쪽.
윤석명. 2010. 「연금보험의 사각지대: 국민연금과 기초노령연금의 제도개선방향을 중심으로」. 서울대학교 행정대학원 정책&지식 포럼 발표문.
윤희숙·박능후·전병유·권용진. 2010. 「노인장기요양보험제도의 문제점과 개선방안」.

≪KDI 포커스≫, 3호, 1~7쪽.

이병희. 2010. 「고용보험 사각지대 실태와 해소방안」. 서울대학교 행정대학원 정책&지식 포럼 발표문.

이병희·정성미. 2007. 「비정규직 규모와 구성 변화」. ≪노동리뷰≫, 35호.

이병희·정진호·이승렬·강병구·홍경준. 2008. 『저소득 노동시장 분석』. 한국노동연구원.

정무권. 2002. 「김대중 정부의 복지개혁 성격의 이해: 유형논쟁 중심으로」. ≪상황과 복지≫, 11호, 109~161쪽.

조영훈. 2002. 「'생산적 복지론'과 한국 복지국가의 미래」. 『한국복지국가성격논쟁Ⅰ』. 인간과 복지.

_____. 2008. 「참여정부 복지정책의 성격」. ≪사회과학연구≫, 24(1), 213~233쪽.

최기춘·이호용·고민정·이선미. 2009. 「건강보험 보장성 정책 평가 및 확대 대상 검토」. 국민건강보험공단 건강보험 정책연구원.

Grubb, D., J. Lee and P. Tergeist. 2007. "Addressing Labour Market Duality in Korea." *OECD Social Employment and Migration Working Papers*, NO.61. OECD, Paris.

Jones, R. S. 2009. "Reforming the tax system in Korea to promote economic growth and cope with rapid population ageing." *Economics Department Working Papers*, No.671, OECD, Paris.

Jones, R. S. and M. Tsutsumi. 2009. "Sustaining Growth in Korea by Reforming the Labour Market and Improving the Education System." *Economics Department Working Papers*, No.672. OECD, Paris.

OECD. 2008. *Growing unequal?: Income distribution and poverty in OECD countries*. OECD, Paris.

_____. 2010a. *Health at a Glance: Asia/Pacific 2010*. OECD, Paris.

_____. 2010b. *Education at a Glance 2010*. OECD, Paris.

Pontusson, J. 2005. *Inequality and Prosperity: Social Europe vs. Liberal America*. Ithaka: Cornell University Press.

제9장

'여성' 정책의 제도화를 통해 본 참여정부의 실험성
국가 페미니즘의 경험

김은실 | 이화여자대학교 여성학과 교수

1. 들어가는 글

국가와 여성 정책에 대한 가장 일반적인 접근은 국가의 정책이 여성의 지위를 신장시켰는가, 그리고 불평등한 젠더 관계를 변화시켰는가, 정책은 어떻게 만들어졌는가에 초점을 두는 것이다(권태환·황정미, 2005). 그러나 참여정부에서의 여성 정책은 다양한 차원에서 정부 밖 여성계와의 거버넌스를 통해 만들어지고 수행됐다. 이럴 경우 정부의 여성 정책에 대한 접근은 일반적인 국가정책과 여성을 보는 방식을 넘어서야 한다. 이 글은 참여정부의 여성 정책 자체가 여성에 대해 어떠한 정치학을 담고 있었는가, 그리고 국가의 여성 정책과 여성운동의 관계, 여성운동에 끼친 영향이란 차원에서 참여정부의 여성 정책에 접근하고자 한다.

1987년 민주화 이후에 한국 사회에서 사회적·정치적 약자들은 국가에 의존하여 자신들의 요구를 실현하고자 해왔다. 여성 활동가들 역시 여성의 문제를 해결하기 위해 민주화된 국가에 참여하면서 국가권력에 의존하여 오랜 여성운동의 숙원들을 해결하고자 했었다. 통치자들은 진보 혹은 사회적 약자에 대한 배려의 이름으로 여성의 요구를 일정 정도 수용하고 또 새로운 정치의 상징으로 사용해왔다. 참여정부에서 여성은 가시적이었고, 사회적 약자를 대변하는 통치의 상징적인 부분을 담당했다. 그러나 참여정부 말기에 여성부와 페미니스트들은 과잉 대변하고 있다는 반격(backlash)을 받았고, 정부는 여성에게 지나치게 관대하고 허용적이라고 공격받았으며, 인터넷에는 여성부를 없애자는 청원까지 등장했다.[1] 그러나 이명박 정부에서 겨우 살아난 여성부는 가족과 함께 있거나 아니면 '보이지 않게 됐다'.[2]

참여정부에서 여성·젠더 영역은 굉장히 확대됐다. 공공 영역에서 여성·젠더 영역이 넓어져 여성 영역이 하나의 전문 직업이 되기 시작했다. 많은 여성·젠더 전문가들이 필요해졌고, 여성학자나 여성 사회학자, 여성 정책가 혹은 젠더 연구가들을 비롯하여 여성운동의 현장에서 오랜 경험을 쌓은 활동가들이 정부 및 여성정책 기구에서 일하게 됐다. 이에 따라 여성 정책을 주 영역으로 하는 여성학 대학원들이 생겨났고, 여성 정책이 여성학 연구의 주요 전공영역으로 등장했으며, 많은 여성운동 조직이 만들어졌다. 한국 사회에서 여성학을 처음 시작했던 한 페미니스트 학자는 이처럼 확장된 여성·젠더 공간에 대해 "여성 이슈가 이렇게 빨리 한국 사회에 주류화의 공간으로 들어갈 줄 몰랐다. 한국 여성학은 이론적으로, 그리고 경험적으로 아직 젠더 주류화를 다룰 준비가 되어 있지 않은데, 너무 빨리 제도화의 시간을 맞고 있는 것은 아닌가"라고 우려하기도 했다. 또한 여성피해자

---

[1] 2008년 2월 이명박 정부는 정부 조직 개편에서 여론의 힘을 입어 여성가족부를 해체하고자 했다. 당시 여성계의 청원과 항의, 그리고 정치적 판단에 의해 가족 업무를 보건복지가족부로 넘기고 여성부를 미니 부서로 남겨놓게 됐다. 그러나 여성부는 2년 뒤 저출산과 육아 보육을 가족 정책으로 다시 갖게 되면서 여성가족부로 환원했다.
[2] 2011년 2월 21일 국회의원회관 소회의실에서 발표한 남윤인순(2011)의 발제 소제목.

지원 정책으로 수혜를 받은 이들의 자기 권리 인식 또한 이 시기에 크게 신장됐다.

지구화, 신자유주의, 지역화, 초국가적 협력 등이 이뤄졌던 참여정부 시절에 정부나 지자체의 지원을 받은 크고 작은 여러 국제 여성회의가 열렸다. 또 여성 정책, 여성운동, 그리고 여성학이 함께 "가야 한다/갈 수 있을까"를 논하는 많은 워크숍이 있었고, 이러한 행사는 정부 여성정책 기구의 후원을 받았다. 그럴 때마다 외국에서 온 여성학자 혹은 여성 활동가들은 한국의 상황을 국가 페미니즘(State Feminism)이란 말로 언급했다. 1970년대에 급진적 여성운동인 우먼리브 출신의 일본 여성학자들도 참여정부에서 여성운동 활동가 출신들이 장관으로, 각종 위원회의 위원으로 참여하고, 여성학 지식이 여성 정책 개발에 직접 사용되는 것에 놀라움을 표시했다. 또한 여성운동 혹은 여성학의 어젠다가 정부에서 지원되는 것에 감탄하고 우려하면서 한국의 페미니즘을 국가 페미니즘이라고 칭했다. 그 당시 나는 그 말에 상당한 거부감을 느꼈다. 국가 페미니즘이라고 했을 때 마치 한국의 페미니즘이 운동성이나 비판성을 잃은 채 국가에 의존하여 국가 통치에 포섭되어 있는 것처럼 들렸고, 동시에 국가 중심의 한국 사회에서 학계나 시민사회가 국가에 종속되어 있다는 말처럼 들렸기 때문이다.[3]

그러나 2011년 현재 여성운동이나 여성학이 처한 현실에서는 참여정부에서 위원회 중심의 탈권위적인 국가 통치성의 실험으로 시도한 국가 – 여

---

3) 당시에는 여성주의적인 의제에 의해 국가나 사회의 가부장성을 비판해온 여성주의자들의 활동을 국가 페미니즘이란 말로 설명하는 것은 맞지 않다고 생각했다. 그때 국가 페미니즘이란 말은 페미니즘이 국가에 종속되어 있다는 것처럼 들렸고, 적어도 내가 하는 페미니즘은 국민국가의 발전 틀 속에 종속되어 있지 않다고 생각했기 때문이다. 이것은 당시 국가 페미니즘에 대한 내 편견의 산물이기도 했고, 국가 페미니즘이 사용되고 있는 비교 사회적인 지식과 개념의 협소함에서 오는 것이기도 했다.

성정책 기구-여성운동의 관계를 국가 페미니즘의 틀로 설명하는 것이 한국 사회의 여성주의 경험을 좀 더 넓은 맥락에서 의미화하는 하나의 방법이라고 생각하게 됐다. 여성운동가와 여성 정책자들이 함께 일하면서 여성운동의 의제를 정책화·제도화시켰던 북미와 유럽의 국가 페미니즘에 대한 연구[4]가 참여정부의 여성 정책 제도화와 성주류화, 그리고 여성운동 진영의 딜레마를 설명하는 데 유용한 참조 틀이 될 수 있다고 본다.

2. 거버넌스로서의 통치성과 국가 페미니즘

페미니스트들과 국가 사이에는 오랜 논쟁의 역사가 있고, 페미니스트들은 가부장적 국가에 개입하는 것에 대해 양가감정을 가져왔다. 역사적으로 영미의 페미니스트들은 제국주의적인 국가에 대해 비판적인 입장을 취해왔다. 그러나 그와 동시에 정책 기관에 다양한 방식으로 참여해왔고, 특히 여성에게 직접 영향을 끼치는 국가정책과 복지 문제에는 적극적으로 개입해왔다. 한국에서도 사회를 변화시키고자 하는 페미니스트들은 항상 운동의 의제를 국가에 의존하여 좀 더 수월하게 여성문제를 해결하고 싶어 했지만, 한편으로는 국가의 가부장성이나 남성 중심성에 대해 비판적이었다. 그런데 문제는 이제 지구화 혹은 국가가 표방했던 보편성의 위기 때문에 국가의 주권 혹은 통치행위가 변화하고 있고, 이에 따라 여성 집단과 맺는 관계 또한 달라지고 있다는 것이다. 여성들은 사회 참여와 권리 보장을 사회적으로 요구하고 있고, 공적 영역에서의 여성의 가시화는 국제적

---

[4] 러벤더스키(Lovenduski, 2005)와 하우스만과 사우어(Haussman and Sauer, 2007), 그리고 칸톨라와 아웃슈언(Kantola and Outshoorn, 2007)이 비교를 위한 사례연구들을 제공한다.

으로 사회 발전의 지표로서 간주되고 있다.5)

후기 근대국가들은 국가권력의 정당화 혹은 통치성의 측면에서 여성을 위한 사회정책을 만들어왔고, 그 과정에 자신들의 요구를 정책 의제로 만들어온 시민사회 조직들을 참여시키고 있다. 이 글은 국가 통치의 탈중심화, 공적 공간의 확장, 시민사회와의 권력 공유라는 후기 근대국가 통치의 맥락이 국가 페미니즘을 논할 수 있는 기반이라고 보고, 참여정부에서의 여성 정책 제도화를 국가 페미니즘의 틀로 조명해보고자 한다.

'국가 페미니즘'은 포괄적인 용어이고, 페미니즘이 어떤 지향을 가진 국가와 결합하는가에 따라 그 의미가 다르게 정의될 수 있다.6) 국가 페미니즘에 대한 가장 간단한 정의는, 국가가 여성운동 진영의 요구를 내부적으로 지지하고 수용하여 정책화·제도화하는 것이라고 말할 수 있다(Loven-

---

5) 여성과 사회 발전의 관계가 항상 비례하는 것도 아니다. 서구의 페미니스트들은 제국주의적인 시각이라고 공격받으면서도 발전도상국의 국가들이 엘리트 여성들 혹은 여성 단체들을 정부의 정책 입안과 수행 과정에 동원하여 젠더 평등성을 실현하는 것에 대해 의심해왔다. 서구의 페미니스트들은 발전도상국 정부들이 자원을 투자하거나 성평등을 위한 인프라를 만들지 않은 채 여성들을 동원하여 국내외적으로 정치적 이익을 얻고 있다고 지적했다(Goetz, 2003). 많은 경우에 발전도상국들은 성평등에 대한 약속을 지킨다는 명목으로 여성정책 기관을 정부에 신설하지만, 사용할 수 있는 자원이 거의 없는 명목적인 기관일 경우가 많다는 것이다. 이런 조치들은 사실상 여성운동의 요구를 무력화시키거나, 더 나쁜 경우 페미니스트들의 요구를 왜곡시켜 결국 여성운동의 힘을 약화시킬 것이라고 서구 페미니스트들은 우려했다(Kantola and Outshoorn, 2007: 4~5).
6) 2004~2006년에 한국의 페미니스트들을 국가 페미니스트들이라고 명명하는 외국인 친구들에게 불쾌했던 이유는 권위주의적 국가가 남성 엘리트들에 의해 만들어진 여성정책을 탑-다운(top-down) 방식으로 시행하는 데 참여하는 이전 사회주의국가 혹은 발전도상국들의 여성운동을 연상했기 때문인지도 모르겠다. 가장 경멸적인 방식으로 사용되는 국가 페미니즘은 이전 사회주의국가에서의 여성 정책과 여성 참여를 의미해왔다(Temkina and Zdravomyslova, 2003; Kantola and Outshoorn, 2007: 2 재인용).

duski, 2005: 4; Kantola and Outshoorn, 2007: 2~6).

한국 사회에 알려진 가장 대표적인 국가 페미니즘의 사례는 호주에서 찾을 수 있다. 호주는 페모크라트(femocrat)와 여성운동 진영이 결합해 정부 내 여성 친화적 정책 수립과 제도화를 이룩해내면서 많은 나라에서 벤치마킹하고 싶어 하는 국가 페미니즘의 사례가 됐다. 그러나 호주는 여성 의제의 제도화가 이뤄진 후에, 1990년대 중반 보수 정부가 들어서고 국가 내 공공 영역에 신자유주의적인 경영 방식이 들어서면서 공공 영역이 축소됐다. 2000년 이후에는 페모크라트들이 퇴진하고 여성운동 진영의 쇠퇴가 이어졌다. 이러한 호주의 상황이 한국 사회에 알려지면서 일각에서는 호주의 국가 페미니즘 사례와 거리를 두려는 경향과 함께, 한국 사회의 특수성을 강조하는 경향이 있어왔다. 그러나 호주만이 아니라 유럽 여러 나라에서도 시민사회와 제휴한 여성 의제의 정책 수립, 그리고 제도화 과정을 설명할 때 국가 페미니즘 개념을 사용한다. 예를 들어 스칸디나비아 국가들에서 국가 페미니즘이라는 용어는 국가를 통한 젠더 평등의 성취를 의미한다. 그래서 아래로부터의 여성운동과 국가기구 내의 페미니스트들이 결합하여 여성 친화적인 복지 정책을 성취해낸 것을 국가 페미니즘의 성취라고 말한다.

'국가 페미니즘'이란 개념은 많은 논쟁을 불러일으켰고, 지금도 여전히 논쟁 중인 개념이다. 하지만 여성주의 학자들이 사용하고 있는 국가 페미니즘의 일반적인 용례는 조직적인 여성운동이 있고, 또 정치 민주화라는 제도적 정치 과정이 존재하는 포스트 산업사회에서 "여성들의 권리 증진을 위한 여성정책 기구들의 노력"으로 볼 수 있다(Chappell, 2002; Goetz, 2003; Rai, 2003; Mazur, 1995; McBride Steston, 2001; Lovenduski, 2005; Kantola and Outshoorn, 2007). 그러나 학자들에 따라 정의 방식과 입장이 조금씩 다르다. 어떤 학자들(Rai, 2003; Goetz, 2003)은 국가 페미니즘을 "여성의 지위 향상을 위한 제도적 메커니즘"으로 정의한다. 반면 또 다른 학자들(Outshoorn, 2004; Lovendusski et al., 2005)은 "정부에 의해 구축된 여성정책 기구의 실천"으로 설명한다. 여성정책 기구의 형태는 국제·국내·지역 차원에서 다양하게 존재할 수 있고, 국가의 여성 정책이나 제도화 역시 국내의 여성운동이나 현실에서만 만들어지지 않는다. 국제 인권체제, 유엔의 여성·발전 담론, 세계화, 지역화, 복지국가 개혁, 신자유주의 시장, 지배 정권의 성격 등과 밀접한 관련이 있다. 국가 페미니즘의 논의는 이러한 복잡성 속에서 다양한 여성들의 이해를 국가가 혹은 여성정책 기구가 어떻게 증진시키는가, 더 나아가 어떻게 성평등 실천에 관여하는가를 논하는 것이라 볼 수 있다.

국가 페미니즘에 대한 사례연구들은 여성정책 기구 그 자체가 여성주의적 혹은 여성 친화적이지는 않다고 지적한다. 여성정책 기구가 여성주의적인지 여부는 실천의 차원에서만 논의될 수 있다. 따라서 국가 페미니즘을 논할 때 중요한 것은 여성에 관한 의제와 요구를 만드는 국가기구 외부에 있는 여성운동 집단과의 관계다. 이 관계가 어떠냐에 따라 여성정책 기구들이 여성의 권익 혹은 이해에 복무하는가의 여부가 결정될 것이다. 이 글에서는 여성정책 기구인 여성부의 여성 정책 제도화와 여성부와 여성운동의 관계에 초점을 맞춰 참여정부 여성 정책의 국가 페미니즘적인 측면을 논하고자 한다.

3. 참여정부와 "여성"

참여정부에 여성은 어떠한 방식으로 결합되어 있었던 것인가? 오연호와의 인터뷰에 따르면 노무현이 참여정부를 통해 추구했던 것은 제도를 통해 역사를 전환시키는 것이었다(오연호, 2009: 72~73). 그리고 그 제도는 법치주의적 개혁을 통해 성취하고자 했다(문재인, 2010: 281~282). 자신을 진보의 입장에 선 대통령이라고 인식하고 있던 노무현에게 진보의 역사적 과제는 "모두가 잘사는 사회, 소수자들의 힘을 키우는 제도의 확립"이었다(오연호, 2009: 252~256). 이런 맥락에서 기존의 권력 구조에 들어가 있지 않은 정치적 소수자였던 여성은 기회를 나눠 가져야 하고 진보 진영과 함께 권력을 공유해야 하는 집단으로 간주됐다. 힘을 키워야 하는 소수자로서의 여성, 그리고 여성을 지원해야 하는 국가의 배려는 노무현의 다음과 같은 견해에서도 읽을 수 있다. "여성들의 정계 진출을 용이하게 하기 위해서는 여성 스스로의 노력이 중요하겠지만, 다른 나라의 경험을 보면 비례대표제 또는 대선거구제를 채택하고 그중 일부의 의석을 여성에게 배정하는 제도를 도입하는 것이 바람직할 것이다"(노무현, 1994: 128). 참여정부에서 변화를 위해 중요한 것은 제도를 만드는 것이었고, 여성의 변화 역시 제도화에 있었다.

한국 사회에서 여성운동 진영에서 만들어진 여성 의제의 제도화는 1993년 14대 김영삼 문민정부에서부터 시작됐다. 본격적인 여성정책 기구가 만들어지기 시작한 것은 15대 김대중 국민의 정부 시기다. 이 시기에 여성계가 오랫동안 바라왔던 여성특별위원회(1998)가 설치됐고, 이어서 여성부(2001)가 신설됐다. 성주류화 전략이 시작되면서 5개 부처에 여성 정책 담당관을 두게 됐다. 여성부는 예산이 거의 없는 상징적인 부서였지만, 여성운동이 발전시켜온 요구들을 공적인 여성 정책 의제로 제도화하는 중요한 정책 기관이었고, 여성들이 정부의 의사결정 영역에 접근하는 것이 가능해진 공식 창구이기도 했다.

국회의 속기록을 분석한 여성학자들은 1990년대의 여성 정책 수립은 입법부보다 사실 여성운동에서 제기하고 여론화하여 정책 의제를 만들어 간 것이라고 지적한다. 1990년대에 제기된 여성 정책의 기본 원칙은 남녀평등보다 열악한 여성고용 현실과 여성의 낮은 정치 참여라는 한국의 현실에서 국가의 보호를 필요로 하는 피해자 중심의 지원 정책이었다. 「가정폭력및성폭력방지법」, 또 참여정부의 「성매매방지법」과 호주제 폐지가 그것이다. 「여성발전기본법」이나 「남녀고용평등법」 등은 제도적 장치로서 여성운동이 정책 기구에 압력을 가할 수 있는 하나의 준거였을 뿐이다(김경희, 2006: 45~46). 여성운동의 의제가 정부의 정책 의제로 만들어지는 데는 국제적인 환경 또한 중요한 역할을 했는데, 특히 1995년에 베이징 세계여성대회의 행동 강령에서 발원된 성주류화 개념을 수용하면서 한국 정부는 여성 정책에 관한 한 국제적 영향을 더욱 많이 받게 된다. 성주류화 논의 사례들은 한국의 정책 개발의 범위를 확장시켰다. 베이징 세계여성대회의 협약을 수용한 이후 한국 정부는 국내 여성의 요구보다는, 국제적 기준과 분위기에 보다 민감하게 반응하게 됐고, 국제기구의 압력 때문에 입법화되는 여성 정책이 많아졌다(양현아, 2006). 특히 김대중 정부에서 국제적으로 표준화된 여성주의 정책을 수용했고, 여성 관련 지표의 수치를 올리는 것은 국제 질서 속에서 국가 경쟁력을 높이는 것이고, 또 정치 민주화의 표식으로 간주됐다. 김대중 정부에서 제정된 「인신매매금지법」의 계기가 된 것은 한국이 인신매매에 대한 금지가 약한 국가라는 미국의 보고서[7]였다(김은실, 2002).

---

[7] 2001년 7월 12일 미국 국무부가 미 의회에 발표한 "인신매매 보고서"에서 한국이 인신매매 관련 평가기준에 미달하는 최하위 그룹인 3등급 판정을 받은 사건이 있었다. 이 보고서가 발표된 직후 한국 정부는 법무부, 외교통상부, 여성부 등 관계 부처 합동으로 인신매매대책위원회를 설치하고 법규와 제도 정비에 착수했다. 외교 경로를 통해 한국의 개선 조치를 미국에 설명했고, 2002년 평가에 반영할 것을 강력히 요구했다. 미국 국무부는 2002년 6월 5일 연례 국제 인신매매 실태 보고서에서 한국이 인신매매 방지 노력에 놀라운 성과를 거뒀음을 인정하여 한국을 인신매매 관련 평가에서 캐나다, 독일, 영국 등과 함께 1등급 그룹에 포함시켰다(≪인터넷 한겨레≫,

참여정부의 실험에서 가장 두드러진 것은 정책 의제를 만들고 수행하는 데 정부 구조 내 조직만이 아니라 다양한 거버넌스 체제를 통해 외부의 전문가와 활동가들이 국가 조직에 참여하고, 또 그들이 국가와 시민사회를 매개했던 것이라고 본다. 이는 참여정부가 기존의 정부 조직이 가지고 있던 경직성과 보수성, 한계를 넘으려는 실험이었고, 동시에 정치적 권력을 통해 빠른 시간에 권력 중심주의를 탈중심화하고자 했던 실험적 제도였다. 또 그래서 그만큼 현실적으로는 효율성과 행정적 효과를 볼 수 없는 한계를 지닌 구조이기도 했다. 거버넌스 체제를 통해 여성운동 활동가들은 관료, 정부위원회의 위원, 그리고 정치인으로서 참여정부에 관여했다. 또 여성운동 조직들은 정부의 정책들을 모니터링하거나 피해자 지원 서비스를 제공하는 용역 사업을 수행하면서 여성 정책의 입안과 수행에 참여했다.

노무현은 대통령 후보 시절 "이제 아이에 대한 걱정을 하지 마라. 국가가 아이를 대신하여 키워주겠다"라는 공약을 여성들에게 했다. '여성이 행복한 나라'를 기본 정책 방향으로 제시했으며, 보육료 절반, 50만 개 여성 일자리 창출, 남녀고용평등제도 정착 등 13개 분야에 공약을 제시했다. 이에 기반을 두고 참여정부인수위원회는 4개의 과제 — 고용상의 남녀 차별 철폐, 여성의 대표성 제고, 호주제 폐지, 성매매 방지를 통한 여성의 인권 보호 — 를 남녀평등을 구현하기 위한 주요 정책으로 제시했다.[8] 이 과제

2002.6.5).

8) 4개의 과제 중에서 호주제는 폐지됐고, 「성매매방지법」이 제정됐으며, 여성의 대표성을 높이기 위해서는 공무원 양성평등 채용 목표제를 비롯하여, 「정당법」을 제정하여 여성 국회의원 공천율을 높였고 각종 위원회에 여성 비율을 높이는 노력을 기울였다. 그러나 고용상의 남녀차별 문제는 가장 비판받는 과제이고, 여성 노동운동 진영으로부터 많은 비난을 받았다. 여성 노동과 관련된 부분은 공공 영역을 넓히거나 국가가 개입하기보다 신자유주의 시장에 맡겼다. 이 글은 과제와 관련된 부분의 평가를 진행하고자 하는 것은 아니기 때문에 참여정부의 여성 정책 과제의 평가에 대해서는

중에서 가장 가시적인 참여정부하의 여성부 정책은 보육과 성매매 방지를 위한 여성 인권보호 정책이었다. 실제로 보육은 여성의 일과 관련해서가 아니라 저출산 대책과 관련해, 그리고 성매매 방지는 성평등과 관련해서가 아니라 피해자로서의 여성에 대한 지원 정책이었다. 이상의 과제와 함께 참여정부는 여성부를 강화하고 성평등의 관점에서 예산과 정책을 만들기 위해 2차 여성정책 기본계획인 성주류화 정책을 여성부의 주요 사업으로 추진했다. 성주류화는 구조적인 차원에서 성평등을 제도화할 수 있는 정책을 만드는 것으로, 이것은 이제까지 여성운동 단체에서 제기된 의제를 수용해 정책을 입안하는 것을 넘어서서 국가가 여성정책 기구를 매개하여 제도를 통한 성평등 실현을 추구하는 정책이었다. 이런 의미에서 성주류화 정책은 이념적 차원에서 국가 페미니즘 정책이 가장 진전된 형태라고도 볼 수 있다.

4. 참여정부에서의 여성 정책의 제도화

참여정부에서 여성 문제의 해결은 국가정책을 통한 제도화에 있었다. 그렇다면 제도와 법제화를 통해 역사를 전환시키고자 했던 참여정부는 여성과 관련해서는 어떠한 결과를 낳았는가? 역사의 새로운 전환을 마련하고자 했던 참여정부의 여성 정책의 실험성은 여성운동 단체와 여성운동에 어떠한 영향을 끼쳤는가? 특히 노무현이 그의 실험 중 가장 중요하게 세력화하고 싶었던 시민 권력, 여성 권력이라는 차원에서 참여정부의 여성정책 기구는 어떠한 역할을 했는지 살펴보겠다.

기술하지 않겠다.

1) 성주류화 정책의 제도화

성주류화 정책은 한국의 여성 정책 — 가정 폭력·성폭력·성매매 방지법 — 이 여성을 잔여적 복지 정책 대상인 피해자로 상정해온 것을 지양하고, 성평등 개념을 도입하여 국가정책의 입안과 실행·평가 과정에 내재화되어 있는 성차별을 제거하고자 한 정책이다. 성주류화 정책은 2차 여성정책 기본계획(2003~2007년)에 속해 있는 정책으로서 성별영향평가, 성인지 예산, 성별분리통계, 성인지 교육 등을 정책의 도구로 하고 있다. 참여정부는 여성부를 강화하고 양성평등적 예산제도 도입 및 통계지표 생산을 공약했다(한국여성단체연합, 2007). 이 글에서는 성주류화 정책의 주요 전략인 성별영향평가에 대한 간략한 분석을 통해 참여정부에서 성주류화 정책이 여성·젠더 정치학으로 제도화된 방식을 살펴보겠다. 그리고 참여정부하에서의 여성정책 기관인 여성가족부와 현장의 여성운동이 글로벌 여성 의제인 성주류화와 어떤 관계성을 갖고 있는지 논해보고자 한다. 그리고 이것이 국가 페미니즘과 어떤 연관이 있는지를 살펴본다.

성주류화는 여성을 특별히 보호하고 관심을 기울여야 한다는 WID(Women in Developmet)의 전략을 넘어서서 여성을 사회 발전의 참여자이자 수혜자로 위치시키는 GAD(Gender and Development)에서 발전되어 나온 개념이다. 성주류화가 각국 정부의 보편 정책이 된 것은 1995년 베이징 세계여성대회 이후다. 한국에서는 참여정부 시기부터 본격적으로 여성 정책의 기본 원칙이 되어왔다[9].

---

9) 성주류화는 국가가 정부의 모든 정책에 성차별이 해소되는 성인지적 정책을 수립하고자 하는 원리인데, 많은 연구자들은 성주류화가 처음부터 모호한 내용의 정치적 수사였다고 말한다. 베이징 세계여성대회 이후 "젠더"와 "성주류화"라는 용어가 전면적으로 사용되기 시작했지만, 이것이 무엇을 의미하는지에 대한 명확한 정의를

베이징 세계여성대회 이후 여러 나라에서 보편적인 여성 정책이 되고 있는 성주류화 정책은 성주류화를 의미 있게 만들고자 하는 주체들과 그것을 필요로 하는 주체들에 의해 외국의 성주류화 정책을 인용하고, 모방하고, 또 벤치마킹하면서 글로벌한 차원에서 다각적인 방식으로 진행되어왔다. 그렇기 때문에 성주류화를 이해하는 방식은 다양하다. 예를 들어 어떤 경우는 기존 여성 정책의 중요성을 강조하기 위해 성주류화라는 이름을 붙이는 정도이고, 또 어떤 경우의 성주류화는 적극적 조치, 균등처우, 동등한 참여, 정부 개혁 등을 통해 기존 구조에 여성을 끼워넣는 노력을 의미하기도 한다. 또 다른 경우에는 새로운 정책을 통해 정부의 정책 패러다임을 변화시키고자 하는 다양하고 적극적인 제도를 의미하기도 한다.10)

초기에 성주류화는 국내 여성운동 진영에서 발전시킨 여성 경험에 입각한 '여성' 정책보다는, 유엔의 개념 틀을 사용하여 '젠더' 관계를 변화시키려는 좀 더 포괄적이고 전문적인 정책으로 간주됐다. 성주류화가 등장하면서 '젠더'를 어떻게 이해할 것인가라는 문제 제기가 시작됐고, '여성'과 '젠더' 간의 위계가 다양한 방식으로 설정됐다. 성주류화 정책은 '젠더'라

포함하고 있지는 않았기 때문에 성주류화를 정책으로 채택하는 과정에서 혼란과 모호함, 그리고 의미의 전화(轉化) 등이 일어났다.

10) 가장 일반적으로 성주류화는 통합주의적 형태, 어젠다 세팅 형태 혹은 변혁적 정책의 형태를 취할 수 있다고 말한다(Verloo, 2005). 통합주의적 형태의 주류화는 기존의 정책 패러다임 내에서 젠더 이슈를 통합시키는 것으로 정책 결정에서 전문가와 증거에 기반을 둔 지식의 관료적 창출에 초점을 맞춘다. 어젠다 세팅 형태의 주류화는 시민사회 조직과의 자문을 통해 사회적으로 취약한 집단을 출석시키고, 그들의 역량을 강화하는 데 초점을 둔다. 여기서는 단순히 기존 의제에 젠더 시각을 통합하는 것이 아니라 의제를 재정향시키는 것이 포함된다. 그러나 스콰이어(Squire, 2005) 같은 학자는 불평등을 재생산하지 않는 젠더 주류화가 되기 위해서는 젠더 편견을 재생산하는 정책 과정 자체를 변혁시키는 변혁적 정책 형태를 추구해야 한다고 말한다.

는 척도를 사용해 글로벌 표준화가 이뤄지는 정책의 한 분야가 되기 시작했다. 그리고 그것은 한국 사회에서 일어나고 있는 긴급한 경험적인 여성 현실과는 어느 정도 거리를 둔 정책적인 이슈이기도 했다. 그러나 한국의 현실에서 성주류화 의제들과 관련하여 가장 중요한 이슈는 무엇인가? 또한 이것을 누가 시행할 것인가? 누가 이 제도로부터 혜택을 받을 수 있는가? 누가 이것을 여성주의적인 것으로 혹은 젠더 감수성 있는 제도로 만드는 주체인가라는 질문은 제기되지 않았다. 그 대신에 성주류화 정책과 관련한 논의는 성별영향평가, 성인지 통계, 성인지 예산과 같은 도구와 그것을 수행하는 행정 기구 내의 절차적 과정에 초점이 맞춰졌다. 이런 맥락에서 성주류화를 수행하는 데 가장 큰 장애는 성주류화의 도구를 다룰 수 있는 젠더 전문가의 부족이었다.

성별영향평가

'성별영향평가'는 성주류화, 성인지 정책을 수행하는 제도이며 전략 사업이다. 여성가족부의 『성별영향평가 안내서』에 따르면 성별영향평가란 '정책을 입안·집행·평가할 때 성별 요구와 차이를 고려하여 정책이 여성과 남성에게 고르게 혜택을 가져올 수 있게 하는 것'을 의미한다. 또한 성별영향평가는 성별 통계 등 객관적 자료와 정책 고객의 요구에 대한 검토를 통해 실태를 정확하게 분석하고 정책의 시행 또는 폐지가 여성과 남성에게 어떠한 차별적 영향을 미치는지 파악하여 해당 정책을 양성평등적으로 개선해나가기 위한 도구다(여성가족부, 2007: 12~15).[11] 2008년에 젠더(성별)

---

[11] 2005년 정부는 41개 중앙 행정기관과 57개 기관의 정책과 사업을 대상으로 성별영향평가를 실시하고 있으며, ① 사회적 파급 효과가 크고 성별에 따라 수혜도 편차가 클 것이라고 예상되는 정책, ② 국제적으로 공인된 양성평등 관련 지표에 영향을 주는 정책 등을 기준으로 선정하고 있다(여성가족부, 2006: 표 3 참조). 또한 『성별영

가 어떻게 이해되고 있고 타 부처에서 성주류화 정책의 실제 위상이 어떠한지를 살펴보기 위해, '2005년 성별영향평가사업'에 대한 평가 보고서(민주노동당 정책위원회, 2006)를 검토하고 2007년 성별영향평가사업을 수행했던 몇몇 담당자들과 면담 조사(2008년 4월)를 시도했다.

민주노동당 정책위원회는 2005년 평가 보고서를 검토한 후 대부분의 보고서가 불성실하고 형식적이라고 지적했다. 성별영향평가는 해당 부처들이 자신들이 수행하는 사업 중 여성 관련 사업을 재확인하는 수준이었고, 해당 사업의 '성평등' 수준을 단지 '남성과 여성의 동등한 수준의 참여'라는 양적 수치의 형평성으로 파악하고 있음이 드러났다. 사회 전반적인 여성의 현실, 즉 젠더 관계에 대한 이해가 부족했고, 더 심각한 문제는 성별영향평가를 거쳤다는 이유만으로 더 이상 성주류화 정책을 개선할 필요가 없다는 인식까지 갖게 할 우려가 있다는 문제가 제기됐다.

중앙 부처의 성별영향평가 책임부서 담당자와 실제 평가 작업을 수행한 수행 부서 담당자를 대상으로 실시한 설문조사 분석에서는 평가 담당자 중 성인지 교육을 전혀 이수한 적이 없는 사람이 58명 중 27명(47%)이었다(민주노동당 정책위원회, 2006: 38). 성별영향평가제도가 정부 정책의 실효성을 높이는 데 긍정적인 제도라는 의견에 대해서는 전체 담당자 39명(66%)이 긍정적으로 봤지만, 35%는 제도의 긍정성을 인식하지 못하거나 취지를 이해하지 못하는 것으로 나타났다(민주노동당 정책위원회, 2006: 40). 담당자들이 느끼는 문제점은 부처 내에서 성별영향평가사업에 대한 공감대 및

향평가 안내서』를 제작·보급하고, 심층 성별영향평가연구 용역을 추진하여, 2005년 총 57개 기관 중 55개 기관이 참여(96.5%)했으며, 중앙 행정기관 41개 기관 중 39개 기관(95.12%)이 참여하는 등의 성과를 거두고 있는 것으로 나타났다. 2006년에는 중앙·광역·기초 시범기관을 포함하여 190개 기관이 참여하여 전년 대비 345%가 증가한 것으로 나타나 점차 성별영향평가가 확대·적용되고 있음을 알 수 있다.

관심이 부족하여 협조를 구하기 어렵다는 것이었다. 그뿐만 아니라 담당자 스스로 사업의 취지와 시행 방법에 대한 사전 지식이 부족했다는 점, 여성가족부 및 외부 전문가로부터 적절한 정책 자문이나 지원을 받기 어려웠다는 점을 지적했다.

민주노동당 토론 보고서는 현재의 기본적인 추진 체계를 유지하기 위해서는 각 부처와의 보다 긴밀한 협의와 의사소통이 필수적이라는 점을 지적했다. 각 부처의 참여 수준을 높이기 위해서는 여성가족부가 담당자 대상의 교육을 실시해야 할 뿐만 아니라, 전체 정부 차원에서 중요성을 환기시켜야 하고, 대국민 홍보, 일반인·시민단체 참여 등을 통해 성별영향평가에 대한 사회적 인식을 확산하는 것이 중요했다. 또 담당자들 스스로 이 사업이 형식적으로 이뤄질 가능성이 높다는 것을 지적한 만큼, 각 부처 업무 특성에 맞는 자문·지원 체계를 갖추고 궁극적으로 자체 성인지적 정책 생산 시스템의 구비를 목표로 해야 했다. 이를 위해서는 주무 행정부처인 여성가족부가 평가 사업이 될 수 있는 과제를 발굴하고, 각 부처의 사업에 개입할 수 있는 여지가 확대되어야 했다. 또한 다양한 부처와 기관에서 사업 선정에서부터 평가 작업이 진행될 때까지 어느 정도의 역할을 할 수 있도록 성별영향평가사업을 기획·조정하는 데 좀 더 적극적으로 나설 수 있어야 했다. 그러나 각 부처별 담당자들은 성별영향평가사업을 여성가족부가 타 부처의 정책 입안에 개입하는 것이라고 인식하고 있었고, 제도 자체의 의의에 대한 공유가 미흡했다(민주노동당 정책위원회, 2006: 44).

1995년 이후 성주류화의 언설이 도입됐지만, 정책적인 성주류화가 시행되기 시작한 것은 성별영향평가가 법적으로 제도화되고 본격적인 평가 사업이 시작되면서부터라고 할 수 있다. 성주류화는 기본적으로 구조적·체계적 접근이며 정책에 내재한 성차별을 제거함으로써 불평등한 젠더 관계를 변화시킬 수 있다는 새로운 성평등 전략이다. '변화를 위한 제도화'

라는 이념적인 차원에서 성주류화는 참여정부의 기본 취지에 맞는 사업이었다. 그러나 성별영향평가는 성평등이 무엇인지, 또 구체적으로 무엇을 변화시키고자 하는지에 대한 목표 설정이 명확하지 않은 상태에서 부처의 평가 항목으로 법제화되어 있었다. 2004년 9개 기관 10개 과제, 2005년 57개 기관 87개 과제, 2006년 187개 기관 313개 과제에 대해 성별영향평가가 실시됐다. 그러나 성별영향평가를 받는 사업의 양적 증가가 곧 행정부 내 정책의 성평등 확대를 의미하는 것은 아니었다. 한 부서의 담당자는 2008년 면담에서, 과제 평가를 하지만 여성부 자체의 영향력이 미비하고, 사실 성인지적인 분석이 꼭 필요한 것이라는 인식이 없기 때문에 성별 분석은 자신의 부서에서 그 중요성이 아주 약하다고 설명했다. 그는 "만약 2008년에 여성부가 없어졌으면 성별영향평가사업이 어떻게 됐을까"라는 질문에 대해서 "아마 주무 부서가 없어졌기 때문에 이 사업 역시 없어지거나 약화되지 않았을까"라고 답변했다.

한국에서 성인지, 성주류화에 대한 개념을 이해하기가 더 어려운 것은 참여정부하에서 여성가족부의 위상과도 관계가 있었다. 남성 중심 사회에서 피해자 '여성'의 상징성을 동원하여 탄생한 여성(가족)부가 행정부 내에서 동등한 '행정부처'로 자리매김할 수 없는 여러 정치적 어려움이 있었기 때문이다. 이런 상황에서 성주류화 개념들의 의미가 변질되기도 하고, 또 행정부 내의 조직 문화 속에서 성주류화의 취지가 퇴색되기도 했다. 많은 행정부 내 관료들은 여성(가족)부가 가시적으로 존재한다는 이유 때문에 모든 여성 관련 정책은 여성(가족)부에서 하고, 대신 다른 부처는 젠더로부터 자유로운 젠더 중립적인 고유의 정책을 할 수 있어야 한다고 생각했다. 그와 동시에 여성부가 다른 부처의 과제를 성평등이라는 척도로 평가하고 조정한다는 것은 현실성이 없다고 생각했다. 여성부가 다른 부처의 성평등 정책을 지휘 감독하고 조정하기 위해서는 이를 가능하게 강제할 수 있는 정부 내의 강한 정치적 위상과 역할이 요구된다. 그렇지 못할 경우 성주류화 정책은 행정부 내에서 여성부가 점하는 지위와 비슷한 처지에 빠질 수밖에 없거나, 대통령의 개입을 통해 일을 수행할 수밖에 없다.

성주류화는 합법적인 자원 동원과 분배의 수단을 가진 국가와 여성 정책 담당자, 페미니스트 연구자, 여성 활동가들이 정책 과정에 참여함으로써 사회 전반의 성평등을 달성할 수 있는 잠재력을 가진 성평등 전략이다. 그러나 국가의 정책 수단을 동원하여 여성주의자들이 오랫동안 제기해온 성별 불평등을 제거하고, 성평등을 실천할 수 있는 정책을 만드는 성주류화가 수사에 그치고, 사회 변화의 힘을 상실하는 사례는 거의 모든 나라에서 일어나고 있다고 학자들은 말한다. 이렇게 된 가장 중요한 이유는 성주류화가 도구나 방법, 정책의 문제이기에 앞서 젠더 불평등과 위계의 문제로서 제도화되어 있지 않기 때문이다. 국가와 여성 정책 담당자들, 페미니스트 연구자들, 여성 활동가들은 성평등을 위해 자기 사회에서 무엇이 변화되어야 하는가에 대한 이해와 합의의 경합을 이뤄야 하고, 국가정책에 개입하고 모니터링할 수 있는 다양한 여성운동 조직이 있어야 한다.

2) '성주류화'의 '성(젠더)'과 여성 정책의 '피해자 여성'에 대한 이해

용어나 개념이 무엇을 의미하고, 지시하는가를 알 때 비로소 그 용어나 개념을 사용하여 현실을 비판하거나, 새롭게 구성하는 담론적 통제력을 행사할 수 있다. '성주류화', '성인지', '젠더'와 같은 용어는 참여정부에서 여성 정책 관련자, 공무원, 여성 활동가, 정책 수혜자 등 많은 사람들에 의해 사용됐다. 하지만 그들은 이 말들이 무엇을 의미하는지, 그리고 구체적으로 무엇을 지시하는지 '모르겠다'고 불평해왔다.

2005년 3월에 여성가족부는 '성인지'는 '양성(남녀)평등'으로, '성별통계' 혹은 '성인지 통계'는 '남녀별통계'로, '성주류화'는 '(양성평등 정책의) 보편화' 혹은 '일반화'나 '중심화'로, '젠더'는 '남녀별' 등으로 변경해 사용하라는 지침을 내렸다. 여성가족부가 이런 용어 지침을 만든 이유는 여성 정책에 대한 일반인의 이해를 높이고, 용어를 이해하지 못해 발생하는 비효율적인 측면을 없애는 '여성 정책 용어 순화'를 이끌어내고자 했기 때문이다. 이에 대해 한국여성민우회는 반박 성명을 내고 이런 용어 순화가 이제까지의 여성운동의 성과를 후퇴시킬 뿐만 아니라, 새롭게 현실을 드러낼 수 있는 성인지나 젠더 등을 남녀로 번역해내면서 성별 이분법을 재생산한다고 비판했다(《한국여성민우회》, 2005.3.18). 이러한 용어 사용을 통해 성주류화, 젠더, 성평등 혹은 양성평등 정책에서는 항상 남녀가 함께 동등해지는 것을 의미하게 됐고, 여성 정책은 피해자 혹은 요보호자로서의 여성을 의미하게 됐다.

한국에서 여성 의제의 제도화는 한 축에서는 다양한 영역에서의 동등한 처우를 통해 여성의 사회 진입을 막아온 공적 영역에서의 차별을 제거하는 정책을 만드는 것으로, 성주류화의 성평등 기획이다. 또 다른 축으로는 여성 정책이 있는데, 이는 남성과 같아질 수 없는 여성의 특수한 욕구를 여성 친화적인 정책을 통해 보완해주는 것을 의미한다. 이런 맥락에서 성·젠더 주류화는 두 가지 방식으로 이해되는 것 같다. 하나는 양성평등이고, 또 하나는 (요보호) 여성에 대한 지원의 법제화 혹은 제도화다. '양성평등'과 '여성' 이 두 가지 사용 방식이 바로 성주류화의 성·젠더라는 언설의 자장 속에서 이해되고 있다. 즉, 젠더의 용례가 한쪽에서는 남녀이고, 또 다른 쪽에서는 여성이다. 그런데 문제는 젠더에 대한 두 가지 용례가 모두 여성과 남성을 본질화하고 동질적인 집단화된 실체로서 여성과 남성에 접근한다는 것이다. 또한 남녀의 불평등한 현실을 전제하면서 현실의 변화를 도모하는 평등으로서의 젠더나, 차이로서의 젠더가 모두 현실의 젠더 질서를 변화시킨다기보다, 현실의 젠더 질서를 유지하고 개선하는 효과를 지향한다는 것이다. 성평등 요구는 공적 영역에서 '남성과 동일하게'라는 담론 속에서 불평등한 상황을 벗어나고자 하는 여성의 요구를 일정 정도 충족시키지만, 그것은 이미 공사로 구별된 남성 중심의 공적 영역에서 여성의 주변화된 지위를 개선하거나, 재생산하는 결과를 가져온다. 반면에 차이를 통한 성평등은 여성에게 국한되는 성폭력, 가정 폭력, 성매매 여성에 대한 지원 및 사회 복귀 프로그램으로서, 이는 사적인 관계 속에서 남성으로부터 피해를 받은 여성을 보호하는 것으로 남성과 여성의 고정관념화된 성역할의 차이 혹은 피해자로서의 여성을 생산하는 잔여적 기제가 될 수 있다.

이에 대해 허라금(2005)과 유정미(2007)는 '성주류화(gender mainstreaming)' 정책이 현실을 변화시키는 정책이 되지 못하고, 여성을 현실에 통합시키는 정책이 되어버린 것은 젠더(주류화)에 대한 오해에서 비롯된다고 지적한다. 즉, 젠더 주류화는 성별 불평등으로서 젠더 시각의 주류화를 의미하는데, 한국의 현실에서 젠더(주류화) 이해는 경험적이고 집단적인 남성과 여성이라는 실체를 지시하는 것으로 이해되기 때문에 성주류화가 여성을 현실에 통합하는 문제로 이해되고 있다는 것이다.[12] 그래서 여성 정책을

---

[12] 젠더라는 말은 사실 아시아에서 이해하기 힘든 말 중에 하나였던 것 같다. 최근에는 많이 들을 수 없지만 1990년대 말에서 2004년까지 일본 여성학자들이 발표 중에 'gender free society'라는 말을 사용하는 예가 많았다. 후나바시 구니코(Funabashi Kuniko)는 1998년 이화여자대학교에서 자신들이 추구하는 사회가 'gender free society'라고 말해 한국의 페미니스트들로부터 그 말의 의미와 출처에 대한 질문을 받은 적이 있다. 2004년 9월 사이타마에서 열린 일본 여성회의 한 패널에서 'gender free society'를 위한 여러 전략들이 논의됐었는데, 어떻게 'gender free society' 라는 말이 가능한가라는 질문에 대해 하라 히로코(Hara Hiroko)는 "원래 'gendered bias free society' 혹은 'society free from gender stereotypes'인데 젠더라는 말이 이해되지 않았기 때문에 이렇게 만들어졌다고 했다. 그 말을 수정하고자 했으나 그러기 위해

논하는 여성학자들은 성주류화가 모호하고 정의하기 어려운 말이지만, 제도를 통한 변혁(transformation) 혹은 변화의 잠재력을 가지고 있는 성평등 접근이 되어야 한다고 주장한다(마경희, 2007; 김경희, 2005; 허라금, 2005). 유정미는 에버라인과 바치(Eveline and Bacchi, 2005)를 인용하면서 성주류화 역시 젠더를 구성하는 과정에 있는 것으로 이해해야 하고, 성주류화를 젠더 인식 주류화로 재구성할 것을 제안한다(유정미, 2007: 194). 이런 의미에서 성주류화는 적극적 조치, 동등 처우, 동등 참여, 정부 개혁 등을 포함하는 사회 변혁적인 전략이어야 하고, 그런 의미에서 성주류화의 여성 정책은 이전의 각 부문별 여성 정책들과는 다른 젠더 불평등에 대한 구조적이고 체계적인 접근이다.

그러나 양성평등의 주류화로 이해되는 젠더는 여성이 다양한 영역과 위치에서 받고 있는 불평등의 문제를 여성 문제로 환원시킨다. 이런 젠더 개념은 신자유주의 시대에 여성과 남성이 겪는 다양한 차별과 불평등을 항상 여성과 남성의 문제로만 보게 한다. 참여정부 말기인 2007년 10월에 법무부에서 20개의 차별금지 영역 중 7개의 항목—성적 지향, 학력, 병력, 출신 국가, 언어, 가족 형태 및 가족 상황, 범죄 및 보호처분 전력—을 삭제한 채 차별금지 법안을 입법 예고했다. 이것은 젠더에 대한 성주류화 정책의 한계를 드러내는 대표적인 사건으로 볼 수 있다. 성별은 차별금지법에 삭제되지 않은 차별 영역으로 간주됐는데, 여성과 삭제되지 않은 여성 범주들과의 관계를 성주류화 담론은 어떻게 풀 수 있을까 하는 것이다. 여성과 동성애 여성, 여성과 이주 여성, 여성과 무학 여성 중 동성애 여성은 동성애 때문에, 이주 여성은 이주 때문에, 무학 여성은 무학 때문에 차별받

서는 더 많은 말을 해야 하고, 그렇게 되면 젠더 자체에 대한 거부감이 있을 수 있기 때문에 개입하지 않아 현재에 이르고 있다"라고 했다.

는다. 그렇다면 차별금지 대상인 순수한 여성은 어떤 여성이 되어야 하는가? 양성평등으로 번역하고 실천되는 성주류화의 젠더 정치의 틀 안에서는 동성애자이면서 여자인 여성의 문제를 해결하는 데 한계가 있다. 여성들 내부의 차이, 그리고 양성평등으로는 가시화될 수 없는 트랜스젠더 혹은 간성인들 역시 양성평등이라는 젠더의 틀 속에서는 배제된다.

참여정부가 추진하고 있는 성주류화 논의는 여성의 현실에 기반을 둔 의제 설정보다 더 구조적인 관점에서 젠더 시각에 입각하여 제도를 변화시켜 성평등을 추구하겠다는 의지가 실려 있다. 즉, 성별 분석(추후에 성인지 예산 등) 등을 통해 구조적인 차원에서 국가의 자원을 배분하고 정책의 효과를 검토하는 법을 만들어 제도적 전환을 하겠다는 것이다. 이런 의미에서 역사적 전환을 위해서는 구조적 변환이 우선되어야 한다는 노무현의 사회공학적 아이디어는 성주류화와 맞닿아 있다. 문제는 누가 이를 추진하고, 이러한 제도의 전환을 지속적으로 모니터링하고, 지지하고, 필요로 하는가이다. 법제화는 여성부의 위상과 정부의 정치적 의지에 달려 있다. 그러나 어떻게 이 법이 여성들의 이해에 복무하는 법이 될 수 있을 것인지는 여성가족부가 여성운동이나 여성의 이해와 관련하여 기존의 여성 정책을 재구조화하고 조정하는 역량을 지녔는가의 문제와 관련이 있다. 참여정부에서 여성부는 여성운동과 긴밀한 관계를 맺고 있었지만, 여성운동 조직들은 성주류화 정책의 성별영향평가와는 거의 관계가 없었다.

5. 피해자로서의 '여성' 정책의 제도화: 국가와의 협상력을 배우는 현장 전문가·활동가 배양

1990년대 초에서 2005년까지 한국에서는 여성운동의 주요한 의제였던 여성인권 관련 법들이 특별법으로 입법화됐다. 「성폭력특별법」, 「가정폭력방지법」, 「성매매특별법」 등이 그것이다. 이 법들은 모두 여성운동에 의해 오랫동안 문제가 제기되어 법제화가 추진된 것이다. 여성운동 집단은 여성이 시민적 평등권을 획득하기 위해 가장 기본적으로 여성의 신체적 특수성을 국가법에 의해 보호·지원받을 것을 요구해왔다. 이러한 법들은 기존의 사생활 개념에 도전하는 것이었다. 왜냐하면 단순히 국가가 피해자 여성을 보호하는 것을 넘어서 남녀의 권력관계와 공사 구분 개념에 대한 정치적 도전을 수반했기 때문이다. 따라서 반성폭력법, 반가정폭력법, 반성매매법이 제정된 것은 여성에게 중요한 것이었고, 이 법에는 피해자에 대한 지원 등이 포함되어 있었다. 그러나 제도화 과정에서 피해자 지원은 포함되지만, 남녀의 권력관계에 도전하는 피해자의 젠더 정치학은 배제된다.

여성 관련 특별법에 의한 여성 의제의 제도화는 성주류화를 통한 남녀평등의 의제화와는 제도화의 메커니즘이 다르다. 여성 관련 특별법은 여성의 피해자성을 가시화시키고 보호하기 위해 만들어졌다. 여성 관련 특별법은 여성운동에 의해 의제가 만들어졌고, 국가에 의해 지원을 받는 여성 활동가 혹은 사회복지사들이 피해 여성을 가해 남성으로부터 보호하거나 피해자를 지원하는 것이다. 반면에 성주류화는 정책 차원에서 양성평등을 추구하는 것이고, 그것은 전문가에 의해 측정되고 정책적으로 해결된다. 참여정부하에서 성주류화의 제도화와 달리 여성 관련 특별법에 의한 여성 의제들의 제도화는 피해 여성을 잔여적 복지 서비스의 대상으로 위치시키고, 여성 활동가들은 그 법을 유지하고 실행하기 위해 활동가에서 실무자, 그리고 국가와 협상하는 정책 전문가들로 변했다.

국가와 여성정책 기관의 관계 속에서 여성운동 조직이 제도화되는 과정은 여성운동 조직이 정비되는 과정이기도 했다. 여성운동 조직은 제도화를 통해 일단 국가 자원에 접근할 수 있는 자격을 갖게 됐고, 공적 자원의 장으로 진입하는 경험을 했다. 또 국가의 의제를 전달하고 토론하고 협상하는 연대체들과 함께 지식을 공유하고, 지원 네트워킹 체계를 만들어가는 활동가들의 위계 구조를 경험했다. 이런 과정 속에서 경험과 지식을 축적하고, 그것을 공유하는 매뉴얼이 만들어지면서 현장 활동이 하나의 지식과 경험으로 전환되고, 현장 활동가들이 활동 현장의 전문가가 되기 시작했다. 그래서 현장의 경험을 대학원이나 상급학교 진학의 자원으로 만들어 새로운 일을 할 수 있는 경력으로 전환시키기도 했다.

제도화는 활동가들의 역량을 신장시키고, 그것을 제도적인 경력으로 만들 수 있게 했다. 많은 여성 활동가들이 국가와의 관계에서 자신을 새롭게 구성해내는 경험을 하기도 했다. 그러나 동시에 시간이 지나면서 제도화는 반복되는 일과 외부 활동을 위한 내부의 역할 분담과 위계화로 인해 여성운동 조직 내부의 성원들을 통제하는 구조화된 운영 방식을 갖게 했다.

그러나 참여정부하에서 제도화는 운동 조직을 유지하는 최소한의 재정을 확보할 수 있게 했고, 대중 여성들에게 지속적인 지원을 가능하게 했다. 또한 제도화 과정 속에서 여성운동 활동가들은 여성운동의 정치성과 특수성, 여성운동 조직들 간의 차이가 국가로부터 간과되거나 무시된 채 여성운동이 제도화의 하부 조직이 되고 있음을 체험하기도 했다. 그리고 많은 여성운동 활동가들이 국가 복지 서비스 전달 체계의 하부구조가 되는 것을 문제로 느끼기 시작했다. 여성운동 진영에서는 제도화가 다양한 관리 감독을 통해 여성운동 조직의 독자성과 자율성을 훼손하고, 운동성을 약화시키고 있다고 느꼈다. 여성정책 기구에 이슈를 제공하고, 또 사업 수행에 참여하던 여성운동 조직들은 제도화가 여성운동의 급진성과 운동성을 희석시키고, 사회 변화를 주도하기보다 피해자 지원 서비스 제공 중심의 복지 전달 체계로 흡수되는 것에서 탈피해야 한다는 점을 깨달았다.

피해자로서의 여성 정책의 제도화는 특별법의 맥락에서 경험적이고 구체적인 여성이 피해자일 때는 문제가 없다. 그러나 여성이 문제가 아니라, 여성의 피해자성이 남성이나 사회제도에 의해 구성되는 젠더 관계가 문제가 될 때는 피해자성에 기반을 둔 정책들이 이 문제를 다루지 못하거나 피해자의 자격이 시비에 휘말린다. 여성 정책의 제도화 과정 속에서 일하는 활동가들은 여성 정책의 제도화는 피해자 여성을 위한 것이지, 젠더 정치학의 변화를 위한 것이 아니라는 것을 알게 된다. 제도화됐지만 법이 여성을 보호했던 초기 상황과는 달리, 참여정부에서 젠더 정치학이 등장하면서 여성이 완전무결한 피해자가 아닌 이상 특별법은 여성 편에 서지 않게 됐고, 여성은 여성 정책의 제도화가 갖는 형식성을 경험하게 됐다. 이제까지 피해자 여성과 젠더 정치학으로 구성되는 여성은 다른 주체였다. 이런 면에서 여성 단체에서 일하는 활동가뿐 아니라 일반 여성도 여성 문제의 제도화·법제화가 여성의 현실을 바꾸는 것은 아니라는 것을 이해하기 시작했다.[13]

성주류화 논의에서 피해자 여성들을 포섭하고 있는 여성 정책은 제외된다. 그것은 이미 피해자 성감수성을 갖고 디자인된 정책이기 때문이다. 참여정부 시절에 여성운동 단체들은 법과 정책의 제도화, 그리고 피해자를 지원하기 위한 협력 체계의 구축이란 차원에서 국가 거버넌스에 적극적으로 참여했고, 여성운동 조직과 여성정책 기구는 함께 민관 거버넌스 체계를 제도화하고자 했다. 그러나 이런 과정 속에서 여성 활동가들은

---

[13] 김경희·윤정숙(2006: 3)의 인용문에 따르면 법제정 과정에서 법의 내용을 축소하는 타협을 하게 되기 때문에 법이 제대로 운영되지 못한다. 그밖에 법이 현실을 변화시키기 위한 인프라를 구축하거나 인력을 충원해내지 못한다는 점, 법이 복지적인 측면만을 강조하면서 요보호 여성을 대상으로 하는 「사회복지법」 같은 성격을 갖게 된다는 점 등이 지적된다.

피해자의 위치성을 가지고는 피해 여성들을 위한 젠더 정치학을 할 수 없다는 것을 느끼기 시작했다. 피해자 정치학이 성주류화 담론 속에서 함께 다뤄지지 않고서는, 남성 중심 사회에서의 피해자로서의 여성은 상황을 변화시키는 정치학을 만들어낼 수가 없다. 피해자를 재생산하는 제도화가 아니라, 피해를 차별의 정치학으로 만들 수 있는 운동이 없이 여성 활동가들이 이러한 제도화에 참여할 필요가 있는가라는 문제의식 또한 제도화의 산물이다. 성주류화 정책과 별로도 운영되는 여성 정책은 여성의 피해를 차별이 아니라, 여성성에 위치시키는 효과를 가져온다. 피해를 성주류화 담론 속으로 가져가기 위해서는 피해를 평등과 차별의 젠더 정치학으로 전환시키는 이론적·정치적 노력 또한 필요하다.

6. 참여정부의 실험으로서의 국가 페미니즘

참여정부하에서 많은 여성 활동가들과 여성학 전공자들이 여성정책 기관에 여러 가지 역할로 참여했고, 여성운동 조직들을 매개하면서 국가가 제공하는 공공 영역에서 자신의 경험에 기반을 둔 의제를 국가의 정책 의제로 제안하고, 또 국가와 협상하고, 자신들의 역량을 발휘하기 위해 국가 자원을 사용했다. 이것은 한국 여성 역사에서 여성들이 체험한 중요한 정치 경험이었고, 또 국가와 여성의 관계를 구상할 수 있는 상상적 자원이 만들어진 역사적 시간이었다. 물론 여성정책 기구에 참여했던 페모크라트들이 여성운동적 배경을 갖고 있었다는 것이, 항상 그들이 여성의 이해에 복무했다는 것을 의미하지는 않는다. 그리고 그들이 참여한 정책이나 의제들이 반드시 여성 친화적이거나 여성 중심적인 것도 아니다.[14]

한국의 여성운동계에서 참여정부와 여성의 관계를 국가 페미니즘으로 설명하는 것은 논쟁적이다. 왜냐하면 여성 정책의 제도화를 통해 여성운동이 국가통치에 통합된 것을 국가 페미니즘이라고 한다면 여성운동의 운동성과 정치성의 상실이 그것의 결과란 말인가라고 반문될 수 있다. 아니면 여성운동은 거버넌스 체제를 통해 더 적극적으로 국가통치에 참여해야 한다는 것인가라고 질문할 수도 있다. 아니면 여성운동이 거버넌스 체제를 통해 더 적극적으로 국가통치에 참여해야 한다고 주장한다. 그러나 이 글은 국가와 여성정책 기구, 여성운동이 결합하여 국가의 자원을 활용함으로써 여성의 삶의 조건을 변화시키고, 여성들로 하여금 국가통치에 참여하고, 여성 정책을 제안·입안하는 제도를 만들고, 사회를 변화시키는 노력을 기울이는 것을 국가 페미니즘으로 정의하고자 했다. 참여정부의 여성 정책 실험을 국가 페미니즘으로 보는 의미는 탈중심화하고자 하는 국가와 여성 정책 기구, 여성운동을 연결시켜 보는 것이 국가통치에 여성이 참여하는 새로운 정치 실험이라고 보기 때문이다. 그러나 국가 페미니즘이 여성들의 이해에 복무하는 것은 또 다른 정치학과 여성운동의 역량을 필요로 한다. 국가와 여성정책 기구, 여성운동이 어떠한 방식으로 협력하고 경합하고 또 도전하는가 하는 것이 여성의 이해를 확장하고 다양하게 만든다. 그러나 더 중요한 것은 여성의 삶의 형식을 규정하는 젠더 정치학, 정치적 환경, 신자유주의 시장 논리, 지구화와 같은 것들이 어떻게 국가와 여성정책 기

---

14) 17대 의회에 진출한 여성 국회의원을 연구한 김연진은 여성 국회의원들이 성인지 관점 이식이나 젠더 의제 의정 활동에는 활발했지만 후반부로 갈수록 젠더 의제 성과에 대한 남성 의원들의 반격과 여성가족부에 대한 반발적 사회 분위기, 공천권을 비롯하여 정치적 자원을 갖고 있는 남성 의원들에 대한 눈치 등으로 더 이상 젠더 의제를 주장하는 것이 당에서 무의미하다는 판단을 하면서 젠더 의제에 자신을 투하하거나, 여성운동 조직들과의 관계성을 강하게 주장하지 않는다는 점을 지적한다. 김연진은 국회에서 여성 의원들이 여성 유권자와 동료 여성 국회의원과의 관계가 소원할 수밖에 없는 정치 구조에 대해 기술하고 있다.

구, 여성운동과 연결되는가이다.

　사실 여성은 참여정부에서 매우 가시화됐지만 여성 시민권력의 세력화 혹은 여성운동 단체의 역량 강화라는 차원에서 볼 때 참여정부의 여성 정책의 제도화는 실패라고 볼 수 있다. 그러나 참여정부가 시도한 국가 페미니즘의 실험의 성과는 여성 정책 제도화 과정에 참여한 참여자들의 국가권력 체험, 정치적 상상력, 그리고 공적 경험에 있다고 본다. 참여정부 말기에서부터 현재까지 한국 여성운동 내부에서는 여성 운동의 운동성과 독자성이 죽어버렸다는 위기가 논해지고 있다. 그 이유 중 하나로 여성운동이 참여정부의 통치 질서로 편입되어 여성 정책의 하부 서비스 구조로 제도화됐기 때문이라는 점이 꼽힌다. 참여정부의 여성운동은 여성 정책 수행에 깊이 관여되어 있었고, 그것은 여성운동에 양면적인 현실을 제공했다. 현실적으로 여성 단체들은 정부나 지자체의 지원 없이는 프로그램을 진행할 수 없었다. 제도적 지원은 운동 단체의 운동성을 위해서 지원되는 것이 아니라, 특정한 업무 혹은 서비스 제공을 위해 지원되기 때문에 어떤 단체는 여성 정책 프로젝트를 수행하기 위해 공채를 통해 사회복지사를 고용하기까지 했다. 그러나 재정적 지원은 활동가들이 많은 시간을 문서와 영수증 작업에 투여하게 만들었고, 공무원 마인드로 여성운동 조직의 활동을 관리 감독하고 평가하는 정부나 지자체의 공무원들을 상대하게 했다. 여성운동 단체들은 정부 기관에 대한 의존과 저항, 여성운동의 특수성에 대한 강조와 사회변혁을 추구하는 운동 단체로서의 의제 설정과 활동에 대한 지향으로 제도화와 갈등 상황에 있었다.

　반면에 참여정부에서의 제도적 지원, 그리고 거버넌스 체제는 현장 여성주의자들에게 운동의 성과를 효과적으로 성취할 수 있게 하는 제도였다. 지금까지 여성운동 단체들은 성별에 기반을 둔 반차별·반폭력 운동을 전개해왔다. 그리고 로비와 연대 활동을 통한 법제정 운동은 빠르고 가시적인 결과를 보여주는 전략적 선택이었다. 「성폭력특별법」도 이러한 방식으로 만들어졌다. 그러나 최근에 많은 성폭력 사례들이 기각되거나 패하고 있다. 최근의 현실은 결국 법은 해석하고 집행하는 사람들의 손에 맡겨져 있는 것이며, 법의 운영은 그것을 필요로 하고 감시하고 모니터링할 수 있는 여성운동의 역량과 여성들로 하여금 그 법을 사용할 수 있게 만드는 정치적 환경하에서만 의미가 있다는 점을 보여준다. 법은 현실에서의 권력관계의 반영이며 법의 내용과 집행을 바꾸는 것은 법조문이 아니라 운동이었던 것이다.

참여정부의 제도화 그 자체가 여성운동의 운동성을 죽인 것이라고 생각하지는 않는다. 지난 10년간 한국의 페미니즘의 주류화 전략은 (성주류화든 제도든) 큰 그림 속에서 볼 때 IMF 이후 더욱 가시화된 국가 통치 개념의 재정립 과정 속에서 재구조화되고 있었다. 즉, 국가 경쟁력이란 틀 속에서, 글로벌 페미니즘의 지표 속에서 재질서화 과정을 겪고 있었다는 것이다. 대표적인 것으로 한국의 「성매매방지법」과 인권 지표와의 상관성 등을 들 수 있다. 1990년대 말에 한국의 페미니즘 운동은 주류 남성 사회에 끼어들기와 그것과는 다른 새로운 판을 짜는 방식에 대한 논의를 많이 했고, 성주류화를 새로운 판 짜기의 일환으로 간주했다. 그 결과 성주류화 제도화를 지지했는데, 그것은 더 큰 국가 경쟁력을 근본으로 하는 신자유주의 체제하의 국가 통치 속으로 결합되는 것을 의미하기도 했다.

참여정부의 여성 정책을 틀 짓는 가장 중요한 담론은 남녀평등이다. 그리고 이를 대표하는 정책이 성주류화다. 그리고 사회적 약자로 간주되는 여성을 보호하고 지원하는 정책들은 특별법으로 포괄되었는데, 이는 공동체의 보편자라기보다는 특수한 조건의 집단으로 여성을 간주하는 일종의 관용법으로 이해되고 있다. 그러나 신자유주의 시장 질서가 남성의 삶을 위협하고, 일자리에 대한 사회적 처우가 전혀 마련되지 않은 상태에서 여성에 대한 특별 대우는 많은 남성에게 성평등에 위배되는 것으로 간주됐고, 참여정부 후반기부터는 여성 정책의 대상이나 여성의 권리를 주장하는 여성에 대한 반격으로 나타났다. 이러면서 참여정부 후반기부터는 여성운동이나 활동에 대한 반격이 거세졌고, 페미니스트들의 목소리가 작아지기 시작했다.

참여정부에서 사회적 소수자의 정치학을 표방했던 여성은 가장 대표적인 참여자이며 시혜자로 부상됐다. 피해자로서 공적 영역에 등장한 여성이 더 이상 피해자의 표상이 될 수 없음을 드러내는 대표적인 사건은 성주류화 정책에서 젠더를 여성이 아니라 남녀평등으로 변화시켜야 했던 여성가족부의 고민이었다고 생각한다. 신자유주의가 재현되는 장에서 여성은 더 이상 피해자가 아니었고, 국가의 공적 공간을 자신들의 이해를 위해 사유화하는 이기적인 집단으로 간주됐다. 특히 신자유주의 세계 속에서 직장을 잃고 경쟁력을 잃었지만 공적 영역에서는 피해자로 상징화되지 못하는 남성에게, 공적 영역에서 새로운 주체로 등장한 여성은 '피해자'로 수용되기 어려운 주체였다. 이것은 피해자 여성의 정치학 위에서 만들어진 여성부에 대한 남성의 공격이기도 하다. 참여정부의 국가 페미니즘은 사회적 소수자로 여성을 재현했지만, 여성의 소수자성을 정치적으로 깊이 다루지 못했다. 여성의 소수자성이 어떻게 다른 사회적 소수자들과 다르고 같은지, 성주류화는 다른 소수자 집단의 불평등은 어떻게 다뤄줄 수 있는지에 대한 논쟁의 역사를 갖지 못했다. 한국의 여성운동 진영 역시 여성의 피해자성을 다른 사회적 소수자들의 피해성 혹은 불평등성과 함께 차별금지의 주류화에 대한 논의 구도를 만들지 못했다.

참여정부 이후 이명박 정부는 반여성부 여론에 힘입어 여성가족부를 폐지하고자 했지만 여성계의 반발과 로비에 따라 여성가족부는 존속하게 됐다. 그러나 참여정부에 참여했던 여성들과 여성운동 단체들은 정부의 여성정책 기구나 위원회로부터 배제됐고, 여성가족부와 여성운동의 연계는 약화됐다. 그리고 제도화에 참여하는 여성운동 조직들은 새로운 방식의 여성운동이 시작되어야 함을 고민하고 있다. 현재 이명박 정부에서 여성정책 기관은 여성주의적이라고 말하기 어렵고 또 여성운동과의 연계가 약하다. 그러나 이것이 전부는 아니다. 참여정부의 실험으로 수행됐던 국가 페미니즘은 기억으로 그리고 정치적 상상력으로 아직까지는 한국 사회에 존재하고 있다.

참고문헌

권태환·황정미. 2005. 「여성·국가·정책」. 『한국 여성정책의 쟁점과 전망』. 함께읽는책.
김경희. 2005. 「여성정책 관점의 재구성을 위한 시론적 연구: 여성발전론과 성 주류화 개념의 이해를 중심으로」. ≪한국여성학≫, 제21권 2호, 255~289쪽.
____. 2006. 「제1장 1990년대 정부와 여성운동의 여성 정책 프레임 분석」. 『한국젠더정치와 여성 정책』. 심영희 외. 나남출판.
김경희·윤정숙. 2006. 4.29. 「여성운동 의제의 한계와 도전」. 『한국 여성운동의 성찰과 전망』. 한국여성학회와 함께하는 2006 중앙대학교 사회학 콜로키움.
김여진. 2008. 「여성 정치인의 의회진출을 통한 대의성의 구성과 정치변화에 관한 연구: 제17대 여성국회의원을 중심으로」. 이화여자대학교 여성학과 석사논문(미간행).
김은실. 2002. 「지구화, 국민국가 그리고 여성의 섹슈얼리티」. ≪여성학 논집≫, 제19집. 한국여성연구원.
남윤인숙. 2011.2.21. 「이명박 정부 3년의 여성정책 평가 및 과제: '여성이 보이지 않는다'」. 국회의원 최영희·김상희·김유정·김재윤·정범구 주최 이명박 정부 3년의 여성정책 평가 및 향후과제 토론회 자료집.

노무현. 1994. 『여보, 나 좀 도와줘』. 새터.
마경희. 2007. 「성 주류화(Gender Mainstreaming)에 대한 비판적 성찰: 여성정책의 새로운 패러다임인가? 함정인가?」. ≪한국여성학≫, 제23권 1호, 39~67쪽.
문재인. 2010. 「노무현의 법치주의」. 『10명의 사람이 노무현을 말하다』. 오마이북.
민주노동당 정책위원회. 2006. 「2005년 성별영향 평가사업 평가보고서」. 민주노동당 정책위원회 및 의원단.
양현아. 2006. 「제4장 1990년대 한국 가족정책의 과제」. 『한국젠더정치와 여성 정책』. 심영희 외. 나남출판.
여성가족부. 2006. 『성별영향평가 안내서 및 지침서』. 여성가족부.
_____. 2007. 『성별영향평가 안내서 및 지침서』. 여성가족부.
오연호. 2009. 『노무현, 마지막 인터뷰』. 오마이뉴스.
유정미. 2007.11.17. 「성주류화, '효과로서 젠더'를 통한 질문: 우리가 젠더를 주류화할 때, 젠더는 '거기에 그렇게 그것으로' 있는가?」. 『흔들리는 가부장제: 새로운 젠더질서를 향하여』. 한국여성학회 제23차 추계학술대회 자료집.
한국여성단체연합. 2007.2.22. 「참여정부 4년, 여성의 삶은 나아졌는가!」. 참여정부 4년 여성정책 평가 및 정책제언 토론회 자료집.
허라금. 2005. 「성 주류화 정책 패러다임의 모색: '발전'에서 '보살핌'으로」. ≪한국여성학≫, 제21권 1호, 199~231쪽.

Chappell, Louise. 2002. *Gendering Government: Feminist Engagement with the State in Australia and Canada*. Vancouver: University of British Columbia Press.

Eveline, Joan and Carole Bacchi. 2005. "What are We Mainstreaming When We Mainstreaming Gender?" *International Feminist Journal of Politics*, 7(4), pp.496~512.

Goetz, Anne Marie. 2003. "National Women's Machinery: State-based Institutions to Advocate for Gender Equality." in Shirin Rai(ed.). *Mainstreaming Gender, Democratizing the State? Institutional Mechanisms for the Advancement of Women*. Manchester: Manchester University Press, pp.69~95.

Haussman, Melissa and Brigit Sauer(eds). 2007. *Gendering the State in the Age of Globalisation. Women's Movements and State Feminism in Post-Industrial Democracies*. Lanham, MD: Rowman and Littlefield.

Kantola, Johanna and Joyce Outshoorn. 2007. "Changing State Feminism." in Joyce Outshoorn and Johanna Kantola(eds.). *Changing State Feminism(Women's Policy Agencies Confront Shifting Institutional Terrain)*. Palgrave Macmillan.

Lovenduski, Joni. 2005. "Introduction: State Feminism and the Political Representation of Women." in Joni Lovenduski(ed.). *State Feminism And Political Representation*. Cambridge University Press.

Mazur, Amy G. 1995. "Strong State and Symbolid Reform in France: le Ministére des Droits de la Femme." in Dorothy Mcbride Stetson and Amy G. Mazur(eds.). *Comparative State Feminism*. Thousand Oaks, CA: Sage, pp.76~94.

_____. 2001. *State Feminism, Women's Movements, and Job Training: Making Democracies Work in the Global Economy*. New York: Routledge.

McBride Steston, Dorothy(ed.). 2001. *Abortion Politics, Women's Movements and the Democratic State: a Comparative Study of State Feminism*. Oxford: Oxford University Press.

Moser, C. 2005. "Gender Mainstreaming since Beijing: a Review of Success and Limitations in International Institutions." *Gender and Development*, Vol.13, No.2.

Rai, Shirin. 2003. "Institutional Mechanisms for the Advancement of Women: Mainstreaming for the Advancement of Women: Mainstreaming Gender, Democratizing the State?" in Shirin Rai(ed.). *Mainstreaming Gender, Democratizing the State? Institutional Mechanisms for the Advancement of Women*. Manchester: Manchester University Press, pp.15~39.

Squire, Judith, 2005. "Is Mainstreaming Transforming? Theorizing Mainstreaming in the Context of Diversity and Deliberation." *Social Politics*, Vol.12, No.3.

Temkina, Anna and Elena Zdravomyslova. 2003. "Gender Studies in Post-Soviet Society: Western Frames and Cultural Differences' Studies." *East European Thought*, 55, pp.51~61.

Verloo, Mieke. 2005. "Displacement and Empowerment: Reflection on the Concept and Practice of the Council of Europe Approach to Gender Mainstreaming and Gender Equality." *Social Politics*, Vol.12 No.3.

≪인터넷 한겨레≫. 2002.6.5. "미, 한국 인신매매 단속 1등급 국가 분류".

≪한국여성민우회≫. 2005.3.18. "여성부의 여성 정책용어 변경에 대하여".(http://www.womenlink.or.kr/)

사회 통합적 노동 개혁, 진보의 좌절과 현실 타협

이병훈 | 중앙대학교 사회학과 교수

1. 머리말

참여정부의 노동 정책을 되돌아보면 2003~2008년의 임기 동안에 많은 일들이 추진·성취됐음을 알게 된다. 참여정부에 들어, 국민의 정부 시절에 입법 논의가 추진됐으나 완결됐고 참여정부의 핵심 국정과제로서 추진되어 온 노사관계제도 선진화와 「비정규직보호법」이 노사정 및 국회 차원의 지난한 협상을 거쳐 2006년 말에 각각 입법되기도 했다. 그리고 참여정부는 우리 사회의 핵심 과제로 대두되고 있던 일자리 문제를 대처·극복하기 위해 사회적 대화를 통해 일자리만들기사회협약(2004년 2월)을 성사시켰을 뿐 아니라 범정부 차원의 국가고용전략을 입안하여 추진하기도 했다. 하지만 참여정부가 추진해온 노동 정책은 집권 초기부터 임기 말까지 노사 주체들뿐 아니라 언론으로부터 끊임없이 논란의 대상으로 점철되어왔다. 재계와 보수 언론은 참여정부가 집권 초기에 내건 사회 통합적 노사 관계 구축이라는 노동 부문의 국정 과제를 좌파 정권의 '친노동' 정책 기조로 간주하며 심각한 우려를 표출했다. 하지만 2003년 하반기 이후부터 참여정부의 노동 정책은 오히려 노동계와 진보적 시민 단체들로부터 "좌측 깜빡이를 켜고서 우회전하는" 변질된 개혁 정책(이병훈, 2003) 또는 "사회 통합을 내건 신자유주의 정책"(박태주, 2008)으로 평가받으며 혹독한 비판의 대상이 됐다. 또한 「비정규직보호법」이나 노사관계제도 선진화의 입법 과정이 불가피하게 노사 간의 첨예한 이해 대립을 동반함에 따라 그 법제화에 대한 정부의 입장은 노사 어느 쪽으로부터도 환영받지 못한 채 '동네북'처럼 질타당하기 일쑤였다.

사실 정부 정책에 대한 평가 논의는 그 평가자의 이념적 지향이나 가치판단에 좌우되므로 절대적인 객관성을 담보하기는 쉽지 않다. 노동 정책을 추진하는 데는 이를 둘러싼 노사 간의 상반된 이해관계가 표출되기 마련이므로 그 노동 정책에 대한 평가에서는 더욱 그러하다. 따라서 이 글에서 참여정부의 노동 정책을 평가하는 데 필자의 가치판단을 배제할 수 없을 것이다. 다만 정책 평가에서 주관적인 자의성에 빠지는 것을 가급적 피하기 위해 정책 추진의 타당성·효과성이라는 두 가지 평가 기준을 설정하여 참여정부의 노동 정책을 따져보기로 한다. 이때 정책(기획)의 타당성(validity)은 정부가 추진하려는 정책이 당시 우리 사회에서 핵심적으로 해결·극복해야 할 과제로서 적절하게 선정·기획되는 것인지를 살펴보는 것이며, 정책(집행)의 효과성(effectiveness)은 그 정책이 당초의 목표나 계획에 부합하는 추진 성과를 낳았는지의 여부를 기준 삼아 평가하는 것이다. 참여정부의 노동 정책을 평가할 때 노사 관계와 노동시장의 2개 영역으로 구분하여 각 영역에서 추진되어온 정책들의 타당성과 효과성을 평가하기로 한다. 2절과 3절에서는 각각 노사 관계와 노동시장 영역에서 추진되어온 참여정부의 정책들을[1] 살펴보기로 하고, 4절의 결론에서는 참여정부의

---

[1] 참여정부 노동 정책의 상세한 추진 현황에 대해서는 대통령자문정책기획위원회의

노동정책 평가를 요약·정리하고 향후 민주 정부를 위한 시사점을 논의하기로 한다.

2. 참여정부의 노사관계 정책에 대한 평가

1) 사회 통합적 노사관계 구축의 국정개혁 과제 제시와 집권 초기의 시행 착오

참여정부 출범을 준비하던 대통령직인수위원회가 2003년 2월에 공표한 12대 국정과제의 하나로서 사회 통합적 노사관계 구축이 포함되어 있다. 참여정부는 사회 통합적 노사관계 구축을 위해 구체적으로 다음의 5개 정책 과제를 추진할 것을 밝히고 있다. ① 국제 기준(global standard)에 부합하는 노사관계제도 개선, ② 노사정위원회의 운영 내실화, 중층적 협의 및 교섭 구조의 활성화를 통해 사회적 파트너십 형성, ③ 노사 갈등의 자율해결 원칙과 법 집행의 공정성 견지를 통해 노사 자치주의 확립, ④ 노동 참여적·사회 통합적 노동 복지의 구축을 통해 노동 생활의 질 향상, ⑤ 근로감독 강화 등 취약 계층을 향한 노동행정 서비스의 역량 확충(정책기획위원회, 2008d).

참여정부가 사회 통합적 노사관계 구축을 핵심 국정과제로 내세운 배경은 <표 10-1>에서 나타나듯이 문민정부 시절 두 자릿 수로 줄어들던 노사분규 건수가 외환 위기를 계기로 국민의 정부 임기 동안(1998~2003년) 연평균 226.8건으로 크게 증가함에 따라 소모적이며 갈등적인 노사 관계

발간 자료(2008a, 2008b, 2008c, 2008d, 2008e)를 주로 참조했다.

〈표 10-1〉 노사분규의 발생 추이

구분	노사분규 건수	손실 일수(천 일)
1993	144	1,308
1994	121	1484
1995	88	393
1996	85	893
1997	78	445
문민정부 평균	103.2	904.6
1998	129	1,452
1999	198	1,366
2000	250	1,894
2001	235	1,083
2002	322	1,580
국민의 정부 평균	226.8	1,475.0
2003	320	1,299
2004	462	1,199
2005	287	848
2006	253(138)	1,201
2007	212(115)	536
참여정부 평균	213.8	1,016.6
2008	130(108)	809
2009	175(121)	627
2010	184(86)	511

자료: 한국노동연구원(2010).

를 전반적으로 혁신해야 할 필요성이 크게 제기된 점과 관련이 있을 것이다. 특히 참여정부가 출범 초기에 공표한 사회 통합적 노사관계 구축의 국정 과제는 개발연대 이후 국민의 정부에 이르기까지 경제성장 지상주의에 의해 빚어진 노사 간의 세력 관계 불균형을 시정하여 노사 관계의 공정한 규칙을 확립하겠다는 점과 더불어 노동 정책을 경제 정책의 보조적 지위에서 벗어나게 해 노동자의 대변 기능을 강화하고 노사분쟁 현안에 대해 대화와 타협의 해결 방식을 강조함으로써 과거 정부와 비교하여 매우 친노동적인 입장을 보이는 것으로 평가됐다(이병훈, 2003). 더욱이 참여정부 초기에 노동 정책의 핵심 기구(예: 청와대 노동개혁 팀, 노동부, 노사정위원회 등)에 과거 노동계 인사들이 배치되어 정책 기획 및 집행을 관장함에 따라 사회 통합적 노사관계 구축의 친노동적 지향성을 둘러싸고 재계 및 보수 언론으로부터 적잖은 우려가 표명되기도 했던 것이다.

이처럼 인수위원회의 활동 시기와 참여정부 출범 초에서 2003년 6월 말까지의 짧은 기간에 참여정부는 전례 없는 친노동적 정책 기조를 보여줬다. 2003년 1월에 발생한 두산중공업 조합원 분신자살 사건으로 비롯된 노사 분쟁으로부터 4월 철도노조의 단체교섭을 둘러싼 노정 갈등, 5월 화물운송연대의 집단행동에 대해 참여정부는 "대화와 타협"의 원칙을 강조하며 분쟁 해결에 직접적으로 개입했을 뿐 아니라 그동안 국내외에서 노동탄압 문제로 지적되어온 노동 사범에 대한 과도한 형사 처벌과 공공기관의 직권중재 적용에 대해 불구속 수사 방침과 직권중재 자제의 원칙을 새롭게 마련·적용하기도 했다. 또한 국민의 정부 후반기에 사용자들이 노동조합의 분쟁 행위를 억제하기 위해 손해배상과 가압류 조치를 과도하게 활용함으로써 노동계의 반발과 사회적 물의를 초래했던 것에 대해 참여정부는 집권 초기에 이를 문제시하는 입장을 보임에 따라 사용자들의 편법적 노조탄압 행위가 크게 줄어들기도 했다(윤윤규·조성재, 2007).

그런데 참여정부가 임기 초반에 발생한 대형 노사분쟁들에 대해 무리하게 개입함으로써 당시 노사 간의 자율교섭 관행이나 지역 노동관청의 행정지도를 크게 저해하는 후유증을 낳았다. 구체적으로 두산중공업·화물운송연대 등의 노사 분쟁에 대해 정부(청와대 및 노동부)가 조정자의 역할을 넘어 해결자를 자임함으로써 노사 자치주의의 정책추진 원칙을 크게 훼손했다. 참여정부의 지나친 개입은 노사 간의 자율적인 교섭 관행을 냉각(freezing)시키거나 마비(paralyzing)시키는 문제점을 야기했을 뿐 아니라, 정부 스스로 집권 초기에 모든 노사 분쟁의 해결 책임을 떠맡음으로써 사회 갈등의 소용돌이 한가운데에 빠져드는 상황에 놓이게 됐다(이병훈, 2003).

실제로 참여정부가 임기 초에 공표한 사회 통합적 노사관계 구축의 노동정책 기조가 노동단체의 과잉 기대심리와 사용자 단체의 거부 정서를 불러일으킴으로써 그 정책 의도와는 달리 오히려 노사 갈등을 더욱 부추기는 결과를 초래했던 것이다(최영기, 2003). <표 10-1>에서 드러나듯이 참여정부의 임기 초반인 2003~2004년에 각각 320건과 462건의 노사분규가 발생했다. 이처럼 참여정부는 집권 초기에 노사 분쟁의 과도한 개입을 통해, 또는 노정 간의 협상 과정에서 분쟁 사태의 조급한 수습·봉합을 성사시키려다 국정 과제의 추진 원칙(노사 자치주의)을 훼손하거나 무원칙적으로 양보함으로써 정책 집행에서 아마추어적인 미숙함을 드러냈다. 그 결과 집권 초반의 6개월 동안 친노동적인 개혁 지향성을 보이던 참여정부는 스스로 노동계의 집단행동에 '약한 모습'을 보임으로써 그들로 하여금 '전투적인' 방식으로 자신의 이익 관철에 몰두하게 만들었던 한편, 정부의 정책 기조에 대한 재계 및 보수 언론의 반대 여론을 더욱 강화시켜 사면초가에 몰리게 됐다.

참여정부는 2003년 6월 말 철도노조의 파업에 공권력을 투입하여 노조의 불법 분규행위를 엄정하게 다스리는 조치를 취함으로써 그 이전의 "대화와 타협"을 강조하던 정책 기조로부터 "법과 원칙"을 고수하려는 방침으로 선회했다(박태주, 2008).[2] 2003년 7월 이후에는 사회 통합적 노사관계 구축의 친노동적인 개혁 기조를 대신하여 "자율과 책임"의 노사 관계를 강조하는 노사관계 정책 기조가 관료 주도로 펼쳐지게 됐던 것이다(민주정부10년위원회, 2010; 최영기, 2003). 따라서 참여정부의 집권 초기에 공표된 노사관계 개혁의 정책 과제들은 변화된 노동정책 기조에 맞춰 추진됐다.

---

2) 같은 시점에 노무현 대통령은 인수위원회 시기부터 사회 통합적 노사관계 구축을 표방하는 참여정부의 노동개혁 정책을 기획·추진해오던 박태주 노동개혁 팀장을 문책성 인사 조치로 사퇴시킴으로써 당시 정부의 정책기조 변화를 분명히 했다.

2) 국제 기준의 노사관계제도 선진화 추진

노동부는 기존의 노사관계제도를 국제 기준과 우리 사회현실의 여건 변화에 부합토록 개선하기 위해 2003년 5월 노사관계제도선진화연구회(위원장 임종률)를 설치하여 같은 해 11월까지 운영했다. 이 위원회는 3개 분과회의와 전체 회의를 가졌으며, 단결권·단체교섭권·쟁의행위·분쟁 조정·해고 보호·기업변동 관련 근로관계 등의 9대 과제 44개 항목에 대한 개선 방안을 마련·제시했다. 이 노사관계제도 개선 방안은 2003년 9월 정부의 노사관계 개혁 방향에 포함되어 공표됐으며, 이후 노사정위원회에서 관련 협의가 진행됐다. 노사관계제도 선진화 방안은 그동안 쟁점 과제들을 망라하여 종합적인 개선 내용을 포괄하고 있을 뿐 아니라, 그 정책을 추진하는 데서도 공익 전문가 중심의 초안 마련과 노사정위원회를 통한 사회적 합의 도출 및 공감대 조성을 도모하고 있다는 점에서 긍정적으로 평가될 만하다.[3] 그런데 참여정부에 의한 "노사관계제도 선진화 방안"의 법제화 추진에 대해 당시 노사 주체들은, 기존의 노동관계 법률들을 제대로 지키지 않는 미성숙한 노사 관행·의식이 보다 심각한 문제로 존재하는 국내 노사관계 현실을 충분히 고려치 않은 채 정부가 노사관계제도 개선을 조급하게 추진하여 오히려 또 다른 노사 갈등을 부추기고 노사 간의 첨예한 이해 대립으로 입법 과정이 순탄치 않을 것이라는 점을 지적했다(최영기, 2003). 실제 "노사관계제도 선진화"를 둘러싸고 노사정위원회와 민주노총 대표가 참여하는 노사정대표자회의를 통해 지난한 정책 협의를 3년여 진행한 끝에 2006년 9월 (민주노총을 제외한) 노사정 합의를 도출함으로써

---

3) 2003년 5월부터는 노사정위원회 주도하에 노사 관계의 중장기 발전 방안을 마련하기 위한 이른바 "노사관계발전추진위원회"가 별도의 개혁 방안을 준비하는 연구 작업을 진행했다.

2006년 말에 마침내 법제화를 성사시키기에 이른다. 개정된 노동관계 법률의 주요 내용으로는 직권중재 폐지와 핵심근무 유지 및 대체근로 허용 그리고 노동위원회의 사전 분쟁예방·조정기능 강화 등이 포함되어 있다. 하지만 개정 「노동관계법」에는 당초 2007년 초에 시행될 예정이었던 사업체 수준의 복수노조 허용과 전임자 임금 금지의 법 조항 시행이 한국노총과 경총의 합의에 의해 다시금 3년(2009년 말까지) 유예됐으며, 그동안 노동계(특히 민주노총)가 요구해온 노조 분규행위에 대한 손해배상 및 가압류 적용의 제한이나 산별 교섭의 제도적 보장이 배제됐다. 따라서 참여정부의 "노사관계제도 선진화"가 결과적으로 기득권을 유지하려는 노사 단체의 정치적 담합 거래로 귀결됐으며, 임기 초의 친노동적인(또는 노사 대등주의) 개혁 기조와는 다소 동떨어진 방향으로 마무리됐다는 비판을 받기도 한다.

이에 더하여 참여정부는 국민의 정부로부터 이월된 제도개선 과제인 공무원의 노동기본권을 보장하는 「공무원의노동조합설립및운영등에관한법률」의 입법을 추진하여 2004년 말에 법제화했다.[4] 현행 「교원노조법」 수준(단결권·단체교섭권)으로 공무원의 노동기본권을 보장하는 입법안에 반대하는 전국공무원노조(이하 전공노)의 집단행동이 발생하여 한때 노정 대립이 벌어지기도 했으나, 정부는 전공노의 불법 파업에 엄정 대응조치를 취하는 한편, 이 법률을 국회에서 예정대로 처리했다. 그 결과 공무원의 합법적인 노조 설립은 1년의 유예기간을 거쳐 2006년 초부터 허용됐다. 노사관계제도 선진화 및 「공무원노조법」의 입법처리 내용을 둘러싸고 국내에서는 적잖은 비판이 제기됐으나, 참여정부의 국제 기준에 부합하는

---

4) 2003년 참여정부가 출범할 당시 법외노조 형태로 이미 2개의 공무원 노조가 설립되어 10만여 명의 조합원을 거느리고 있어 더 이상 「공무원노조법」의 법제화는 미룰 수 없는 과제이기도 했다(윤윤규·조성재, 2007).

노사관계제도 개선의 정책적 노력은 국제적으로 인정되어 2007년 6월에 마침내 OECD가 그동안 적용해온 우리나라의 「노동법」 및 노사 관계에 대한 모니터링을 공식적으로 종료하는 값진 성과를 거두기도 했다.

3) 사회적 파트너십의 형성

참여정부는 사회 통합적 노사관계 구축을 위한 또 다른 정책 과제로서 사회적 파트너십의 형성·발전을 위해 중층적인 노사정 협의 구조를 확립하려는 노력을 기울였으며, 구체적으로 노사정위원회 중심의 사회적 대화 체제의 활성화와 업종·지역 수준의 노사 협의기반 구축을 도모해왔다.

지난 1998년 초 국민의 정부 주도하에 외환위기 극복과 경제구조개혁 관련 사회갈등 최소화 등에 적잖은 기여를 한 노사정위원회는 1999년 초 민주노총의 탈퇴와 노사 간의 고질적인 이해 대립, 그리고 정부 측의 소극적인 대응 등으로 그동안 파행적으로 운영됨으로써 사회적 대화 기구로서 실질적인 역할을 수행하지 못하고 있었다. 참여정부는 이같이 유명무실해진 노사정위원회를 활성화하여 참여 민주주의적 정책 협의를 더욱 확대함으로써 당면한 사회경제적 현안을 해결하는 데 정책적인 노력을 기울였다. 구체적으로, 노무현 대통령은 참여정부의 임기 초인 2003년 3월에 노사정위원회의 6대 위원장으로 노동계 출신인 김금수 씨를 선임하여 새롭게 인적 구성과 집행 체계를 정비했으며, 같은 해 5월에는 직접 노사정위원회에 참석하고 이를 주재하며 그 활동에 정치적 무게를 실어줬다. 또한 노사정위원회에 대한 민주노총의 불신 정서를 적극적으로 고려하여, 2004년 5월 말 대화와 상생의 노사 관계 토론회 개최를 계기로 민주노총이 참여하는 정책 협의체로서 노사정대표자회의를 설치함으로써 노사정의 6자 대표들(한국노총 위원장·민주노총 위원장·경총 회장·대한상의 회장·노동부 장관·

노사정위원회 위원장)이 노사정위원회 개편 방안과 노사관계제도 선진화 방안 등을 협의하는 창구를 새로이 만들었다. 그런데 2004년 9월 민주노총의 임시대위원대회에서 집행부와 반대 활동가 계파들 사이에 격렬한 입장 충돌로 노사정위원회의 참여 결정이 유보됨에 따라 민주노총의 노사정위원회 복귀를 통해 노사정 관계의 안정화를 도모하려던 참여정부의 사회적 파트너십 정책은 큰 좌절을 맛보게 됐다. 이후 조직 내부의 사정으로 민주노총이 노사정위원회에 복귀할 수 없게 됨에 따라 노사정위원회는 참여정부가 기대하는 방향으로 결국 정상화되지 못했다. 그 대신에 정부는 노사관계제도 선진화와 「비정규직보호법」에 대한 정책 협의를 위해 노사정대표자회의를 10회 개최하여 민주노총을 포함하는 노사 단체들 간의 이해 조율을 시도했으나 이 역시 정부의 추진 방안을 둘러싼 노사·노정 간의 입장 차이, 특히 민주노총의 비타협적인 협상 태도로 별 성과를 거두지 못한 채 그 활동을 중단했다.

노사 관계의 제도와 관행을 개선하는 데나 비정규직 문제 등의 노동 양극화를 극복·치유하는 데서 참여정부가 노사정 파트너십에 의거한 사회적 대화를 활성화하려는 정책 목표는 타당하다고 볼 수 있다. 그런데 참여정부의 사회적 파트너십 정책은 특히 민주노총과의 '엇박자' 불신 관계 악순환5) 때문에 안타깝게도 소기의 성과를 거두지 못했다. 물론 정부의

---

5) 참여정부의 임기 초반에는 친노동적인 사회 통합적 노사관계 정책에 대해 민주노총 산하 노조들이 과잉 기대로 대형 분규행위를 전개했으며, 이들의 분규 경험을 계기로 정부의 정책 기조가 강경 대응의 "법과 원칙"을 강조하는 방향으로 선회함에 따라 정부에 대한 노동계의 강한 불신과 불만이 초래됐고, 다시금 정부의 사회적 파트너십 정책이 민주노총 활동가 집단들의 불신과 반발로 타격을 받는 등 참여정부와 민주노총의 상호 관계가 엇박자로 악화되어온 것을 알 수 있다. 한편 한국노총은 상대적으로 참여정부 초기부터 정부와 긴밀한 관계를 유지해왔으나, 2기의 김대환 노동부 장관이 노사관계 선진화와 「비정규직법」에 대한 비타협적인 강행처리 입장을 고수했을

사회적 파트너십 정책 및 노사정위원회의 활성화에 적잖은 타격을 안겨준 민주노총의 복귀 불발과 불신 정서도 문제겠지만, 사회적 대화 체제를 복원하기 위해 정부가 그동안의 노사정 불신 관행을 해소하려는 관계개선 노력을 지속적으로 기울이기보다 노동계의 비협조에 감정적으로 대응하거나 단기적인 정책 성과에 연연하는 "전략 없는" 접근을 보여준 점 역시 아쉬운 대목이라 하겠다. 다만 참여정부는 1999년에 제정된 「노사정위원회의설치및운영등에관한법률」을 대폭 손질하여 2007년 초에 「경제사회발전노사정위원회법」을 새롭게 입법 처리하여 노사정위원회를 경제사회발전노사정위원회로 개칭했을 뿐 아니라 당초의 공약대로 그 위원회의 효율화를 위해 운영 방식과 기능을 크게 정비했다. 또한 2003년 12월 말 노사정위원회에서 일자리 창출의 정책 의제를 채택하여 사회협약을 체결하기 위한 협의가 전개됐으며, 그 성과로서 2004년 2월에 일자리만들기사회협약이 체결되기도 했다. 이 협약은 당시 고용 없는 성장(jobless growth)에 대한 사회적 우려가 널리 확산되는 가운데 노사정 대표들이 고용 창출을 위한 공동 노력의 필요성을 인식하여 체결한 것으로 총 55개 항목의 세부 추진과제를 포함하고 있다. 하지만 일자리만들기사회협약이 고용 창출에 대한 노사정의 적극적인 공감대에 기반을 두고 성사됐으나 그 준비 과정에서 정부의 단기 성과주의식 접근 때문에 민주노총을 배제하는 등의 문제를 드러냄으로써 일자리 상황을 호전시키는 데 그리 기여하지도 못했고 이후 노사정 관계의 개선으로 이어지지 못한 채 2004년 4월의 총선용 정치 이벤트에 그친 것으로 평가됐다(이병훈, 2003).

아울러 2004년 초 일자리만들기사회협약의 체결을 계기로 이 협약을

뿐 아니라 2005년 6월 김태환 충주지부장의 사고 사망사건 처리 과정에서 상당한 불만을 야기함으로써 노사정위원회의 탈퇴와 각종 정부위원회의 불참을 결정하는 등 한동안 정부와 심각한 갈등 관계를 표출하기도 했다.

이행하기 위해 노사정위원회의 주도하에 지역 차원의 정책 협의체를 각 지자체에 설치·운영하는 정책적 노력이 기울여졌다. 그 결과 2006년 말까지 지역노사정협의회가 16개 광역지자체 모두에 설치됐을 뿐 아니라 전국 234개의 기초지자체들 중 59개 지역에서 운영되기에 이르렀다. 이 협의회에는 해당 지역의 노사정 대표가 참여하여 지역 차원의 고용 및 인적자원 개발 사업에 대한 정책 협의를 추진했다. 한편 당시 노동계, 특히 민주노총을 중심으로 노동조합들이 기존의 기업별 조직 체계로부터 산별 체계로 전환해온 것6)과 관련지어 기업별 교섭과 업종 수준의 정책 협의로 구성되는 중층적 교섭·협의 체계를 갖추기 위해 노사정위원회 차원의 업종 협의체를 설치·운영하려 시도했지만 별반 가시적인 성과를 거두지 못했다.

요컨대 노사정위원회와 중층적 교섭·협의 구조를 활성화시켜 사회적 파트너십을 건실히 형성·발전시키려는 참여정부의 정책 의도는 당면한 노동 현안에 대처하거나 노조 운동의 조직적 재편에 부응하기 위해 타당한 것으로 평가된다. 하지만 이 정책은 실제 집행 과정에서 노동계(특히 민주노총)의 불신과 반발·비협조, 그리고 정부의 조급한 성과주의적 접근 등에 의해 소기의 목표를 충분히 성취하지 못하고 부분적 성과만을 거둔 것으로 평가된다.

4) 노사 갈등의 최소화와 근로감독 강화

참여정부는 출범 초기에 밝힌 사회 통합적 노사관계 구축의 세부 정책

---

6) 최근 산별노조로의 재편 움직임은 1998년 보건의료노조에 의해 가시화되기 시작하여 2000년에는 금융노조와 언론노조가, 그리고 2001년에는 금속노조가 그 전환의 흐름에 합류했다. 지난 10여 년 동안 산별 조직체계로 전환한 노조들은 한국노총 산하의 금융노조를 제외하면 대부분 민주노총 소속이다.

과제로서 "노사 갈등의 자율해결 원칙과 법 집행의 공정성 견지를 통한 노사 자치주의 확립"을 포함하고 있었으나, 임기 초반에 발생한 대형 노사 분쟁을 경험한 후 노사갈등 비용을 최소화하기 위한 정책적 노력을 경주하기 시작했다. 실제 2003년 9월에 발표된 정부의 노사관계 개혁 로드맵에는 "노사관계 갈등 비용의 최소화"라는 새로운 정책 목표가 포함됐으며, 이를 위해 ① 노사 자율해결의 원칙 확립, ② 노사 불법 쟁의행위에 대한 민·형사상 책임 추궁의 남용 방지, ③ 공공 부문과 대기업 부문의 노사관계 개선, ④ 국제 기준에 부합하는 노사관계 관행 조정, ⑤ 신뢰를 바탕으로 한 노사 파트너십 구축, ⑥ 법과 원칙이 지켜지는 노사관계 정착 등의 세부 과제를 추진할 것이 천명됐다.

이같이 2003년 하반기부터 참여정부는 노사 갈등을 줄이기 위한 정책적 노력을 기울였으며, 노조의 불법 분규행위를 엄정히 다스리는 "법과 원칙"의 대응 방침에 크게 의존했다. 2003년에 화물운송연대·철도노조·조흥은행노조 등에서 대규모 파업이나 집단행동이 발생했으며, 2004년에 들어서 역시 LG칼텍스·서울지하철·전공노 등과 같이 대형 분규사건들이 빈발함으로써 노사 갈등에 대한 국민 체감의 불안 심리가 더욱 확대됐다. 이런 배경하에서 임기 1년차의 시행착오를 겪었던 참여정부는 2004년 들어 노사 자율 분쟁해결 원칙에 의거하여 불필요한 개입을 자제하고 불법적 노사 쟁의행위에 단호히 대처함으로써 노사분쟁 대응 정책을 일정하게 진전시켰다. 특히 2004년에 들어서 오히려 크게 늘어나는 노사 분쟁에 대처하기 위해 대통령 주재의 국무회의에서 정부 차원의 임단협·노사 분규의 대응 방향을 정립하여 보다 체계적으로 노사 갈등에 대처하기 시작했다(정책기획위원회, 2008d). 노사분규의 대응 방침에 따라 참여정부는 관계 부처 간의 공동 대응체제를 강화하고 노사관계 취약 사업장에 대해 분규예방 지원을 제공하여 금속·보건·자동차·지하철·화학섬유·건설 플랜트 및 버스 등과 같이 매년 노사분쟁이 빈발하던 취약 업종들에 대해 체계적인 연구 분석과 분규 예방의 특별 지도를 실시했다. 또한 조직 전환을 통해 등장한 산별노조들이 집권화된 단체교섭 구조를 요구함에 따라 새로운 노사 갈등의 진원지로 작용하는 것에 주목하여 2004년부터 보건의료·금속·금융 등의 주요 산별노조 조직 부문에 대해 노동부가 산별 교섭지원 태스크 포스(Task Force)를 구성하여 교섭 구조를 둘러싼 불필요한 분쟁을 사전 예방하도록 지도·지원함으로써 이후의 임기 동안 노사 간에 큰 분쟁 없이 원만하게 산별 협약을 체결하도록 유도하는 상당한 성과를 거두기도 했다는 점이 특기할 만하다. 2004년 말 「공무원노조법」의 제정을 계기로 공공 기관을 중심으로 공무원 노조가 새롭게 조직되어 노사 갈등의 진원지로 부각됨에 따라 참여정부는 공무원 노사 관계 안정화 대책을 마련·시행했고, 특히 2005년에는 노동부 내부에 공공 노사관계 팀을 설치했으며 2006년 8월에는 공무원 노사관계 지원 팀을 만들어 각 행정기관에서 진행되는 단체교섭 및 노사 협의를 지원하는 역할을 수행토록 했다.

 2004년부터 참여정부가 노사 갈등의 최소화를 위해 체계적인 정책 노력을 기울인 것에 힘입어 노사분규 건수가 2004년의 462건에서 2005년의 287건으로 크게 줄었으며, 2007년의 임기 말까지 지속적으로 감소했다. 그 결과 <표 10-1>에서 예시하듯이 참여정부의 5년 임기 동안 연평균 213.8건의 노사분규가 발생하여 국민의 정부 시절인 226.8건에 비해 감소했으며, 노사분규로 발생한 근로손실 일수 역시 국민의 정부 147만 5,000일에 비해 101만 6,600일로 상당히 줄어들었다. 또한 불법 노사분규 건수 역시 국민의 정부 시기의 연평균 67.6건에 비해 참여정부의 임기 동안에는 연평균 62.0건으로 다소 줄어들었다(정책기획위원회, 2008d). 하지만 외환위기를 배경으로 전면적인 구조 개혁이 추진된 국민의 정부 시기에 불가피하게 노사분규가 급증했던 것에 비교하여 참여정부의 임기 동안 그에 못지 않은 빈도로 노사분규가 발생했던 것은, 특히 임기 초반의 2년(2003~2004년) 동안 노사 분쟁에 대해 정부 스스로 "대화와 타협"과 "법과 원칙", 그리고 "자율과 책임"이라는 상충된 대응 원칙 사이에서 오락가락하는 혼선을 보임으로써 초래한 "정책의 실패"에서 비롯된 것임을 지적하지 않을 수 없다(민주정부10년위원회, 2010).

한편 참여정부는 (국민의 정부 시절 추진되어온 신노사문화 정책을 계승하여) 노사관계 혁신을 지원하기 위한 정책 노력을 적극적으로 기울이기도 했다. 정부는 노사관계 발전 프로그램 재정 지원사업으로 2003~2006년 동안에 350개 사업체에 총 120억 원을 지원했고, 또한 중소사업체의 작업장 혁신을 지원하기 위한 체계적인 컨설팅 사업(예: 한국노동교육원의 작업장 혁신 컨설팅과 한국노동연구원 부설의 뉴패러다임 센터)을 추진했으며, 기업들의 노사관행 혁신·발전을 효과적으로 유도하기 위해 노사문화 우수 기업에 대한 포상·지원제도를 개선했다. 아울러 2006년 11월에는 한국노총과 경총의 주도하에 민간 차원의 노사관계 혁신을 촉진시키기 위해 노사발전재단을 설립하는 데 지원하기도 했다. 이처럼 기업 차원의 노사관계 혁신을 촉진·확산시키기 위한 정부의 정책적인 지원은 영국·미국 등의 서구 선진국에서도 찾아볼 수 있는 바와 같이, 우리 노사 관계의 소모·갈등적인 관행을 감안할 때 매우 긴요한 사업으로 평가될 수 있다. 다만 노사관계 혁신 지원사업의 재정 지원규모가 매우 제한적이고 그 사업 성과에 대한 홍보와 교육이 효과적으로 이뤄지지 못한 점, 그리고 노사 파트너십의 정부 지원 프로그램을 맡아 추진하는 관련 정책 기구들이 중복 운영됨으로써 사업추진 혼선과 예산 낭비 등의 문제를 초래하여 민간·공공 사업체 차원에서 노사 파트너십의 자발적인 확산이 그리 원활하게 이뤄지지 못했다는 문제점이 지적되기도 했다(이병훈, 2003).

덧붙여 산업 현장에서 임금 체불이나 「근로기준법」 위반의 불법·탈법적 노무관리 관행이 매우 광범하게 존재하여 특히 취약 노동자들에게 심각한 불이익을 안겨주고 이로써 불필요한 노사 갈등이 빚어지는 현실을 감안할 때, 참여정부가 사회 통합적 노사관계 구축의 일환으로 취약 계층을 보호하기 위해 근로감독 강화 등의 노동 행정 서비스 역량을 대폭 확충하고자 한 정책 목표는 매우 적절·타당했던 것으로 인정된다. 실제로 참여정부는 임기 동안 근로감독관 수를 2003년의 711명에서 2006년 말까지 1,670명으로 두 배 이상 증원했으며, 불법적 노무 관행을 사전 예방하고 합법적인 노무관리를 진작하려는 산업체의 자체 수요를 촉진·충족시키기 위해 노동행정 종합 컨설팅 및 콜센터 서비스를 새롭게 제공하는 등 근로감독 행정 시스템을 대폭 혁신·강화했다. 또한 비정규직을 비롯하여 여성·장애인·연소자·외국인 등의 취약 근로자 집단을 보호하기 위해 특별 사업체 근로감독을 2003년부터 1만 5,716개 업체를 대상으로 실시하기 시작하여 2006년에는 그 근로감독을 실시하는 업체의 수가 1만 7,732개로 지속적으로 확대됐다(정책기획위원회, 2008d). 이처럼 참여정부가 근로감독 행정을 대폭 강화·개선하려고 한 정책적 노력은 비록 크게 주목받지는 못했지만 산업 현장의 무질서한 노사관행을 개선·치유하는 데 실질적인 도움을 줬던 것으로 평가된다.

3. 참여정부의 노동시장 정책에 대한 평가

참여정부는 집권 초기에 노사관계 분야에서 사회 통합적 노사관계 구축의 국정 과제를 분명히 밝히고 있는 것과는 달리, 노동시장의 개혁을 위한 분명한 정책 목표를 제시하고 있지 않다(김유선, 2007). 2003년 초 참여정부의 출범 당시 이미 '고용 없는 성장'에 따른 일자리 문제가 국가적 현안으로 제기됐으며, 비정규직의 남용과 차별로 대표되듯 우리 노동시장의 분절 구조가 매우 심각하게 고착화되어 사회적 이슈로 부각되고 있었다. 이처럼 노동시장 내부의 고질적인 문제가 대두됐음에도 불구하고 참여정부는 출범 초기에 이를 치유하기 위한 종합적인 개혁 구상이나 전략 목표를 제시하지 않은 채, 노동시장 분야의 핵심 현안으로 부각되는 일자리 창출과 비정규직 보호, 그리고 차별 시정을 핵심 정책과제로서 역점을 두어 추진했다. 따라서 다음에는 일자리 창출과 비정규직 보호 및 차별 시정의 제도화를 중심으로 참여정부가 추진해온 주요 노동시장 정책 사업들을 검토·평가하기로 한다.

1) 일자리 창출정책 추진

참여정부는 5년의 임기 동안 200만 개의 일자리를 만들겠다는 대통령 선거공약을 실현하기 위해 다양한 정책을 추진했다. 특히 2000년대에 들어 "고용 없는 성장"의 문제가 현실로 나타났을 뿐 아니라, <표 10-2>에서 나타나듯이 2003년에는 카드 대란의 불경기를 맞아 취업자 수가 오히려 전년 대비 3만 개(-0.1%) 감소하는 상황을 맞이하여 적극적으로 일자리 창출 대책을 강구·추진하게 된다. 우선 정부는 2003년 10월에 "중기(中期) 고용정책 기본 계획"을 수립·발표했는데, 이 기본 계획에는 IT 신산업을 비롯한 신성장산업을 육성·지원하여 30~40만 개의 일자리를 창출하고 고용 흡수력이 높은 중소기업의 성장을 적극적으로 지원하며 사회적 일자리를 창출함과 동시에 고용 안정 서비스를 확충하여 고령자·여성·장기 실업자 등의 취업 노동자 집단들의 취업을 활성화하는 정책 과제가 포함되어 있다(정책기획위원회, 2008e). 2004년 2월에는 (앞서 살펴본 바와 같이) "일자리만들기사회협약"을 체결했던바, 실업난 해소를 위해 임금 안정, 고용

〈표 10-2〉 주요 노동시장 지표의 변동 추이

구분	2000	2001	2002	2003	2004	2005	2006	2007	2008
경제성장률(%)	8.8	4.0	7.2	2.8	4.6	4.0	5.2	5.1	2.3
생산가능인구 증감 수(천 명)	429	393	384	377	377	583	462	408	428
취업자 증가율(%)	4.3	2.0	2.8	-0.1	1.9	1.3	1.3	1.2	0.6
취업자 증감 수(천 명)	865	417	597	-30	418	299	295	282	144
고용률(%)	58.5	59.0	60.0	59.3	59.8	59.7	59.7	59.8	59.5
경제활동 참가율(%)	61.2	61.4	62.0	61.5	62.1	62.0	61.9	61.9	61.5
여성 경제활동 참가율(%)	48.8	49.3	49.8	49.0	49.9	50.1	50.3	50.2	50.0
실업률(%)	4.4	4.0	3.3	3.6	3.7	3.7	3.5	3.2	3.2
청년 실업률(%)	8.1	7.9	7.0	8.0	8.3	8.0	7.9	7.2	7.2
저임금 근로자 비중(%)	-	23.1	24.1	27.5	26.7	26.6	25.8	27.4	26.8
비정규직 규모(천 명)	-	-	3,839	4,606	5,394	5,483	5,457	5,703	5,445
비정규직 비중(%)	-	-	27.4	32.6	37.0	36.6	35.5	35.9	33.8
주당 근로시간	-	-	49.3	48.5	47.8	47.5	46.6	45.9	45.1

자료: KLI(2010) 및 경제활동인구조사 부가조사 각 연도 8월 자료.
주: 경제성장률은 국내총생산(GDP) 증감률을 지칭함. 저임금 근로자는 중위 임금의 3분의 2 미만의 월임금수준에 해당하는 근로자 집단을 산출한 것임.

안정을 이루겠다는 취지의 사회협약에는 55개 항목의 정책 과제가 포함돼 있는데, 구체적으로 "정부는 ▲기업 활동에 대한 규제를 완화하고, ▲기업의 고용 확대를 위한 조세 및 금융 지원을 확대하며, 경영계는 ▲인위적인 고용 조정을 최대한 자제하고 고용 조정이 불가피할 경우 노조와 협의를 통해 인원을 최소화하고, 노동계는 ▲상대적으로 임금수준이 높은 부문에 대해 향후 2년간 임금 안정에 협력하겠다"는 내용의 노사정 합의가 제시됐다. 이 사회협약의 정책 과제들을 이행하기 위해 참여정부는 범정부 차원의 일자리 창출 종합대책을 곧이어 발표했는데, 주요 내용으로는 혁신형 성장 전략, 고용 서비스 선진화, 직업능력 개발 혁신, 사회 서비스 일자리 확충, 노동시장 유연 안정성 제고 등이 포함되어 있다. 또한 이때 참여정부가 밝힌 "종합대책"에는 당초 대선 공약사항인 200만 개 일자리창출을 실현하기 위한 전략 방안이 제시되고 있는데, 경제성장으로 150만 개 일자리, 서비스 부문의 일자리 창출능력 확충을 통해 20~30만 개 일자리 발굴,

일자리 나누기 등을 통해 추가로 20~30만 개 일자리를 발굴하는 것으로 2004~2008년의 5년 동안 총 200만 개의 일자리를 만들고 61% 중반의 고용률을 성취하겠다는 적극적인 정책 목표를 밝혔다. 이 종합대책의 추진을 관장·점검하기 위해 국무총리 산하에 노사정 대표가 참여하는 "일자리만들기민관합동위원회"를 설치하여 운영하기도 했다. "일자리만들기 사회협약"과 정부의 "일자리 창출 종합대책"은 당시 심각한 고용 문제를 타개하기 위한 노사정 차원의 공동 대응으로서 사회적 공감대를 조성했고, 정부의 일자리 창출 목표를 보다 구체적으로 실현하기 위한 정책 목표와 세부 사업을 마련했다는 점에서는 긍정적으로 평가되지만, 다른 한편으로는 민주노총을 배제한 채 정부의 일자리 창출 공약을 실현하기 위해 졸속으로 급조되어 별로 실효성 없는 정책 과제들을 백화점식으로 나열하고 있다는 지적과 더불어, 특히 사회협약 및 종합대책의 핵심 내용이 기업을 위한 규제완화 및 노동시장 유연화를 추구하는 친기업적 정책 해법들로 구성되어 당시 노무현 대통령이 공식적으로 천명했던 "기업하기 좋은 나라를 만들어 일자리를 창출하려는" 새로운 성장주의적 국정 기조를 반영하고 있다는 비판을 받기도 했다(박태주, 2008; 김유선, 2007).

이같이 참여정부는 일자리 창출을 위해 2004년부터 적극적인 정책 노력을 기울였고 일자리 예산도 대폭 증가시켰다. 실제로 2003년에 8,182억 원이었던 일자리 예산은 2004년에 1조 2,329억 원으로 대폭 늘어났으며, 그 이후에도 지속적으로 증가하여 2006년에는 1조 5,463억 원에 달했다. 2005년 10월에는 사람입국일자리위원회를 대통령 직속 자문기구로 설립하여 유한킴벌리의 일자리 나누기 모델을 적극적으로 홍보·확산시키려는 활동을 전개했다. 2005년 12월에는 「고용정책기본법」을 개정하여 고용 안정 서비스를 확충하는 제도적 정비를 단행함과 동시에 한국고용정보원을 설립하여 일자리 정책을 효과적으로 지원하는 노동시장 정보 체계를

〈표 10-3〉 직업능력 개발 사업의 개선 추이

구분	2002	2006	증가
재정투자	7,655억 원	1조 1,563억 원	3,908억 원
전체 근로자 직업능력 개발 참여인원	197만 명	308만 명	111만 명
전체 근로자 직업능력 개발 참여율	22.2%	34.1%	11.9%
중소기업 근로자 직업능력 개발 참여율	7.7%	13.5%	5.8%
직업훈련 컨소시엄 참여 중소기업/근로자	3,000개/1만 명	6만 3,000개/10만 명	6만 개/9만 명
근로자 수강 지원금 지원 인원	3만 6,000명	15만 6,000명	12만 명
실업자 훈련 취업률	36.0%	53.5%	17.5%

자료: 정책기획위원회(2008e).

확충·강화했다. 또한 전국적으로 고용 서비스의 성공 모델을 구축·확산하기 위해 112개의 고용지원센터 중에서 6개의 지역센터를 시범 사업체로 지정하여 그 서비스의 질을 개선하려는 정책적 지원을 제공하기도 했다. 아울러 근로자들의 직무 능력을 향상시키기 위해 〈표 10-3〉에서 예시하듯이 직업능력 개발 사업에 대한 정부의 예산 지원을 대폭 늘리고 그 사업의 수혜 기업과 근로자 수를 크게 확대하여 실업자 훈련의 취업률 등에서 상당한 성과를 거두기도 했다. 2006년 11월 참여정부는 그동안 추진되어 온 일자리 정책의 추진 경험을 종합하여 국가고용전략을 수립·공표했던 바, 이른바 혁신 주도형 동반성장 전략으로서 성장-고용-복지의 조화를 구현하는 새로운 사회경제 발전 패러다임을 구축한다는 국정 목표를 제시하면서 "고용을 통한 성장 잠재력 확충, 고용 친화적 성장, 고용을 통한 복지 달성"으로 기본 방향을 설정했으며, 구체적으로는 고용 친화적 경제·산업정책 추진, 유연 안정성의 노동시장 구축 및 일자리 이동성 제고, 수요에 맞는 인력양성 체제 확립, 그리고 일자리 정책 추진에 대한 상시적인 평가 시스템 도입 등의 중기적인 정책 과제를 마련·제시했다.

일자리 창출을 위한 참여정부의 적극적인 노력에도 불구하고 <표 10-2>에서 드러나듯이 고용 상황은 임기 내내 그리 호전되지 않았다. 실제로 참여정부의 5년 임기 동안에 일자리 창출 규모는 126만 4,000개에 그쳐 대선 공약이나 종합대책에서 희망적으로 제시했던 200만 개 일자리 만들기 목표에는 크게 미달했으며, 고용률 역시 2007년에 59.8%로 60%를 넘어서지 못했다. 이같이 참여정부는 임기 동안 일자리 창출에 대해 강한 의욕을 갖고 관련 예산도 크게 확대함과 동시에 적극적으로 고용 관련 정책들을 개발·추진했으나 실제로 이룬 성과는 매우 실망스러운 수준에 그쳤던 것이다. 이 같은 결과는 참여정부의 다양한 일자리 대책이 이미 우리 경제에 고착화된 "고용 없는 성장 기조"를 바꾸는 데는 역부족이었음을 잘 보여준다. 또한 참여정부는 2003년에 주40시간근무제를 도입해 2003~2007년에 주당 실근로시간이 48.5시간에서 45.9시간으로 줄어들고, (사람입국일자리위원회 주도하에) 교대제 개편을 통한 일자리 나누기 사업을 정책적으로 확산시키려는 노력을 기울이기도 했지만, 대기업 및 공공 부문의 좋은 일자리가 그리 늘어나지 않고 교대제 개편 사업도 전 산업으로 확대 적용하기에 적절치 않음으로써 노동시장의 취업난 문제에 효과적으로 대처하지 못하는 한계를 드러내기도 했다(박태주, 2008).

참여정부가 추진했던 일자리 창출 정책의 전반적인 성과는 미흡했지만, 취약 근로자 집단에 초점을 맞춘 특화된 고용 대책들이 상당한 성과를 거뒀다는 점이 주목할 만하다. 참여정부는 여성들의 취업을 촉진하기 위해 적극적인 정책 노력을 기울였던바, 여성 친화적 고용 정보망을 구축하고 출산휴가·육아휴직제 활용 확대 및 대체인력채용장려제도 신설 등을 통해 취업 여성을 위한 모성보호 지원사업 및 일·가족친화제도를 널리 확산시켰으며 2006년에는 노동부·보건복지부·여성가족부 등이 참여하는 범정부 차원의 여성 고용촉진 대책과 여성인력 개발 종합계획을 수립·추

〈표 10-4〉 참여정부의 사회적 일자리 사업의 추진 성과

구분	2003	2004	2005	2006	2007
참여 부처	노동부	6개 부처	7개 부처	8개 부처	11개 부처
예산(억 원)	73(추경)	949	1,691	6,782	12,945
인원(명)	2,000	47,491	69,314	111,897	201,059

자료: 정책기획위원회(2008e).

진하기도 했다. 또한 참여정부는 좋은 일자리에 대한 여성들의 취업을 촉진하기 위해 양성평등채용목표제를 도입하고 정부 기관을 중심으로 여성 채용 및 승진을 위한 "적극적 고용 개선조치"를 실행했으며, 여성희망 일터지원본부를 설립·운영하기도 했다. 이처럼 참여정부의 여성 취업촉진 정책에 힘입어 여성의 고용률이 2003년 51.1%에서 2006년 53.1%로 늘어났으며, 경제활동 참가율 역시 같은 기간에 52.9%에서 54.8%로 증가했다. 참여정부는 제2차 장애인 고용촉진 5개년(2003~2007년) 계획을 수립·추진하여 정부와 민간 부문에 취업한 장애인 수를 2003년의 총 2만 7,394명(정부 기관 4,676명+민간 기업 2만 2,718명)에서 2006년에 총 7만 9,390명(정부 기관 1만 2,129명+민간 기업 6만 7,261명)으로 세 배 가까이 증가시켰다. 노동시장에서 취업하기 어려운 취약 근로계층의 고용을 촉진하기 위해 처음으로 사회적 일자리 사업을 정책적으로 추진했다. <표 10-4>에서 나타나듯이 참여정부의 사회적 일자리 정책은 2003년 노동부 주관하에 73억 원 규모로 시작되어 2007년에는 11개 부처가 참여하는 1조 2,945억 원의 사업으로 확대됐다. 그 결과 사회적 일자리의 규모도 2003년의 2,000개에서 2007년의 20만 1,059개로 크게 늘어나는 성과를 거뒀다. 더불어 취약 근로자 집단의 취업 지원을 위한 고용 안정 서비스를 강화하여 공공 고용지원 센터를 통한 이들의 취업 규모가 2004년의 1만 2,005명에서 2006년의 3만 2,584명으로 큰 폭으로 증가하기도 했다. 한편 참여정부는 날로 심각해지

는 청년실업 문제를 대처·해결하기 위해 2004년에 「청년실업해소특별법」을 제정하고 청년실업대책특별위원회를 설치·운영했으며, 2005년 초에는 청년 고용촉진 대책을 수립했고 2007년부터 청년층을 위한 고용 지원 서비스인 'YES(Youth Employment Service)'를 적극적으로 제공했다. 하지만 참여정부의 청년 고용촉진 대책은 고학력화된 청년 노동시장의 구조적인 수급 불균형 문제 상황을 치유하기에는 미흡하여 실질적인 정책 성과를 거두지 못하는 한계를 드러내기도 했다.

2) 비정규직 보호와 차별 시정의 제도화 및 정책 집행

참여정부는 임기 초에 국정개혁 목표의 하나로서 "국민 통합과 양성평등의 구현"을 설정하며 정책추진 과제로서 "비정규직 균등대우 원칙 실현을 위한 법률 제·개정"과 "「차별금지법」의 제정과 차별시정 기구의 설립"을 제시했다. 국민의 정부 시절 비정규직의 남용과 차별을 비롯하여 우리 사회에 노동 양극화 및 노동시장 내부의 만연한 차별적 관행이 매우 심각한 문제로 대두됐던 만큼 참여정부가 "비정규직 보호와 차별 시정의 제도화"를 국정개혁 과제로 명시한 점은 충분히 타당했던 것으로 평가될 수 있다. 더욱이 <표 10-1>에서 나타나듯이 참여정부가 출범한 2003년에 비정규직 규모가 2002년의 383만 9,000명에서 460만 6,000명으로 큰 폭으로 증가했으며, 임금 근로자 중위 임금의 3분의 2 미만 소득을 올리는 저임금 근로자의 비중 역시 2002~2003년 사이에 24.1%에서 27.5%로 늘어났고, 그 결과 노동 양극화에 대한 사회적 우려와 정책대응 요구가 광범하게 제기됐던 것이다(이병훈·김유선, 2003). 그런 만큼 참여정부가 비정규직 보호와 노동시장 차별 시정의 제도적 해법을 국정개혁 과제로 선정·제시한 점은 매우 적절했던 것이라 하겠다.

사실 비정규직 보호 입법을 위한 정책 논의는 국민의 정부 시기인 2001년 7월에 설립·운영된 노사정위원회 산하의 비정규직근로자대책특별위원회에서 이미 시작하여 참여정부가 출범한 직후인 2003년 5월까지 진행됐다. 비정규직근로자대책특별위원회는 노사 간의 현저한 입장 차이에 의해 비정규직 보호 입법에 대한 합의를 도출하지 못한 채 공익위원 중심의 합의안이 정부에 전달되는 것으로 마무리됐다. 참여정부는 비정규직 고용형태 중에서 우선 기간제·파견직 및 단시간 근로자의 보호를 위한 법안을 마련하여 2004년부터 본격적으로 논의하기 시작해, 노사정대표자회의와 국회 차원의 추가적인 노사정 협상, 그리고 당정 협의 등을 거쳐, 3년의 우여곡절 끝에 2006년 12월「기간제및단시간근로자보호등에관한법률」의 제정과「파견근로자보호등에관한법률」의 개정으로 법제화를 이끌어냈다. 이 비정규직 보호 입법에서 정부는 당초 출범 초기에 밝힌 "남용 규제와 균등 대우의 원칙"으로부터 상당히 후퇴하여 "2년의 사용기간 허용 및 2년 사용 시 무기 고용계약 간주 적용과 차별적 처우 금지" 등을 담은 법안으로 입법했다. 이같이 참여정부의 비정규직 보호입법 처리는 이 법안을 둘러싸고 노사 간의 첨예한 이해 충돌이 표출되는 우리 노사관계 현실 속에서 "어정쩡한 타협"(박태주, 2008)에 이른 불가피한 결과로 받아들일 수도 있겠으나, 당시 비정규직 문제의 심각성을 고려할 경우 보다 적극적인 보호를 위한 제도적 장치(예: 차별시정 절차 강화 및 비교범위 확대, 기간제 반복 사용의 실질적 제한, 그리고 파견 근로의 사용 사업자 책임성 명시 등)를 강구하지 못한 점은 "정부의 안일한 인식과 무력한 대응"(은수미, 2008)에서 비롯된 무척 아쉬운 대목으로 평가된다. 또한 참여정부는 특수고용 형태 비정규직 근로자의 권익 보호를 위해 2003년 9월에 노사정위원회 산하 특수고용형태근로종사자특별위원회를 설치하여 정책 협의를 진행했으나 노사 간의 이견으로 이들을 위한 보호 입법에 대해 이렇다 할 합의를 이끌어내지 못한 채 2006년 10월 정부 주도의 "특수형태근로종사자보호대책"을 발표했다. 그런데 이 대책은 덤프트럭 기사, 학습지 교사, 골프장 경기보조원 등 일부 특수고용 형태 직종에 대해 산재보험을 적용하는 데 그쳐, 날로 늘어나는 특수고용 형태 비정규직 노동자들의 권익을 보호하기에는 턱없이 부족한 매우 소극적인 대응이었다는 점에서 노동계와 시민 단체들로부터 따가운 비판을 받기도 했다.

비정규직 보호 입법의 추진에 더하여, 참여정부는 비정규직 노동의 문제 현실을 개선하기 위한 추가적인 정책들을 실행하기도 했다. 우선 정부는 스스로 공공 부문 비정규직 대책을 마련·추진함으로써 비정규직 문제 해결에 솔선수범하는 정책 노력을 보여줬다. 참여정부는 2004년 5월 1차 대책을 확정·공표한 데 이어서 2006년에는 2차로 공공 부문 비정규직 고용 개선의 종합대책을 수립·발표했다. 이 대책에는 공공 부문 비정규직 사용의 원칙과 기준이 마련되어 있을 뿐 아니라 공공 부문 비정규직 노동자 7만여 명의 단계적 무기 계약직 전환을 추진한다는 세부 계획과 외주화의 개선 조치 등이 포함되어 있었다. 공공 부문 비정규직 대책을 효과적으로 실행하기 위해 2006년 4월에는 국무총리 산하에 공공부문비정규직대책추진위원회(위원장: 노동부 장관)를 설치하여 이 대책과 관련된 세부 정책의 개발과 집행을 총괄토록 했다. 참여정부의 공공 부문 비정규직 대책은 외주화와 관련해 다소 규제 기준이 미흡하거나 무기 계약직 전환에 일률적인 원칙을 적용하는 등의 일부 문제점을 드러내기도 했지만, 비정규직 처우 개선과 정규직 전환에 정부가 나서서 공공 부문이 민간 부문을 선도하는 모범 사용자의 역할을 보여줬다는 점에서 매우 전향적인 정책으로 평가할 만하다. 한편 참여정부는 노동계 및 시민사회 단체에 의해 사내 하청의 간접 고용 비정규직 문제가 강하게 제기되는 것에 맞춰 2004년 5월 간접 고용 근로자 보호를 위한 사내 하도급 점검확대 기본 계획을 수립·발표했으며, 이 계획에 따라 2004~2006년에 조선·철강·화학·전기전자·자동차·기계금속·IT·사무판매서비스 업종의 주요 사업체들에 대한 사내 하도급 실태 조사와 특별 근로감독을 실시했다. 이같이 노동부가 이례적으로 8개 주력업종 부문에 대해 대대적인 현장 근로감독을 실시했던 것은 간접고용 문제에 대한 참여정부의 적극적 개선 의지를 보여주는 것으로 당초에는 평가됐으나, 실제 실태조사 결과에 대한 노동부의 사후 조치가 대부분 사용자들의 불법적 노무관리 관행에 대해 면죄부를 주듯 용인되거나 형식적인 시정 요구에 그쳐 오히려 노동계와 시민사회 단체로부터 호된 비판을 받기도 했다.

한편 참여정부는 출범 초기에 우리 사회에 만연한 차별 관행을 해소해 평등 사회를 구현하겠다는 국정 목표를 제시했다. 이 목표를 구현하기 위해 정부는 특히 노동시장의 양극화를 낳고 있는 "성·학벌·장애인·비정규직·외국인 노동자·연령"의 6대 차별 관행을 해소하는 데 정책적인 노력을 경주했다.[7] 성차별을 해소하기 위해 2005년 12월에 「남녀고용평등법」을 개정하여 여성에 대한 적극적 고용 개선조치를 강화하여 상시 종업원 1,000명 이상의 대기업과 공공 기관부터 시행토록 했다.[8] 학벌 차별에 대해서는 2004년 4월 "사회 계층 간 통합과 능력 중심 사회의 구현을 위한 학벌주의 극복 종합대책"이 발표·시행됐다. 2007년 3월에는 「장애인차별금지및권리구제등에관한법률」이 제정되어 장애인에 대한 차별을 시정하는 제도적 장치를 갖췄으며, 그에 앞서 2006년 9월 "선진 복지국가 구현을

---

[7] 참여정부가 출범 초기에 밝힌 국정 목표에는 "성·학벌·장애인·비정규직·외국인 노동자"의 5대 차별을 해소하겠다는 정책 과제가 제시됐으나, 임기 중에 연령의 차별이 시정 대상으로 추가됐다.

[8] 여성 대상의 적극적 고용 개선조치는 2008년부터 500인 이상의 대기업과 공공 기관에 확대 적용토록 했다.

위한 장애인 지원 종합대책"을 마련하여 공표하기도 했다. 외국인 이주 노동자들에 대해서는 국민의 정부로부터 논의되어온 고용허가제를 2003년 7월에 법제화하여 내국인과의 균등 대우의 원칙을 명시함[9])과 동시에 산업 현장에서 이주 노동자들에 대한 비인격적인 처우가 발생하는 것을 방지·규율하기 위한 정책 노력을 기울이기도 했다. 아울러 다양한 차별 관행들을 심판·구제하는 차별시정 기구에 대한 정부 부처 간, 그리고 관련 이해 당사자들과의 논의를 거쳐 2004년 10월에 최종적으로 국가인권위원회가 일체의 차별 시정을 관장하는 역할을 담당토록 하여 차별시정 기구의 일원화를 실현했다. 이같이 참여정부가 국정개혁 과제로서 차별시정 정책을 추진한 점은 우리 노동시장에 뿌리 깊게 엄존하는 차별 관행이 사회 불평등을 심화하는 중요한 배후 원인으로 작용하고 있는 현실을 감안할 때 매우 타당하고 적절한 정책목표 선정이라고 평가할 만하나, 고질적인 고용차별 관행을 해소·시정하는 가시적인 성과를 낳기에는 (비정규직 보호 대책과 마찬가지로) 그 정책 집행의 내용과 효과가 다소 역부족이었거나 제한적인 수준에 그친 것으로 지적하게 된다.

4. 맺음말

<표 10-5>는 참여정부의 노동 정책에 대한 평가를 종합하여 요약·정리한 것이다. 참여정부는 노사 관계의 사회 통합적 개혁과 노동시장 차원의 일자리 창출·비정규직 보호 및 차별 시정에 대해 적절·타당한 정책 목표를

---

[9]) 이에 더하여 고용허가제에는 "국내 노동시장의 보완, 내국인 우선 고용, 산업 구조조정 저해 방지, 균등 대우 등의 원칙이 고려되어 제도 설계가 이뤄졌다".

〈표 10-5〉 참여정부 노동 정책의 종합 평가

구분		성과	문제점
노사관계	국제 기준의 노사관계제도 선진화	· 노사관계제도 개선의·노사정 합의 도출 및 법 개정 · 「공무원노조법」 법제화 · OECD 모니터링 종료	· 전임자·복수노조 추가 유예 · 노조활동 보장의 제도화 미흡
	사회 파트너십 형성	· '일자리만들기·사회협약' 체결 및 노사정위원회 기능 개선 · 지역노사정협의회 활성화	· 민주노총 참여의 사회적 대화체제 구축 실패 · 업종 협의체 추진성과 미비
	노사 갈등 최소화 및 근로감독 강화	· 근로감독 인력 확대 및 관련 행정체계 혁신, 그리고 노사분쟁 빈발 업종에 대한 예방 대응 · 작업장 혁신 정책지원 확충	· 정부의 대응기조 혼선에 따른 노사분쟁 유발 · 노사관계 관행개선 미흡
노동시장	일자리 만들기	· 일자리 종합대책 및 국가고용전략 수립·추진 및 관련 사업예산 확충 집행 · 사회적 일자리 사업 추진 및 여성 등의 소수자 취업 촉진	· 일자리 창출실적 저조 및 친기업적 정책기조 편향 · 청년실업 대책 미흡
	비정규직 보호 및 차별 시정	· 「비정규직보호법」 제정 · 공공 부문 비정규 대책 추진 · 6대 차별시정 정책 추진	· 비정규직 보호 제도화 미흡 · 간접 고용 비정규직 근로 감독의 형식적 진행

설정했고, 임기 동안 적잖은 성과를 거뒀다. 하지만 참여정부는 집권 초기의 미숙한 정책 집행, 정책 기조의 혼선 및 변질, 그리고 노동 현안들에 대한 미온적 대응 등의 문제를 드러낸 것으로 평가될 수 있다. 특히 집권 초기에는 과거 정부와 달리 노사 대등의 개혁 원칙을 표방하며 기존의 성장 우선 노동 정책에서 벗어나 소모적인 노사 관행과 양극화되는 노동시장 분절 구조의 국가적 난제들을 개선·치유하려는 전향적인 정책 방향을 제시하는 것으로 기대되기도 했으나, 오히려 임기 초반에 정부 정책을 둘러싼 논란과 노사분쟁을 심각하게 불러일으킴으로써 그 정책 기조가 좌절·변질되어 친기업·성장 우선주의 국정 기조로 회귀함으로써 그 정책의 개혁성을 구현하지 못한 점은 매우 아쉬운 대목이라 하겠다.

참여정부가 제시·추구했던 사회 통합적 노사관계 구축과 일자리 창출 및 노동시장 차별 시정 등의 노동정책 개혁 목표들은 당시나 지금도 여전히 유효하다고 판단되는 한편, 그 정책 과제들이 당초의 구상대로 실행·성취되지 못한 배경 원인들을 짚어 살펴보는 것은 이후의 민주 정부 재집권을 위해 매우 중요하리라 생각된다. 우선 참여정부의 전향적인 노동 개혁이 후퇴하여 미온적인 수준으로, 그리고 성장 지향의 정책 기조로 변질된 배경에는 여러 사정이 작용했지만, 무엇보다 국정 지도자 및 정권주도 집단이 노동 개혁의 확고한 목표 의식과 분명한 전략 비전을 보유하지 못했던 탓에 기인하는 것으로 이해된다. 실제로 참여정부 집권 초 개혁팀에 의해 구상된 사회 통합적 노사 관계의 개혁 목표가 당시 사회적 논란과 갈등을 빚은 것(그리고 민주노총의 비협조)에 대해 국정 지도자가 실망하여 그 개혁 정책기조를 실질적으로 후퇴시키고 "기업하기 좋은 나라 만들기"로 선회, 관료 주도의 노사관계제도 개선 및 노동시장 차별 시정을 제한적으로 추진하거나 "법과 원칙"을 강조하는 종래의 대응 방식으로 회귀했다. 비유컨대 "초기에 좌회전 신호를 보이고 실제로는 우회전하는" 정책 기조의 변화 궤적을 보여줬다. 이러한 경험으로부터 국정 지도자 및 집권주도 세력의 노동개혁 비전과 목표 의식이 확고하게 정립되지 않고서는 그 개혁이 일관되게 추진·성취될 수 없다는 점을 분명히 새겨볼 수 있다. 더욱이 고질적인 노사 갈등과 노동 양극화, 그리고 "고용 없는 성장" 등의 심각한 당면 난제들이 조직 노동의 협조·양보와 노동시장 분절 구조의 극복·해소 없이는 제대로 해결될 수 없다는 점을 분명히 인식하여 향후 민주 정부의 국정 지도자 및 집권주도 세력은 노동 정책을 경제·성장 논리에 종속시키는 종래 국정운영 방식에서 탈피하여 (참여정부의 집권 초에 밝힌 바와 같이) 사회 통합적 노사 관계·노동시장의 구축을 국정 개혁의 핵심 목표이자 정책 비전으로서 전략적으로 일관되게 추진해나가야 할 것임을 제언한다.

참여정부의 개혁적 노동정책 기조가 좌절·변질된 배경으로는 사회적 논란과 노사 갈등을 부추긴 임기 초반의 정책집행 미숙과 혼선을 지적하지 않을 수 없다. 따라서 아무리 정책 기획이 적절·타당하더라도 이를 효과적으로 구현하기 위한 치밀한 정책 집행의 추진 전략 및 실행 계획을 강구하지 못하면 정책이 제대로 성취될 수 없다는 중요한 역사적 교훈을 얻을 수 있다. 노동정책 현안에 대해서 노사 간의 첨예한 이해 대립뿐 아니라 진보·보수 진영 사이의 이념적 공방이 필연적으로 수반된다는 노동 정치의 현실적 조건을 충분히 헤아려 노동 개혁의 목표를 성사시키기 위해 중장기적인 접근 전략(임기 동안의)과 단기 대응의 실행 계획을 제대로 갖춰 그 정책의 집행을 효과적으로 추진해나갈 필요가 있을 것이다. 이때 참여정부의 집권 초기에 수립·공표된 전향적인 개혁 청사진이 오히려 노동계의 과잉 기대와 경영계 및 보수 언론의 과도한 견제 심리를 조장하고 이로써 노사분쟁 빈발과 사회적 갈등을 증폭시킴으로써 당초의 의도와 달리 그 개혁정책 기조를 좌절·후퇴시키는 결과를 낳았던 점을 유념해야 하겠다.

참여정부의 초기 노동개혁 구상에서는 노사 관계와 노동시장의 상호 연관성이 그다지 고려되지 않은 채 개별적 정책 영역으로 이해·접근되고 있는데(김유선, 2007), 노동시장 양극화가 노사 관계의 이중구조(대기업 정규직 대 중소기업·비정규직)와 직결되어 고착화되는 문제의 본질을 고려한다면 노동시장·노사 관계의 종합적인 개혁 전략과 정책 구상을 마련·제시하는 것이 필수적이다. 아울러 노동 양극화와 "고용 없는 성장"이라는 우리 사회의 구조적 핵심 문제들을 치유·극복하기 위해서는 단지 노동 정책만으로는 해결을 기대하기 어렵고, 범정부 차원의 사회경제 정책들 사이의 상호 정합성(mutual fitness)이 반드시 필요하다고 하겠다. 참여정부의 임기 후반에 수립·공표된 국가고용전략에서 고용—성장—복지의 선순환을 구현하는 사회경제 발전 패러다임을 지향하는 국정 개혁의 방향은 매우 적절·타당하다고 판단되나, 그 패러다임 전환의 국정 목표는 정책 언술로 그치고 안타깝게도 제대로 실행되지 못했다. 향후 민주 정부가 진정한 노동 개혁을 이루기 위해서는 노동 존중·고용 친화적 사회경제 발전의 패러다임을 구축하겠다는 국정 전반의 개혁 청사진과 종합적인 실행 전략을 함께 마련해야 한다는 점을 유념해야 할 것이다.

참고문헌

고용노동부. 2006. 『노동행정사』.
_____. 2010. 『노동조합 조직현황』.
김유선. 2007. 「참여정부 노사관계정책 평가」. ≪노동교육≫, 제59권, 12~17쪽.
대통령자문정책기획위원회. 2008a. 「여성인력개발: 여성이 희망이다, 경제성장의 원동력」. 참여정부 정책보고서, 2~28쪽.
_____. 2008b. 「차별시정 강화: 더불어 사는 균형발전사회를 위하여」. 참여정부 정책보고서, 2~30쪽.
_____. 2008c. 「비정규직 보호: 차별 없는 일터, 안정된 일자리」. 참여정부 정책보고서, 2~31쪽.
_____. 2008d. 「노사관계 개혁: 대립과 갈등을 넘어 법과 원칙, 대화와 타협으로」. 참여정부 정책보고서, 2~32쪽.
_____. 2008e. 「일자리 창출: 일자리의 위기를 넘어 일자리의 바다로」. 참여정부 정책보고서, 2~33쪽.
민주정부10년위원회. 2010. 「사회정책」(미발간보고서).
박태주. 2008. 「노동 정책, 사회통합을 위한 노동개혁의 실종」. 한반도사회경제연구회 엮음. 『노무현시대의 좌절: 진보의 재구성을 위한 비판적 진단』. 창비.

윤윤규·조성재. 2007. 「참여정부 노동 정책의 성과와 향후과제」. 한국노동연구원 정책보고서.

은수미. 2008. 「비정규직정책, 안일한 인식과 무력한 대응」. 한반도사회경제연구회 엮음. 『노무현시대의 좌절: 진보의 재구성을 위한 비판적 진단』. 창비.

이병훈. 2003. 「참여정부의 노동 정책에 대한 평가와 시사점」. 경기포럼 정책토론회 발제문.

이병훈·김유선. 2003. 「노동생활 질의 양극화에 관한 연구: 정규·비정규의 분절성을 중심으로」. ≪경제와 사회≫, 제60권, 129~149쪽.

이원덕 엮음. 2003. 『한국의 노동 1987~2002』. 한국노동연구원.

최영기. 2003. 「참여정부의 노사관계선진화방안에 대한 비판과 대안」. ≪한국 사회정책≫, 제10집, 161~191쪽.

한국노동연구원. 2010. 『2010 KLI 노동통계』.

한반도사회경제연구회. 2008. 『노무현시대의 좌절: 진보의 재구성을 위한 비판적 진단』. 창비.

| 제4부 북한과 동북아시아 |

제11장 동북아 외교·안보 정책: 동북아 균형자론을 중심으로 _이근

제12장 노무현 정부의 대북 정책: 평가와 쟁점 _김근식

제11장

동북아 외교·안보 정책

동북아 균형자론을 중심으로

이근 | 서울대학교 국제대학원 교수

　이 글의 목적은 노무현 정부의 동북아시아 외교·안보 정책(이하 동북아 정책)을 평가하는 것이다. 정책에 대한 평가는 정책이 어떠한 철학적·이론적 토대를 바탕으로 수립·실행됐는지에 관한 평가와 정책이 소기의 목표를 어느 정도 달성했는지에 대한 평가로 나뉜다. 노무현 정부의 동북아 정책은 사실상 통상 및 외교·안보, 그리고 남북 관계를 모두 포괄하고 있고, 그와 동시에 지역적으로도 동북아시아라는 좁은 의미의 공간을 넘어서서 동아시아 및 그 이상의 공간에까지 미치고 있어서 동북아라는 단면을 깨끗하게 잘라서 그 안에서의 동북아 정책만을 명쾌하게 평가하기는 힘들다. 따라서 이 글에서는 노무현 정부의 동북아 정책 중, 사실상 노무현 대통령의 외교·안보 철학이 응축적으로 반영되어 있었던 동북아 균형자론에 집중하여 분석과 평가를 내리고자 한다.

1. 노무현 정부의 동북아시아

동북아시아라는 개념은 지리적으로 규정하기 매우 어려운 것이다. 대개의 경우 동북아시아를 한국·중국·일본 삼국을 지칭하는 개념으로서 습관적으로 사용하고 있지만 조금만 깊이 들어가보면 한국·중국·일본이 동북아시아를 대표하기에는 많은 문제가 있다. 우선 중국의 경우 지리적으로 동북아시아뿐만 아니라 동남아시아, 중앙아시아, 남아시아에 모두 걸쳐 있어서 중국을 단순히 동북아시아로 치환하는 것은 적절치 않다. 또한 지리적 위치로 볼 때 러시아의 이른바 극동 지역은 물론 몽골, 북한이 동북아시아에 포함된다. 물론 북한은 한국이라고 할 수 있어서 자연스럽게 한국·중국·일본의 동북아시아에 들어가지만 습관적으로 러시아와 몽골은 동북아시아에 잘 들어오지 않는 국가들이다. 반면에 러시아를 동북아시아에 넣게 되면 동북아시아의 지리적 개념이 흐려지고, 동북아시아 안보를 얘기할 때는 미국이 당연히 들어오면서 동북아시아의 지리적 개념을 흐릴 때도 있다. 따라서 노무현 정부의 동북아 정책을 이해하기 위해서는 노무현 정부의 동북아가 어디를 의미하는지 규정하는 것에서부터 시작할 필요가 있다.

노무현 정부에게 동북아시아라는 지역은 처음부터 아주 명확하게 지리적으로 규정되지 않았다. 대통령 선출 전에 출판(2002년 10월 15일 초판 인쇄)된 『노무현의 리더십 이야기』를 보면 제8장에 「동아시아의 중심 국가를 향하여」라는 제목이 등장한다(노무현, 2000). 여기서는 동북아시아라는 개념이 아니라 동아시아라는 개념을 사용하고 있는데, 흥미로운 것은 제8장 1절의 소제목에는 「발상의 전환과 동북아의 중심 국가」라고 해서 동북아의 개념을 곧 쓰기 시작했다는 점이다. 노무현 대통령이 동북아시아에 착목하게 된 계기는 아마도 2000년경이라고 짐작된다. 노무현 대통령은

2000년 여름에 읽은 『지도를 거꾸로 보면 한국인의 미래가 보인다』의 영향을 받아 해양 세력과 대륙 세력이 만나는 한반도의 중요성을 인식할 수 있었다고 언급했으며, 그리고 동북아시아의 중요성을 2000~2001년 해양수산부 장관을 역임하면서 얻은 느낌과 경험에 연결시키고 있기 때문이다(노무현, 2000).

『노무현의 리더십 이야기』에서 동북아시아는 지리적으로는 매우 불명확한 개념이다. 어떤 경우에는 "대륙 세력과 해양 세력의 접점에 위치하는"(244쪽) 개념으로도 사용하고, 한국·중국·러시아·일본을 지칭하기도 한다(245쪽). 또 다른 경우에는 일본과 명나라와의 전쟁을 동아시아의 전쟁이라고 부르기도 하고(246쪽), "한국·중국·러시아·일본을 연계하는 동북아시아"(248쪽)라는 표현도 등장한다. 사실 이러한 개념이 혼란스럽게 사용되는 것은 어쩌면 당연한 것일지도 모른다. 왜냐하면 지구 전체의 서로 연결되는 자연 생태계를 민족국가라는 인위적인 단위로 나눴기 때문에 민족국가를 구성단위로 하는 지역의 정의가 불완전할 수밖에 없으며, 한국과 그 주변부의 큰 국가를 중심으로 사고하는 습관이 동아시아와 동북아시아라는 개념의 명확한 구분을 방해했을지도 모른다.

이처럼 대통령으로 임명되기 전 노무현의 동북아시아 개념이 대통령 임기 동안 얼마나 구체화·정교화됐는지를 살펴보면 역시 큰 차이를 발견하기 어렵다. 대통령직인수위원회가 발간한 『제16대 대통령직인수위원회 백서』 중 6장인 「외교통일안보분과위원회」의 내용을 보면 역시 동북아라는 개념이 등장한다. 노무현 정부는 외교·안보 주요 국정 어젠다로 "한반도 평화체제 구축"과 "동북아시아 경제 중심 국가"라는 청사진을 내걸었는데, 여기서 말하는 동북아시아에 한국·중국·일본 및 CIS(Commonwealth of Independent States) 국가가 등장한다(대통령직인수위원회, 2003: 70). 노무현 정부 출범과 함께 생겨난 동북아경제중심추진위원회가 2004년 동북아시대위원회로 개편되는데 동북아시대위원회 출범 직전 노무현 대통령은 세계한인회장 초청 다과회에서 동북아시아의 개념에 대하여 언급한다. 여기서 노무현 대통령은 동북아시아를 한국·중국·일본·러시아로 규정한다.

> 동북아 중심 국가란 부강한 국가는 물론이거니와 동북아 새 질서를 주도하는 국가다. 중국은 너무 힘이 세서 주도하면 주변국이 불안해한다. 러시아도 강대국이며 유럽에 걸쳐 있다. 일본도 강대국이며 과거사 문제가 있다. 이런 점을 고려할 때 동북아 새 질서를 주도하는 데 가장 적격인 국가가 한국이다. 한국은 누구에게 빚지지 않고 해도 끼치지 않았다. 의심받을 아무 요소가 없다(≪오마이뉴스≫, 2004.6.4).

2005년 3월 8일 공군사관학교 제53기 졸업식 연설에서 노무현 대통령이 동북아시아 균형자라는 개념을 제시하여 한동안 논란이 됐는데, 당시 동북아 균형자의 의미에 대하여 청와대가 해명하는 과정에서 다시 한 번 노무현 정부의 동북아 지역에 대한 단서가 등장한다. 여기서 말하는 동북아 균형자는 기본적으로 중국과 일본 사이의 갈등에서 한국이 균형자 역할을 하는 것으로 한국·중국·일본이 동북아시아의 주요 구성원이 되는데, 한미 동맹이 이 개념 안으로 들어오면서 동북아라는 지역적 개념은 기능적 개념과 혼재된다.[1] 아마 러시아 역시 이 지역의 갈등 요인이었다면 동북아시아라는 개념에 포함됐으리라 생각된다.

노무현 정부 말에 해당하는 2008년 2월, 동북아시대위원회에서 발간한 「동북아 평화 번영을 위한 국가 전략」에서도 상당히 신축적인 동북아시아의 지리적 범위가 등장하는데, 그럼에도 불구하고 과거에 비해 꽤 발전된

---

[1] 동북아 균형자와 관련한 청와대의 개념 규정 및 인식은 2절을 참조.

개념 정의를 시도한 흔적이 보인다. 이는 동북아시아라는 지리적 범위를 규정하기가 어렵고, 또 국가 간 상호 의존이 심화된 현실에서 실제 정책이 동북아시아라는 좁은 지리적 공간에 머물 수 없다는 현실적 고민의 결과라고 생각된다. 이 보고서에서 동북아는 외교·안보의 범주에서 6자회담국인 한국·북한·미국·중국·일본·러시아로 규정되고, 경제 통상의 범주에서는 지리적 의미의 동북아인 한국·북한·중국·일본·러시아·몽골, 그리고 기능적 의미의 동북아인 ASEAN과 미국을 포함하고 있다(동북아시대위원회, 2008: 48).

결론적으로 노무현 정부의 동북아시아는 한국·중국·일본·러시아가 핵심적인 구성 요소가 되고, 안보 및 경제 통상의 기능적인 필요에 의하여 미국·몽골·ASEAN, 그리고 경우에 따라서는 CIS 국가까지 포함되는 개념이었다고 할 수 있다. 처음에는 중국·일본·러시아와 같은 거대 시장 및 자원 공급지에 착목한, 그리고 해양과 대륙을 연결하는 관문 및 허브(Hub)를 염두에 둔 경제 통상의 기능적 개념으로서 동북아시아가 강조됐으나 노무현 정부 후반부로 가면서 외교·안보의 기능적 개념으로서 동북아시아가 경제 통상의 기능적 개념에 접목되는 추세로 발전했다.

노무현 정부가 동북아 지역을 국정 어젠다의 핵심 지역으로 가져온 것은 일견 이해할 만한 일이다. 왜냐하면 노무현 대통령 자신이 『노무현의 리더십 이야기』에서 강조했듯이 앞으로 기회의 땅인 중국과 유라시아 대륙의 관문으로서 한국이 차지하는 위치를 충분히 활용할 필요가 있었기 때문이다. 또한 동북아시아는 남북한이라는 민족 내부 갈등의 주체, 그리고 한국·중국·일본이라는 민족 간 역사적 갈등의 주체가 모여 있는 지역이어서 이 기회의 지역을 충분히 활용하기 위해서는 갈등을 평화 구조로 정착시킬 필요가 있기 때문이다. 즉, 냉전 구조의 최종적 해체를 통하여 동북아시아 및 태평양이라는 새로운 기회를 확보하고자 한 것이다. 따라서 유럽과 같은 공동체를 지향하면서 갈등 구조를 해체하고, 중국과 유라시아 대륙으로 향하는 동북아의 관문 및 허브로서 한국을 설정한 것은 미래를 내다보며 현재를 풀어나가고자 하는 매우 현실적인 비전이었다고 평가된다.

하지만 세계화로서 상호 의존이 심화되고 있는 추세에 비추어 볼 때 서로 연결된 지구를 절단하여 동북아시아라는 지역 하나만을 끄집어낸다는 것이 정책적으로 얼마나 가능한 것인지에 대해서는 의문이 든다. 이미 앞서 살펴봤듯이 지리적·기능적으로 동북아시아의 개념이 바뀌는 이유는 이슈별로 지역 간 상호 의존성의 밀도가 변화하기 때문인데, 예를 들어 안보 이슈에서는 러시아와 미국이 동북아시아에 포함되고, 역사 인식에서는 한국·북한·중국·일본이 동북아시아로 인식되어 일관성 있고 종합적인 동북아 정책을 구상하고 집행하는 것이 어려워진다. 특히 경제 및 자원 문제에서는 중국 및 동북아시아가 워낙 중요하다 하더라도 기타 지역을 도외시할 수 없는 것이 현실이어서 과도한 동북아 집중이 다른 지역에 대한 상대적 과소평가를 가져올 위험마저 있다.

2. 동북아 균형자론

1) 노무현 정부 동북아 정책의 철학적·이론적 기반

모든 정책은 어떤 의미에서건 철학적·이론적 기반을 깔고 있다. 노무현 정부의 동북아 정책도 물론 대통령의 철학적·이론적 인식을 반영하고 있다. 어떤 현실 정치나 정책이 그러하듯이 이러한 철학적·이론적 인식이 처음부터 끝까지 정책 내에서 일관되고 정교하게 체계화되기는 매우 힘들다. 비전으로서의 철학적·이론적 인식과, 비전으로 향하는 여정 속에서 추진해야 하는 정책의 철학적·이론적 인식이 반드시 같을 필요도 없을뿐더러 같기도 힘들다. 현실과 직접 맞부딪히면서 현실에 대한 철학적 인식이 수정되는 경우도 있다. 예를 들어 냉전 종식을 통하여 국경의 구분이 흐려진 세계화된 지구촌을 비전으로 상정할 때 이는 국가 간 상호 의존이 심화되고 국제정치의 주요 행위자가 국가뿐만이 아니라 경제적·사회적 행위자 역시 주요해지는 자유주의적인 비전이라고 할 수 있다. 하지만 이러한 비전을 실현하는 여정에서 냉전 중 자국의 안보를 지키는 현실주의적인 정책이 채택되기도 하고, 또 냉전 종식을 위해서 신뢰 구축과 같은 자유주의적인 정책도 채택된다.[2] 즉, 비전으로서의 철학적 인식과 현재의 문제를 타파하는 정책에 대한 철학적·이론적 기반은 다를 수 있다.

노무현 정부의 동북아 정책과 관련한 철학적·이론적 기반은 장기 정책 목표와 단기 현실정책이 확연히 구분되는 것이 특징이다. 우선 비전으로서 제시된 동북아시아의 미래상을 보면 노무현 정부의 국제정치관은 국제정치학에서 말하는 구성주의 혹은 자유주의적인 시각을 담고 있다.[3] 즉,

---

[2] 일반적으로 국제정치학에서 말하는 현실주의는 국제정치의 주요 행위자로 민족국가만을 강조하고 있으나 자유주의에서는 민족국가 이외에도 경제적·사회적 행위자 및 개인까지도 주요한 행위자로 본다. 한편 신뢰구축 조치(confidence building measures)는 국가 간에 투명성을 높여서 안보상의 신뢰를 높이는 조치들을 말하는데 국가 간 투명성을 높이면 신뢰가 올라간다는 전제 자체가 상호 불신을 전제로 하는 현실주의적 기반이 아닌 자유주의적 기반이라고 할 수 있다. 이른바 신자유주의제도론(Neoliberal institutionalism)이 이러한 투명성에 기초한 국가 간 협력을 이론화한 것이다. 이에 관해서는 Robert Keohane, *After Hegemony: Cooperation and Discord in the World Political Economy*(Princeton: Princeton University Press, 1984) 참조.

[3] 국제정치학에서 말하는 구성주의를 단순화하는 데는 무리가 있지만 이는 국가 간의 관계가 국가 간의 상호작용에 의하여 구성되는 것을 말한다. 따라서 현재의 적대적 관계가 새로운 국가 간의 상호관계 때문에 우호적인 관계로 변할 수 있고, 개별

노무현 정부에서는 동북아시아에 유럽연합(이하 EU)과 같은 공동체를 만드는 것이 장기적인 비전으로 제시됐는데, 유럽과 같은 공동체의 내용은 평화 공동체·안보 공동체와 같은 구성주의적 혹은 자유주의적 성격을 띠고 있다. 노무현 대통령은 2004년 12월 7일 프랑스 소르본 대학 강연에서 "내가 동북아 시대를 이야기하는 것은 힘센 나라나 지배하는 나라가 되고자 하는 것이 아니다. … 동북아에 EU와 같은 개방된 지역 통합체를 만들고, 이런 질서가 세계 질서로 확대되기를 기대하는 것"이라고 언급하면서 동북아시아에 지역 통합체를 만들고자 하는 비전을 피력한다. 이는 민족국가 간의 경계를 허물고, 개별 국가를 뛰어넘는 지역 정체성을 가진 통합된 공동체를 만들고자 한다는 점에서 국제정치의 주류 패러다임인 현실주의를 넘어선 자유주의 혹은 구성주의에 접근하는 철학적 정향을 보여주는 것이다. 대통령 직속 동북아시대위원회도 "동북아 시대 구상의 궁극적인 목표는 역내 협력과 통합을 제도적으로 강화시켜 신뢰·호혜·상생의 지역 공동체를 건설함으로써 평화와 번영의 동북아 시대를 실현시켜 나가는 것이다"라고 역설한다(동북아시대위원회, 2004: 14).

하지만 이러한 비전을 실현하기 위한 구체적인 정책이나 그 여정에

민족국가를 단위로 하는 지역이 하나의 공동체를 단위로 하는 지역으로 새롭게 구성될 수 있다는 가능성을 제시한다. 국제정치학에서 말하는 자유주의 역시 이를 단순화하는 데 무리가 있기는 하지만 국가 간의 관계가 단순히 안보만을 중요시하는 민족국가 간의 관계가 아니라 경제적·사회적 행위자들이 민족국가를 넘어서서 상호의존 관계를 형성하고, 그러한 상호의존 관계가 민족국가 간 관계를 구속할 수 있다는 가능성을 제기하는 시각이다. 물론 구성주의나 자유주의 모두 이보다는 다양한 분야에서 여러 가설과 주장들을 생산해내고 있다. 구성주의와 관련한 대표적인 저작으로는 Alexander Wendt, *Social Theory of International Politics*(Cambridge: Cambridge University Press, 1999). 자유주의에 관한 정교한 이론화 작업은 Andrew Moravcsik, "Taking Preferences Seriously: A Liberal Theory of International Politics," *International Organization* Vol.51, No.4(Autumn, 1997), pp.513~553 참조.

대한 노무현 정부의 현실 인식은, 매우 이상주의적이라는 세간의 평가와는 다르게 상당히 현실주의적 기반을 가진 것으로 보인다. 동북아시아에 EU와 같은 공동체를 만들기 위해서는 우선 동북아에 평화가 정착되어야 하는데, 그러기 위해서는 동북아 평화에 장애가 되는 요인들을 제거해나가야 한다고 주장하면서 노무현 정부는 이를 위하여 한반도에 평화 체제를 수립하자는 매우 자유주의적이고 제도주의적인 정책 과제를 초기에 제시했다. 그러나 후술하겠지만 동북아시아를 둘러싼 강대국 정치를 직접 목격·경험하면서 점차적으로 매우 현실주의적인 외교·안보 인식이 중첩되어 나타나기 시작한다.

이러한 현실주의적 인식이 중첩되는 이유는 동북아시아 지역 자체가 국가 간 갈등이 첨예한 현실주의적 냉전 구조에서 탈피하지 못했다는 것을 노무현 정부가 인식하기 시작했기 때문이다. 예컨대 일본 고이즈미 정부의 과거 회귀적이고 우경화된 역사 인식, 그리고 중국에 맞선 강경한 신보수주의(네오콘)로 대변되는 미국의 일방주의에서 오는 위협을 감지하면서 한반도의 안전과 평화를 위해서는 동북아시아에서 중국·미국·일본을 포함한 강대국 간의 갈등 및 분쟁을 방지하는 것이 필요하다는 인식을 갖게 된 것으로 보인다. 노무현 정부 초기에는 한반도 평화체제 구축, 북핵 문제 해결을 위한 6자회담, 그리고 한미 동맹 재조정 등 외교·안보 이슈는 한반도 및 한미 동맹과 관련한 이슈에 집중되어 있었으나, 당시 고이즈미 준이치로(小泉純一郞) 수상이 2003~2004년 연속으로 야스쿠니 신사를 방문하는 것을 보고 일본에 대한 위협 인식이 높아지기 시작했다. 그 결과 동북아시아의 강대국 정치 및 평화 문제가 노무현 정부의 넓은 그림 속에서 새롭게 부상하기 시작한 것으로 보인다.

노무현 정부의 현실주의적 동북아 정책은 결국 동북아 균형자론으로 응축되는데, 동북아 균형자론이 등장하는 배경을 보면 노무현 정부의 현실주의적 국제정치관이 더욱 뚜렷하게 나타난다. 고이즈미 수상의 야스쿠니 신사 방문을 계기로 노무현 정부의 일본에 대한 위협 인식이 높아지면서 이에 대응하여 2005년에는 무언가 새로운 계기를 마련해야 한다는 의견이 정부 안에서 제기되기 시작했다. 2005년은 1905년 을사조약으로부터 100년이 되는 해이며 한일수교 45년이 되는 해여서 과거 청산과 미래 지향이 교차되는 해였다. 그래서 2004년 12월 가고시마 이부스키에서 열릴 예정이었던 한일정상회담의 사전 협의에서 한국 측은 제안을 하나 했다. 그 제안의 내용은 정상회담의 합의 사항에 "양국의 불행했던 과거를 연상시키는 언행을 자제하자는 데 인식을 같이했다"라는 문구를 넣는 것이었다. 그러나 일본의 관방장관은 이를 거부했고, 집권 자민당도 난색을 표명하여 이는 성사되지 못했다.[4] 그리고 정상회담 이후 두 달이 안 돼서 일본 시마네 현이 3월 16일 다케시마의 날 조례를 선포하고 독도 문제가 터졌다. 다케시마의 날 조례 선포가 있기 약 3주 전인 2005년 2월 23일에는 다카노 도시유키(高野紀元) 주한 일본대사가 "독도는 일본 땅"이라는 발언을 대한민국 수도 한복판에서 했고, 2월 26일에 있었던 한미일 6자회담 수석대표 실무회담에서도 일본이 북한에 대한 경제제재 문제까지 들고 나오면서 미국과 함께 초강경 입장을 보였다. 일본은 또한 3월 10일 일본을 방문한 크리스토퍼 힐(Christopher R. Hill) 대사 겸 국무부 동아태 담당 차관보 지명자에게 일본의 외무성 고위 관계자가 독도 문제와 관련하여 미국이 일본의 손을 들어주기를 희망한다는 메시지를 전달하면서 청와대를 다시 한 번 자극했다(≪신동아≫, 2005.5.1).

이러한 일련의 사태는 노무현 대통령으로 하여금 일본이 다시 과거와 같은 패권을 지향하고, 급속도로 부상하는 중국과 동북아시아에서 패권

---

[4] 이종석 전 국가안전보장회의(이하 NSC) 사무차장 및 통일부 장관과의 인터뷰(2011.3.15).

경쟁을 하게 될지도 모른다는 우려를 갖게 한 것으로 알려지고 있다.5) 더군다나 반중(反中)적인 네오콘이 주류였던 당시 미국 부시 행정부가 일본을 자제시키기보다는 오히려 중국을 견제하는 듯한 느낌을 받으면서 노무현 정부는 동북아시아의 패권 경쟁에 더욱 신경을 쓰게 된 것으로 판단된다. 당시 부시 행정부는 이른바 전략적 유연성이라는 문제를 꾸준히 제기했는데, 전략적 유연성은 주한 미군을 한반도 이외의 지역에 투입할 수 있도록 보다 유연하게 활용하는 것을 의미하기 때문에 노무현 정부는 미군의 전략적 유연성이 중국을 겨냥하고, 또 자극할 것이라는 걱정을 하고 있던 상황이었다.6)

노무현 정부는 일본에 대한 미국의 입장을 역시 여러 경로로 확인하면서 동북아의 안보 정세를 이해하고 있었다. 2005년 3월 콘돌리자 라이스(Condoleezza Rice) 미국 국무장관과의 회담에서 노무현 대통령이 독도와 관련하여 장황하게 언급했음에도 불구하고 라이스 장관은 독도에 대해 언급하지 않고 오히려 일본의 유엔 안보리 진출을 지지한다는 의사를 외무장관 공동기자회견에서 밝혔다. 또한 당시 한미 동맹의 미래를 구상하는 협의인

---

5) 같은 인터뷰.
6) ≪신동아≫의 황일도 기자는 당시 정부 당국자들의 말을 빌어 노무현 대통령이 동북아 균형자 발언을 한 결정적인 계기를 전략적 유연성 문제에서 찾았으나, 당시 이종석 NSC 사무차장은 이를 고이즈미의 우경화 정책 및 행보에서 찾았다. 이러한 해석의 차이는 계기가 미국인지 아니면 일본인지를 구분하는 것이어서 노무현 대통령의 당시 대미국 및 대일본관을 검증하는 해석이라고 할 수 있다. 이에 대해 필자는 일본의 우경화가 직접적인 계기였지만, 미국의 전략적 유연성 요구가 일본의 우경화와 중첩되면서 노무현 대통령이 당시 동북아 정세에 대해 매우 심대한 안보 위기를 느낀 것으로 해석한다. 왜냐하면 전략적 유연성 문제 때문에 동북아 균형자론을 들고 나왔다면 이는 한미 동맹을 파기하고자 하는 매우 중대한 사안이기 때문에 그렇게 사전 준비가 안 된 상태에서 쉽사리 동북아 균형자론을 제기하지는 않았을 것이기 때문이다.

한미안보정책구상(이하 SPI)에서 노무현 정부는 미국의 일본 지지 입장을 확인하고 있었다. 즉, 이 협의의 과정에서 한국 측은 일본의 역사 인식 및 독도 문제를 한국에 대한 위협으로 봐야 한다고 주장한 반면, 미국 측은 이에 대해 난색을 표명했는데, 한미동맹미래비전에 대한 합의가 늦어지고 있었기 때문이다. 이러한 상황에서 과거 19세기 말과 같이 중국과 일본이 다시 충돌하게 되는 사태가 발생하면 동북아 공동체는커녕 한국의 안보 자체가 무너지는 심각한 사태가 발생할 것이라는 인식이 노무현 정부에서 강하게 생겨났고, 특히 노무현 대통령은 이를 심각하게 받아들였다. 아마도 노무현 대통령은 중국과 일본 사이에서 미국이 갈등을 중재하고 조정할 것이라고 기대하기 어려운 상황에서 한국이 어떻게든 중간에서 역할을 해야겠다고 생각한 것으로 보인다. 여기에 미국이 당시 제기했던 전략적 유연성 문제도 노무현 대통령을 불안하게 만들었을 것이다. 이를 반영한 노무현 대통령의 새로운 이니셔티브가 바로 "동북아 균형자론"이다.

동북아 균형자론은 매우 전격적으로 등장한 대통령 본인의 이니셔티브라고 할 수 있다.[7] 왜냐하면 이 개념은 노무현 정부 인수위가 제시한 외교·안보 국정 과제에 전혀 등장하지 않는 이니셔티브이고 또한 노무현 대통령 자신도 이전에는 전혀 언급하지 않은 개념이기 때문이다. 한편 이러한 노무현 대통령의 이니셔티브를 미국과의 동맹을 약화시키고자 하는 장기적인 음모론적 시각으로 해석하는 것은 타당하지 않다. 왜냐하면 앞서 언급했지만 동북아 균형자론은 고이즈미 수상 및 자민당 정권의 우파적 역사 인식과 이를 묵인하던 미국에 대한 우려 속에서 나온 이니셔티브이기 때문이며, 또한 당시 사방에서 쏟아지는 비판에 직면하여 곧 거두어들인 폐기된 이니셔티브이기 때문이다. 사실 이러한 동북아 균형자론에 대하여

---

7) 위의 인터뷰.

참모진들도 준비가 되어 있지 않았던 것이 당시 상황이었다.

노무현 대통령의 동북아 균형자론이 처음 언급되기 시작한 것은 2005년 초로 여겨진다. 2005년 2월 25일 취임 2주년 국회 국정연설에서 노무현 대통령은 "우리 군대는 스스로 작전권을 가진 자주 군대로서 동북아시아의 균형자로서 동북아 지역의 평화를 굳건히 지켜낼 것"이라고 언급했다. 그리고 3월 1일 3·1절 기념사에서 "세계에 손색이 없는 민주주의와 경제 발전을 이루고 스스로를 지킬 만한 넉넉한 힘을 가지고 있습니다. 동북아의 균형자 역할을 할 수 있는 국방력을 키워가고 있습니다"라고 언급했다. 하지만 가장 주목받았던 노무현 대통령의 동북아 균형자 발언은 2005년 3월 8일 공군사관학교 제53기 졸업식에서의 발언이었다. 이 행사에서 노무현 대통령은 "이제 우리 군은 한반도뿐만이 아니라 동북아시아에서의 평화와 번영을 지키는 것을 목표로 하고 있습니다. 동북아시아의 세력균형자로서 이 지역의 평화를 굳건히 지켜낼 것입니다. … 주한 미군은 한반도의 평화와 안전을 위해서 매우 중요하고 앞으로도 지속적인 역할을 해나갈 것입니다. 그러나 분명한 것은 우리의 의지와 관계없이 우리 국민이 동북아시아의 분쟁에 휘말리는 일은 없다는 것입니다. 이것은 어떠한 경우에도 양보할 수 없는 확고한 원칙으로 지켜나갈 것입니다"라고 말했다.

노무현 대통령의 동북아 균형자에 대한 언급은 일본을 겨냥한 것이기 때문에 앞서 밝힌 바와 같이 자연스럽게 2005년 2월과 3월에 집중적으로 몰려 있었는데, 2005년 3월 22일 육군 제3사관학교 제40기 졸업식에서 다시 한 번 동북아 균형자를 언급하고 있다. "이제 우리는 한반도뿐만 아니라 동북아시아의 평화와 번영을 위한 균형자 역할을 해나갈 것입니다. 따질 것은 따지고 협력할 것은 협력하면서 주권국가로서의 당연한 권한과 책임을 다해나가고자 합니다. 앞으로 우리가 어떤 선택을 하느냐에 따라 동북아의 세력 판도는 달라질 것입니다"라는 발언이 그것이다. 다시 3월

30일 외교부 업무 보고에서 노무현 대통령은 "우리 외교는 동북아 질서를 평화와 번영의 질서로 만들기 위해 역내 갈등과 충돌이 재연되지 않도록 균형자 역할을 수행해야 할 것 … 이를 위해서도 한미 동맹을 확고히 견지해나가는 것이 필요"하다고 강조하고 있다(황병덕, 2006: 97 재인용).

이러한 노무현 대통령의 동북아 균형자론이 사실 처음부터 언론과 비판 세력의 주목을 받은 것은 아니었다. 노무현 대통령의 동북아 균형자론이 본격적으로 비판의 대상이 되기 시작한 계기는 당시 정동영 국가안전보장 회의 상임위원장 및 통일부 장관이 2005년 3월 23일 ≪중앙일보≫와의 인터뷰에서 한 발언이었다.[8] 정동영 장관은 이 인터뷰에서 "큰 틀에서 보면 한미 동맹이라는 기본 축이 있지만 과거와 달리 북방 3각과 남방 3각의 구조가 아니다. 한미 동맹이라는 기본 축이 있고 오른쪽에 일본이 있으면 왼쪽으로 중국이 있는 한일 협력과 한중 협력, 이런 가운데 우리가 동북아에서 평화 선도자 역할을 해야 한다"고 발언했는데, 이러한 발언에 대하여 당시 야당인 한나라당과 보수 언론은 노무현 정부가 한미 동맹을 중요시하지 않는다는 비난과 함께 노무현 대통령의 동북아 균형자론에까지 비판을 가하기 시작했다. 이후 청와대가 이러한 비판에 대응하는 과정에서 동북아 균형자론은 단순한 대통령의 언급에서 시작하여 점차 외교 비전의 형태로 부풀려지면서 논란의 대상이 되어버렸다.[9]

이러한 동북아 균형자론은 동북아시아 국제정치를 보는 노무현 대통령의 전형적인 현실주의적 사고를 보여준다. 앞서 살펴본 대로 노무현 대통령의 동북아 균형자론은 패권 경쟁의 가능성이 있는 중국과 일본, 그리고 그 사이에서 중재자 혹은 균형자의 역할을 기대하기 어렵다고 본 미국을

---

[8] 위의 인터뷰.
[9] 같은 인터뷰. 이종석 전 통일부 장관은 동북아 균형자론을 처음부터 외교·안보 어젠다로 만들 생각이었던 것은 아니라고 회고했다.

염두에 두고 만들어진 것이다. 현실주의 국제정치학은 이른바 무정부 상태(anarchy)로 상정되는 국제 관계에서 국가들이 살아남기 위해 균형 정책의 형태를 취한다고 본다. 즉, 자국을 위하여 대신 생존을 보장해줄 "세계정부"가 존재하지 않는 국제 관계에서는 자국보다 힘이 센 국가가 언제든지 자국의 생존을 위협할 수 있는 존재인 것이다. 따라서 현실주의 시각에서 볼 때 이러한 무정부 상태의 국제 관계에서 국가는 자국의 생존을 위하여 두 가지 형태의 균형 정책을 취한다. 하나는 이른바 내부적 균형 정책(internal balancing)이고 다른 하나는 외부적 균형 정책(external balancing)이다. 내부적 균형 정책은 간단히 말해서 자국의 군사 안보적 역량의 강화를 의미하는데, 일반적으로 군사력의 증강, 총체적 역량 결집 등이 이에 해당된다. 반면에 외부적 균형 정책은 동맹 정책을 의미하는데, 자국의 힘만으로 균형을 이루지 못할 때는 다른 국가와 힘을 합쳐서 균형을 이루는 정책이다.

　이러한 현실주의적 국제정치 시각에서 볼 때 자국의 안보는 자국보다 힘이 센 국가에 대하여 균형이 이뤄져 있을 때 가장 안전하고, 따라서 국가들은 자연스럽게 세력균형(balance of power)을 취한다는 것이 학자들의 견해다.[10] 이러한 세력균형 속에서 어떤 일방의 힘이 강해지면 균형이 무너지는데, 그렇게 되면 생존을 건 전쟁의 가능성이 높아지므로 균형이 무너질 때 균형을 바로잡는 역할을 하는 국가를 균형자(balancer)라고 한다. 19세기에 영국이 이러한 역할을 했는데, 균형자는 균형이 깨질 때마다 동맹의 상대를 바꿔가면서 균형을 회복시키는 역할을 한다. 그러므로 이러한 균형자의 역할은 균형을 회복시킬 수 있는 힘을 가진 국가에게 가능한 것이며 힘이 미약한 약소국은 처음부터 상상할 수 없는 역할이라고

---

[10] 세력균형이 어쩔 수 없이 도달하는 자연적 상태인지 아니면 의도적인 정책인지에 대해서는 학자들마다 견해가 다르다.

할 수 있다.

노무현 대통령의 동북아 국제정치에 대한 이해가 지극히 현실주의적이라고 보는 이유는 노무현 대통령이 제시한 다른 단기적인 외교·안보 정책의 상당수가 현실주의적인 내용을 담고 있으며 그 연장선상에서 동북아 균형자론이 위치하고 있기 때문이다. 앞서 언급했지만 무정부 상태로 비유되는 국제정치에서는 그 어느 국가도 완전하게 신뢰할 수 없기 때문에 자국의 안보를 확보하는 최우선 정책은 스스로 국방력을 키우는 것이라고 할 수 있다. 그리고 다른 국가에 구조적으로 의존관계를 형성하면 안 된다. 왜냐하면 의존관계를 형성하면 자신의 운명을 스스로 결정할 수 없고, 의존관계가 형성된 국가에 의해 운명이 결정되거나 최악의 경우에는 복속될 가능성도 있기 때문이다.

이러한 시각에서 볼 때 노무현 정부의 "자주국방" 정책, 그리고 "전시작전권 전환"이라는 정책 목표는 지극히 현실주의적인 정책이라고 할 수 있다. 특히 미군의 주력부대가 빠져나가도 북한의 공격을 한국 스스로 막아야 한다는 "한국 방위의 한국화" 목표는 매우 현실주의적인 목표다. 자주국방력의 강화는 내부적 균형 정책에 해당하고, 전시작전권 전환도 타국에 대한 의존성을 줄이는 현실주의 정책이다. 참여정부가 제시한 "균형적 실용 외교"와 "협력적 자주국방"이라는 정책 목표는 사실 모두 현실주의적 정책 목표라고 할 수 있다. 이러한 연장선상에서 동북아 균형자론 역시 주변 강대국 간의 패권 경쟁에서 균형을 유지하며 동북아의 안정을 유지하려는 현실주의적인 사고인데, 문제는 이러한 현실주의적 사고와 비전이 과연 실제로 채택 가능한 것인지의 여부라고 할 수 있다. 즉, 현실주의적인 정책이 반드시 현실적인 것은 아닐 수 있다는 아이러니다.

노무현 대통령의 동북아 균형자론에 대한 비판은 주로 두 가지 측면에서 제기됐다. 하나는 한미 동맹과 관련된 문제고 다른 하나는 과연 한국이 균형자의 역할을 할 수 있는 역량을 가졌느냐의 문제다. 이러한 취지로서 매우 많은 비판이 제기됐지만 그중에서도 ≪조선일보≫의 2005년 3월 31일자 사설이 그러한 비판을 가장 압축적으로 보여준다. ≪조선일보≫ 사설은 다음과 같은 비판을 제기한다.

> 우선 한편으로는 동맹을 유지하면서 또 한편으로는 동맹을 맺은 측과 동맹이 아닌 측 사이에서 균형자 역할을 한다는 것은 가능한 일이 아니다. … 한국 입장에서는 바람직한 선택적 협력 관계일지 모르나 그런 동맹 조건을 받아들일 상대국은 없다. 한국 정부의 동북아 균형자 선언은 미국 입장에서 보면 동맹파기 선언이다. 또 한국이 미일 진영과 북중러 진영 사이에서 균형자 역할을 하겠다는 것은 국제정치 현실과 동떨어진 발상이다. … 군사력·경제력 면에서 우리보다 수십 배 강한 강대국들 틈바구니에 낀 한국이 그런 역량을 갖추지 못한 것은 엄연한 현실이다(≪조선일보≫, 2005.3.31).

이러한 동북아 균형자론에 대한 비판은 국내 정치적으로 상당한 파장을 불러왔는데, 그 이유는 바로 동북아 균형자론이 한미 동맹에 대하여 미치는 함의에 대한 해석과 그 연장선상에서 한국과 중국의 관계 설정에 대한 해석 때문이다. 앞서 ≪조선일보≫ 사설에서도 지적됐지만 동북아 균형자론은 자칫 잘못하면 한미 동맹의 계약관계를 파기하거나 매우 느슨한 형태로 가져갈 수 있다는 우려를 낳는다. 앞서 언급했지만 정동영 장관의 동북아의 북방 3각 및 남방 3각 구도에 대한 발언을 계기로 당시 야당인 한나라당에서 동북아 균형자론에 대한 맹성토가 시작됐는데, 2005년 3월 23일 한나라당의 최고위원 중진연석회의의 발언을 보면 한미 동맹에 미치는 영향에 대하여 야당이 가장 민감하게 반응하고 있다는 것을 알 수 있다. 당시 한나라당의 박근혜 대표는 최고위원 중진연석회의에서 "어제 노무현 대통령이 남방 3각 동맹에 갇힐 수 없다고 했고 한미 동맹에 구속받지 않겠다고도 했다. … 그쪽(미국)에서도 대통령의 발언으로 놀라기를 원치 않는 분위기였다"고 한미 동맹에 대한 우려를 표명했다. 강재섭 당시 원내 대표도 "남방 3각 동맹의 틀을 벗어나겠다고 거론한 것은 한미 동맹에 큰 우려를 주는 사안으로 국회 통일외교통상위를 소집해 물어볼 것"이라고 비판했다. 맹형규 한나라당 정책위의장도 "한국의 안보적 정체성을 의심받게 하는 혼란스럽고 위험한 발언"이라고 성토했고, 김영선 최고위원도 "북한의 버티기를 도와주고 북핵을 용인하겠다는 반어법에 불과"하다고 친북적인 발언으로 해석하며 성토했다. 즉, 동북아 균형자론은 한미 관계를 약화시키고 중국 및 북한과 가까워지는 것이 아니냐는 의구심을 불러일으켰고, 또 그러한 비판의 빌미를 제공한 사안이라고 할 수 있다.

　이론적·논리적으로 보면 솔직히 동북아 균형자론은 한미 동맹이라는 한국 안보체제의 근간을 건드린 것이라고 볼 수 있다. 균형자는 당시의 세력균형의 균형추가 어디로 기우는가를 보고 동맹을 옮겨 다니는 역할을 하기 때문에 필요시에는 한미 동맹에서 이탈하여 중국과 연합할 수 있다는 시사점을 줄 수 있기 때문이다. 특히 남방 3각과 북방 3각이라는 불필요한 개념에 동북아 균형자론이 중첩되면서 한미동맹 이탈 가능성이라는 우려를 높인 것도 사실이다.

　노무현 대통령이 과연 미국과의 동맹에서 이탈하는 것까지를 염두에 두고 동북아 균형자론을 언급한 것인지는 남아 있는 자료만으로 판단하기 어렵다. 더욱이 후술하겠지만, 야당과 보수 언론의 공격에 대응하여 청와대가 동북아 균형자는 한미 동맹을 근간으로 하는 균형자라고 강조하면서 방어했기 때문에 공식적으로는 동북아 균형자론이 한미 동맹까지 건드리는 것은 아닌 것으로 되어 있다. 하지만 이론적·논리적, 그리고 언술 분석상으로 보면 노무현 대통령의 초기 생각은 한미 동맹을 깨는 것은 아니지만 동북아 안정을 유지하는 데 미국을 전적으로 신뢰하기 어렵다는 견해가 바탕에 깔린 것으로 보인다. 무정부 상태인 국제정치에서 그 어느 누구도 신뢰할 수 없다는 현실주의의 논리는 이미 설명했다. 그렇다면 언술 분석을 살펴보자.

앞서 언급한 2005년 2월 25일 취임 2주년 국회 국정연설에서 노무현 대통령은 "스스로 작전권을 가진 자주군대"와 "동북아시아의 균형자"라는 두 개의 개념을 연결시키고 있는데, 이는 국가 간 분쟁 시 미국의 군사적 지휘에 종속되지 않으면서 동북아 균형자 역할을 할 수 있어야 한다는 당위적인 사고를 보여주는 일면이다. 특히 네오콘의 미국과 고이즈미 일본 정부가 중국 위협론을 상정하면서 중국을 불필요하게 자극했던 당시의 국제 정세로 본다면 우리의 의사와 관계없이 중국과 일전을 해야 할 상황까지 고려한 발언이라고 추정된다. 이러한 고려는 사실 2005년 3월 8일 공군사관학교 제53기 졸업식에서 분명하게 나온다. "주한 미군은 한반도의 평화와 안전을 위해서 매우 중요하고 앞으로도 지속적인 역할을 해나갈 것입니다. 그러나 분명한 것은 우리의 의지와 관계없이 우리 국민이 동북아시아의 분쟁에 휘말리는 일은 없다는 것입니다"라는 노무현 대통령의 발언이 그것이다.

앞서 언급했듯이 2005년 3월 노무현 대통령과 라이스 국무장관의 회담, 그리고 SPI에서의 위협 인식에 대한 합의 난항 등 사례에서 볼 수 있듯이 노무현 정부의 미국에 대한 신뢰, 특히 동북아시아의 일본과 중국 간 패권 경쟁에서 미국이 안정자 혹은 균형자의 역할을 할 것이라는 신뢰가 아주 높지 않았던 것으로 보인다. 어쩌면 패권 경쟁 자체를 미국이 방조하고 있는 것은 아닌가 하는 생각마저 했던 것으로 추측된다.

그러나 노무현 대통령이 한미 동맹이라는 안보상의 성역을 느닷없이 건드린 것은, 가뜩이나 반미 정부라는 의구심과 함께 시작된 노무현 정부에게 상당한 국내 정치적 부담으로 돌아온 것이 사실이다. 결국 이러한 부담은 동북아 균형자가 한미 동맹을 축으로 하는 동북아 균형자라는 청와대의 대응 및 방어 논리로 이어진다.

이미 3월 23일 한나라당이 한미 동맹의 문제를 건드리기 시작했는데, 3월 30일 외교부 업무 보고에서 노무현 대통령의 "우리 외교는 동북아 질서를 평화와 번영의 질서로 만들기 위해 역내 갈등과 충돌이 재연되지 않도록 균형자 역할을 수행해야 할 것이며 … 이를 위해서도 한미 동맹을 확고히 견지해나가는 것이 필요"하다고 언급한 것은 한미 동맹과 관련된 비판을 의식한 발언이 아닐 수 없다. 같은 날 국가안전보장회의의 고위 관계자도 "동북아 균형자론이 기존 한미 동맹을 부정하고 이완시킨다는 일부의 주장은 잘못된 것이다. 균형자 역할을 수행하는 과정에서 한미 동맹을 기본 토대로 삼는다"는 발언을 했고, 같은 날 국가안전보장회의 사무처에서 해설 자료를 발간했다.

청와대 여론조사비서관실은 4월 7일 외부 여론조사 기관에 의뢰해 실시한 여론조사 결과를 발표했다. 이 조사에 의하면 동북아 균형자 역할에 대해 응답자의 74.7%가 호의적인 반응을 보였고, 동북아 균형자론 선언의 배경을 주변국의 패권주의 등 국제정세 변화로 이해하는 응답자가 67.9%에 이르는 것으로 조사됐다(≪조선일보≫, 2005.4.10). 또한 여론조사 전문기관인 TNS가 실시한 조사에서도 동북아 균형자론에 대해 응답자 전체의 69.5%가 공감한다고 응답했고, 57.8%가 실현 가능하다고 밝힌 것으로 조사됐다. 그리고 동북아 균형자론이 한미 동맹에 미칠 영향에 대해서도 약 65%의 응답자가 영향이 없을 것이라고 답했다. 이러한 여론조사 결과를 있는 그대로 받아들일 수 있는가의 문제는 차치하더라도, 청와대에서는 이러한 여론조사 결과를 인용하면서 동북아 균형자론의 당위성과 동북아 균형자론이 한미 동맹에 큰 영향을 주지 않는다는 점을 적극적으로 홍보했다.

4월 11일에는 당시 동북아시대위원회 위원장인 문정인 위원장이 동북아 균형자론에 대한 오해를 불식시키고자 ≪조선일보≫와 인터뷰를 했는데, 이 인터뷰에서도 동북아 균형자론은 굳건한 한미 동맹을 바탕으로 한 다자 안보체제임이 목표라고 주장했고, 연성 국력(soft power)을 통한 균형자 역할을 할 수 있다는 주장을 통하여 한국의 균형자로서의 역량이 일반적인 인식하의 경성 국력(hard power)이기보다는 연성 국력의 역량이라고 새롭게 해석했다(≪조선일보≫, 2005.4.11). 4월 11일 국회 본회의에서도 이해찬 당시 국무총리는 "노무현 대통령이 말하는 동북아 균형자 역할은 기본적으로 한미 동맹에 토대를 둔 것"이라며 "한미일 간 공조 체제를 유지하면서 다자간 협력 체제를 통해 동북아의 평화와 번영을 유지한다는 것"이라고 강조하면서 "한미동맹 관계는 우리가 이라크에 3,500명이나 파병할 정도로 굳건하다"고 말했다(같은 기사). 또한 5월 11일 당시 주미 대사인 홍석현 대사는 미국 전략국제문제연구소(CSIS)에서의 연설에서 동북아 균형자론에 대해 설명하면서 "한국은 이웃 나라를 침략하거나 위해하지 않은 유일한 나라로서, 역내 평화 조정자와 공동체 건설자로서 도덕적 우위와 정통성을 갖고 있으며, 미국 역시 영토적 야심이 없다는 점에서 한국은 한미 양국의 굳건한 동맹을 기반으로 안정 혹은 균형 역할을 할 수 있다"고 발언했다.

이렇게 동북아 균형자론은 한미 동맹이 이슈화되면서 결과적으로 매우 수세에 몰렸는데, 어느 순간 이 용어가 청와대에서 사라졌다. 이 용어가 폐기된 이유는 아직 외부로 알려지지 않았지만, 대통령의 발언으로 시작된 용어가 폐기된 것은 대통령의 판단에 따른 것일 가능성이 매우 크다. 아마도 한미 동맹의 문제 때문에 국내 정치적이나 외교적으로 이 문제를 더 이상 끌고 가기에는 부담이 너무 크다는 판단이 작용한 것이 아닌가 생각된다.

2) 동북아 균형자론의 정책적 성공 여부

노무현 정부의 동북아 균형자론은 일단 실패한 어젠다다. 왜냐하면 공식적으로 제대로 추진되지도 못한 채 중도에서 폐기됐기 때문이다. 중도에서 폐기된 이유는 결정적으로 한미동맹 문제에 발목을 잡혔기 때문이다. 동북아 균형자론이 사실 한미 동맹을 근간으로 일본과 중국 간의 패권 경쟁을 조정하고, 균형을 맞추겠다는 취지로 후에 해명됐지만 이러한 논리도 엄밀히 따져보면 그다지 현실적이지는 않다. 왜냐하면 한미 동맹을 근간으로 미국이 일본과 중국 사이에서 균형자 역할을 하면 미일 동맹의 근간 역시 흔들리기 때문이다. 동북아 균형자론에서 한미 동맹의 굳건함을 강조하면 미일 동맹의 굳건함을 깨게 되는 논리적 모순이 내재되어 있는 것이다. 결국 그렇게 의도하지는 않았지만 동북아 균형자론은 한미 동맹에 대한 근본적인 구조 조정을 각오하고, 보다 정밀한 사전 검토 및 로드맵을 가지고 추진되어도 성공할 가능성이 희박한 매우 위험한 이니셔티브임이 틀림없다. 그런데 노무현 대통령의 동북아 균형자론은 너무 돌발적으로 제기됐던 이니셔티브였고, 따라서 한미 동맹과 관련한 비판에서 결정적인 타격을 받았다.

물론 노무현 대통령이 갑자기 이 개념을 제기한 것은 원칙론적인 방향과 당위성을 제시하기 위함이었을 것이다. 본인의 동북아 국제정치에 대한 이해를 잘 반영할 수 있는 적절한 개념을 찾으면서 나온 개념이었을 것이다. 다만 한미 동맹에 미칠 파장에 대한 충분한 사전 검토 없이 제시되는 바람에 매우 현실주의적인 대안이었음에도 불구하고, 오히려 이념적이고 반미적인 외교 방향으로 비판받을 수밖에 없었던 것으로 판단된다.

지금 돌이켜보면 노무현 대통령의 동북아 균형자론은 정부가 공식적으로 제기할 수 있는 개념은 아니었지만 당시 한국의 미래를 걱정하는 대통령으로서는 충분히 생각해볼 수 있는 매우 현실주의적인 개념이었다. 9·11 테러를 경험한 미국의 부시 행정부가 중국 및 북한에게 매우 이념적이고 공격적으로 대응하던 당시, 그리고 일본이 이러한 국제 정세의 기류를 타고 우경화하면서 한국의 독도라는 고유 영토에 대하여 수정주의적 요구를 하는 상황하에 한국의 안보를 걱정하는 대통령으로서 한국이 취할 수 있는 방안에 대해 다양하게 검토할 수밖에 없었을 것이다. 동북아 균형자론은 그러한 상황 속에서 생각해볼 수 있는 현실주의적인 대안이었고, 불행하게도 그러한 현실주의적 대안이 한미 동맹을 건드렸던 것이다. 실제로 한국·미국·일본이 중국과 북한에게 동일한 강경 정책을 채택했다면 동북아시아에는 중국과 북한, 경우에 따라서는 러시아의 강력한 반발 때문에 상당한 긴장 상태가 조성됐을 것이다.

결과적으로 동북아 균형자론은 소기의 목적을 달성했다. 왜냐하면 동북아시아에서 패권 경쟁에 따른 안보적 불안을 잠재웠기 때문이다. 동북아에 패권 경쟁이 현실화되지 않은 것은 일본의 정권 교체, 미국 네오콘의 쇠락, 미국의 대테러전 및 중동 사태의 장기화, 그리고 2008년 글로벌 금융 위기 등이 직접적인 영향을 미쳤기 때문이라고 할 수 있다. 하지만 한국도 동북아 균형자론이 폐기되기는 했지만 최소한 6자회담, 전략적 유연성 문제, 그리고 대일 정책 등에서 미국 및 일본과의 관계가 불편해지는 것을 감수했다는 점에서 볼 때 실질적으로 동북아 균형자의 역할을 하려고 노력했으며, 결국 중국으로 하여금 한국·미국·일본 동맹구조가 하나로 뭉쳐서 중국을 압박한다는 인식을 감소시키는 역할은 했다고 판단된다.

3. 결론

결론적으로 노무현 정부의 동북아 정책, 특히 동북아 외교·안보 정책은 한국·북한·중국·일본·미국을 범위로 구상·추진됐으며, 동북아 균형자론은 노무현 대통령의 매우 현실주의적인 국제정치관을 보여주는 구상이라고 볼 수 있다. 하지만 동북아시아를 바라보는 노무현 대통령의 궁극적인 목표는 EU 같은 공동체를 만드는 것이고, 동북아시아는 아직 그러한 단계가 아닌 매우 불안정한 지역이라고 판단한 것을 보면, 사실 노무현 대통령은 현실주의자이기보다는 구성주의자에 가깝다고 할 수 있다. 현실주의적인 동북아시아의 구조를 변화시켜 유럽과 같은 구조를 만들어나가고자 했으며, 그 과정에서 동북아시아의 구조에 현실주의적으로 대응하고자 했다는 점에서, 어떤 의미에서는 그 누구보다도 가장 구성주의적으로 사고한 대통령이라고 할 수 있다.[11] 그러한 면에서 볼 때 동북아 균형자론은 현실주의적인 구상이지만, 노무현 대통령은 현재의 구조를 타파하고 보다 나은 구조를 구성해나가고자 했던 매우 진보적인 사고의 대통령이었다는 결론에 도달하게 된다.

---

[11] 현실주의적인 정책을 사용한다고 모두 현실주의자라고 할 수는 없다. 구성주의자들은 국제정치의 구조가 현실주의적으로도, 자유주의적으로도 구성될 수 있다고 본다. 그리고 현실주의적으로 구성된 구조에서는 국가들이 현실주의적으로 행동하고, 자유주의적으로 구성된 구조에서는 자유주의적으로 행동한다고 본다. 구성주의자들은 현실주의적 구조를 자유주의적 혹은 공동체적인 구조로 전환하고자 한다는 점에서 현실주의자와 구별된다.

참고문헌

김재철. 2000. 『지도를 거꾸로 보면 한국인의 미래가 보인다』. 서울: 김영사.
노무현. 2002. 『노무현의 리더십 이야기』. 서울: 행복한책읽기.
동북아시대위원회. 2004. 『평화와 번영의 동북아 시대 구상』. 서울: 동북아시대위원회, 14쪽.
_____. 2008.2. 「동북아 평화 번영을 위한 국가 전략」, 48쪽.
대통령직인수위원회. 2003.3. 『제16대 대통령직인수위원회 백서』.
황병덕. 2006. 『동북아 정세 변화와 한국의 동북아 균형자 역할 연구』. 서울: 통일연구원, 97쪽.
황일도. 2005.5.1. 「노무현 동북아 균형자론의 진앙과 파장」. ≪신동아≫.

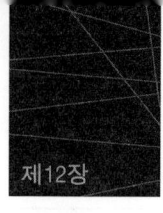

제12장

노무현 정부의 대북 정책

평가와 쟁점

김근식 | 경남대학교 정치외교학과 교수

1. 문제 제기: 실패한 대북 정책?

이명박 정부와 전임 정부의 가장 큰 차별성은 바로 대북 정책에서 나타났다. 김대중 정부와 노무현 정부를 잃어버린 10년으로 규정하고 대북 포용정책을 실패한 정책으로 간주하면서 이명박 정부는 이른바 전임 정부와 정반대의 노선으로 나아갔다. 이른바 ABR(Anything But Roh)로 대표되는 전임 정부 합의사항 부인과 거부를 시작으로[1] 이명박 정부는 선북한굴복론의 기조에 따라 북한이 먼저 잘못을 교정하고 버릇을 고치기 전에는 결코 먼저 손을 내밀어 남북 관계를 진전시키지 않겠다는 입장이었다. 이명박 정부의 대북 정책의 핵심이자 상표로 간주되는 비핵개방 3000은 바로 북한의 선비핵화와 선개방을 전제 조건으로 걸어 남북 관계를 진전시킬 수

---

[1] 노무현 정부 시기에 합의했던 옥수수 5만 톤 대북 지원은 북한의 공식 요구를 전제 조건으로 걸어 실제 제공되지 못했고, 개성공단 기숙사 건립 역시 대통령의 소요사태 우려 언급과 함께 미뤄졌으며, 급기야 전임 정부의 합의사항을 부인한 대표적 결정타는 바로 10·4 정상선언의 실천과 이행을 미룬 것이었다.

있다는 대표적인 선북한굴복론의 전형이었다. 2009년 미국에서 밝힌 '그랜드 바겐'이라는 북핵 해법 역시 북한이 비핵화 조치의 진정성을 먼저 보여야 협상이 시작된다는 선북핵폐기론의 정수였고 2010년 8·15 경축사에서 밝힌 3대 공동체 통일 구상 역시 비핵화가 진전되어야만 경제 공동체와 민족 공동체로 나아갈 수 있다는 논리적 구조에 토대하고 있었다.

그러나 북한은 굴복하지 않았고 오히려 남북 관계는 최악으로 악화되면서 군사적 긴장이 고조됐고 한반도는 전쟁 위협에 시달려야만 했다. 임기 중반을 넘어선 이명박 정부는 오히려 전임 정부를 겨냥했던 '잃어버린 10년'과 '실패한 대북 정책'이라는 비난을 자신의 임기 평가에 들어야 할 형편이 되고 말았다. 2010년 천안함 침몰과 연평도 포격을 겪은 한반도는 탈냉전 이후 최악의 긴장 상황에 이르렀고 남북 관계는 전면 파탄에 봉착하고 말았다. 북한의 도발을 막아내지도 예방하지도 효과적으로 대응하지도 못한 채 2011년 천안함 1주기를 지나면서 이명박 정부는 또다시 북한의 추가 도발을 우려해야 하는 속수무책의 상황이 되고 말았다. '잃어버린 3년'과 '실패한 대북 정책'이라는 평가가 일각에서 제기되는 것도 영 이상한 일이 아닌 상황이다.

실패한 대북 정책을 비판하며 출범한 이명박 정부의 남북 관계가 또다시 실패로 판명나면서 이제 노무현 정부의 대북 정책을 보다 객관적으로 엄정하게 평가해야 할 필요성이 제기되고 있다. 노무현 정부가 추구했던 대북 정책의 목표와 현실, 그리고 성과와 한계를 냉정하게 짚어보면서 이명박 정부의 대북 정책과 비교를 통해 역사적 평가를 내려야 할 시점이다.[2]

---

[2] 노무현 정부의 대북 정책에 대한 평가가 존재하지만 대부분 찬반 입장에 따른 지지나 반대고 이명박 정부와의 경험적 비교가 미흡하다는 점에서 한계가 있다. 이에 관해서는 한국통일전략학회(2008), 이창헌(2008) 참조. 이명박 정부와의 비교 시각에서 노무현 정부의 대북 정책을 평가한 글로는 성경륭(2008), 김연철(2009) 참조.

이를 위해 이 글은 노무현 정부의 이른바 평화번영 정책을 목표와 현실의 두 차원에서 분석 평가하고 임기 중 남북 관계의 성과와 한계를 고찰한 뒤, 일반적 차원에서 제기되는 대북 포용정책에 대한 쟁점을 정리하면서 노무현 정부의 대북 정책의 정당성과 향후 과제를 제시하고자 한다.

2. 노무현 정부의 대북정책 구상: 평화번영 정책

노무현 정부의 평화번영 정책은[3] 김대중 정부의 햇볕정책을 계승 발전시킨 것으로서 대북 포용의 기조를 바탕으로 정책 내용에서는 '화해 협력을 넘어 평화 번영'을 지향하고 정책 대상에서는 '남북을 넘어 동북아'를 고려한 전략적 구상이었다.[4] 안보적 측면의 평화와 경제적 측면의 번영을 결합시킨 평화번영 정책은 경협으로 평화를 보장하고 평화로 경협을 더욱 발전시키는 이른바 평화경제론의 맥락으로 남북 관계를 더욱 진전시키려는 구상이었던 것이다.[5]

햇볕정책의 계승과 발전으로서 한반도 평화 증진과 공동 번영을 내세운 평화번영 정책은 기존 대북 정책의 성과를 바탕으로 한걸음 더 나아가기 위한 그 나름의 문제의식을 갖고 구상된 것이었다. 우선 햇볕정책의 핵심이었던 화해 협력의 진전만으로는 한반도의 공고한 평화를 달성하기 힘든 측면이 존재한다는 것이다. 특히 2차 북핵 문제 부각에서 드러나듯이 2000년 정상회담 이후 남북관계 진전에도 불구하고 북미 간 핵문제 등 한반도 안보 현안이 해결되지 않은 이상, 화해 협력뿐 아니라 한반도 평화는 불안

---

[3] 자세한 내용은 통일부(2003), 박종철 외(2003) 참조.
[4] 김근식(2004) 참조.
[5] 평화번영 정책의 기조와 평가 등에 대해서는 허문영 외(2007) 참조.

정한 것일 수밖에 없다. 즉, 화해 협력을 넘어 평화 정착으로 나아가야 하는 현실적 배경을 인식하게 된 것이다.

또 공고한 평화는 평화체제 구축 자체에 그치지 않고 결국 남북 공동번영과 나아가 동북아 공동 번영이라는 '경제적 상호 이익'을 충족시켜야만 가능하다는 문제의식이 자리 잡고 있다. 관련 국가들이 경제적 호혜 관계와 통합 과정을 거치면 그것이야말로 진정으로 '가장 잘 작동하는 평화체제(A Working Peace System)'[6]가 되는 것임을 평화번영 정책은 전제하고 있는 셈이다. 남북이 경제 공동체를 이루고 나아가 동북아가 경제 공동체로 발전하게 될 경우 가장 안정적인 평화보장 체제의 토대를 마련하게 된다는 것이다. 남북 간 화해 협력을 넘어 동북아의 평화 번영을 추구하는 과정에서 평화와 번영은 서로를 필요조건으로 하는 상호 연관성을 맺고 있다. 평화, 즉 안보적 측면과 번영, 즉 경제적 측면은 서로 분리되어 있는 것이 아니라 상호 연관되면서 서로를 보완하고 강화시켜 주는 관계라는 것이다(통일부, 2003: 18).

김대중 정부 시기 대북 교류협력은 한반도 평화를 유지하기 위한 비용으로 설명됐고 이는 이른바 '경제와 평화의 교환'으로 간주됐다. 그러나 평화번영 정책은 단순히 북한에 대한 지원으로 평화를 보장받는 것을 넘어 남북 경제공동체 혹은 남북 공동번영이라는 보다 적극적인 경제적 호혜 관계를 이룸으로써 더욱 공고한 평화 체제를 구축하려는 구상으로 마련됐다. 평화번영 정책은 '경제와 평화의 교환 방식'을 넘어 '경제와 평화의 상호 보완'이라는 특징을 담은 것이었다.

즉, 가장 확실한 평화 보장의 토대로서 남북 간 공동 번영과 동북아

---

[6] 유명한 기능주의 통합론자인 데이비드 미트라니(David Mitrany)는 전쟁을 예방하고 평화를 달성하기 위한 가장 훌륭한 방식으로 국가들 간 경제협력과 통합을 강조했다. 자세한 내용은 Mitrany(1966) 참조.

공동 번영을 목표로 하며 그와 동시에 남북 경제공동체와 동북아 경제협력체를 이루기 위해 무엇보다도 한반도 평화 체제를 필요로 하는 관계를 상정한 것이다. 공동 번영(경제적 측면)이 결국 한반도 평화의 토대가 되면서 그와 동시에 평화 증진(안보적 측면)이 남북 및 동북아 공동 번영의 바탕이 되는 상호 보완적 관계가 바로 평화번영 정책의 개념이 함축하고 있는 특징이었고[7] 이는 사실 기존의 포용 정책을 보다 안정적이고 구조적으로 진전시키려는 구상이었다. 김대중 정부 시기에 활성화된 화해 협력을 보다 구조화시켜 경제 공동체 수준으로 끌어올리고 이와 동시에 남북 간 평화 증진을 전략적으로 도모함으로써 한반도 평화 체제를 안정화시킨다면 평화와 번영의 선순환 구조를 정착하게 만들고 이는 햇볕정책으로 본격화된 대북 포용이 평화번영 정책으로 탄탄하게 구조화됨을 의미하는 것이었다.

3. 노무현 정부의 대북 정책: 성과와 한계

1) 북핵·남북 관계 병행론과 현실적 연계

평화번영 정책 구상으로 대북 포용을 보다 진화시키려던 노무현 정부는 출범과 함께한 북핵 문제로 처음부터 시련을 겪어야 했다. 북핵 문제의 악화는 노무현 정부로 하여금 남북 관계를 더욱 진전시키지 못하게 하는 외적 요인이었고 이와 맞물린 부시 행정부의 대북 강경기조 또한 노무현

---

[7] 노무현 정부는 이와 관련해 평화번영 정책의 목표를 '한반도 평화 증진'과 '공동번영 추구'로 정리했다(통일부, 2003: 6).

정부로 하여금 적극적인 남북 관계를 주저하도록 하는 요인이 됐다.

그러나 노무현 정부는 북핵 문제를 안고 출범했음에도 '북핵과 남북 관계의 병행론'을 유지하면서 북핵으로 인한 한반도 긴장을 효과적으로 관리했다. 아울러 일관되게 대북 포용의 기조를 유지함으로써 결국은 북핵 문제 진전에 따른 남북정상회담 성사로 남북 관계도 진전시킬 수 있는 토대를 마련했다.

남북관계 유지는 북핵으로 인한 한반도 긴장 고조를 막을 수 있는 완충장치이자 안전판이면서 그와 동시에 남북 관계를 통해 한국 정부가 미국을 설득하고 북핵 문제의 진전에 기여할 수 있는 적극적 역할 장치였다. 한반도에서 군사적 수단을 사용하는 것은 결코 안 된다는 노무현 정부의 확고한 입장이 미국의 대북정책 선택에 제약을 가져온 것은 분명한 사실이었다. 실제로 노무현 정부는 부시 행정부의 지속적인 대북 강경입장에 동의하지 않고 대화를 통한 북핵 해결을 주장하면서 끈질기게 미국을 설득했다.[8] 2004년 11월 북핵 문제에 대한 미국식 접근법을 정면 비판한 LA 발언과 2006년 10월 북한의 핵실험에도 불구하고 개성공단과 금강산 관광을 유지하고 대량살상무기 확산방지구상(이하 PSI) 참여를 거부한 것 등은 노무현 정부가 대북 포용을 유지하면서 부시 행정부의 대북 강경을 변화시키려고 노력한 대표적 사례라 할 수 있다.

결국 북핵 상황에서도 남북 관계를 유지한 노무현 정부는 2005년 이른바 6·17 면담을 성사시켜 북한을 6자회담에 복귀시킴으로써 북핵 문제

---

8) ≪인터내셔널 헤럴드 트리뷴(International Herald Tribune)≫지의 하워드 프렌치(Howard French) 특파원은 기고문을 통해 부시 행정부의 강경 정책에도 불구하고 대북 포용정책을 일관되게 유지한 노무현 정부는 주변부의 중소 국가도 세계질서 형성에 주도적인 영향력을 발휘할 수 있음을 보여주는 모범적 사례라며 긍정적 평가를 하기도 했다(French, 2007).

해결에 계기를 마련했고 9·19 공동성명을 도출하는 데 적극적 역할을 수행하기에 이르렀다. 북한의 핵실험에도 불구하고 노무현 정부의 대북 포용기조는 지속됐고 결국 미국이 북한을 협상 파트너로 인정하며 북미 양자협상에 나서면서 북핵 문제는 진전되기 시작했다. 2007년 1월 베를린에서의 북미협상을 거쳐 6자회담에서 2·13 합의와 10·3 합의가 도출됨으로써 드디어 노무현 정부는 남북관계 진전을 제한했던 북핵이라는 외적 장애물을 극복할 수 있게 됐다. 그리고 북핵에 밀려 성사되지 못했던 남북정상회담이 2007년 10월 개최됨으로써, 비록 임기 말이지만 노무현 정부는 남북관계의 질적 발전의 계기를 마련하는 데 성공했다.

결국 노무현 정부는 북핵 문제를 안고 출범했음에도 대북 포용기조를 고수하고 북핵과 남북 관계 병행론을 유지하면서 북핵으로 인한 한반도 긴장을 효과적으로 관리했다. 특히 대북 강경기조의 부시 행정부에 휘둘리지 않고 오히려 부시 행정부의 대북 정책이 긍정적인 방향으로 변화할 수 있도록 한미 관계와 남북 관계를 활용해 일정한 역할을 해내기도 했다. 아울러 일관되게 대북 포용기조를 유지함으로써 결국은 북핵 문제 진전에 따른 남북정상회담 성사로 남북 관계도 한 단계 업그레이드 시킬 수 있는 토대를 마련했다.

결과적으로 노무현 정부의 대북 정책은 북핵이라는 안보 현안에 휘둘리지 않고 일관되게 대북 포용기조를 유지함으로써 오히려 남북 관계를 통해 북핵 문제 해결에 기여할 수 있는 공간을 확보했다는 점에서 이전보다 진화했다고 볼 수 있다. 또한 미국의 대북 정책과 한국의 대북 정책이 포용의 관점에서 공감대를 이뤄야 실질적으로 한반도의 대북 포용이 성공할 수 있음을 깨닫게 했고, 여기에서 더 나아가 한국 정부의 적극적인 노력에 따라 미국의 대북 정책도 일정하게 변화할 수 있음을 확인시켜줬다. 북핵 문제를 당해서도 대북 포용의 일관성을 유지할 수 있는 의지와 이를 넘어 미국의 대북 정책에도 일정하게 영향을 미치려는 노력이 노무현 정부가 이뤄낸 대북 포용의 진화였던 셈이다.

그러나 노무현 정부가 북핵 문제에도 불구하고 남북 관계를 유지함으로써 위기를 관리하고 현상을 유지했지만, 북핵 문제 해결을 추동하고 기여하는 보다 적극적인 남북관계 진전에서는 북핵에 밀려 머뭇거린 것도 사실이다(박건영, 2007).

노무현 대통령이 북핵에도 불구하고 남북 관계를 유지하는 병행론을 택한 것은 분명 북핵이라는 외적 돌발변수를 대북 포용의 관점 안에 끌어안으려는 의도였다. 그러나 임기 내내 안보의 최대 현안인 북핵 문제가 답보 상태에 빠지자 평화번영 정책은 사실 제대로 시작해보기도 힘든 상황이 됐다. 북핵 문제가 지속되면서 노무현 정부의 대북 포용기조는 적극성보다는 소극성을, 문제 해결보다는 현상 유지로 위축됐다. 2003년 5월 한미 정상회담에서 노무현 대통령은 북핵 악화 시 '추가적 조치(further steps)'에 합의하면서 당시 부시 행정부의 대북 강경기조에 동의했다는 비판을 받기도 했다. 평화번영 정책의 한반도 평화체제 구축 전략이 1단계 북핵 문제의 해결 이후 2단계 남북협력 심화라는 단계론적 접근에 머물렀던 점도 남북 관계의 적극적 추진을 가로막은 장애물로 비판됐다(김갑식, 2007). 남북관계 유지에도 불구하고 핵문제 해결에서 적극적 역할이 부족한 점과 과감하게 남북 관계를 진전시키지 못한 점이 내내 한계로 지적됐다(박건영, 2007).

임기 말이 되어서야 남북정상회담이 가능했던 것도 가장 큰 이유로 북핵의 답보 상태를 들 수 있다(김근식, 2009). 남북정상회담 추진과 관련한 노무현 대통령의 입장은 일관되게 북핵 상황의 일정한 진전을 전제로 한 것이었다. 북핵 상황이 악화되거나 교착된 상황에서 남북정상회담은 추진하기도 성사되기도 합의 사항을 도출하기도 어렵다는 입장이었던 것이다. 노무현 정부의 정상회담 추진 입장은 철저히 북핵 상황과 연계된 현실적 접근이었고 그것은 북핵을 이유로 정상회담을 추진하지 않는 것은 아니지만, 북핵 진전을 통해 정상회담을 이끌어낸다는 것이었음은 분명하다.9)

결국 노무현 정부는 북핵과 남북 관계 병행론에 따라 북핵에도 불구하고 남북 관계를 유지하고 지속했지만 다른 한편으로 북핵을 뛰어넘는 남북 관계의 주도적 진전은 주저할 수밖에 없었다. 북핵과 남북 관계 병행론에 의해 남북 관계는 지속됐지만 근본적으로 남북 관계가 북핵상황과 연동될 수밖에 없었던 것이다. 북핵으로 인한 한반도 긴장을 완충해내고 남북 관계라는 지렛대를 활용해 북핵 문제 진전에 기여하기도 했지만 근본적으로 남북 관계는 북핵 상황과 연동될 수밖에 없었다. 이것이 남북 관계의 현실이자 한계이기도 했다.

2) 10·4 남북정상회담과 임기 말 제약성

북핵 문제를 포용의 남북 관계로 관리하고 극복한 노무현 정부는 임기 말 북핵 해결의 진전에 따라 2차 정상회담을 개최함으로써 제2의 6·15 공동선언을 가능케 하는 의미 있는 남북 간 합의를 이끌어냈다. 10·4 정상선언이 제대로 이행될 경우 남북 관계는 상대적으로 뒤처져 있던 정치·군사 분야의 진전이 가시화되고 기존의 일방적·시혜적 성격의 경협 역시 상호 원원하는 쌍방향의 경협으로 질적 발전을 할 수 있었다. 군사 분야의

---

9) 실제로 남북정상회담은 2005년 9·19 공동성명 도출로 핵문제 진전이 가시화된 이후 사실상 추진된 적이 있다. 그러나 방코델타아시아(BDA) 문제가 불거지고 북미 관계가 다시 경색되면서 미뤄지게 됐다. 또 2006년 7월 미사일 발사 직후에는 더 이상의 상황 악화를 막기 위해 남북정상회담을 타진해본 적이 있는 것으로 알려져 있다. 이는 북핵 호전이 아니라 북핵 상황이 최악으로 가는 길목에서 이를 막기 위한 최후의 카드로서 정상회담 추진을 시도한 것으로 풀이된다.

평화 진전과 경제 분야의 협력 진전을 동시에 충족하게 됨으로써 애초 평화번영 정책이 의도했던 남북 관계의 구조화가 비로소 가능할 수 있게 된 것이다. 또한 정상회담 이후 남북 당국 간 대화가 제도화됨으로써 남북 관계가 안정화될 수 있는 토대도 마련할 수 있었다. 총리회담과 부총리급 경제공동위를 비롯해 국방장관회담 등 각급의 다양한 대화 채널이 구성 가동됨으로써 남북 관계의 제도화를 통해 대북 포용을 구조적으로 진전시킬 수 있게 된 것이다(김근식, 2007).

결국 10·4 정상회담은 그동안 남북 관계의 진전 속에서 풀어야 했던 문제들, 즉 경협을 확대 발전시키기 위해 필수 조건이었던 한반도 평화 문제와 군사적 신뢰구축 문제를 본격적으로 다뤘고 남북 차원에서 오랜 쟁점인 북핵 문제를 논의·합의했으며 그 결과로 한 단계 업그레이드된 경제협력 방향에 합의를 이뤄냈다. 이로써 남북 관계는 군사 분야의 평화 증진과 경제협력의 번영이 동시에 진행되는 정상적 관계로 자리 잡을 수 있게 됐다. 경제협력이 군사적 신뢰 구축과 평화를 더욱 증진시키고 역으로 군사 분야의 진전이 경제협력을 더욱 확대 발전시키는 상호 선순환의 '평화 번영'이 가능해진 것이다. 이른바 평화가 경제에 기여하고 경제가 평화를 확대하는 '평화경제론'이 비로소 남북 관계에 정착될 수 있는 계기가 마련된 것이었다.

평화와 번영이 동시 병행하는 바람직한 남북 관계의 구상은 10·4 정상선언의 서해평화협력특별지대에 그대로 녹아 있다.[10] 서해평화협력특별

---

[10] 특히 10·4 정상선언에 포함됐던 서해평화협력지대 구상은 천안함 사태와 연평도 포격으로 안보 위기를 맞고 대북 강경으로 회귀하고 있는 이명박 정부에게 따끔한 비판과 함께 귀중한 시사점을 주는 것이기도 하다. 슬픔의 바다, 분노의 바다로 변한 지금의 서해를 궁극적으로 평화의 바다, 공존의 바다로 만들 수 있는 방법은 사실 당시 합의된 서해평화협력지대 구상이 조금이라도 제대로 이행되고 진전됐다

지대 구상이 실현되면 해주공단에서 남북 노동자가 같이 일하고 공동 어장에서 남북 어민이 함께 고기잡이를 하고 한강 하구에서 남과 북의 배가 공동으로 골재를 실어 나르는 전혀 새로운 그림이 그려진다. 지금까지 우리가 상상하지 못했던 남북 협력과 공동 번영의 구체적 현실이 다가오는 것이다. 서해평화협력특별지대에서 남과 북의 협력이 상시화되고 장차로는 개성과 해주와 인천을 연결하는 평화의 삼각 지대를 만들어 그 안에서 사람과 물자가 자유롭게 오고 가는 공동 번영의 새로운 장을 형성한다면 여기에는 남북의 군사적 대치와 충돌은 있을 수가 없다. 그야말로 경제협력이 평화를 증진시키고 그 평화가 다시 경제협력을 가속화하는 선순환의 전략적 접근이 서해에서 실제로 가시화되는 것이다.

서해평화협력특별지대는 경제와 군사가 있고 공단과 어장이 있으며 평화와 협력이 동시에 결합하는 향후 남북관계 발전의 실험장이자 모델하우스를 지향한다. 남과 북이 서로 도움이 되는 경제협력의 현장이자 남과 북의 군사적 대치가 해소되는 평화공존의 지대가 될 것이다. 해주공단을 오고 가는 남과 북의 민간 선박이 자유롭게 서해를 왕래하고 공동 어로구역에서 일하는 남북의 고기잡이배가 자유롭게 서해를 가로지르면 남북의 군사적 대치와 긴장은 스스로 사라지게 될 것이다.

당시 노무현 대통령이 군사분계선을 걸어서 넘었다는 사실이 군사분계선의 존재 자체를 없애는 것은 아니다. 다만 남과 북에서 군사분계선을 걸어서 넘는 이들이 늘어나면 군사분계선은 형식적인 선으로 남고 그 선이 갖는 기존의 위험성과 적대성은 현저히 약화되고 결국은 해소될 것이다.[11]

면 충분히 가능했을 것이다. 그러나 10·4 정상선언과 서해평화협력지대 구상은 이명박 정부 출범으로 순식간에 좌초되고 말았다. 자세한 내용은 김근식(2010: 241~242) 참조.

11) 2007년 10월 9일 프라자 호텔에서 열린 통일연구원 주최 남북정상회담 평가 학술회

마찬가지로 서해평화협력특별지대가 현실화되면 북방한계선(이하 NLL)은 선으로 존재하지만 그 위험성은 현저히 약화되거나 사라지게 된다. 이것이 바로 서해평화협력특별지대와 NLL의 관계다. 서해평화협력특별지대 구상 안에 NLL은 녹아 들어가 있는 것이다.

그러나 10·4 정상선언의 이행 과정은 노무현 정부 임기 말이라는 시간적 제약을 끝내 극복하지 못하고 구체적 이행의 로드맵과 차후 실천력 담보를 확정하지 못하고 말았다.[12] 북핵 상황과 연계할 수밖에 없었던 현실적 접근은 북미 간 핵문제에 대한 일정한 합의진전 이후에야 정상회담 추진이 가능했고 그 시기는 안타깝게도 2007년 2·13 합의 이후였다. 그리고 이는 노무현 정부 5년 임기의 마지막 해였다는 점에서 역사적 정당성과 의미를 갖는 소중한 합의 도출에도 불구하고 실제 이행을 위한 시간적 제약에 노출되어 있음을 의미하는 것이었다.

10·4 정상선언이 합의된 이후 쫓기는 일정 동안 노무현 정부는 총리회담과 부총리급 경제공동위원회, 그리고 국방장관회담과 서해평화협력지대회담 등 당국 간 회담과 함께 합의 내용을 실천하기 위한 각각의 실무급 분야별 회담을 개최하는 것에 만족해야 했다. 그리고 2007년 대선에서 노무현 정부는 정권 재창출에 실패했고 10년 만에 정권 교체를 이룩한 한나라당 이명박 정부의 출범으로 10·4 정상선언의 이행은 흐지부지되고 말았다. 임기 말이라는 시간적 딜레마에다가 정권 교체라는 정치적 결과에 의해 10·4 정상선언은 채 꽃피기도 전에 시들어버리고 만 것이다.

이명박 정부가 이전 정부의 대북 정책을 비판하면서 10·4 정상선언에 대해서도 북핵 진전, 경제성, 재정 능력, 국민 합의라는 경협 4원칙을 내세

의에서 백낙청 교수의 기조 발언.
12) 6·15 공동선언와 달리 10·4 정상선언은 합의를 이행해야 할 구체적 사업만도 45개 과제에 이르는 다양하고 광범위한 내용을 담고 있었다.

워 이행을 꺼리게 됐고 북한은 최고지도자의 합의인 만큼 기존 합의를 존중하라고 강력 주장하면서 남북 관계는 경색 국면으로 치달았다. 결국 이행 과정을 놓고 남과 북이 갈등을 시작하게 된 셈이다. 어렵게 2차 정상회담을 성사시켰지만 임기 말이라는 시간적 제약과 정권 교체라는 정치적 변동으로 실제 이행 과정이 중단된 것은 노무현 정부의 대북 정책의 안타까움이자 한계이기도 했다.

3) 화해 협력의 증진과 영역별 불균등

노무현 정부의 대북 정책으로 남북의 화해 협력과 교류 증대는 되돌리기 힘들 정도로 일정한 궤도에 올랐다. 2007년 남북 교역이 17억 9,000만 달러에 이르고 개성공단 생산액도 1억 8,478만 달러에 달했다. 개성공단에서 일하는 북한 근로자는 2007년 말 2만 명을 넘어섰다. 금강산 관광객 173만 명을 제외하고도 2007년 말 남북의 인적 왕래가 9만 명을 넘어섰고 남북의 선박 왕래 역시 1만 회를 넘은 것도 활발해진 남북의 교류협력 결과다. 2007년 한 해에만 당국 간 남북회담 개최가 55차례에 이르고 39건의 합의서가 도출됐던 것도 그동안의 남북 관계가 꾸준히 증진되고 발전됐음을 반증하는 것이다(통일부, 2008). 대북 포용을 통한 남북 관계의 발전이 가장 상징적으로 드러난 것은 통일부 홈페이지에 '일일 남북교류 현황'으로 북한 체류인원과 차량 수 및 선박 수가 매일 표시됐다는 점이다.[13]

3대 경협 사업을 중심으로 한 교류 협력의 지속과 함께 초보적 수준이지만 군사적 신뢰 구축도 일정하게 진행됐다. NLL 논란을 해소하기 위한

---

13) 통일부 홈페이지 초기화면 좌측 하단에 표시됐다가 지금은 남북 교류가 감소함에 따라 홈페이지 하단에 체류 인원만 표시되고 있다.

공동 어로수역 및 평화수역 설정 논의가 10·4 정상선언에 포함되기도 했다. 남북 구성원들의 상호 적대의식이 이해와 공존의 방향으로 전환되고 있음도 사실은 대북 포용정책의 성과 중 하나임을 부인할 수 없다. 우리 사회 내부적으로는 비록 남남 갈등의 진통에도 불구하고 시민사회 차원에서는 대북 의식변화가 더디더라도 꾸준히 진행되고 있는 것 역시 포용정책의 성과라 할 수 있을 것이다.

그러나 공고해진 화해 협력에도 불구하고 남북의 갈등 관계가 근본적으로 해소된 것은 아니었다. 남북 관계는 여전히 불안정한 유동성을 내재하고 있고 조성된 대내외 상황에 의해 언제든지 대화가 중단될 수 있으며 이로써 남북 관계가 소강 국면에 돌입한 경우를 우리는 노무현 정부 기간에도 쉽게 발견할 수 있었다.14) 이명박 정부가 출범한 이후 순식간에 결과된 남북 관계의 퇴행과 경색은 남북관계 진전의 취약성을 드러내는 반증이다. 총리급회담 등 각급 대화가 체계화·정례화된다 하더라도 여전히 돌발 사안과 정치 갈등이 생기면 회담이 중단되거나 결렬되는 일이 다반사다. 대화의 제도화가 아직은 미흡한 수준인 셈이다.

화해 협력과 교류 증대에서도 여전히 채워야 할 부분이 존재하고 있는 점 역시 과제로 남아 있다. 정치와 군사 분야의 상대적 부진을 하루빨리 해소해야 하는 것이 바로 그것이다. 일반적인 의미의 포용 정책(engagement policy)에서도 군사 분야의 접촉 확대는 빠지지 않고 포함되어 있다.15) 그러나 남북 관계는 냉전의 유제가 가장 강하게 남아 있는 정치와 군사 분야에

---

14) 2004년 탈북자 대량입국 사태를 계기로 북한은 남북장관급회담을 무기 중단했고 2006년 7월 미사일 발사 이후 남북장관급회담은 설전 끝에 결렬되기도 했다.
15) 포용 정책(개입 정책)을 설명하면서 에번 레스닉(Evan Resnick)은 군사 분야의 접촉으로 군 고위인사의 상호 방문, 무기 이전, 군사 지원과 협력, 군 인사 교환, 신뢰구축 조치, 정보 공유 등을 제시하고 있다(Resnick, 2001: 559).

서 괄목할 만한 가시적 성과가 여전히 부족했다. 북의 완고한 '근본 문제'16) 해결 요구는 노무현 정부 내내 갈등의 불씨였고 남북의 정치적 화해가 쉽지 않음을 보여준다. 2004년 6월 장성급회담을 통해 서해상의 충돌 방지와 NLL에서의 선전활동 중지 및 선전수단 철거 등 군사 분야에서 일부 진전을 보기도 했지만 2차 정상회담에서 서해평화협력지대를 합의하고도 이른바 NLL 문제로 별다른 진전을 이루지 못했음을 보면 그만큼 군사 분야의 진전이 간단치 않음을 알 수 있다. 더욱이 이명박 정부 이후에는 천안함과 연평도 사태로 서해상의 군사적 충돌과 긴장 고조가 최고조에 달했고 노무현 정부 시기에 합의했던 군사적 신뢰구축 조치마저도 원점으로 회귀하고 말았다. 경제 및 사회문화 분야와 달리 정치와 군사 분야는 아직도 초보적 신뢰마저 형성되지 못하고 있는 셈이다.

4) 평가와 과제

북핵과 남북 관계의 구조적 길항성은 여전히 우리에게 주어진 숙제이자 고민거리다. 북핵을 무시한 채 남북 관계만을 독자적으로 진전시키는 것이 현실적으로 가능하지 않고 그렇다고 북핵 상황에 매몰된 채 남북 관계의 적극적 역할을 스스로 포기하는 것 역시 바람직하지 않다. 북핵 문제는 또한 하루아침에 해결될 단기적 이슈도 아니다. 노무현 정부의 대북 정책이 병행론을 전제로 현실적 연계론을 가미한 것이었다면 이명박 정부의 대북 정책은 북핵을 선차적 전제 조건으로 자리매김하고 북핵의 진전 없이는 남북 관계가 한 발짝도 나아갈 수 없는 과도한 연계론으로 돌아서고

---

16) 2005년 이후 북이 일관되게 요구했던 이른바 근본 문제는 참관지 제한 철폐, 한미합동군사훈련 중지, NLL 문제 해결, 「국가보안법」 철폐 등 모두 정치·군사적으로 민감한 사안들이다.

말았다. 북핵 문제와 남북 관계의 가장 현실적이고 합리적인 상호 관계를 찾아내고 매 국면과 상황에서 가장 올바른 균형점을 발견하는 일은 앞으로도 한국 정부가 해내야 할 가장 중요한 과제가 될 것이다.

남북정상회담은 남북 관계에서 필수 불가결한 과정이자 계기다. 모든 대통령은 임기 내에 정상회담의 요구와 유혹을 벗어날 수 없고 또 실제로도 남북 관계의 질적 발전과 현안 해결은 최고위급의 상호 만남을 통해 위로부터 정리되는 방식이 효과적이고 현실적일 수밖에 없다. 그러나 남북정상회담은 단임제 대통령제하에서 성사와 합의를 이끌어낸다 하더라도 정권이 교체될 경우 실천의 연속성이 보장되지 못한다는 구조적 한계를 안고 있다. 노무현 정부가 북핵과의 연동성에 의해 불가불 임기 말 정상회담을 개최함으로써 방대한 합의를 이뤄냈음에도 불구하고 이명박 정부로의 정권 교체에 따라 10·4 정상선언은 이미 휴지 조각이 되고 말았음을 목도했다. 결국 남북 관계의 진전과 도약을 위해 남북정상회담이 필요하지만 그럼에도 불구하고 정상회담 합의 이후의 실천 이행의 문제와 임기 말 시간적 제약을 반드시 고려해야 하는 것도 향후 대북 정책에서 명심해야 할 과제다.

남북 관계의 영역별 불균형 문제 역시 반드시 극복해야 할 과제다. 기능주의 접근에 따라 경제와 사회문화 분야의 선도적 교류 협력이 우선시되고 강화되는 것은 자연스러운 일이다. 그러나 경제와 사회문화의 교류가 자연스럽게 정치와 군사 영역으로 확장되는 것은 결코 아니다. 특히 한반도의 역사적 경험은 남과 북 사이에 정치적 대결과 군사적 긴장의 완화가 그 어느 지역보다 지난한 일임을 웅변하고 있다. 노무현 정부에서도 3대 경협사업 지속과 활발한 사회문화 교류에도 불구하고 군사적 신뢰 구축은 여전히 미진했고 정치적 화해 역시 쉽지 않은 것이었다. 정치·군사 분야의 상대적 부진은 남북 관계가 경제 및 사회문화 분야의 진전에도 불구하고 언제든지 적대와 대결의 경색 국면으로 퇴행할 수 있게 하는 토대가 된다. 정치적 갈등이 온존하고 군사적 대치가 지속되는 조건에서 남북 관계는 아주 손쉽게 역진할 수 있기 때문이다. 남북 관계가 되돌이킬 수 없는 지점을 통과하기 위해서는 경제 및 사회문화 분야와 함께 정치·군사 분야의 신뢰와 교류 협력이 일정 수준으로 진전되는 것이 반드시 필요하다.

4. 노무현 정부의 대북 포용정책을 둘러싼 쟁점

김대중 정부를 이어 대북 포용정책을 계승했던 노무현 정부의 대북 정책에 대해서는 비판과 이견이 항상 존재했다. 가장 대표적인 쟁점은 바로 포용을 통해 북한이 우리가 원하는 방향으로 변했냐는 것이었다. 지금껏 대북 정책을 놓고 벌어진 남남 갈등의 이면에 바로 북한의 변화 여부 논쟁이 존재하는 것도 바로 그 맥락이다. 포용 정책을 지지하는 쪽에서는 더디지만 북한이 변화하고 있다는 입장인 반면, 반대 진영에서는 북한이 전혀 변화하지 않고 있다는 입장이다.

물론 북한의 변화를 분석하는 데는 양 편향이 존재한다. 노동당 해체나 사회주의 원칙 포기 등 근본적 변화만을 북한의 변화로 간주하는 '최대주의적 편향(maximalist)'과 사소한 조치마저 의미 있는 변화로 침소봉대하는 '최소주의적 편향(minimalist)' 모두 북한의 실질적 변화를 정확히 분석하기는 힘들다(김근식, 2002). 또한 북한의 변화를 판단하는 데는 적어도 세 가지 차원이 동시에 존재한다. 단순히 북한이 변화했다는 일면적 분석이 아니라 당국의 행태 변화와 주민의 의식 변화를 넘어 최종의 북한 체제의 변화까지를 종합적으로 염두에 두면서 북한 변화의 정도를 파악해야 한다.

대북 포용정책 이후 북한이 의미 있는 변화를 시도하고 시작한 것이 사실인 것처럼[17] 아직 포용의 전략적 목표인 체제 전반의 근본적 변화에는 이르지 못하고 있음을 부인할 수 없다. 개성공단 역시 한편에서는 북한을 시장경제로 훈련시키는 남풍(南風)의 성공적 사례로 평가하는 반면,[18] 다른 한편에서는 남측 기업이 인질로 잡힌 퍼주기의 대표적 사례로 비판하고 있다. 2002년 7·1 경제관리개선조치를 북한 변화의 대표적 사례로 언급하지만 이 역시 계획의 강화와 시장의 용인이라는 두 방향을 동시에 고려한 정책이었다.[19] 꾸준한 대북 포용의 결과로 북한의 대남 의존도가 늘어나면서 당국 간 대화에서 북한의 유연한 태도 변화[20]와 북한 주민의 대남 적대의식 변화가 감지되기도 하지만 사회주의 체제 차원의 변화는 아직 본격적인 조짐을 찾기 힘들다. 당국의 행태와 주민의 의식 변화 역시 만족할 만한 수준이라기보다는 과거에 비해 의미 있는 변화 기미를 보이기 시작한 정도다.

우리 사회 일각에서는 대북 포용정책을 통해 꾸준히 북에 경제적 혜택이 돌아갔지만 정작 우리가 원하는 북한의 변화는 미흡하다는 비판이 끈질기게 제기되고 있다. 여전히 북한의 개혁 개방은 본격화되지 못하고 있고 상호주의 수용도 충분하지 않으며 핵 포기마저도 확신할 수 없는 등 포용정책을 통해 얻고자 했던 북한 변화의 가시적 성과가 분명치 않다는 점이

---

17) 노무현 정부 시기 북한의 변화 양상에 대해서는 중앙일보 통일문화연구소(2006), 김영윤·조봉현·박현선(2007) 참조.
18) 2008년 북한의 군사분계선 통행제한 조치 이후 개성공단 폐쇄 불사를 강조하는 한나라당 인사와 보수 진영의 논리 중 하나인 '자본주의 황색 바람을 차단하려는 북측 스스로의 필요에 의해 애초부터 개성공단 폐쇄가 예정되어 있었다'는 시각은 역으로 개성공단을 통한 북한 변화가 성공하고 있음을 반증하는 것이기도 하다(≪경향신문≫, 2008.12.7).
19) 7·1 경제관리개선조치에 대해서는 고려대학교 기초학문연구 팀(2005) 참조.
20) 이에 대해서는 김근식(2005) 참조.

바로 논란의 핵심인 셈이다.

그러나 노무현 정부의 대북 포용정책이 북한을 제대로 변화시킬 수 있었는가 하는 논란[21]에 대해서는 한국적 개입 정책, 즉 대북 포용정책이 분단국가의 상대방을 대상으로 한다는 특성을 충분히 감안해야 한다. 즉, 분단 체제에서 일방이 타방을 대상으로 개입 정책을 펼 경우 상대방은 통일이라는 구심력에 대한 불안감 때문에 훨씬 더 변화를 주저하고 변화로 인한 체제 통일을 위험스럽게 생각할 수밖에 없다. 분단 체제와 통일의 가능성이 상대 국가로 하여금 변화를 수용하기 힘든 현실적 딜레마를 내재하게 만든 것이다. 이처럼 한국의 포용 정책이 분단국 사이의 개입 정책이고 따라서 항상 일방이 타방으로 합쳐지는 통일이라는 가능성에 노출되어 있기 때문에 다른 경우의 개입 정책에 비해 대상 국가인 북한이 훨씬 예민하고 소극적인 대응을 할 수밖에 없다는 점은 실제로 지금까지의 대북 포용정책이 비판론자들의 기대만큼 북한 변화를 쉽게 이루지 못하게 하는 현실적 요인이 되고 있다(전재성, 2007). 이에 따른다면 북한이 대북 포용정책에도 불구하고 기대할 만한 수준의 변화를 아직 보이지 않는 것은 사실 포용 기조의 잘못이라기보다는 분단국가 사이의 포용이라는 역사적·구조적 특성 때문임을 알 수 있다. 북한의 정치적 변화와 개혁개방 결단 및 군사적 모험주의의 포기 등이 바로 남한이라는 존재에 대한 두려움 때문에 쉽지 않음은 심지어 포용정책을 비판하는 논문에서도 인정하고 있다.[22]

---

21) 이명박 정부의 대북 정책과 비교하면서 기존 대북 포용정책의 한계와 실패를 지적한 거의 대부분의 연구들이 공통적으로 지적하고 있는 사항이다(조민, 2008: 9; 박종철, 2008: 20~23).

22) "대체 세력인 남한의 존재에 대한 두려움이 결단을 더욱 어렵게 만든다"고 적으면서 각주에는 "중국과 베트남의 경우, 보다 잘살고 자유로운 '반쪽의 조국'인 또 하나의 중국이나 베트남이 존재하지 않는다. 개혁개방 과정에서 흡수당할 우려가 없기에 체제전환을 스스로 결단할 수 있었다"(조민, 2008: 11)라고 한반도적 현실의 특성을

노무현 정부의 대북 정책이 북한의 핵무기 개발을 저지하지 못하고 군사적 도발에 소극적으로 대응하는 등 이른바 '유화(appeasement)'의 모습을 보이고 있다는 비판 역시 봉쇄에도 불구하고 전쟁을 피해야 하는 한반도의 현실 때문임을 이해해야 한다. 한국의 포용 정책은 처음부터 봉쇄를 전제로 한 정책이었다. 포용하되 북한의 무력 도발이나 군사행동은 단호하게 대처한다는 포용과 억지의 병행 전략이었다(박건영, 2007: 97). 김대중 정부의 햇볕정책 제1원칙이 바로 튼튼한 안보, 즉 '북한의 무력도발 불용'이었음은 놀라운 일이 아니다. 노무현 정부가 북핵 정책의 제1원칙으로 북핵 불용을 견지해야 함도 당연한 일이었다. 북한의 군사력 증강과 영토적 팽창은 한국의 상황에서 무슨 일이 있어도 저지하고 분쇄해야 한다. 한국의 포용 정책은 애초부터 유화 정책과는 인연을 맺을 수 없었다. 분단국가로서 북과 대치하고 있는 군사적 현실에서 유화를 수용하는 것은 곧바로 대한민국의 정체성을 훼손하는 것이기 때문이다. 한국적 포용은 봉쇄를 전제로 한 장기적인 차원의 북한 변화를 의도하는 것이고 따라서 유화 정책과의 공존은 원천적으로 봉쇄되어 있었다.

그러나 유화가 아닌 봉쇄를 포용 정책의 전제로 견지한다고 해서 그것이 곧 전쟁 불사의 군사적 수단까지 사용해 당장 북핵 불용과 도발 불용으로 이어질 수 없는 것이 한반도의 현실이다. 북한의 핵무기 개발을 막아야 하고 군사적 도발을 단호히 응징해야 하지만 이 같은 봉쇄를 충실히 이행하기 위해 한반도가 잿더미로 변하는 전쟁까지 불사할 수는 없는 것이다. 1994년 북핵위기 당시 미국이 실제로 북한에 대한 군사행동에 나섰다고 상정, 분석한 바에 따르면 한반도에 전쟁이 개시될 경우 최초 12시간 만에 서울에는 5,000발 이상의 폭탄이 투하되고 전쟁 개시 3개월 이내에 한국군

정확히 서술하고 있다.

49만 명, 미군 5만 2,000명의 사상자가 나며 민간 피해는 엄청난 규모에 이르는 것으로 추산됐다(오버도퍼, 2002: 461~463). 이러한 수치는 한반도에서의 전쟁이 단순히 바람직하지 않다는 정도를 넘어 이 땅에서 생활을 영위하고 있는 우리 입장에서는 결코 받아들일 수 없는 선택임을 충분히 입증하고도 남는 것이다.

북한의 군사적 팽창과 영토적 야욕에 단호히 대처해야 하지만 전쟁이 아닌 방법으로 그것을 이뤄야 하는 딜레마가 존재하는 곳이 바로 한반도다. 북한의 핵무기를 폐기시키고 NLL에서의 도발을 근절하기 위해 전쟁을 할 수는 없기 때문에 결국 대북 포용정책은 봉쇄의 입장을 견지하면서도 끈질긴 평화적 방법으로 문제를 해결해가는 입장일 수밖에 없는 것이다.

결국 대북 포용정책의 비판으로 제기되는 지점이 한결같이 일반적 의미의 개입 정책과 다른 한국적 현실에서 비롯되는 불가피한 딜레마라는 점을 알 수 있다. 즉, 북한을 변화시키는 것이 애초에 분단국가의 상대방을 대상으로 하는 것이어서 변화를 수용하기가 민감할 수밖에 없고, 북핵 폐기 등 단호한 봉쇄 역시 모든 것을 포기하는 전쟁까지 불사할 수는 없기에 더디지만 평화적으로 해결해나가야 할 수밖에 없는 것이다.

한반도라는 특수한 현실적 상황에서 포용 정책에 의한 북한 변화가 본래 더디고, 평화적 방법으로 북핵을 폐기하기도 힘든 것이라면 이는 곧 포용정책 비판으로 지적되는 내용들이 포용정책 자체의 한계가 아님을 역으로 입증한다. 포용 정책 때문에 북한 변화와 북핵 폐기가 원래 불가능한 게 아닌 셈이 되는 것이다.

5. 대북 포용의 발전적 진화를 위하여: '구조적 포용'

한반도적 현실을 충분히 감안하고 대북 포용의 성과와 한계를 충실히 반영할 때, 향후 바람직한 대북 정책의 방향은 무조건 포용을 비난하고 폐기하는 것이 아니라 포용의 기조를 유지하면서도 동시에 한반도의 특성에서 비롯된 한계들을 효율적으로 개선하고 극복할 수 있는 보다 전략적이고 입체적인 포용 방식을 고민하는 일일 것이다. 포용 정책의 잘못이자 대북 정책의 실패로 지적된 내용들이 포용정책 자체의 근원적 결함에서 비롯된 것이 아니라 이를 추진해야 하는 한반도의 엄연하고도 특수한 현실에서 비롯된 불가피한 성격이기 때문에 향후 대북정책은 포용 기조의 폐기가 아니라 보다 효율적인 포용 정책의 추진이어야 한다.

이를 감안하면 향후 성공적인 대북 포용은 다방면의 접촉과 교류를 더욱 안정적으로 확대하되 북한의 유의미한 변화 유도와 상호주의의 관철, 그리고 확실한 봉쇄를 이뤄내는 것을 필요로 한다. 그리고 이를 위해 향후 대북 포용정책은 '구조적 포용(structural engagement)'으로 진화해야 한다. 우선 구조적 포용은 지금까지 축적된 남북 관계의 발전을 더욱 안정화·제도화시키는 의미가 있다. 지금까지 지속되어온 경제협력과 사회문화 교류 및 당국 간 대화의 성과를 토대로 이를 더욱 안정적으로 발전시킬 수 있는 구조화와 함께 상대적으로 뒤처진 정치적 화해와 군사적 신뢰 구축에서도 보다 진전된 남북 관계를 이룸으로써 다방면에 걸쳐 접촉과 교류 협력이 균등하게 구조화됨을 의미한다. 즉, 구조적 포용은 '비가역적인 남북 관계의 구조화'를 내포한다.

또한 구조적 포용은 북한의 의미 있는 변화를 고민하는 '전략적 개입'을 염두에 두어야 한다. 개입의 종류로 구분된 관계적 관여와 구조적 관여에서 이제 한국의 대북 포용은 구조적 관여를 전략적으로 심각하게 고려하는 의미다. 구조적 관여는 장기적인 전략에 의해 상대국의 확실한 근본 변화를 도모하는 개입 전략이다. 따라서 한국의 대북 정책은 구조적 포용을 통해 북한 체제의 변화에 기여하는 정책 방향을 더욱 강화할 필요가 있다. 적대적 대결 관계에서 대북 포용을 시작할 때는 당연히 대북 지원과 화해 협력 우선의 관점에서 대북 정책에 강조점이 두어졌고 북핵 문제가 등장하고 북미 갈등이 온존한 상황에서는 당연히 포용의 기조를 유지하는 데 주력할 수밖에 없었다. 이제 포용의 시작 단계를 넘어 본격화된다면 향후의 대북 포용정책은 본래의 목표인 북한의 변화가 가시화될 수 있는 전략과 방법을 진지하게 고민해야 한다. 즉, 구조적 포용은 '북한의 구조적 변화를 위한 전략적 개입'을 의미한다.

구조적 포용으로 북한 변화에 개입해 들어가는 것은 통일을 지향해야 하는 한국의 입장에서 기능주의적 통합을 가능케 하기 위해서도 필수 불가결하다. 잘 알려진 것처럼 한국이 추구하는 기능주의적 통합은 이질적 체제가 아닌 동질적 체제 사이에 가능한 것이다. 정치 체제와 경제 시스템의 극명한 차이가 존재하는 조건에서 남북의 평화공존과 화해 협력은 가능하지만 궁극적으로 평화적 방법에 의한 통합은 미진하게 된다.[23] 따라서 구조적 포용으로 북한에 시장경제를 도입시키고 정치적 변화를 일정하게 끌어내야만 남북 간 체제의 이질성이 완화되고 사실상의 기능주의적 점진적 통합이 가능할 것이다.

---

[23] 이질적인 남북한 체제 때문에 기능주의에 입각한 경제 공동체를 형성하기가 어렵다는 주장에 대해서는 구영록(2000: 227~229) 참조. 또한 전재성은 대북 포용정책을 통해 경제협력이 시장 평화를 가져오고 시장 평화는 정치·군사적 협력으로 이어질 수 있다는 기능적 확산 가능성을 전제로 하지만, 자본주의와 비자본주의 국가 간의 비자본주의적 시장을 통한 경제협력이 자유주의적 복합 상호의존의 모습을 가질 수 있는지는 불확실하다고 의문을 표시하고 있다(전재성, 2007: 109).

결국 향후 대북 포용의 발전 방향으로서 구조적 포용을 지향하고 이를 통해 남북 관계는 화해 협력과 교류 증진의 단계를 넘어 명실상부한 평화 공존과[24] 북한의 변화 단계로 진화해야 하는 것이다. 그러나 이 같은 구조적 포용이 성공하기 위해서는 무엇보다 북핵 문제의 해결과 북미 관계의 개선이 병행되어야 한다. 지금까지의 경험에서도 충분히 드러났듯이 현실적으로 한국의 대북 포용은 미국에 비해 약소국의 포용이므로 한계가 있을 수밖에 없다(전재성, 2003: 244).

2000년 남북정상회담으로 남북 관계가 아무리 진전됐어도 그해 겨울 빌 클린턴(Bill Clinton) 대통령의 방북이 무산된 이후 부시 행정부가 출범하고 북미 갈등이 첨예화되어 한국의 포용 유지에도 불구하고 남북 관계는 정체되거나 교착될 수밖에 없었다. 노무현 정부의 대북 포용에도 불구하고 북한의 핵실험과 북미 갈등의 고조는 결국 남북 관계에 찬물을 끼얹을 수밖에 없었다. 그리고 북미협상의 진전으로 핵문제가 가닥을 잡아간 연후에야 남북은 정상회담을 열 수 있었다. 한국의 대북 포용이 아무리 진전되고 그로써 북한이 변한다 하더라도 미국의 대북 개입정책이 성공하지 못하고 북미 간 갈등이 지속된다면 북한의 성공적 변화는 제한적일 수밖에 없을 것이다. 미국으로부터 안전보장과 체제 인정이 담보되지 않은 상황에서 북한의 변화는 본질적 변화가 아니라 피상적 변화에 그칠 수밖에 없다. 결국 북핵 문제 해결로 미국의 대북 포용이 일관되게 성공적으로 진행되어야 한국의 대북 포용도 그 빛을 발하고 가시적 성과를 낼 수 있는 것이다. 이른바 미국과의 '공동 관여' 혹은 '공동 포용(co-engagement)'이 진행될 때 비로소 한국의 대북 포용도 소기의 목적을 달성할 수 있다.

---

24) 평화공존은 '적대적 관계에 있는 두 나라가 적극적으로 협력해, 이것이 상호 관계의 주된 존재 양식이 되도록 관계를 변화시켜 나가는 개념'을 의미한다(박영호, 2001: 13).

북한의 변화를 이끌어내는 구조적 포용은 엄격한 상호주의나 개혁개방 유도를 위한 대북 압박과는 본질적으로 다른 것이다. 구조적 포용은 북한의 변화를 고려하고 북한을 화해 협력의 상대로 인정하며 북한과의 신뢰에 기반을 두고 북한 스스로 변화를 촉진시켜 나가도록 하는 것이어야 한다. 개혁 개방을 이끌기 위해 북한에 정치적 압력을 가하거나 혹은 북한의 변화 정도와 연계하여 대북 지원과 경협을 추진하는 상호주의는 사실상 강압을 통해 북한의 변화를 강요하는 것이다.[25]

결국 향후 대북 포용의 방향은 '비가역적인 남북 관계의 구조화'와 '북한의 구조적 변화를 위한 전략적 개입'의 의미를 띠는 '구조적 포용'으로 발전해야 한다. 포용의 기조를 큰 틀로 하면서 그와 동시에 지금까지 한반도적 특성으로 인해 부족했던 북한의 개혁개방 유도와 상호주의 관철 및 확고한 북핵 폐기 등이 좀 더 생산적이고 효율적으로 이뤄질 수 있는 전략적 방식을 고민하고 모색하고 추진해야 한다.

6. 이명박 정부의 남북 관계: 실패한 대북 정책?

그러나 이명박 정부는 대북 포용의 발전과 진화를 고민하지 않고 오히려 포용 정책 자체를 거부하고 폐기하는 방향으로 흘렀다. 실제로 남북 관계에서 그동안 일궈왔던 성과와 경험을 조금씩 되돌리고 제거하고 결국 무력화하고 말았다. 남북 관계의 진전을 통해 한반도 평화를 증진시키고 북한의 바람직한 변화를 이끌어낸다는 대북 개입의 방편과 채널 들이 하나

---

[25] 개혁 개방을 조건화하여 대북 압박을 가하는 것이 아니라 북한이 긍정적 방향으로 개혁 개방을 하는 경우 그에 맞게 인센티브로서 혜택을 제공하는 방식이 바로 포용을 견지하는 북한 변화의 방식이다.

둘씩 모두 제거되어버린 것이다. 남북 관계가 전무한 탓에 북한을 아프게 하고 응징하려 해도 효과적인 뾰족한 수단조차 없는 실정이다. 쌀을 주지도 않고 비료도 주지 않은 지 오래다. 금강산 관광은 끊긴 지 3년이 다 되어가고 민간 차원의 대북 지원 역시 가로막힌 지 한참이다. 한국의 독자적인 대북 지렛대가 망실된 상태에서 북을 힘들게 할 제재 수단이 없다는 지금의 현실 자체가 역으로 이명박 정부의 남북 관계가 전무함을 입증하는 증거가 되고 있다.

불과 3년 전만 해도 남북 관계는 확대일로였고 북핵 문제도 더디지만 충실히 진전되고 있었다. 노무현 정부 임기 내내 2차 북핵 문제로 우여곡절을 겪었지만 그럼에도 불구하고 남북 관계는 유지되고 진전됐다. 이른바 '북핵과 남북 관계 병행론'에 입각해 노무현 정부는 북핵 문제의 존재에도 불구하고 대북 인도적 지원을 조건 없이 지속했고 남북 신뢰의 끈을 그대로 이어갔다. 남북 관계의 유지는 북핵 문제에서 한국의 적극적 역할을 보장하는 채널 역할을 했고 또한 북미협상을 촉진하는 데 일조하기도 했다. 아울러 북미협상의 진전과 핵문제의 호전은 역으로 남북 관계를 진전시키는 유리한 토대가 되기도 했다. 2005년 6·17 면담이 9·19 공동성명 도출의 토대가 됐고 2007년 2·13 합의가 10·4 남북정상회담의 밑천이 됐음은 잘 알려진 사실이다.

노무현 정부와 이명박 정부의 남북 관계가 이렇듯 차이를 보이는 것은 비단 미국 정부의 교체와 북한 당국의 정책 방향이 바뀐 탓만은 아니다. 오히려 노무현 정부는 대북 강경의 근본적 입장을 견지했던 부시 행정부와 힘겹게 정책을 공유하면서도 남북 관계를 유지했고 북한의 대미 정책은 그때나 지금이나 크게 다르지 않다. 노무현 정부와 이명박 정부 시기의 한반도 상황이 차이를 보이는 것은 결국 한국 정부의 대북정책 차이가 불과 몇 년 사이지만 현격한 현실적 격차를 만들어내고 있기 때문이다.

10년 만의 정권 교체로 출범한 이명박 정부는 과거 정부의 대북 정책이 북한의 변화를 가져오는 데 실패했고 그 결과 퍼주기와 끌려다니기로 귀결되고 말았다는 정치적 판단을 갖고 있었다. 따라서 이명박 정부는 남북관계의 중단을 불사해서라도 퍼주기와 끌려다니기를 결코 하지 않겠다는 확고한 입장이고 오히려 남북관계 중단이 북한의 변화를 가능하게 한다는 믿음에 기초하고 있다.

전임 정부의 대북 정책을 '잃어버린 10년'으로 규정하고 햇볕정책을 부인하면서 출발한 이명박 정부는 대북 강경정책과 남북관계 중단으로 북한의 버릇을 고쳐놓을 수 있다고 철석같이 믿었다. 이명박 정부의 대북 정책은 남북관계 중단과 의연한 기다림의 전략으로 북한을 압박하고 제재하면 북한이 아파할 것이고 그래서 결국은 굴복할 것이라는 인식을 전제하고 있었다. 그러나 현실은 바람대로 결코 진행되지 않았다.

관계를 끊고 제재와 압박을 가하면 북한이 아파할 것이라는 첫 번째 가정은 북한이 중국으로 달려가 북중 협력관계를 강화시키고 대중 의존도를 심화시키면서 남한으로부터 얻던 경제적 지원을 대체함으로써 어긋나기 시작했다. 제재와 압박의 대북 강경정책이 북한을 아프게 하는 게 아니라 북중 연대강화를 통해 중국으로부터 지원을 확보하게 만든 셈이다. 당연히 북한은 아프지 않기 때문에 이명박 정부에 굴복하지도 않았다. 물샐틈없는 제재와 압박이 중국의 존재로서 애초부터 불가능한 상황에서 대북 강경과 압박 정책은 결과적으로 북한의 대남 적개심만 고조시켰다. 북한이 아파하고 결국 굴복할 것이라는 이명박 정부의 대북정책 전제는 처음부터 어긋났고 그 결과는 북의 대남 도발과 한반도 긴장 고조로 귀결되고 말았다. 이명박 정부의 안보 위기와 평화 무능은 결국 대북정책 실패에 따른 남북관계 파탄에서 비롯된 것이었다.

그래서 남북 관계는 탈냉전 이후 최악으로 귀결됐다. 한국전쟁 이후 최초의 영토 포격과 민간인 사망이라는 사상 초유의 북한 도발로 2010년 남북 관계는 단순한 중단을 넘어 전쟁 위기까지 가는 파탄지경에 이르렀다. 북한이 아파하지도 굴복하지도 않고 오히려 도발을 강화하고 핵능력을 증대시키는 상황에서 이제 이명박 정부는 북한의 군사적 모험주의 포기를 기대조차 할 수 없음을 자인하기에 이르렀다.26)

햇볕정책을 단죄하고 강경과 원칙을 내세우면 북한이 굴복하고 변화하고 잘못을 고칠 것이라고 역설했지만 이명박 정부 출범 3년이 지난 지금 북한은 아파하지도 굴복하지도 변화하지도 잘못을 고치지도 않고 오히려 남쪽에 대한 분노를 켜켜이 쌓아 군사적 도발을 결심하고 있다. 북핵 문제가 관리되고 개선되기는커녕 북한은 우라늄 농축이라는 아킬레스건까지 들먹이며 압박하는 최악의 상황이다. 이제껏 평화롭고 협력적이었던 한반도와 동북아 질서는 하루아침에 전쟁 상존의 한반도, 갈등과 대결의 동북아로 고착되고 있다.

이명박 정부의 강경·강압 정책이 소기의 성과를 이루지 못하고 오히려 한반도의 긴장과 북한의 고슴도치식 대응만을 유발했음을 인식한다면 향후 대북정책의 시대정신은 큰 틀에서 개입 정책, 즉 대북 '포용정책'일 수밖에 없다. 노태우 정부 이후 대북 포용의 과정이 그 나름의 긍정적 성과를 가지고 꾸준히 '진화'해왔음을 인정하고 이를 계승하면서 동시에 발전시켜야 한다는 데도 동의해야 한다. 정치적 입지에 포박되어 전임 정부의 대북 포용을 포기하고 대북 강경과 남북관계 중단을 방치한다면 이명박 정부는 굳이 돌아가지 않아도 될 길을 험하게 돌아가는 결과를 맞이할 것이다. 바람직한 경로로서 점진적 평화통일을 위해서도, 그리고

---

26) 2010년 11월 29일 연평도 포격 관련 대통령 담화에서 이명박 대통령은 '이제 북한 스스로 군사 모험주의와 핵을 포기하는 것을 기대하기 힘들다는 것을 알게 됐다'고 토로했다(≪연합뉴스≫, 2010.11.29).

도둑같이 찾아올지 모를 북한의 급변 사태를 지혜롭게 준비하기 위해서도 개입 전략이라는 대북 포용정책은 여전히 유효하다. 이것이 이명박 정부의 실패한 대북 정책을 목도하고 있는 지금, 노무현 정부의 대북정책 평가를 통해 얻을 수 있는 교훈이자 결론이다.

참고문헌

고려대학교 기초학문연구 팀. 2005. 『7.1 조치와 북한』. 서울: 높이깊이.
구영록. 2000. 『한국과 햇볕정책』. 서울: 법문사, 227~229쪽.
김갑식. 2007. 「대북정책 추진현황과 평가」. ≪정책연구≫, 통권 155호, 95~96쪽.
김근식. 2002. 「김정일 시대 북한의 당정군 관계 변화: 수령제 변화의 함의를 중심으로」. ≪한국 정치학회보≫, 제36집 2호, 349~350쪽.
____. 2004. 「노무현 정부의 평화번영 정책: 구상과 현실, 그리고 과제」. ≪통일문제연구≫, 제16권 1호.
____. 2005. 「한국의 대북한 정치적 영향력 증가: 사례비교와 원인분석」. ≪한국과 국제정치≫, 제21권 제4호.
____. 2007. 「2007 남북정상회담을 결산한다」. ≪창작과 비평≫, 제35권 4호(겨울).
____. 2008.12.7. "개성공단 폐쇄를 위한 변명들". ≪경향신문≫.
____. 2009.9.28. 「10·4 남북정상회담과 노무현 대통령」. 미래발전연구원 주최 10·4 정상회담 기념 학술회의 발표논문, 90쪽.
____. 2010. 「서해 북방한계선(NLL)과 10·4 정상선언: 한반도 평화에의 접근: 서해평화협력특별지대 구상을 중심으로」. ≪동북아연구≫, 제15권, 241~242쪽.
김연철. 2009. 「민주정부 10년의 대북 화해협력 정책」. 『내일을 여는 역사』(제27권).
김영윤·조봉현·박현선. 2007. 『북한이 변하고 있다』. 서울: 통일연구원.

박건영. 2007.12.7. 「노무현 정부 대북정책의 평가와 과제」. 한국국제정치학회 연례학술회의 발표논문, 97, 105~108쪽.

박영호. 2001. 『남북한 평화공존과 대북정책』. 서울: 통일연구원, 13쪽.

박종철. 2008.7.18. 「대북 포용정책과 상생공영정책의 비교: 도전과 전략적 선택」. 『이명박 정부 대북정책 비전 및 추진방향』. 통일연구원 주최 건국 60주년 기념 통일 심포지엄 발표논문집, 20~23쪽.

박종철 외. 2003. 『평화번영 정책의 이론적 기초와 과제』. 서울: 통일연구원.

성경륭. 2008. 「김대중·노무현 정부와 이명박 정부의 대북정책 추진 전략 비교: 한반도 평화와 공동번영 정책의 전략, 성과, 미래과제」. ≪한국동북아논총≫, 제48집.

오버도퍼, 돈(Don Oberdorfer). 2002. 『두 개의 한국』. 서울: 길산.

이창헌. 2008. 「노무현 정부 대북정책의 성과와 평가」. ≪정치정보연구≫, 제11권 1호.

전재성. 2003. 「관여정책의 국제정치이론적 기반과 한국의 대북정책」. ≪국제정치논총≫, 제43집 1호, 244쪽.

_____. 2007.2.27. 「대북 포용정책의 이론적 고찰」. 통일연구원 주최 참여정부 출범 4주년 기념 심포지엄 발표논문집, 20~21쪽.

_____. 2007.10.10. 「한반도 평화체제와 한반도 민주평화」. 서울대학교 통일연구소 심포지엄 발표논문, 109쪽.

조민. 2008. 「이명박 정부 대북통일정책 추진방향」. ≪통일정책연구≫, 제17권 제1호, 9, 11쪽.

중앙일보 통일문화연구소. 2006. 「최근 북한경제변화실태 심층 분석」.

통일부. 2003. 「참여정부의 평화번영 정책」, 6, 18쪽.

_____. 2008. 「통계로 보는 남북 관계」.

한국통일전략학회. 2008. 『노무현 정권 대북정책의 평가』. 서울: 이경.

허문영 외. 2007. 『평화번영 정책 추진성과와 향후 과제』. 서울: 통일연구원.

French, Howard W. "Shuffled off to history, veneration of Ro Moo Hyun will follow." *International Herald Tribune*, Dec 28, 2007.

Mitrany, David, 1966. *A Working Peace System*. Chicago: Quadrangle Books.

Resnick, Evan. "Defining Engagement." *Journal of International Affairs*, Vol.54, No.2(Spring, 2001), p.559.

| 제5부 미디어와 시민사회 |

제13장 정치적 설득의 실패: 노무현 정부의 언론 정책과 개혁적 정부의 과제 _이준웅

제14장 인터넷 정치: 참여 활성화와 규제의 패러독스 _류석진·송경재

제15장 2000년대 한국 시민사회의 분절과 분산 _신진욱

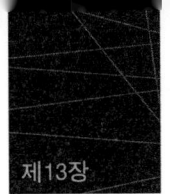

제13장

정치적 설득의 실패
노무현 정부의 언론 정책과 개혁적 정부의 과제

이준웅 | 서울대학교 언론정보학과 교수

1. "언론 때문에 망했다"

노무현 정부는 언론 때문에 망했다. 이 글의 일차적 목표는 어쩌다 그렇게 된 것인지 보여주는 데 있다. 그런데 내가 '언론 때문에'라고 말할 때의 언론이란 ≪조선일보≫나 문화방송 같은 언론 매체와 그들의 보도 행위만을 지칭하는 것이 아니다. 즉, 나는 '노무현 정부가 집권 초기에는 인터넷과 방송 매체의 도움을 받기는 했지만 보수 언론의 공격이 강화되면서 국정 장악력을 잃게 됐다'는 식의 한가한 논평을 하려는 것이 아니다. 혹은 '정부와 언론의 관계로 "건강한 긴장 관계"를 의도했지만 결국 적대적 관계로 변했다'는 식의 진부한 묘사를 하려는 것도 아니다. 내가 논의하고 싶은 것은 언론 매체를 포함한 다양한 정치적 행위자들 간의 정치적 의사소통 행위와 그에 수반하는 행위자의 의도와 행위의 결과다. 그리고 이 모든 것들이 한국 민주주의에 대해서 갖는 함의다.

따라서 내가 '언론 때문에 망했다'고 말할 때 그것이 의미하는 바는 노무현 정부가 정치적 의사소통의 장을 축소시키고 그곳에 잘못 접근하고 그 안에서 효과적으로 행동하지 못함으로써, 국민에게 개혁적 의제를 제시하고 시민사회 이해 집단 간의 갈등을 조정하고 주요 정치적 경쟁자를 설득하는 데 실패했다는 것을 의미한다. 이런 내 글의 의도는 노무현 정부의 언론 정책이 실패해서 비통하다거나 아니면 반대로 쌤통이라고 생각한다는 식으로 평가적인 것은 아니다. 또는 무슨 불평을 하려는 것도 아니다. 개혁을 약속하고 정권을 잡은 세력이 정치적 설득에 실패할 때 무슨 일이 벌어지는지 논의하고 반성함으로써 다음 개혁적 정권의 언론 정책에 대한 함의를 도출하겠다는 것이 의도다. 따라서 이 글의 진짜 목표는 미래의 개혁적 정부가 언론과 관련해서 유념해야 할 요점들을 도출하는 데 있다.

이 글에서 나는 먼저 언론 환경과 관련된 두 가지 관찰을 제시하면서 논의를 시작하겠다. 노무현 정부는 대통령에 대한 반권위주의적 담론이 획기적으로 증가하고 언론의 정치 병행성(political parallelism)이 강화되는 시점에 정권을 잡았다는 것이 그것이다. 이런 관찰을 배경으로 노무현 정부의 언론 정책이 왜 그럴 수밖에 없었는지 논의하겠다. 이어서 나는 노무현 정부의 언론 정책의 실패를 두 가지 수준에서 분석한다. 첫 번째, '내용적 수준'에서는 이른바 '제3의 길'을 의도했던 노무현 정권이 일관된 메시지를 산출하지 못한 이유를 중심으로 노무현 정부의 소통적 무력함을 지적한다. 두 번째, '구조적 수준'에서는 가장 강력한 언론 행위자인 정부가 스스로 '정치적 의사소통의 장'을 축소할 때 발생하는 문제를 논의하겠다. 이 두 가지 논의를 통해서 드러나는 것은 이른바 '노무현 식 말하기'의 스타일적 특성, 언론개혁 의제의 설정, '취재 지원 시스템 선진화 방안', 그리고 정부와 공직자의 언론사에 대한 소송 등이 한국 민주주의에 대해 갖는 함의다. 그리고 이 모든 것의 결과가 갈등의 해결자가 아닌 갈등의 당사자인 개혁 정부라는 '해석적 틀(frame)'의 형성이다. 노무현 정권은 역대 어떤 정권보다도 시민사회의 갈등에 대해서 민감하게 대응했건만 설득적 의사소통에 실패함으로써 갈등의 화신처럼 보이게 된 것이다. 그리고 일단 이런 해석적 틀에 갇히고 나서 그 정권이 할 수 있는 일은 별로 없었다. 나는 이 과정을 납득할 수 있게 제시하는 것이 이론적으로는 물론 실천적으로도 매우 중요하다고 본다. 왜냐하면 개혁적 진보 정권이 실패하는 이유가 개혁 이념 때문이 아니라 방법 때문이라는 요점을 도출할 수 있기 때문이다.

2. 언론 환경에 대한 두 가지 관찰: 권위적 담론체계 와해와 이념적 분화의 격화

언론과 여론 환경과 관련해서 주목할 만한 변화를 노무현 정부의 등장과 연관 지어 찾아볼 수 있다. 나는 노무현 정부가 출범할 무렵부터 우리 사회의 의사소통 체계에 근본적인 변화가 전개되고 있었다고 본다. 그 첫 번째 변화의 징후가 <그림 13-1>에 제시되어 있다. ≪조선일보≫,

〈그림 13-1〉 주요 신문의 대통령 관련 사설의 빈도(1980~2008)

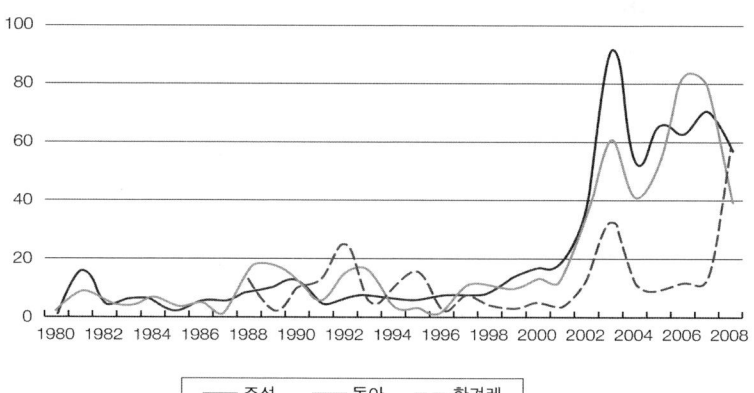

자료: 이준웅(2009).

≪동아일보≫, ≪한겨레≫ 등 3개 신문사의 대통령 관련 사설을 모두 수집한 결과, 노무현 정부의 1년차인 2003년 ≪조선일보≫, ≪동아일보≫, ≪한겨레≫ 모두 크게 증가했음을 확인할 수 있다. 덧붙이자면 노무현 정부 때 대통령 관련 사설이 증가했을 뿐만 아니라 부정적 사설이 긍정적 사설보다 더 많았다(이준웅, 2009).

대통령에 대한 사설 기사가 증가했다는 사실은 정권의 수장인 대통령이 본격적으로 언론의 평가적 담론의 대상이 됐다는 것을 의미한다. 노무현 정권이 출범한 이후, 대통령을 직접 비판과 평가의 대상으로 삼는 일은 더 이상 예외적인 일이 아니게 됐다. 당시 청와대 출입 기자의 증언에 따르면 "옛날에는 대통령 비판이 대단한 용기를 필요로 했다고 한다. 그러나 노무현 정부 때는 "대통령에 대한 기사를 쓰는 데 아무런 부담이 없었다"고 한다(남재일, 2006: 112). 과거에는 대통령이 잘못했더라도 측근과 보좌 등에 문제가 있다는 식으로 비판했다. 그러나 노무현 정부 때부터 책임을 직접 대통령에게 돌리는 일이 일반화됐다. 우리는 노무현 정권 중반기부터 장안에 회자된 농담이 '모두 노무현 때문이다'였음을 기억하고 있다. 그때 단련돼서 그런지, 요즘에는 누구도 모든 사회정치적 위기를 '이명박 때문이다'라고 하는 글을 보더라도 별로 놀라지도 않는다.

노무현 정부 때부터 권력의 대명사인 대통령에 대한 평가적이며 비판적 담론이 활성화된 것은 당시부터 한국 사회에 담론 체계의 지배가 무너지기 시작했던 일과 무관하지 않다. 권위주의적 담론 체계란 사회정치적 논란의 대상에 대한 직접적 논의가 회피되고, 권력에 대한 정당한 논평이나 비판이 금기시되고, 문제 해결적 논의보다 의례적이며 장식적 담론이 주가 되는 사회적 의사소통 체계를 의미한다. 김대중 정권의 말기와 노무현 정권의 초기를 경유하면서 권위주의적 담론 체계는 점차 약화되기 시작했다. 즉, 모두가 다른 모두를 비판할 수 있게 됐으며, 대통령을 비롯한 권력자도 예외는 아니게 됐다. 20세기 말 한국 사회에 탈권위적 의사소통 양식이 확대되기 시작했던 것이다.

탈권위적 의사소통 양식의 확대는 1990년대 광범위하게 진행된 시민사회의 역량 강화와 관련이 있다. 노동, 환경, 여성, 소비자, 언론, 장애인 등 시민사회운동 세력은 우리 사회의 지배적 담론 체계에 공공연하게 도전했으며, 일정한 성과를 거두기 시작했다. 그러나 이것만으로는 왜 하필 노무현 정부 시기에 탈권위적 의사소통 양식이 본격적으로 등장했는지 설명하기 어렵다. 내 관찰에 따르면 1997년 이후 탈권위적 의사소통 양식은 급격하게 세를 확대해서 2003년과 2004년을 기점으로 과거의 권위적 의사소통 양식과 경합하는 정도에 이른다. 나는 이런 변화가 인터넷과 휴대전화 등 '관계 지향적 매체'의 보급과 이용률의 폭증에 따라 새로운 담론 활동이 가능해진 것에 기반을 두고 있다고 주장한 바 있다. 그것은 새로운 담론 양식을 경험한 이른바 '비판적 담론 공중'이 등장한 것과 관련이 있다(이준웅, 2005, 2007). 비판적 담론 공중이란 인터넷 토론방, 뉴스 댓글, 채팅 등을 통해서 반권위적이고 새로운 내용과 양식의 의사소통을 수행했던 자들이다. 이들은 전통적으로 담론적 권위를 누렸던 정치인, 언론인, 예술가 등의 의견과 주장에 대해 공공연한 비판과 대항적 해석을 추구하고, 기회가 되면 자신의 의견을 제공하기도 한다. 이를 통해서 새롭게 의사소통 효능감을 경험함으로써 스스로 집합적 담론 주체임을 인식해 나가기 시작한 담론 공중이다.

두 번째 변화는 <그림 13-2>가 제시하는 바대로, 김대중 정부 때부터 보이는 1면의 대통령 관련 기사의 보수 신문과 진보 신문 간의 논조 양극화 현상이 노무현 정부 때 본격적으로 증폭된 것이다. 이런 논조의 양극화 경향은 이명박 정부에 이르러 더욱 강화되는 것으로 보아, 한국 언론의 전반적 추세라고 해석할 수 있다. 이준웅·조항제·송현주·정준희(2010)는

〈그림 13-2〉 주요 신문의 대통령 관련 기사 중 부정적 기사의 비율

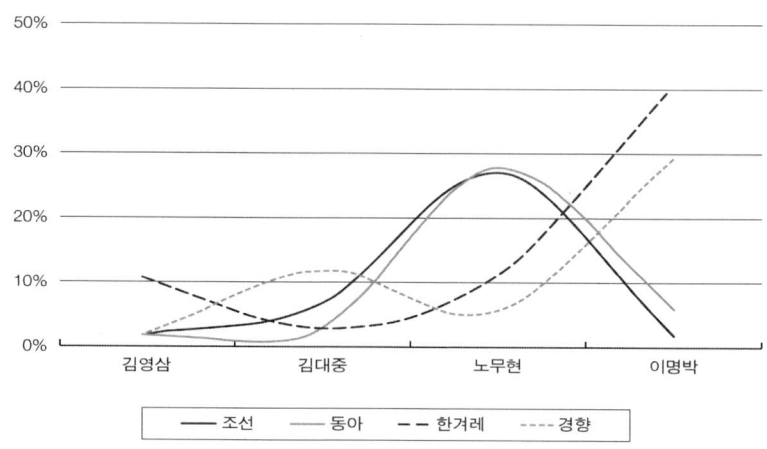

자료: 이준웅(2009).

이런 현상을 '정치 병행성' 강화의 한국적 특성과 연결시켜 설명한 바 있다. 주요한 언론 매체가 정당 및 사회운동과 이념적 수준에서 또는 인적 연결 수준에서, 그리고 지지자의 겹침에서 강화됨을 일컬어 '정치 병행성' 강화 현상이라고 한다(Hallin and Mancini, 2004: 27~30). 그런데 한국의 경우 이런 과정을 정당이나 사회운동이 주도하는 것이 아니라 언론 매체가 주도하는 경향을 보인다. 이는 과거에 논의됐던 언론의 권력화 현상(강명구, 2004; 양승목, 1995; 이효성, 1997)이나, 국가의 언론에 대한 조합주의적 관리(최장집, 1994), 또는 언론의 국가기관화(박승관·장경섭, 2000) 등과는 약간 다른 함의의 주장이다. 한국 언론의 정치 병행성 강화에 대한 테제는 한국 언론이 우리 사회의 이념적 갈등의 주범일지 모른다는 의심을 제기한다.

어쨌든 한국 언론의 정치 병행성 강화는 한국 사회의 분화되는 정치 이념과 각 이념을 대표하는 주요 정치진영의 공고화를 함축한다. 그리고 이런 이념적 분화가 가속됨에 따라 '과거에는 논란이 되지 않았을 사안' 조

차 이념적 가치와 관점에서 보기 때문에 갈등적 사안으로 보이게 되고, 그런 사안에 대한 논쟁이 격해져서 실제 사회 갈등으로 전화될 가능성이 증가함을 의미한다. 생각해보면 한국 사회에 정치적 진영으로서의 진보와 보수가 발생한 것은 오래된 일이지만, 그리고 보수와 진보 간의 이념적 분화를 촉진한 수많은 요인들이 있겠지만, 이런 이념 분화가 주요 정치 행위자는 물론 일반 시민들의 눈에 띄게 되고 따라서 의식적으로 논쟁의 대상으로 떠오른 것은 그리 오랜 일이 아니다. 구체적으로 김대중 정부의 출범으로 수평적 정권 교체가 이뤄지고, 개혁적 의제를 공공연하게 주장했던 노무현 중심 세력의 집권으로 개혁 의제가 제시되면서, 시민들은 누가 보수고 누가 진보인지, 그리고 진보와 보수가 가치와 현실의 차원에서 각각 무엇을 의미하는지 점차 명료하게 이해할 수 있게 됐다. 그리고 이런 이해는 '담론적 이념 투쟁'을 마련하는 해석적 틀로서 기능하게 됐다. 결국 나는 앞서 제시한 두 관찰을 통해서 첫 번째, 탈권위적 의사소통 양식의 등장, 두 번째, 한국 사회의 이념적 분화의 가속을 노무현 정부의 여론 환경과 관련한 맥락적 변수로 제시한다. 요점은 이 두 가지 근본적 변화가 모두 노무현 정부의 등장에 중요한 배경적 요인이 된다는 것이다. 노무현 정권은 과거의 정권과 비교해서 상당히 불리한 언론 및 여론 환경에서 출발했다. 다시 강조하지만 여기서 노무현 정권이 불리한 언론 환경에 처한 채 시작했다는 말은 노무현 정권이 출범 초기부터 ≪조선일보≫, ≪중앙일보≫, ≪동아일보≫ 등 보수 신문의 공격을 받아 이른바 '허니문 시기'도 없이 시작했다는 것을 지적하자는 것이 아니다. 사실 그렇기도 했지만 노무현 정권은 또한 우호적인 방송 매체와 일부 인터넷 매체를 우군으로 해서 시작하기도 했다. 그보다 노무현 정권은 대통령의 담론적 권위를 비롯해서 누구에게나 공공연하게 문제를 제기하고 자신의 이해관계를 관철시키고자 하는 사회적 의사소통 체계에서 출범한 정권이었다.

그것도 어떤 사안이나 의제를 제시한다고 해도 주요 언론에 의해 이념화되고, 분화된 이념 세력들 간의 투쟁의 차원에서 인식되며, 결국 사회적 갈등 관계의 한 축이 될 가능성이 높아진 첫 번째 정권이었다. 이 두 가지 배경 요인을 감안해서 노무현 정부의 언론 정책을 검토하면 많은 것이 달리 보인다.

3. 노무현 정부의 언론 정책

이 절에서는 노무현 정부의 언론 정책을 첫 번째, 노무현 식 말하기 스타일, 두 번째, 언론 개혁을 위한 의제 설정, 세 번째, 이른바 '정부와 언론 간의 건강한 긴장 관계' 조성을 위한 정책을 중심으로 논의하겠다.

1) 노무현 식 말하기: 직접적이고 진정한 소통

'노무현 식 말하기' 자체가 먼저 검토될 필요가 있다. 노무현은 민주당 대통령 후보가 되기 전부터 정치인으로서 유능한 커뮤니케이터로 인정받았다. 그의 토론 능력과 연설 능력은 잘 알려져 있다. 나는 그가 대통령 선거 캠페인 과정에는 '감성적 의사소통'과 '공감적 동원력'을 발휘함으로써 정치 캠페인의 새로운 장을 열었다고 평가한다. 노무현 개인의 의사소통 스타일은 '직접성'과 '진정성'으로 규정할 수 있다. 즉, 그는 자신의 진의를 직접적으로 국민에게 제시하는 것을 좋아했다. 그와 동시에 진정하면 결국에는 통한다는 신념을 기반으로 메시지를 전달했다. 나는 많은 지지자를 감동시켰던 노무현 식 '바보 정치'의 고갱이는 역시 그의 '진정한 의사소통 양식'에 뿌리를 두고 있다고 믿는다. 훌륭한 정치인이라면 자신을 공격하는 부정적 메시지를 주변화시키고, 자신이 전달하려는 핵심 메시지를 효과적으로 전달할 줄 안다. 노무현 역시 그런 정치인이었는데 특히 그는 자신이 믿는 바를 에둘러 말하지 않고, 있는 그대로 전달함으로써 지지자를 감동시키는 능력이 있었다. 그런데 노무현 정부의 대국민 홍보 정책 역시 이런 노무현 개인의 의사소통 방식을 많이 닮았다. 즉, 그것은 직접적이고 또한 진정한 소통을 추구하는 국정홍보 전략이었다.

첫 번째, 노무현 정부는 시민과 직접적 의사소통을 통해서 자신의 개혁적 프로그램을 전달했다. 인수위원회 시절부터 「인수위 브리핑」을 발간했으며, 정권 출범 후에는 '청와대 브리핑'과 '국정 브리핑' 등의 정책 포털을 운영함으로써 정권 차원에서 추진하는 핵심 개혁의제를 직접 전달했다. 노무현 당선자는 취임 직전인 2003년 2월 22일 ≪오마이뉴스≫와의 인터뷰에서 '정권과 언론의 유착 관계를 끊고 원칙대로 해나가겠다'는 의지를 밝혔다. 이 인터뷰는 두 가지 점에서 시사적이다. 우선 전통적으로 유력한 언론사를 제치고 인터넷 언론인 ≪오마이뉴스≫와 인터뷰를 통해서 언론관을 피력했다는 것, 그다음은 전통적인 정부와 언론 간의 긴밀한 관계란 곧 '유착 관계'이며 그것을 부정한다는 것이다. 노무현 정부는 정부와 언론 간의 전통적인 정책적 의사소통 채널이 아닌 새로운 의사소통 채널 구축에 주력하는 것처럼 보였다. 또한 노무현 대통령은 다른 누구보다 더 자주 텔레비전에 출연했고 회견했고 토론했다. 인터넷 매체와 마찬가지로 텔레비전 역시 '직접적 소통의 매체'로서 간주했던 것으로 보인다. 집권 초기 대통령실의 동정은 최소한의 편집을 통해 방송 뉴스로 전달됐으며, 정치적 위기 때마다 대통령이 텔레비전 회견과 토론에 출연해서 문제를 정면 돌파하려 했다.

두 번째, 진정한 의사소통 역시 매우 중요한 스타일적 특징이다. 노무현 대통령의 언론관은 ≪오마이뉴스≫ 등 언론 인터뷰, 정부 간부의 워크숍,

'신문의 날' 등 주요 리셉션, 그리고 국회의 국정 연설 등을 통해서 생생하게 전달됐다. 예를 들어 노무현 대통령은 2003년 8월 4일 장차관 국정토론회에서 '기자들에게 술 사고 밥 사야 득 될 게 없다'는 의견을 피력했다. 요컨대 낡은 관행에 근거한 국정홍보 방식은 좋지 않을 뿐 아니라 효과적이지도 않다는 것이다. 그러나 이 사례가 특징적으로 보여주듯이, 눈에 띄는 것은 메시지의 내용이 아니라 표현 양식이다. '술 사고 밥 사야 득 될 게 없다'는 노골적 표현은 노무현 대통령의 진심을 드러낸다. 이뿐만 아니라 국정에 대한 대통령의 의도, 평가, 판단 역시 특별한 가공 없이 대통령의 진심을 그대로 표현한 듯이 전달됐다. 대표적으로 2003년 5월 21일 청와대를 방문한 5·18 기념회 인사들을 대상으로 "대통령직을 못해 먹겠다는 생각과 위기감이 든다"고 말한 대통령의 육성이 그대로 방송 뉴스를 타고 시청자에게 도달된 경우가 있다. 같은 해 5월 28일, 노무현 대통령은 전교조 문제를 놓고 "내 성질 보이고 싶었는데, 대통령 지시가 안 먹혔다"고 말한 것도 같은 맥락에서 볼 수 있다. 아마도 전자는 세심하게 연출된 것이며, 후자는 역설법을 이용한 수사학이었을 것이다. 그런데 이 사례들 역시 노무현 특유의 진정한 스타일을 보인다는 점에 공통성이 있다. 대통령의 발언에서, 홍보수석 등 주요 간부의 회견에서, 그리고 노무현 정부의 정책 브리핑 자료에서 '믿는 바를 그대로 말한다'는 일관된 양식을 발견할 수 있다.

왜 그랬을까? 그 진정한 의도는 행위자의 설명을 직접 들어봐야 확인될 수 있으리라. 그러나 행위자의 설명이란 대체로 사후 평가에 근거한 합리화를 동반하기 마련이어서 그것도 너무 믿을 만한 것은 못 된다. 그러므로 행위자를 관찰하고 그의 의도를 재구성하는 방법과 더불어 행위의 제한조건을 검토함으로써 그런 행위를 선택할 수밖에 없었던 이유를 찾아서 제시하는 것이 좋아 보인다. 다음과 같은 조건들을 생각해볼 수 있다.

첫 번째, 나는 노무현 정부가 당시 '탈권위적 의사소통 양식'이 지배적 양식으로 떠오르는 정황을 정확하게 이해하고 있었다고 본다. 노무현은 국민경선제를 통해서 대통령 후보로 떠오를 때, 전통적인 당내 정치를 우회해서 직접적 소통으로 정치력을 발휘할 수 있음을 경험했다. 여론조사를 통해서 후보 단일화를 추진할 때, 시민의 참여와 지지가 정치적 정당성의 원천임을 깨달았다. 그리고 무엇보다도 성공적인 대통령 선거 캠페인을 경영하면서, 직접적 소통을 통해 시민의 참여와 지지를 이끌어냄으로써 정치적 파괴력을 행사할 수 있다는 것을 경험했다. 따라서 집권기의 노무현 세력은 '과거의 소통 방식'이 아닌 새로운 소통 방법으로 성공할 수 있다는 자신감을 갖고 있었다고 본다. 그 새로운 방법이란 시민들에게 직접, 진정하게 소통하는 것이다. 두 번째, 노무현 정부는 전통적 매체를 이용해서 개혁 의제를 제시할 수 없다고 봤던 것 같다. 노무현 정부는 우호적인 매체와 비우호적인 매체를 구분하고 두 매체를 차별적으로 활용하려 했는데, 특히 전통적 규범과 가치를 따르는 '오래된 매체'를 주변화시키고, 인터넷 언론과 같은 새로운 매체를 활용했다. 즉, 노무현 정부는 누구보다 기존 언론 매체의 왜곡에 대해 염려했으며, 따라서 그에 대응하는 방식으로 전통적 의사소통 채널과 방법이 아닌 다른 채널과 방식을 선택했다.

그러나 '직접적이고 진정한 소통전략'이 문제였다. 그런데 그것이 그릇된 가치에 근거했거나 실행 방식이 잘못됐거나 운영상 어려움이 있었다거나 아니면 의도가 잘못되어 문제였던 것은 아니다. 그것은 결국 의도한 바를 실현하지 못했기 때문에 문제였다. 요컨대 그것은 정치적 설득에 실패했다. 집권 전 노무현은 '직접적이고 진정한 소통'을 이용한 탁월한 설득 능력을 보였으며 결국 집권에 필요한 대중 동원에 성공했지만, 정작 집권 후 노무현 정부의 '직접적이고 진정한 소통'은 지지자를 실망시키고 적대자에게 얕잡혀 보였으며 일반 시민들을 불안하게 만들었다. 또한 노무현 정권 초기부터 직접적이고 진정한 소통의 실패가 감지됐음에도 불구하고 계속 그 스타일을 유지함으로써 더 많은 문제를 만들어냈다. 왜 실패했으며 이런 실패가 의미하는 바가 무엇인지에 대해서는 이 글의 후반부에서 본격적으로 논의하겠다.

2) 언론개혁 의제의 형성

언론 개혁이란 방송의 권력으로부터 독립과 신문 시장의 정상화라는 의제를 중심으로 추진된 시민운동을 의미한다. 이는 1987년 민주화 이후 권력의 방송 장악과 일부 보수 언론의 노골적 편파와 왜곡에 대응하기 위해 언론 노조, 기자협회, 시민 단체, 그리고 일부 학자들의 연대를 통해 이뤄졌다. 김영삼 정부까지 언론개혁 세력이 제시한 주요 의제는 정부의 방송 장악에 대한 반대, 케이블 텔레비전 등 새로운 매체의 상업화 경향 비판, 신문사 간 경쟁 격화에 따른 시장 질서의 교란에 대한 통제론 등 다양했지만, 근본적으로 보수적 정권과 보수 언론사의 이익 결합에 대항해서 대안적 담론을 세력화한 것이라는 데 공통점이 있다. 정권과 일부 언론사가 보수적 이념과 이해관계를 중심으로 재생산하는 보도, 논평, 의제 설정에 반대하고 대항적인 의제를 제시한다는 것이 언론 개혁의 핵심 논리였다. 이런 배경을 이해해야 당시 언론개혁 세력의 구호가 '언론의 권력화 반대' 또는 '정부와 언론의 유착 반대' 등으로 수렴됐던 사정을 이해할 수 있다. 그것은 근본적으로 부정적이고 비판적인 운동이었다.

1997년 김대중 정부는 언론개혁 의제를 사회 조합주의적 방식으로 추진하는 전략을 택했다. 예컨대 1999년 김대중 정부는 정부 부처와 산하 기구, 이해 단체, 시민 단체, 방송사 대표 등이 참여하는 '방송개혁위원회'를 주도적으로 출범시켰으며 이를 통해 방송 개혁의 주요 의제를 결정하고 종합적인 처방을 제시하려 했다(김도연, 2002; 정용준, 2000). 이는 갈등하는 이념과 이해관계를 갖고 있는 세력과 집단들을 모아 사회적 타협과 조정을 통해서 문제를 해결하려 시도했다는 데 일차적 의의가 있다(황근·최영묵, 2000). 또한 부정적이고 비판적인 운동의 관점이 아닌 구성적이고 합의 지향적인 관점에서 개혁 의제를 수렴하고 정교화하려 했다는 점도 정당하게 평가해야 한다. 그러나 '방송개혁위원회'의 조합주의적 시도는 논의의 교착과 결정 사항에 대한 번복, 이해 집단들의 반발, 사보타지, 그리고 MBC 노조 등 일부 참여 세력의 탈퇴 등으로 얼룩졌으며, 결국 무수한 비판들을 산출했다. 방송사와 이해 단체, 그리고 시민 단체 등 누구도 만족하지 못했다. 특히 최종안에 강한 불만을 표했던 언론개혁 세력의 일부는 공공연하게 그 성과를 부정하고 '실패한 모형'이라고 평가하기도 했다.

2001년 '보수 신문에 대한 세무조사'를 둘러싼 논쟁은 한층 미묘한 양상을 보였다. 김대중 정부의 출범과 더불어 언론개혁 세력의 목소리가 더욱 커졌으며, 1999년에는 언론개혁시민연대(위원장 김중배)가 출범하기에 이른다. 언론 개혁의 논리는 '보수 신문의 여론 독점'이 정치적 영향력과 자본력에 기반을 둔 불공정 경쟁 때문이라는 인식에 기초했다. 즉, 과거 정권하에서 보수 신문사가 정치적 영향력을 기반으로 시장 지배력을 확대해왔으며, 그 결과 여론 시장이 왜곡됐다는 전제하에 '신문 시장을 정상화'해야 한다고 주장했다. 그러나 집권 초기 김대중 정부는 신문 시장에 대한 개혁은 자율적인 방식으로 이뤄져야 한다고 생각했다. 국민의 정부의 사회정치적 부문과 경제 부문에서의 개혁 의제는 대체로 신자유주의와 조합주의를 결합한 노선을 따랐는데, 이런 노선은 언론 개혁에도 적용됐다. 초기 김대중 정부는 국가가 직접 언론 문제에 개입하는 모양을 보여서는 안 된다고 생각했으며, 따라서 언론개혁 세력이 요구했던 신문 시장에 대한 통제 주장도 수용하지 않았다.

그러나 집권 후반부에 변화가 생겼다. 2001년 초 김대중 대통령의 연두 기자회견에서 언론 개혁이 언급된 것을 신호로 국세청의 세무조사와 공정거래위원회의 부당 내부거래에 대한 조사가 시작됐다. 격렬한 사회적 논쟁을 낳은 '언론사 세무조사'는 결국 ≪조선일보≫, ≪중앙일보≫, ≪동아일보≫에 대한 세금 추징으로 일단락됐다. 나는 김대중 정부가 선택한 '언론사 세무조사 전략'은 형식적으로는 자유주의적 규범을 따르면서, 내용적으로는 개혁 의제를 실현하기 위한 고육책이었다고 평가한다. 즉, 모두가 그 정당성을 인정할 수밖에 없는 법적 규제의 틀을 이용해서 보수 진영을 통제하려는 의도를 실현코자 한 것이었다. 그러나 이 전략은 '자유주의적 규범론과 개혁주의적 목적론 간의 모순'을 내포하고 있었다. 개혁을 추구하기 위해 '정당하게 규칙을 지켜라'고 법적으로 강제했지만, 정작 그 법의 적용이 공정하지 않기에 정당하지 않다고 비판받았다. 내용적으로 공평한 법의 집행을 주장했지만, 보수 진영의 거센 비판을 초래한 것도 이런 형식과 내용 간의 미묘한 불일치가 김대중 정권의 의도를 드러내는 것으로 간주됐기 때문이다.

결국 김대중 정권의 '언론사 세무조사 전략'은 진보와 보수 양쪽으로부터 거센 비판을 받았다. 보수 진영의 반발은 말한 것도 없지만, 진보 진영마저 언론개혁 의제가 '국가 주도의 세무조사'로 변질되면서 정권이 직접 언론 통제를 의도한 것으로 비쳐졌고, 결국 언론개혁 세력은 정권의 들러리를 선 꼴이 됐다고 비판했다(최문순의 주장)(양승목, 2004: 78 재인용). 언론개혁 세력은 특히 개혁적 의제 자체는 정당했지만 추진 과정에서의 사태가 정부의 '의도적인 표적 조사'로 간주된 것이 문제라고 인식했다. 김대중 정부는 할 수 있는 가장 강력한 수단을 동원해서 이른바 '언론개혁 의제'를 실현하기 위해 노력했는데, 정작 언론개혁 세력은 그 방법론을 문제 삼았다. 김대중 정부는 집권 후반기의 정치력을 거의 다 걸다시피 한 자세로 세무조사 정국을 주도했는데, 정작 언론개혁 세력은 이런 시도를 '실패한 것'으로 평가하고 있었다(양문석, 2003). 이런 김대중 정부 시절의 언론개혁 진영의 비판은 노무현 정권의 언론개혁 정책의 성격을 결정하는 한 요인이 된다.

3) 노무현 정부의 언론개혁 의제 관리

2003년 노무현 정부의 출범과 더불어 언론개혁 세력은 언론개혁 의제들이 본격적으로 추진될 것으로 기대했다(유선영, 2004; 원용진, 2003; 조희연, 2003). 언론개혁 세력은 김대중 정부 때 의욕적으로 추진했던 언론개혁 의제가 효과적으로 추진되지 못했던 것에 대해 초조했던 만큼 새 정부에 대한 기대가 컸다. 또한 그 누구보다 더 '언론의 권력화', '정부와 언론의 야합', '여론 시장의 독점' 등에 대해 비판적 인식을 갖고 있던 것으로 알려진 노무현이 대통령이 됐다는 사실만으로도 이번에는 언론 개혁을 본격적으로 추진할 수 있을 것이라는 기대가 높았다. 예를 들어 기자협회는 2003년 2월 1일자 "새 정부의 언론 과제"라는 제목의 특집 기사에서 노무현 정부가 추진해야 할 언론개혁 의제로 첫 번째, 신문 고시의 엄격한 적용, 두 번째, 광고단가 결정 구조의 시정, 세 번째, 국회 내 언론발전위원회 설치, 네 번째, 신문 시장 독과점 해소, 다섯 번째, 여론 시장 독과점 완화, 여섯 번째, 세무조사 정례화 등을 제시했다(유선영, 2003). 이런 제안은 당연히 언론 개혁을 촉구하기 위한 것이었다. ≪프레시안≫의 양문석 전문위원은 첫 번째, 청와대 기자실 폐쇄, 두 번째, 신문 공동 배달제 지원, 세 번째, 지역 및 인터넷 신문 육성, 네 번째, 방송위원회 인사 등을 주문했다(양문석, 2003). 이런 움직임에 대해 ≪조선일보≫, ≪중앙일보≫, ≪동아일보≫ 등 보수 신문을 비롯한 보수 진영이 긴장했던 것도 사실이다.

따라서 2003년 4월 제47회 신문의 날 기념 대회에 참여해서 축사한 노무현 대통령이 언론 개혁과 관련해서 정부가 법을 제정하거나 그밖의 권력을 가지고 언론 개혁을 하겠다고 나서는 것은 적절하지 않다는 의견을 밝혔을 때, 모두가 놀랄 수밖에 없었다. 특히 언론개혁 세력은 매우 실망할 수밖에 없었다. 노무현 대통령은 "언론 개혁은 언론과 시민에게 맡겨두고 싶다"고 밝혔으며, 이 입장을 정권 내내 유지하겠다고 공언했다(≪신문과 방송≫, 2003.5). 나는 노무현 대통령이 언론 개혁과 관련해서 김대중 정부의 전철을 밟아서는 안 된다고 생각했다고 해석한다. 정부가 직접 나서서 신문 시장에 개입하는 것은 보수 신문을 비롯한 반대 세력의 격심한 반발을 초래해서 집권 후반기에 오히려 정치적 부담으로 작용할 우려가 있었다. 특히 김대중 정권 때 언론사 세무조사 논쟁과 같은 방식으로 '답이 없는 논쟁'을 유발해서 국민마저 냉담해진다면 다른 개혁 의제를 추진하는 데 불리하다고 판단했으리라.

그러나 우리는 이 공언이 지켜지지 않았음을 알고 있다. 노무현 정부는 집권 후반기 언론 개혁을 위한 의원 입법을 추진했다. 혹은 여당이 주도적으로 「신문등의자유와기능에관한법률」(이하 「신문법」)과 「언론피해구제법」에 신문 시장에 대한 정부의 개입 조항을 포함한 것에 대해 청와대가 직접 통제할 수 없었다. 「신문법」은 '시장 지배적 사업자'를 「공정거래법」보다 강한 기준(한 사업자 50% 또는 상위 3개 사업자 75% 점유율 규제보다 강한 한 사업자 30% 또는 상위 3개 사업자 60% 점유율 규제로)을 적용해서 규정하고, 시장 지배적 사업자에 대해서 신문발전기금을 지원하는 것을 배제한다는 내용을 골자로 담고 있었다. 그러나 헌법재판소는 2006년 6월 이 핵심 조항을 포함한 4개 조항에 대해 위헌판결을 내렸다. 개정 「신문법」 조항 중에서 발행 부수, 판매 부수, 광고 수입 등 경영 자료의 신고, 신문 공동배달을 위한 신문유통원 설립, 언론사의 보도와 직접 관계가 없는 제3자의 정정보도 청구 가능 등에 대해서는 합헌 결정이 내려졌으며, 따라서 시장 지배적 사업자 관련 규정을 제외한 대부분의 개혁안에 대해 사법적 판단을 얻은 것이라고 해석할 수 있다. 그러나 주요 조항에 대한 헌법재판소의 위헌판결이 나는 순간 이미 「신문법」은 정치적으로 심대한 타격을 받았다. 이 무렵 노무현 정권은 집권 후반기로 접어들어서 더 이상 개혁 의제를 추진할 만한 여력이 없어 보였다.

결국 노무현 정부의 언론개혁 추진은 두 가지 서로 연결된 복잡성이 문제였다. 첫 번째, 언론 개혁에 대한 일관된 입장과 논리를 전개하지 못하면서 보수 진영으로부터 격렬한 저항을 초래했던 것은 물론, 진보 진영으로부터도 의심과 비판을 받았다. '기다려 달라', '믿어 달라', '무늬만 개혁'이란 표현들은 진보 진영이 노무현 정권에 대해 압박을 가할 때 사용했던 야유다. 노무현 정권은 자타 공히 진보적 개혁 정권이었다. 그럼에도 불구하고 (또는 바로 그런 이유로) 정치·외교·산업·노동 등 부문에서 그 어떤 정권보다 진보 진영의 압박을 많이 받았는데, 특히 언론개혁 사안과 관련해서 개혁 세력의 압력이 강력했다. 그런데 이런 압박은 노무현 정부의 정책적 선택을 제한하는 방식으로 작용했다. 두 번째, 노무현 정부는 김대중 정부의 언론개혁 의제 추진이 보였던 난점을 피하기 위해 노력했지만, 실제로는 그 방법을 답습한 면도 있고 구조적으로는 김대중 정부 이래 계속된 '자유주의 규범론과 진보주의 목적론 간의 모순성'을 그대로 안고 있었다. 노무현 정부는 보수 신문과 같이 강력한 상대에 대해서는 자유주의적 규범론을 적용하려 했지만, 무리한 목적론적 전략을 구현하는 입장을 지지할 수밖에 없었던 것이다.

4) 정부와 언론 간의 '긴장하되 자연스러운 관계'

노무현 정권은 바람직한 정부와 언론의 관계를 명시적으로 규정한 최초의 정권이다. '건강한 긴장 관계' 또는 '긴장하되 자연스러운 관계'라고 규정된 이 개념은 다음과 같은 전제를 기반으로 두고 있다. 다음 전제들은 대체로 언론학자들의 지지를 받는 명제들이기도 하다. 첫 번째, 한국 언론은 특권을 행사하는 일종의 권력 기구다(양승목, 1995; 이효성, 1997; 최장집, 1994). 언론사 자체가 여론형성 과정에 막대한 영향력을 행사하기도 했지만, 기자들이 정계로 진출하기도 하고 정치인과 인맥을 통해서 민원 해결사 역할을 하기도 했다. 예를 들어 김영삼 정부 시기 청와대 출입 기자들은 자신들이 "수석보다는 밑이고 비서관보다는 위라는 감각을 갖고 있었다"고 한다(남재일, 2996: 116). 두 번째, 권력과 언론 간에 인맥을 동원한 네트워크 형성을 통해서 청탁과 유착이 이뤄졌다(남재일, 2006; 박동숙·조연하·홍주현, 2001). 세 번째, 폐쇄적이고 배타적인 기자실 운영을 통해서 권력과 언론의 유착이 강화됐는데, 이런 관행은 심지어 김대중 정부 때까지도 이어졌다(김동규·김경호, 2005; 남재일, 2006; 송의호·이상식, 2007; 이원락, 2004). 이 두 명제들에 다음의 규범적 명제들이 결합하면, 노무현 정부가 의도했던 '건강한 긴장 관계'가 무엇을 의미하는지 알 수 있다. 노무현 정부는 정부와 언론은 정책 이슈를 놓고 견제와 균형을 하는 관계가 되어야 한다고 봤으며, 또한 정부에 대한 언론의 무책임한 왜곡 보도에 정부가 적극적으로 대응해야 한다고 생각했다.

노무현 정부 집권 초기에 제시한 정부와 언론 간의 '긴장하되 자연스러운 관계 설정'은 구체적으로 기자실 개방과 브리핑 제도의 도입 등으로 제도화됐다. 그리고 이는 다시 집권 후반부에 '취재 지원 시스템 선진화 방안'이라는 하나의 정책 패키지로 발전했다. 그 내용은 구체적으로 ①

정부 정보의 공개 원칙, ② 기자실 개방에 따른 신규 및 군소 매체의 브리핑 참여, ③ 기자의 무단 방문에 의한 취재 관행을 사전 약속에 의한 취재로 변경, ④ 정부의 가판구독 금지, ⑤ 정부 정책에 대한 모니터링 실시 등이었다. 특히 마지막의 정부 정책 모니터링 시스템은 언론 보도에 대한 과도한 대응이라고 비판받기도 했다. 정부 부처는 해당 부처에 대한 언론의 보도 내용을 ㉮ 오보, ㉯ 악의적 비판, ㉰ 건전 비판, ㉱ 단순 보도, ㉲ 긍정 보도 등으로 구분해서 오보에 대해서는 정정 보도를 요구하고 악의적 비판에 대해서는 반론을 요구하거나 아니면 언론중재위원회에 중재를 신청하는 등 적극 대응했다.

노무현 정부의 '취재 지원 시스템 선진화 방안'은 일단 의도한 바는 달성한 것으로 보인다. 무엇보다도 개방형 취재 시스템을 확립한 것이 큰 공적이었다. 청와대를 예로 들자면 과거에는 10명 남짓으로 구성된 이른바 '1호 기자들'에 의해 배타적으로 기자실이 운영됐지만, 노무현 정부 때부터는 300명 정도의 등록된 기자들이 브리핑룸에서 와글거리는 양상이 벌어졌다(남재일, 2006: 107, 118). 이 때문에 과거의 지역 연고나 학연에 따라 청와대 출입 기자를 배정하는 관행도 효과적으로 사라졌다. 송의호·이상식(2007)이 수행한 중앙 부처 출입 기자에 대한 인터뷰 결과를 보더라도, 중앙 부처에서는 과거의 관행적인 청탁이나 협조 요청이 상당히 줄어든 것으로 확인된다. 또한 촌지 수수와 향응 등의 악습도 사실상 사라졌다. 하지만 경북도청과 같은 지역에서는 과거의 관행이 잔존한다는 보고도 제시됐다. 또한 전체적으로 정부와 취재 기자가 너무 공식적 채널에 의존해서 정보를 주고받다 보니 공감과 신뢰에 기초한 의사소통은 단절되는 가운데, 일부 정부 관리들이 은밀하게 과거의 관행을 도입하는 모습을 보이기도 했다(최영재, 2007: 15).

그렇다면 기자들은 '취재 지원 시스템 선진화 방안'을 어떻게 평가했는가? 2004년 2월 ≪한국기자협회보≫가 전국 기자 300명을 대상으로 조사한 결과를 보면, 47%는 잘한 편이라고 봤지만 25%는 잘못한 편이라고 평가했다. 즉, 대체로 긍정적인 가운데 부정적 평가도 실체적인 규모로 형성됐음을 알 수 있다. 최영재(2007: 10)는 정부 6개 부처 출입기자 63명의 의견조사 결과를 제시했는데, 브리핑 제도, 기자실 개방, 오보 대응 등 새로운 정책에 대해서는 대체로 바람직하다고 응답했지만 같은 사항에 대한 개인적 만족도에서는 중간 값 이하의 부정적 평가를 내렸다는 결과를 보고했다. 즉, 노무현 정부의 의도는 긍정적으로 봤지만 실제 결과의 차원에서는 부정적 평가가 지배적이었다는 것이다. 흥미로운 점은 정부 관련 기사의 내용을 분석한 결과다. 2006년 7월 16일부터 한 달간 정부 관련 기사 574건을 분석한 결과, 정부 관련 기사 중 75%가 브리핑룸 등을 통한 공식 채널을 경유한 관급 기사임이 확인됐다. 그런데 기사 내용을 보면 긍정적 기사보다 부정적 기사가 3배 정도 많았다(최영재, 2007: 12). 역대 대통령에 대한 신문 사설의 논조를 보면 노무현 정부 때가 가장 부정적이었다(이준웅, 2009). 다시 말해서 취재 지원 시스템 선진화 방안에 따라 공식 채널을 통한 뉴스생산 관행은 정착됐지만, 정작 노무현 정부에 대한 보도는 오히려 부정적 경향을 보였다.

따라서 종합적으로 평가해보면 노무현 정부가 의도했던 대로 학연과 지연에 기초한 인맥에 따른 정부 부처와 기자의 관계 등이 정리되고, 특히 개방형 시스템의 정착에 따라 소수의 기자들에 의해 독점 거래되는 기사 주고받기 관행도 개선되는 등 전반적인 변화가 일어났다고 할 수 있다. 그러나 이런 변화가 실체적이면서 근본적인 정부와 언론의 관계 변화라고는 보기 어려운 정황을 찾을 수 있다. 즉, 단지 노무현 정권의 정책에 따라 일시적으로 정부 출입처 관행만 변경된 것이지 한국 언론의 취재 보도 시스템과 그 성격이 변화한 것은 아니었다는 것이다. 생각해보면 노무현 정권과 보수 신문 간의 관계는 정권 초기부터 이미 적대적 양상을 보이기 시작했으며, 따라서 '취재 지원 시스템 선진화 방안'이 도입되지 않았더라도 우려할 만큼 개인적 유착이나 사적 거래가 활성화될 이유가 별로 없었다. 최영재(2007: 15)는 "정부 관리와 기자 간의 유착, 특히 사적인 거래는 근절"됐지만 "유착이 사라진 자리에 대신 들어설 건전한 관계, 즉 이해와 공감대는 형성되지 못했다"고 평가했다. 생각해보면 유착과 사적인 거래는 근절된 것이 아니라 잠시 억눌려 눈에 보이지 않을 정도가 됐을 뿐이다. 그리고 그것을 대신하는 새로운 관행들이 지배적 규범으로 채택되지 않았다.

또한 '취재 지원 시스템 선진화 방안' 때문에 일부 언론의 보도가 더욱 부정적으로 변했다는 정황도 찾을 수 있는데, 이는 사실상 목표와 반대되는 부작용을 유발한 것으로 해석할 수 있는 결과다. 노무현 정부가 '건강한 긴장 관계'를 조성함으로써 부정적 보도를 유도하겠다고 의도했을 리 없다. 그렇다면 왜 이렇게 됐을까? 정부 부처 출입 기자들에 대한 다음의 인터뷰 결과가 그 원인에 대한 결정적 암시를 제공한다. "홍보관은 공식 일정 챙기는 역할을 하지 새로운 팩트를 전달해주는 역할을 하지 못한다. 심도와 깊이가 떨어져 대변인 역할에 이르지 못하고 있다"(최영재, 2007: 11). "수석과 비서관과 기자들의 관계도 완전히 차단된 상태다. 공식 브리핑 이외에는 청와대 차원에서 사적인 채널을 열어둔 것도 없다"(남재일, 2006: 112). "예전처럼 자유롭게 출입하는 것이 제한되면서 무슨 일이 일어나고 있는지 감을 잡기가 상당히 어려워졌다"(송의호·이상식, 2007: 139). 이런 증언을 종합해보면 정부 부처 출입 기자들은 매일 브리핑을 접하면서 기사 재료는 많이 얻었지만, 그것을 실제 볼 만한 기사로 가공하기 위해 필요한 배경 정보나 해석, 그리고 인용문 등을 얻기가 어려웠음을 알 수 있다. 매일 출입처 관련해서 뭔가 써야 하는 기자가 별도의 추가적 정보 없이 홍보관에게 전달받은 보도 자료를 그대로 기사로 쓰는 경우는 거의 없다. 이 경우 기자들이 선택할 수 있는 기사작성 전략은 보도 자료에 대한 의문을 제기하거나 비판을 하거나 아니면 아예 기사화하지 않는 것이다. 즉, 노무현 정부의 정부 관료나 홍보관들이 기사 작성에 도움이 되는 배경 정보를 제공하지 못하면서 오히려 부정적 보도를 촉발한 혐의가 있다.

5) 대통령과 정부의 언론사를 상대로 한 소송

노무현 대통령은 인수위 시절부터 언론의 오보에 대해 강력하게 대처했다(이재진, 2004a). 가장 빈번하게 사용한 방법은 언론중재위원회에 반론 및 정정 보도를 청구하는 것이었다. 단순한 오보가 아닌 악의적 보도에 대해서는 명예훼손 소송으로 맞섰다. 2004년 ≪동아일보≫ 2월 13일자 1면 '노 대통령 총선개입 논란' 기사에 대한 노무현 대통령의 중재 신청으로 시작된 소송이 그 대표적 사례다. 노무현 대통령은 3월 13일 언론중재위원회에 중재 신청을 냈으며, 언론중재위는 ≪동아일보≫에 대해 반론 보도문을 게재하라는 직권중재 결정을 내렸다. 그러나 동아일보는 이런 권유에 대해 이의를 제기하고 4월 9일 법원에 반론보도 심판을 청구했다. 재판부는 ≪동아일보≫에 반론 보도문을 게재하라는 결정을 내렸는데, 특히 법원은 대통령은 언론의 비판적 보도에 대한 쟁송의 주체가 될 수 없다는 견해에 반대하면서 대통령의 당사자 능력을 인정했다.

대통령과 정부의 언론사를 상대로 한 언론중재위원회 중재 신청과 각종 소송은 노무현 정부가 정권 초기부터 끝까지 일관되게 추진한 정책이며, 동시에 가장 논란이 됐던 정책이기도 하다. 노무현 대통령은 정부에 대한 언론의 악의적 보도에 대해서 '법적으로 대처하는 것'이 당당하고도 정당한 방법이라고 간주하고 모든 정부 부처가 언론 보도를 모니터링해서 악의적 보도에 대해 적극적으로 대처하라고 지시했다. 그리고 그 자신도 적극

손해배상청구소송 또는 반론보도청구 등 법적 대응에 나섰다. 그렇지만 대통령과 정부는 다른 사적 개인들과는 달리 마음만 먹는다면 얼마든지 언론에 접근할 수 있으며, 실질적으로 반론권을 행사할 수 있는 위치에 있음에도 불구하고 굳이 법적으로 대응할 필요가 있느냐는 문제 제기가 가능하다. 즉, 원고가 대통령이나 정부와 같은 공인이나 공적 기관일 경우 그것의 도덕성이나 업무의 정당성을 문제 삼는 언론의 보도에 대해서는 폭넓게 언론의 자유를 인정해야 하지 않겠느냐는 것이다. 이재진(2004) 역시 국가기관이 언론을 상대로 명예훼손이나 반론보도청구를 할 수 있겠느냐는 의문을 제시한 바 있다. 그러나 법원은 지금까지 판결을 통해서 정부의 당사자 적격을 일관되게 인정하는 양상을 보였다(정동우, 2007). 즉, 국가기관도 법적 구제를 신청할 수 있으며, 또한 국가기관도 다양한 여론 형성자의 하나로서 반론권을 행사할 기회를 얻어 여론 형성에 기여할 수 있어야 한다고 법원이 판단했음을 알 수 있다.

4. 실패의 재구성

노무현 정부의 언론 정책의 실패는 두 가지 관점, 내용적 관점과 구조적 관점에서 논의할 수 있다. 전자는 노무현 정부의 언론 정책이 진정성 있고 일관됐음에도 불구하고 어째서 의심스럽고 동요하는 것처럼 보였는지 설명하며, 후자는 노무현 정부가 추진했던 언론 정책이 왜 보수 언론은 물론 일반 시민들마저 설득할 수 없었는지 그 이유를 제시한다.

1) 정치적 설득의 부재

노무현 정부는 김대중 정부의 '실패라는 평가'를 거울삼아 전통적인 소통 채널과 방법을 이용해서는 가망이 없다고 보고 '새로운 소통 채널을 통한, 진정한 메시지를 일관되게 제시하는 전략'을 택했다. 그러나 이런 설득 전략으로 진보 진영에 대한 강력한 견인력을 행사하지도 못했고 보수 진영의 공격에 대응해서 방어할 수도 없었다. 요컨대 노무현 정부의 언론 정책은 '진정하고 일관된 메시지를 제시하기는 했지만' 정치적 설득력을 발휘하지는 못했다.

예를 들어 노무현 정부가 일관되게 추진했던 '취재 지원 시스템 선진화 방안'을 보자. 노무현 정부는 기자실 개방, 브리핑 제도 도입, 정책 모니터링 시스템 등으로 구성된 이 정책이 언론에 대한 통제 정책이 아니라 취재 지원을 위한 것이라는 의도를 여러 차례 분명하게 밝혔다. 이는 아마 진심이고, 진정하고, 또한 다른 의도가 없었으리라. 그런데 진심이고, 진정하고, 다른 의도가 없다고 해도 설득하지 못하면 결국 정치적으로 아무것도 못한 셈이 된다. 노무현 정부의 설득은 수사학에 그칠 뿐 효과를 발휘하지 못하는 경우가 많았다. 예를 들어 '취재 지원 시스템 선진화 방안'이 일종의 '국제적 기준'를 따르기 위한 것이라는 주장이 그중 하나다. 당시 국정홍보처가 발간한 자료인 「정부와 언론 관계 더 투명해야 합니다」라는 문건을 보면, OECD 가입 27개국의 기자실 운영과 브리핑 제도를 소개하면서 노무현 정부의 정책이 국제적 기준에 맞는 것임을 강조하고 있다. 아마 그럴 것이다. 기자실이 없는 것이 세계적 대세일 것이다. 그러나 이런 주장이 언론 현장에서 울림이 없었다는 것이 문제다. 그리고 이렇게 울림이 없는 주장을 반복하는 것이 진정한 소통이라고 생각했던 것은 더 큰 문제다.

내가 보기에 이런 실패의 근본적 조건은 더욱 깊숙한 곳에 자리를 잡고 있다. 노무현 정부는 혹시 능력이 없어서 일관된 설득 메시지 전략과 유연한 설득 행위를 실행하지 못한 것이 아니라, 능력이 있더라도 효과적이지 못할 조건에 처해 있었던 것은 아닐까? 나는 그렇다고 본다. 유럽의 진보정당들은 '제3의 길' 구호를 이용해 우파의 장기 집권을 돌파하는 데 성공했다. 그러나 한국의 진보적 정권들은 '제3의 길'을 걷겠다고 주장하는 순간부터 고통스런 이념적 논쟁의 대상이 됐다. 한국 사회에서 그런 이념적 논쟁을 주도한 세력은 언론 매체며, 그런 논쟁을 통해 정치적 영향력에 더해 담론적 지배력을 강화한 세력 또한 언론 매체다. 즉, 우리 사회에서는 어느덧 누가 좌파이고 누가 우파인지를 묻는 것이 일상화되고 있으며, 어떤 의견에 대해 그것이 좌파적인지 우파적인지가 평가의 근거가 되어가고 있는데, 이렇게 된 데는 언론이 큰 역할을 수행했다. 이것이 바로 한국 언론의 정치 병행성 주도에 대한 테제가 주장하는 바다. 그런데 '제3의 길'이 자유주의의 아류인지, 진보적 민주주의의 대안인지, 아니면 다른 무엇인지 도대체 누가 속 시원하게 대답할 수 있겠는가. '좌파 신자유주의'란 무엇인지, 그리고 그것이 과연 실현 가능한 개념인지 누가 증명할 수 있겠는가. 이런 조건에서 왼쪽에서, 그리고 오른쪽에서 '정체를 밝혀라', '의도를 밝혀라', '무엇을 할지, 그리고 어떻게 할지 밝혀라'는 요구와 지적을 받는 데 바빴던 것이 노무현 정권이다. 이런 처지에 놓인 정권이 우직하게, 진정하게, 개방적으로 소통함으로써 설득할 수 있으리라고는 기대하기 어렵다.

2) 의사소통의 구조적 실패

앞서 말한 내용적 차원의 실패보다 더 심각한 구조적 문제가 있다. 구조적 실패에 대한 요점은 앞서 잠시 언급한 바 있는 '자유주의적 규범론과 개혁주의적 목적론 간의 모순성'과 관련이 있다. 이 요점을 제시하기 전에 정부와 언론의 관계에 대한 이해를 제공하는 세 가지 시각을 먼저 검토할 필요가 있다.

첫 번째, 정치 커뮤니케이션적 접근 방법이 있다(Graber, 2006; Kaid, 2004). 정부와 언론의 관계에 대해 목적과 효과의 관점에서 접근하는 것이다. 따라서 이 관점은 정부와 언론의 관계에 대한 '설명적 이해'를 돕는다. 즉, 정부나 정당이 이렇게 하면 언론은 저렇게 반응하며, 그 효과는 이렇다는 등의 설명을 위한 것이다. 이 관점에서 보면 정부나 정당은 이념, 가치, 정책, 그리고 후보자를 내세워 정권을 잡기 위해, 또는 정책 목표를 달성하기 위해 목적 의식적 캠페인 활동을 벌이는 행위 주체다. 언론은 이런 목적 의식적 캠페인 활동의 대상 또는 수단이 되기도 하고, 때로는 목적이 되기도 하는 행위자 중 하나다. 정부나 정당은 캠페인, 마케팅, 선전, 선동 등을 수행하는 가운데 언론을 이용하거나 활용하거나 신세를 지기도 하는데, 이 모든 행위는 정부나 정당의 목표를 실현하기 위한 '정치적 설득'의 과정일 뿐이다. 노무현 정부는 물론 김대중 정부는 개혁적 정부로서 정책 의제를 추진하기 위해 이런 목적론적 관점에서 '정치적 설득'의 행위자로 역할을 할 것을 요구받았다.

두 번째, 저널리즘 규범론의 관점이 있다(Sibert et al., 1956). 언론은 한 사회에서 정보 제공자, 문화 정체성 유지자, 갈등 조정자 등의 역할을 수행한다. 이런 다양한 사회적 역할을 어떤 가치를 근거로 어떻게 수행하느냐에 따라 다양한 규범적 관점들이 성립한다. 이 관점은 근본적으로 어떤 언론이 좋은 언론인지에 대한 규범적 평가를 가능하게 한다. 예를 들어 '자유주의 언론관'은 언론이 정부와 다른 사회 기관의 영향력으로부터 독립해서 자율적으로 정보를 제공하고 시민의 '식견 있는 판단과 선택'을 도와야 한다는 규범을 제시하는 모형이다. '사회 책임 언론관'은 언론이 시민들의 다양한 견해를 들을 권리를 보장하기 위해 스스로 책임을 다해야 한다는 규범을 갖춘 이론이다. 이는 언론은 단순한 사실 보도가 아닌 진실 보도를 해야 하고 소수의 목소리를 대변해야 하는데, 특히 무책임한 보도를 자제하고 보도 내용에 대한 책임을 수행하는 규정을 자율적으로 적용해야 한다고 본다. 이밖에 '공론장 모형 언론관', '주창주의 언론관', '권위주의 언론관' 등이 있다. 이렇게 보면 언론 개혁에 대한 논쟁이란 결국 어떤 규범을 들어서 현실을 평가하고, 어떤 규범적 모형을 추구해야 하는지에 대한 논의로 환원할 수 있음을 알 수 있다.

세 번째, 정부와 언론에 대한 기술적 모형화의 관점이 있다. 이는 정부와 언론이 어떤 관계를 보이는지 묘사적으로 제시하겠다는 의도에 따른 것으로, 예를 들어 '적대적 관계', '견제와 비판 관계', '공생·공존 관계', '유착 관계', '일체 관계' 등 관계를 중심으로 규정한다(유재천·이민웅, 1994). 이런 모형은 규범적이라기보다 서술적이며, 이론적 논점을 제시하기보다 기술적인 지칭이나 묘사를 돕는다. 이런 관점 가운데 이른바 '언론을 개로 표현하는' 개의 은유가 있다. 감시견, 애완견, 공격견, 안내견, 분견 등을 말하는데, 이런 은유적 표현은 조건에 따라 변화하는 언론의 역할과 영향력을 지칭한다(양승목, 2006; 조항제, 2001).

노무현 정부는 언론과 정부의 관계에 대해 '건강한 긴장 관계'를 유지해야 한다고 주장했다. 마치 이런 관계에 바람직한 모형과 그렇지 않은 모형이 있는 것처럼 주장했던 것이다. 그러나 아무리 보아도 '건강한 긴장 관계'란 기술적 모형 중의 하나, 즉 '견제와 비판의 관계'를 나타낼 뿐이다. 이른바 개의 은유를 사용하자면 '감시견 관계'를 나타낼 뿐이다. 그런데 이런 기술적 모형이 정부의 정책과 관련한 구체적인 규범적 함축이나 평가적 함축을 산출하는지는 의문이다. 즉, 어떤 한 정권이 언론과 '공생·공존 관계'를 유지하는 것보다 '견제와 비판 관계'를 유지하는 것이 정치적으로 더 바람직한지 정당화하기 어려우며, 나아가 민주주의에 기여하는지 평가하기는 더욱 어렵다. 나는 노무현 정부가 일관되게 사용한 '건강한 긴장 관계'라는 모형이 어떤 배경에서, 어떤 의도로, 어떤 효과를 노리고 채택된 것인지 잘 안다. 그러나 이런 모형화가 정부의 언론 정책을 도출하기 위한 '바람직한 이상적 모형'이 될 수 있는지, 그리고 그렇게 해서 정권에 도대체 무슨 도움이 된다는 것인지는 잘 모르겠다.

노무현 정부는 '건강한 긴장 관계'라는 표현적 모형을 제시하면서 사실은 '저널리즘 규범론'에 따라 주로 '언론의 사회적 책임 모형'을 지칭했다고 해석할 수 있다. 즉, 언론이 자유롭게 보도하지만 보도한 내용에 대해서 책임을 지는 자세를 가져야 한다는 규범적 모형을 염두에 둔 것으로 볼 수 있다. 그러나 만약 그렇다면, 나는 바로 그것이 문제였다고 본다. 어떤 정권이 '저널리즘 규범론'을 근거로 정치를 하는 것은 부적절하며, 심지어 이상하다고 생각하기 때문이다. 어떤 언론이 좋은 언론이며, 그에 따라 정부와 언론이 어떤 관계가 되어야 하는지에 대해 정부, 언론, 시민 등 모두가 염려하고 주장을 제시할 수는 있다. 그러나 정부가 나서서 그 관계가 어떻게 되어야 한다고 주장하고, 그것을 만들어내려 한다는 것은 역시 이상하다. 요컨대 언론 정책 이외에 무수한 개혁적 의제를 추진해야 할 목표가 있었던 진보적 정권이 언론에 대한 규범론적 모형에 근거해서 '통치하려' 했다는 것이 문제라는 것이다. 그리고 그 전술로 언론의 오보나 악의적 보도에 대한 법적 대응을 삼은 것도 부적절하다. 왜냐하면 정부가 언론의 책임을 사법적 방법으로 추궁하는 것이 잘못이라서가 아니라, 그런 전술 또는 수단으로 언론을 규범화하겠다는 생각 자체가 이상하기 때문이다. 왜 정부가 나서서 언론의 사회적 책임을 유도해야 하는가? 이런 생각은 자유주의 언론관에 모순되며, 심지어 언론의 자율적 규범 설정과 실천을 주장하는 사회 책임론적 언론관에도 일치하지 않는다. 백 보를 양보해서 그렇게 법적 대응을 통해 책임을 묻는 것이 이상하지 않다고 해도, 이런 전술이 결코 의도한 바를 이룰 수 없다는 의미에서 그런 선택은 역시 가망이 없었다. 즉, 보수 언론이 노무현 대통령이나 정부 부처의 반론보도청구나 명예훼손소송에 패소했다고 하더라도, 그로써 진심으로 반성하며 다시 그렇게 하지 않겠다고 다짐할 것으로 기대했다면 참으로 순진한 생각이다. 그리고 이런 소송이 지속되어 정부가 계속 승소하면 보수 언론을 포함한 한국 언론이 진정 책임 있는 언론이 될 수 있다는 생각은 순진함을 넘어선다.

나는 노무현 정부가 언론 부문의 통치에 적극적으로 '정치 커뮤니케이션 모형'을 활용하지 않은 것이 결정적 패착이었다고 본다. 정부는 누가 뭐라 해도 압도적인 권력을 지니고 있으며, 교섭과 협상, 그리고 타협과 논쟁에 자원을 동원할 수 있다. 정부는 정치력을 발휘해서 주요 반대집단과 협상하고 타협하고, 필요하다면 '주고받기'를 통해서라도 문제를 해결할 수 있어야 한다. 같은 방식으로 정부는 개혁 의제에 대한 국민의 지지를 확보하고 참여를 독려해야 한다. 즉, 정부는 '정치적인 것'을 회피하지 말고, 동원할 수 있는 모든 방안을 동원해서 갈등을 조정하고, 합의를 산출하며, 정해진 목표를 달성하고자 노력해야 한다. 이런 입장에서 보면 정부에게 언론이란 정치적 활동을 도울 수도 있고, 반대할 수도 있으며, 또한 언제나 긴장 또는 유착 관계로만 고찰될 수는 없는 하나의 정치적 행위자일 뿐이다. 노무현 정부는 보수 언론에 대한 정부의 정치적 설득 행위는 일종의 '술 사고 밥 사는' 일이 되며 따라서 그런 낡은 관행을 따를 수 없다고 생각한 듯하다. 그리고 인터넷 언론과 방송 매체 등에 대해서는 진정한 메시지로, 직접적 소통을 추구하면 충분하다고 믿은 듯하다. 그러나 이런 대응 자체가, 즉 '우호적 매체와 그렇지 않은 매체의 구분'에 따른 차별적 대응 자체가 정치 커뮤니케이션적 접근을 따르고 있다. 노무현 정부의 언론 매체에 따른 차별적 대응을 인정한다 치자. 그렇다면 왜 보수 언론에 대해 더불어 교섭하고, 협상하고, 타협하고, 논쟁하며, 정정당당하게 정치적 설득을 구사하지 않았는지 안타까울 따름이다.

노무현 정권이 사회적 갈등의 당사자며, 증폭자 역할을 했다는 평가를 받았다는 것이 언론 정책에 대한 모든 평가를 함축한다. 나는 이런 평가가 무슨 저주스러운 오명이라서 문제가 되는 것은 아니라고 본다. 갈등을 피할 수 있는 정치 세력은 없기 때문이다. 그러나 이런 평가는 노무현 정부가 정치적으로 유능하지 못하다는 증거로 활용됐다. 그리고 노무현 정부가 '정치적으로' 할 일을 못하고 있다는 것이 알려진 순간부터 더 이상 할 수 있는 일은 별로 없었다. 즉, 이후의 모든 행동은 '무능한 정권'이라는 '해석적 틀'에 갇히고 말았다.

반대 세력과 지속적으로 말을 섞으며, 정치적·이념적·상징적 논쟁을 두려워하지 않고, 당당하게 정치적 설득을 추구하는 일은 어떤 정권에게나 부담스럽고 힘든 일이다. 그러나 그럼에도 불구하고 그렇게 해서 반대 세력과의 갈등을 극복하고, 합의를 유도하고, 개혁적 의제를 추진할 수 있었다면, 즉 정치적 통치력을 발휘해서 반대자를 설득할 수 있었다면 보람도, 명분도 얻었을 것이다. 그러나 노무현 정부는 분명 이런 길을 택하지 않았다. 언론에 대해서 차갑게 '법대로' 대하면 된다고 생각했으며, 여론의 향배는 '소통의 채널을 확대하고, 개방함으로써' 자연스럽게 통제할 수 있다고 봤다. 그리고 직접적 소통의 채널을 통해서 진정한 메시지를 일관되게 전달하면 된다고 생각했다. 이런 생각은 여론 환경에 대한 자유주의적 규범론에 근거한 것으로 보인다. 즉, 참되고 진정한 주장은 자연스럽게 설득력을 발휘할 것이며, 여타의 갈등적 문제는 법에 따라 해결하면 된다는 것이다. 이것이 바로 '과거의 정치적 유착을 끊겠다'는 표현이 담고 있는 바다. 그런데 문제는 이렇게 해서 원하는 바를 이룩하지 못했다는 데 있다. 즉, 개혁적 목적을 달성하지 못했다. 개혁주의 목적론의 관점에서 보자면 뭔가 잘못된 방법을 택한 것이다.

5. 다음 개혁 정부의 성공적 언론 정책의 조건

앞서 말했듯이 나는 노무현 정부의 정치적 설득의 실패를 논의함으로써 무슨 불평을 하거나 분통을 터뜨리려는 게 아니다. 나는 다음 개혁적 정권이 유념해야 할 요점을 전달하고 싶어서 이 글을 썼다. 내가 보기에 노무현 정부는 언론 문제로 정권 내내 시달리다가, 결국 언론 때문에 망했다. 노무현 정권이 진정 언론 때문에 망했다면, 그리고 그 이유가 내가 제시한 이유가 맞다면, 미안하지만 결정적인 것들이 처음부터 잘못되어 있었다. 그리고 다음 개혁정부가 언제 어떤 방식으로 등장할지 모르겠지만, 언론 문제를 다시 이런 식으로 대한다면 정권을 잡을 수는 있어도 성공적으로 유지하기는 어려울 것이라고 본다. 김대중 정부와 노무현 정부의 성공과 실패의 배경에는 (심지어 김영삼 정부의 경우도 그렇다) 이른바 '언론 대응'이란 문제가 깔려 있는 것이다. 지금까지 논의를 바탕으로 몇 가지 제언을 하자면 다음과 같다.

첫 번째, 개혁 정부는 언론에 대한 접근 방식에 주의해야 한다. 나는 이 글에서 개혁 정부가 언론과 관계에 대한 규범적 모형을 상정할 수는 있어도, 그 모형에 근거해서 통치를 할 수는 없을 것이라고 주장했다. 저널리즘 규범 모형을 실현해야 할 주체는 언론 그 자신이다. 정부가 이 저널리즘은 나쁘니 이렇게 하지 말라고 비판할 수는 있어도, 그 저널리즘이 좋으니 그렇게 되라고 주도적으로 나서는 것은 적절하지 않다. 언론 개혁에 대한 논의는 언론, 시민, 그리고 관련 당사자들(여기에 정부가 당연히 포함된다)의 숙의적 의사소통에 따른 것이어야 하지만, 그 실행은 역시 언론 스스로 담당해야 한다. 나는 개혁 정부의 언론에 대한 접근은 일종의 '정치 커뮤니케이션 모형'을 따라야 한다고 주장했다. 즉, 정부의 관점에서 정책 목표를 달성하기 위해서는 어떤 방식으로 메시지를 만들고, 어떤 매체와 채널을 통해서, 어떤 대상을 효과적으로 설득할 것인지 고민해야 한다. 여기에 보수 신문과 기타 언론매체들은 효율적이고 효과적인 정치적 설득 모형에 포함된, 함께 고려해야 할 정치적 행위자일 뿐이다. 정부는 다른 정치적 행위자들과 마찬가지로 언론과 협상하고, 타협하고, 조정하고 언론을 설득해야 한다. 그리고 이를 위해서는 한국 사회의 의사소통 양식, 지배적인 담론 체계, 효과적인 설득 전략 등에 대한 전문적 식견과 체계적 지식이 무엇보다도 필요하다.

두 번째, 사회적 소통의 규범, 가치, 방법에 대한 반성이 필요하다. 다른 부문도 그러하지만 언론 부문에는 특히 자유주의적 논변이 압도적인 설득력을 발휘한다. 양심의 자유와 언론의 자유 등 권리의 보장, 자율적이고 경쟁적인 의사소통 제도의 확립, 그리고 법의 지배 등과 같은 자유주의적 가치들은 서로를 정당화하며, 문화적으로도 강력한 공명 효과를 만들어낸다. 그리고 이런 가치를 주장하면 반권위주의적 규범을 함축한다는 의미에서 그 자체로 선하다고 평가받는다. 그러나 이런 가치와 논변을 이상으로 삼아 언론 정책을 전개해야 되는지에 대해서는 반성과 검토가 필요하다. 무분별한 합리성 추구와 경쟁, 그리고 절차적 정당성에 대한 맹신은 실체적 민주주의에 대한 위협이 될 수 있기 때문이다. 어떤 자는 반대로 자유주의는 모순을 포함하고 있으며, 따라서 그것을 이상화할 필요가 없다고 주장하기도 한다. 나는 이런 성급한 주장도 경계해야 한다고 본다. 말하자면 개혁주의적 목적론이 지나쳐 자유주의적 가치들을 모두 부정하자는 입장도 마찬가지로 민주주의를 위협할 수 있다. 사회적 소통의 규범, 가치, 방법이란 일목요연하고 체계적일 수 없으며, 언제나 특수하고 조절적인 방식에 따라 교섭되고 타협되어야 하는데, 이는 당사자 간의 설득과 협상을 동반한 숙의적 의사소통 없이는 이뤄질 수 없다.

　세 번째, 정권의 운영은 이념과 가치만으로 할 수 있는 것이 아님을 깨달아야 한다. 이념과 가치에 근거해서 집권에 성공할 수 있을지는 모르겠지만 (이것도 점차 그 가능성이 낮아진다. 왜냐하면 요즘은 확실히 이념이 아닌 생활이 이해관계를 결집시키고, 가치가 아닌 공감이 동원과 지지를 만들어내는 경향이 있기 때문이다) 그것만으로 정권을 유지할 수 없다. 통치는 이념이 하는 것이 아니라 결국 사람이 하는 것이며, 그 방식은 설득이 되어야 한다. 개혁 정부는 경제 정책, 복지 정책, 노동 정책, 교육 정책 등 거의 모든 정책 부문에서 상충하는 이념과 가치들을 둘러싼 힘겨운 다툼을 벌일 수밖에 없다. 이런 다툼에서 개혁 정부가 어떤 신통한 이념을 주창하며, 그 이념이 얼마나 교묘하게 목적을 달성하는지 아무리 주장해봐야 혼잡스러운 소음이 될 가능성이 높다. 즉, '좌파 신자유주의'가 뭔지, '제3의 길'은 어떻게 달성할 수 있는지 개념화하고, 논의하고, 정교하게 가다듬는 것은 통치가 아니다. 그 이름이 무엇이건 간에 경제, 복지, 노동, 교육 등 각 부문에 개혁 의제를 제시하고 그것을 실현하는 것이 통치다. 그리고 그렇게 하기 위해서 정치적 설득이 필요하다.

참고문헌

강명구. 2004. 「한국언론의 구조변동과 언론전쟁」. ≪한국언론학보≫, 48(5), 319~348쪽.

김도연. 2002. 「김대중 정부의 방송정책 결정 및 운영방식에 대한 평가적 연구」. 사이버커뮤니케이션학회 추계학술대회.

김동규·김경호. 2005. 「국내 신문사 취재 조지체계와 관행에 대한 질적 연구」. ≪언론과학연구≫, 5(2), 33~40쪽.

남재일. 2006. 「1987년 민주화 이후 취재관행에 나타난 정권-언론 관계 변화: 청와대 출입기자의 경우」. ≪한국언론학보≫, 50(4), 95~124쪽.

박동숙·조연하·홍주현. 2001. 「공적 업무 수행을 위한 사적 친분 고리」. ≪한국언론학보≫, 45(특별호), 367~396쪽.

박승관·장경섭. 2000. 「한국의 정치변동과 언론권력: 국가언론관계 모형 변화」. ≪한국언론학보≫, 14(3), 81~113쪽.

송의호·이상식. 2007. 「참여정부 출입처 제도의 변화가 취재관행에 미친 영향에 관한 연구」. ≪한국언론학보≫, 40, 114~149쪽.

양문석. 2003. 「신문개혁 시급성에 대한 제언」. ≪월간 말≫, 201호, 76~81쪽.

양승목. 1995. 「한국의 민주화와 언론의 성격변화」. 유재천 외 엮음. 『한국사회변동고 언론』. 서울: 소화.

____. 2004. 「한국의 민주화와 언론개혁」. ≪언론정보연구≫, 41호, 61~89쪽.

____. 2006. 「언론과 정부의 관계」. 오택섭 외 엮음. 『현대 정치 커뮤니케이션 연구』. 서울: 나남.

원용진. 2003. 「노무현 정부와 언론개혁」. ≪문화과학≫, 34호, 279~289쪽.

유선영. 2004. 「언론개혁론과 참여정부」. ≪시민과 세계≫, 5호, 480~503쪽.

유재천·이민웅. 1994. 『정부와 언론』. 서울: 나남.

이원락. 2004. 「신문의 권력기구화에 따른 뉴스 생산 관행의 변화에 관한 연구」. 서울대학교 박사학위 논문.

이재진. 2004a. 「언론자유 훼손 가능성 많아」. ≪관훈저널≫, 봄호, 11~19쪽.

____. 2004b. 「오보에 적극 대응. 집권초기 밀월관계 사라져」. ≪신문과 방송≫, 2월호, 114~118쪽.

이준웅. 2005. 「비판적 담론 공중의 등장과 언론에 대한 공정성 요구: 공정한 담론규범 형성을 위하여」. ≪방송문화연구≫, 17(2), 139~172쪽.

_____. 2007. 「관계형 매체 이용의 증가와 사회적 의사소통 양식의 변화」. 정운찬·조흥식 엮음. 『외환위기 10년 한국사회 얼마나 달라졌나』. 서울대학교 출판부.

_____. 2009. 『언론의 정파성과 대통령 보도』. 서울대학교: 언론정보연구소.

이준웅·조항제·송현주·정준희. 2010. 「한국사회 매체 체계의 특성: '민주화 이행 모형'의 제안」. ≪커뮤니케이션 이론≫, 6(1), 87~143쪽.

이효성. 1997. 『한국언론의 좌표』. 서울: 커뮤니케이션북스.

정동우. 2007. 「언론보도에 대한 공적 기관과 공적 인물의 법적 대응에 관한 법원의 판결 분석」. ≪언론과 사회≫, 15(4), 86~122쪽.

정용준. 2000. 「뉴미디어 시대의 방송정책과 시장 그리고 민주주의」. ≪한국언론정보학보≫, 14호, 267~287쪽.

조항제. 2001. 「한국의 민주화와 미디어: 정부와 시장 주류 미디어의 관계」. ≪한국언론정보학보≫, 16, 168~206쪽.

조희연. 2003. 「노무현 정부 이후, 언론개혁운동 어떻게 해야 하나」. ≪인물과 사상≫, 60호, 128~138쪽.

최영재. 2007. 「참여정부 홍보언론 시스템 평가와 과제」. 『참여정부 정책 홍보 시스템 평과와 과제』. 한국언론학회.

최장집. 1994. 「한국 민주주의와 언론」. ≪언론과 사회≫, 6호, 146~169쪽.

황근·최영묵. 2000. 「사회조합주의 방송정책 모델에 관한 연구」. ≪한국방송학보≫, 14-1호, 469~516쪽.

Graber, D. 2006. *Media power in politics*. Washington DC: CQ Press.

Hallin, D. and Mancini, P. 2004. *Comparing media systems: Three models of media and politics*. Cambridge: Cambridge Univ. Press.

Kaid, L. L. 2004. *Handbook in political communication research*. London: Routledge.

Sibert, F. S., Peterson, T. and Schramm, W. 1956. *Four theories of the press*. Urbana: University of Illinois Press.

제14장

인터넷 정치
참여 활성화와 규제의 패러독스

류석진 I 서강대학교 정치외교학과 교수
송경재 I 경희대학교 인류사회재건연구원 학술연구교수

1. 들어가며

최근 몇 년간 웹 2.0과 소셜 네트워크 서비스(이하 SNS), 스마트 혁명은 정보화가 시대적인 흐름이며 거스를 수 없는 현상임을 확인해주고 있다. 인터넷 활성화로 인한 변화는 사회 각 영역에서 확인되지만, 한국 정치 과정에 나타난 극적인 전개는 전 세계적으로 신선한 충격을 주기에 충분했다. 한국 정치의 인터넷 활용에 대해 프랑스의 ≪르몽드(Le Monde)≫지는 2004년 4월 14일 인터넷 판에서 한국이 디지털 민주주의(digital democracy)의 실험실이 되고 있다고 격찬했다.

≪르몽드≫지가 주목한 시대적 사건은 2002년 대선에서 확인된 인터넷 정치[1]의 힘이다. 당시 인터넷은 노무현이라는 정치인을 대통령에 당선시

---

1) 이 글에서 '인터넷 정치'는 다음 세 가지 차원을 포함하는데, 인터넷을 활용한 정치(politics through the net, 인터넷을 활용하여 현실 정치에 영향을 미치는 영역), 인터넷에서의 정치(politics on the net, 인터넷상에서 나타나는 다양한 정치적 영역), 인터넷을

킨 조력자이자 선거 캠페인의 무기였다고 평가되기도 했다. 이에 인터넷은 여론의 용광로이자 시민 참여의 기제가 됐으며, 대의제 민주주의의 피로감을 극복할 수 있는 대안으로, 그리고 전자적 참여 민주주의의 도구로까지 이야기됐다. 새로운 변화에 주목한 영국의 ≪가디언(Guardian)≫지는 "세계 최초의 인터넷 대통령 로그온하다(World's first internet president logs on)"라는 문구를 기사의 제목으로 사용했다.[2] 그리고 그 중심에는 노무현 대통령과 그의 팬클럽인 '노무현을 사랑하는 사람들의 모임(이하 노사모)'이 있었다.

사실 인터넷은 오래전부터 낮은 거래 비용(low transaction cost)으로 새로운 형태의 자발적인 결사체나 커뮤니티 형성을 가능하게 하여 시민 정치참여(political participation)와 전자 민주주의를 실현시킬 기제로 주목받았다. 하지만 인터넷 정치에 대한 비판도 만만치 않다. 그 배경으로는 시민 참여와 민주주의, 그리고 사회적 자본(social capital) 효과를 분석해 세계적으로 주목받은 퍼트남(Putnam, 2000)의 비관적인 시각을 들 수 있다. 그는 인터넷이 사람들 간의 대면 기회를 줄여 시민들이 공동체와 모임에 참여하지 않을 것으로 봤다. 1970년대 정치에 대한 시민들의 관심이 줄어든 이유의 중심에는 텔레비전이 있는데, 텔레비전과 같이 인터넷도 대면 접촉을 제한해 시민 참여를 쇠퇴시키는 도구가 될 것임을 경고한 것이다. 이런 연구의 결과 많은 학자들이 인터넷에 대한 비관적인 전망을 내놓았다. 마골리스,

---

둘러싼 정치(politics over the net, 인터넷에서 나타나는 다양한 갈등을 해결하기 위한 현실 정치의 영역)를 들 수 있다. 노사모와 선거 캠페인 등이 인터넷을 활용한 정치라 한다면, 인터넷상에서 나타나는 다양한 정치적 의견과 이해의 충돌이 인터넷에서의 정치라 할 수 있고, 인터넷상의 질서를 둘러싸고 벌어지는 현실 정치에서의 규제 영역이 인터넷을 둘러싼 정치라고 할 수 있다.

2) http://www.guardian.co.uk/technology/2003/feb/24/newmedia.koreanews

레스닉과 레비(Margolis, Resnick and Levy, 2003)는 웹 확산으로 시민 참여문화가 제한될 것을 우려했고, 인터넷이 현실 공동체의 건강성마저 해쳐 민주주의 발전에 역기능으로 작용할 것이라고 지적했다. 채드윅(Chadwick, 2006)도 웹의 민주성을 논의하면서 심의 없는 참여와 질적인 참여를 구분하고 민주주의 쇠퇴론(declining approach)의 입장을 나타냈다.

2002년 노무현 후보의 당선에 여러 정치적 의미를 부여할 수 있지만 인터넷 정치 차원에서 본다면, 인터넷이 정치과정에 어떤 변화를 유발하는지에 대한 논쟁에서 중요한 사례가 됐다. 많은 사회과학자들은 그동안 인터넷의 효과와 관련된 상반된 가설을 증명하기 위해 노력했다. 인터넷의 정치적 영향력이 정상화 가설(normalization hypothesis)의 주장대로 오프라인의 현실을 반영하는가? 아니면 변화 가설(change hypothesis)의 의견대로 새로운 행위자들인 사이버 행동주의자들(cyber activists)이 등장해 오히려 오프라인의 정치 환경을 변화시키고 있는가? 하는 질문에 해답을 제시하려는 다양한 시도가 있었다(Davis, Elin and Reeher, 2002; Chadwick, 2006; 김용철·윤성이, 2005; Foot and Schneider, 2006). 그런 맥락에서 노무현 대통령의 인터넷 정치는 변화 가설의 유용한 사례며, 참여를 활성화시키는 매체로서 인터넷이 정치과정에 중요한 변인이 될 수 있음을 보여줬다.

그렇지만 노무현 대통령과 인터넷 사이에서는 그 친밀성과는 달리 역설적인 현상도 발견된다. 그것은 노무현 정부 시기의 인터넷 기반 시민 참여, 캠페인 운동과 새로운 정치 운동의 가능성을 보여준 반면, 규제의 제도화와 이에 따른 부작용의 현실화라는 측면도 나타났다. 세부적으로 그는 인터넷을 활용해 시민들을 조직·동원하는 웹 캠페인이라는 정치 실험을 했고 2004년 대통령 탄핵이란 초유의 사태에서도 인터넷에서의 적극적인 탄핵 반대를 토양으로 정치적 입지를 강화했다. 하지만 그는 아이러니하게도 인터넷에서 각종 규제정책을 설계했다는 비판에서 자유롭지 못하다.

대표적으로 2004년 「공직선거법」에서 인터넷실명제가 도입된 이후, 2006년 제한적본인확인제(실명제), 2007년에는 「정보통신망법」 개정안에 임시로 인터넷 게시글을 삭제할 수 있는 임시 조치 등의 규제 메커니즘이 도입된 것이다.

이 글에서는 이러한 노무현 정부의 인터넷에 관한 '참여 활성화'와 '규제'라는 상반된 양면성에 천착해 이를 "노무현 정부의 인터넷 패러독스(Internet Paradox)"로 규정하고 그 역사적·제도적 맥락을 추적하고자 한다. 세부적으로 2절에서는 노무현 전 대통령 개인의 정보통신기술에 대한 친숙함과 선거 과정, 그리고 대통령 취임 이후 2004년 탄핵반대 운동에서 나타난 인터넷 정치의 영역을 다룰 것이다. 또 2004년 이후 변화된 인터넷에서의 반(反)노무현·보수 세력의 결집 현상을 분석할 것이다. 3절에서는 이에 반해 2004년 이후 인터넷에 관한 제도적인 규제화 과정을 되짚어보고 그 의미와 당시 왜 노무현 정부가 인터넷 규제 정책을 도입하게 됐는지, 그리고 그것이 이후의 정치과정과 정치 참여에 미친 영향은 무엇인지를 살펴보고자 한다. 마지막 절은 결론으로 노무현 정부의 인터넷 정치를 약평하고, 노무현 정부의 인터넷 정치의 의미와 한계를 참여와 규제라는 틀에서 분석한다.

2. 세계 최초의 인터넷 대통령 로그온하다

1) 노사모 결성과 웹 캠페인

노무현 대통령은 개인적으로 컴퓨터 및 정보통신 기기와 친숙한 것으로 알려졌다. 그는 1994년 국회의원과 변호사로 활동하면서 조직, 자료, 일정

등을 효율적으로 관리할 수 있는 도구로 컴퓨터를 활용했다고 한다. 그리고 개인용 일정과 인명 자료관리 프로그램을 개발해서 사용했다. 이런 경력을 바탕으로 그는 이미 국회의원과 야인 시절에 정당용 자료 관리 소프트웨어인 "노하우"를 만들었다(≪한국경제≫, 1997.9.25). 그의 이러한 정보통신기술과 인터넷 등에 대한 개인적인 관심은 자연스럽게 인터넷 친밀성으로 연결됐고, 홈페이지를 구축하는 등의 인터넷과 정보통신기술을 접목시킨 여러 정치 실험에 관심을 가지게 됐다.

하지만 그가 주목을 받은 것은 역시 대선 과정에서 나타난 새로운 인터넷 정치 효과 때문이었다. 여기서 주목할 만한 것은 당시 노무현 후보의 인터넷 전략이다. 당시 노무현 후보 진영의 웹 캠페인 전략은 크게 두 가지 방식으로 구분된다. 첫 번째는 정당이란 공조직을 중심으로 진행되는 위로부터의 웹 캠페인이고, 두 번째는 인터넷 팬클럽을 기반으로 삼는 아래로부터의 웹 캠페인 방식이다.

먼저 위로부터의 웹 캠페인은 1997년 15대 대선에서부터 시작됐고 이후 지방선거와 총선에서 각 후보자들과 정당을 통해 활용됐다. 인터넷은 특히 젊은 세대에게 정치적인 소구를 할 수 있는 도구였기 때문에 한나라당을 비롯해 민주당, 민주노동당 등도 적극적인 인터넷 선거 전략을 준비했다. 이 때문에 기존 대통령 선거와 달리 16대 대선은 시작부터 인터넷을 활용한 선거운동이 진행됐다. 국민적 관심으로 각 정당에서는 부분적인 전자 투표의 도입을 통한 국민 경선 및 정당 경선을 실시했다. 이로써 유세장에서의 정당·후보자 연설회 등은 많이 사라지고 그 대신 텔레비전 토론과 광고를 적극 이용한 미디어 선거가 이뤄졌다. 그 정점은 인터넷 공간이었다. 당시 후보들이 인터넷을 젊은 층의 지지를 집결하는 공간으로 인식하고 홈페이지와 인터넷 매체를 선거 캠페인에 적극 활용하면서, 인터넷은 새로운 여론 형성 미디어로서 각광을 받았다. 그야말로 인터넷을 통한 정치정보 제공(e-information)과 연계(e-connecting), 조직화(e-organizing), 동원(e-mobilizing)이 가능하게 된 것이다(Foot and Schneider, 2006).

하지만 노무현을 인터넷 대통령이라고 부르게 된 근본적인 계기는 노사모라는 강력한 인터넷 팬클럽의 존재 때문이었다. 노사모는 2000년 4월 13일 16대 총선 부산 지역구에서 탈락한 노무현 후보를 지지하기 위한 후원회 성격이 강했다. 이후 노사모는 탈지역주의, 자율 분권, 평화, 참여 민주주의 실현을 위한 노무현 후보의 친위 조직으로 변해 2002년 대선에서 강력한 선거 기제로 기능했다.

실제로 노사모는 시작부터 인터넷을 활용한 조직화 과정을 보였다. 2000년 4월 노무현 후보의 홈페이지를 방문한 네티즌들은 지역주의에 맞선 그의 용기를 칭찬하고 그의 낙선을 안타까워했다. 4월 15일 노무현 홈페이지 자유 게시판에 '늙은 여우'라는 네티즌이 노무현 팬클럽을 제안하고 온라인상에서의 조직 활동을 시작했다. 이후 노사모는 7명의 발기인으로 시작해 대선 경선이 절정에 이르던 5월에는 4만 5,000명으로 증가했고 대선 직후인 2003년 1월 16일에는 7만 3,446명으로 급증했다. 그리고 이는 2004년 탄핵 정국에서 10만 명을 넘어설 만큼 강력한 정치조직 집단이 됐다(강원택, 2007: 77~78).

노사모는 노무현 당시 민주당 후보가 대통령 경선에 출마하면서 본격적으로 가동됐다. 이들의 활동은 주로 인터넷을 기반으로 삼는 웹 조직화와 회원 확보, 오프라인 동원이었다. 노사모의 활동은 노무현 후보가 위기에 빠졌을 때 위력을 발휘했다. 당시 노무현 후보는 2002년 4월 민주당 국민 참여경선에서 노풍(盧風)을 일으켰지만, 이후 김대중 대통령 아들 비리, 지방선거 참패 등으로 지지도가 하락했다. 하지만 노사모는 끊임없는 선거지원 활동과 인터넷 토론, 모금 운동, 지지 유도 등으로 여론 반전을 꾀했다. 그리고 결정적으로 2002년 11월 국민통합21 정몽준 대표와 후보 단일화 과정에서 나타난 노사모의 인터넷 활동과 오프라인 조직화는 인터넷 팬클럽이 보여줄 수 있는 극대한의 웹 캠페인을 보여줬다.

이 과정에서 노사모 활동은 크게 웹 활동과 오프라인 자원봉사와 모금 활동으로 구분된다. 노사모 활동은 단지 회원들과의 정치적 토론뿐만 아니라 생활과 여가를 통일시키는 구성을 갖췄다. 그러다 보니 자연스럽게 노사모는 노무현 후보 지지자 집단의 진지가 됐으며, 이들의 자발적인 집단적 참여와 소통, 모금 등은 인터넷을 통해서 진행됐다. 주요한 전략과 방향성에 관한 논의는 모두 노사모의 인터넷 사이트에서 이뤄졌고, 이들의 웹 기반 활동은 당시 많은 정치인들에게 부러움의 대상이 됐다. 이에 위기감을 느낀 이회창 후보 지지자들도 인터넷 팬클럽인 창사랑을 조직했지만 독창적인 인터넷 기반 조직과 높은 충성심을 갖춘 노사모 활동에

〈표 14-1〉 노사모와 창사랑 하루 평균 방문자와 페이지뷰 비교

기간		노사모		창사랑	
		하루 평균 방문자 수	하루 평균 페이지뷰	하루 평균 방문자 수	하루 평균 페이지뷰
2002년	1월	5,697	59,618	-	-
	2월	6,014	48,803	-	-
	3월	38,071	524,489	-	-
	4월	55,710	929,671	-	-
	5월	50,993	895,305	-	-
	6월	30,381	507,076	1,350	22,395
	7월	20,496	322,432	1,704	27,345
	8월	28,053	693,849	1,929	18,261
	9월	22,290	364,190	1,742	12,970
	10월	31,381	545,736	4,550	79,182
	11월	46,848	579,680	11,983	257,506
	12월	44,256	425,834	10,016	156,382

자료: 랭키닷컴(http://www.rankey.com).
주: 하루 평균 방문자 수는 회원들의 유출입을 확인하고 페이지뷰는 충성도를 알려준다.

비할 바가 못 됐다.

이와 같은 노사모의 위세는 사이트 방문자 수에서도 확인된다. 노사모의 인터넷 활동을 파악할 수 있는 지표인 웹 트래픽 데이터 자료에 따르면, 2002년 1월 노사모의 하루 평균 방문자 수는 5,697명이었지만 12월에는 4만 4,256명으로 크게 증가했다. 회원들의 사이트 충성도를 측정할 수 있는 하루 평균 페이지뷰도 5만 9,618건에서 42만 5,834건으로 급증했다. 당시 경쟁 후보였던 한나라당 이회창 후보의 공식 팬클럽인 창사랑은 12월 하루 평균 방문자 수가 1만 16명이었고 페이지뷰도 15만 6,382건에 불과했다.

이러한 활동상 때문에 노무현 후보는 대통령에 당선되자마자 우군이었던 개혁국민정당과 노사모에 감사를 표했다. 결과적으로 표차가 57만여 표에 불과했음을 감안하면, 다른 여러 승인이 있었겠지만 노사모가 주도하는 인터넷을 통한 젊은 층의 투표독려 운동과 헌신적인 조직화와 동원을 이끌어낸 공은 의미 있는 것이라 평할 만하다. 특히 선거 당일에 많은 회원들이 참여한 전화 투표독려 운동은 지금도 회자될 만큼 헌신적이었다.

노사모에서 확인된 인터넷을 활용한 시민과 유권자 집단의 조직화는 정치 정보의 실시간 유통과 상호작용적인 커뮤니케이션으로 과거 정치의 대상·객체에 머물렀던 대중이 적극적인 정치 참여자로 전환할 수 있는 기회를 만들었다. 수동적 유권자 집단에 머물렀던 시민들은 정치과정, 특히 선거에서 이니셔티브를 장악하고 선거 캠페인에 주도적으로 참여했다. 여기에서 인터넷은 강력한 조직화와 동원의 기제로 활용됐다. 실제로 인터넷은 가장 이용자 중심적이며 참여 촉진적인 미디어 속성을 가지고 있다. 통상적으로 정치적 성과는 행위자들의 자원동원 능력에 의존한다. 시민들은 인터넷을 통해 정치 정보를 유통·공유하며 식견 있는 시민(informed citizen)으로 거듭 태어날 수 있을 뿐 아니라, 보다 적극적인 개인의 관심사나 의지에 따라 선거 의제를 추동하고 자발적으로 결사할 수 있는 기회를 가질 수 있음을 노사모 사례를 통해 확인했다(장우영·송경재, 2007: 256~257).

2) 디시인사이드의 인터넷 탄핵반대 운동

노무현이 대선 과정에서 보여준 인터넷 기반의 웹 캠페인과 정치 활동은 이후 대통령 임기 동안 다양한 형태로 나타난다. 노무현 대통령의 친인터넷 행보는 2003년 2월 3일 당선자 신분으로 이뤄진 인터넷 신문인 ≪오마이뉴스≫와의 인터뷰, 2002년 12월 30일 민주당 홈페이지를 통해 대선 승리의 공을 네티즌에게 돌리고 이들을 정치혁명의 주인공으로 치켜세우는 등의 행보로 드러난다. 그리고 취임 후에도 인터넷 동창 찾기 사이트인 아이러브스쿨을 통해 500만 명에게 이메일을 보내는 등 인터넷을 활용한 소통과 대국민 커뮤니케이션을 강화했다(조석장, 2004: 38). 또한 청와대 기자실에 인터넷 매체의 기자가 출입할 수 있도록 하는 등, 당시의 관행으로 봤을 때는 파격적인 결정을 내리기도 했다. 이러한 노무현 대통령의 인터넷 정치는 이후에도 계속된다. 그는 임기 말인 2007년 11월 19일에도 '한국인터넷기자협회 창립 5주년 기념 행사'에 축하 메시지를 보냈다. 당시 인터넷기자협회가 중소 규모의 인터넷 신문사 기자 연합체임을 감안하면 파격적인 정치 행보였다고 할 수 있다.

그렇지만 노무현 대통령 임기 동안 인터넷 정치의 위력을 결정적으로 확인시켜 준 사건은 2004년 대통령 탄핵 이후 온라인·오프라인의 상호작용적 시민운동이었다. 당시 노무현 대통령은 4월 총선을 앞두고 선거에 개입하는 뉘앙스의 발언으로 국회에서 탄핵 발의를 당해 직무가 정지된다.[3] 이 사건은 당시 노무현 정부를 지지하는 세력의 결집을 가져왔고 절차상의 문제, 국회 불신, 정치 개혁 등의 요구가 결합되면서 전국적인 촛불시위로 전화한다. 노사모 역시 다시 전면에 등장하지만, 탄핵반대 운동은 오히려 네티즌들이 주도하는 자발적인 운동이라는 특징을 가진다. 당시 탄핵반대 운동을 주도했던 공간은 다음의 아고라와 디시인사이드였다. 다음 아고라에서는 하루 방문자 수가 1,000만 명이 넘을 정도로 활발한 토론이 전개됐으며, 디시인사이드(이하 디시) 역시 하루에 20만 명 이상이 방문하여 주로 정치 현상을 풍자하고 희화화한 네티즌 운동을 전개했다.

당시 인터넷 시민운동의 진지로 주목받았던 디시를 중심으로 살펴보자. 디시는 당초 1999년 10월에 오픈한 국내 최대 디지털 카메라 전문 사이트다. 초기 디시는 디지털 카메라에 대한 정보와 상품 평가, 카메라 교육, 디지털 카메라 이미지 그래픽 프로그램을 제공하는 커뮤니티(community) 사이트였다. 그러나 이런 디시에도 변화의 바람이 불어오는데, 그것은 자신들의 사이버 문화(cyber culture) 표출로서 시대의 정치 상황과 무관하지 않았다. 2002년 16대 대통령 선거와 미군 궤도차량에 의한 여중생 사망 사건은 개인화·파편화되어 있던 디시 회원들을 정치적으로 행동에 나서게 만드는 계기가 됐다. 두 사건을 계기로 사회정치적 사안에 무관심했던 디시 회원들이 인터넷 토론방에서 토론하고 의견을 교환하는 등 사회문제에 관심을 갖게 됐다. 정치적인 관심이 높아지자 운영자는 디지털 카메라 정보와 구분하여 게시판을 분화, 정치토론 게시판을 개설했다(김유식, 2004). 이를 계기로 디시는 사회적 의제에 대한 갤러리나 논평, 패러디 작품, 의견 교환과 신선한 아이디어로 큰 반향을 불러일으켰다. 중국 동북공정, 일본의 교과서 왜곡과 독도 망언, 국민연금의 비밀, 쓰레기 만두, 부실 도시락, 북핵 문제, 인터넷종량제 등의 사회정치적인 이슈가 발생하면 게시판 순례, 패러디 제작, 펌질, 사이버 시위 등으로 자신들의 의사를 표출하며

---

3) 당시 대통령 탄핵의 정치적 의미와 배경에 대해서는 제1장 강원택 교수의 글을 참조.

〈표 14-2〉 탄핵기간 동안 디시인사이드 하루 평균 방문자와 페이지뷰 비교

기간		디시인사이드	
		하루 평균 방문자 수	하루 평균 페이지뷰
2004년	1월	198,123	686,357
	2월	209,381	650,427
	3월	221,908	765,471
	4월	207,050	1,285,745
	5월	170,467	1,038,898
	6월	229,474	764,252

자료: 랭키닷컴(http://www.rankey.com).
주: 하루 평균 방문자 수는 회원들의 유출입을 확인하고 페이지뷰는 충성도를 알려준다.

네트워크에서 중요한 문화 코드이자 사이버 문화로 자리 잡았다(디시 정치 토론 게시판 참가자 인터뷰, 2005.4.26; 송경재, 2005 재인용).

특히 디시는 2004년 탄핵정국 동안 네티즌들의 유희와 투쟁의 e-공론장으로 등장하면서 세간의 주목을 받았다. 자신들만의 독특한 유머와 감성으로 기존의 권위를 조롱하며 탄핵이라는 무거운 주제를 풍자와 해학으로 인터넷에 쏟아내기 시작했던 것이다(≪한겨레≫, 2004.12.28). 이는 탄핵 당시 하루 평균 페이지뷰에서 잘 나타난다. 탄핵 이전인 2004년 1월과 2월에 비해 3월 이후 방문자 수도 증가했지만 큰 차이는 없었다. 하지만 정치토론방에서의 네티즌 활동이 증가하면서, 4월의 하루 평균 페이지뷰가 1월에 비해 2배 가까운 증가세를 보인다(65만 6,357뷰 → 128만 5,745뷰).

이를 세분화시켜 디시 정치토론 게시판을 특화해보면 탄핵반대 운동 당시 노무현 대통령을 지지하는 다양한 인터넷 저항 운동의 내용을 파악할 수 있다. 2004년 3월 12일부터 시작된 탄핵정국 동안 디시의 정치토론 게시판의 글 건수는 7만 6,916건이었다. 이 중 국회의 탄핵안 가결에서 5월 14일 헌법재판소의 판결까지 글이 4만 8,987건이고 나머지는 그 이후 게시된 것이다. 이 과정에서의 특징을 살펴보면, 초기의 온라인 활동에서

〈표 14-3〉 디시인사이드 정치토론 게시판의 시기별 특징

구분	기간	게시물 건수	특징
온라인 중심 활동 기간	3월 12~14일	2,879건	· 온라인 중심 활동 · 소식과 정보 공유(agenda setting) · 탄핵 과정 및 텔레비전 토론회 참석자 비판
온라인과 오프라인이 결합된 활동 기간	3월 15~27일	1만 1,768건	· 촛불집회 참여 및 탄핵 반대 적극화 · 기성 언론과 대결(토론회 비판 및 패러디) · 온라인에서 오프라인으로 동원
선거운동 기간	3월 28일~ 4월 15일	1만 9,545건	· 선거 참여와 무적의 투표부대 확산 · 인터넷으로 연결된 자체 탄핵반대 1인 릴레이 시위 조직
총선 이후 헌법재판소 판결 기간	4월 15일~ 5월 14일	1만 4,795건	· 총선결과 토론 · 탄핵반대 집회 재개, 온라인 토론
헌법재판소 판결 이후 기간	5월 15일 이후	2만 7,929건	· 새로운 정치 공간으로 발전 · 정치인 초청 간담회 개최

자료: 송경재(2005) 재인용.

정보 공유가 중심이었다면 이후에는 오프라인과 연계되면서 조직화됐고, 직접적인 집단행동(collective action)으로까지 진화했음을 확인할 수 있다. 이에 대한 자세한 내용은 <표 14-3>과 같다.

<표 14-3>에서 확인되지만, 2004년 노무현 대통령 탄핵반대 기간 동안 디시의 정치토론 게시판에서는 전통적인 항의의 소극적 방식을 넘어 인터넷 시민운동의 창조적이고 능동적인 정치참여 현상들이 단계적으로 발견된다. 노사모 이외의 새로운 인터넷에서 결집된 정치적 집단들이 노무현 대통령 탄핵 반대라는 가치에 공감하면서 오히려 한나라당의 총선 패배라는 결과를 야기했던 것이다. 이는 웹 캠페인과 다른 온라인과 오프라인이 결합된 정치참여 방식으로 온라인에서 공론 형성을 거치며 축적된 다양한 참여 욕구가 오프라인에서 본격적으로 확산되며 사이버 액티비즘(cyber activism)으로 발전한 과정이다(Hill and Hughes, 1998). 노무현 대통령 탄핵 반대 디시 게시판에는 토론 참여자들의 주변 이야기, 집회 참관기, 정치인 항의, 향후 정국전망 등 정치 일정에 대한 논의까지 다양하게 게시됐다.

이러한 인터넷에서의 각종 활동들은 위기에 몰린 노무현 정부가 탄핵 정국을 돌파하고 결과적으로 총선에서 압승할 수 있는 지렛대 중에서 중요한 하나의 요인으로 작동했다는 것을 보여준다. 이런 맥락에서 본다면, 노무현 정부 출범 1년 후에 찾아온 탄핵 정국은 인터넷을 기반으로 당선된 대통령이 위기에 빠지자 지지자들이 인터넷 시민운동을 전개해서 위기에 처한 대통령을 구해낸 사례라고 할 수 있다. 물론 디시의 정치토론 게시판은 하나의 예시일 뿐이다. 앞서도 언급했지만 팬클럽인 노사모는 다양한 온라인·오프라인의 탄핵반대 운동을 주도했고 당시 회원 수가 10만 명을 넘어서기도 했다. 그리고 다음의 아고라 토론방과 각종 이슈·정치형 사이버 커뮤니티의 토론 공간에서는 탄핵을 반대하는 목소리가 확산됐고 이는 결국 오프라인에서 수십만 명이 참가하는 촛불시위로 이어졌다.

3) 반노무현 세력의 인터넷 집결

하지만 인터넷에서의 친노무현 경향은 집권 후반기에 변화의 조짐이 보였다. 그러한 징후는 2004년 이후 인터넷 공간에서 반노무현·보수의 반격으로 부를 만큼 광범위한 현상으로 나타났다.

인터넷에서 활동하는 네티즌들이 친노무현·진보적 성향이라는 일반적인 예측과는 다른 양상이 2004년 이후 발견된다.[4] 대표적으로 2004년 탄핵 이후 12월부터 시작된 「국가보안법」 폐지 논란과 관련한 이슈에서 변화의 징후가 발견된다. 이를 증명하기 위해 노무현 정부가 「국가보안법」 폐지

---

[4] 필자들은 2006년 5월 8일과 9일 ≪조선일보≫에 "인터넷 보수의 대반격"이라는 일련의 기획 기사를 게재한 바 있다. 이 기획 기사는 필자와 일군의 연구자들이 공동으로 수행한 다양한 설문 조사, 토론방 내용 분석, 사이트 성향 분석 등의 연구 조사에 기초했다. 이 항의 주요 내용은 당시 조사를 바탕으로 재구성한 글임을 밝힌다.

〈표 14-4〉 다음 아고라 국가보안법 이슈 토론방 게시글 분석 결과

구분		유지 찬성	유지 반대	합계
2004년	12월	124	75	199
2005년	1월	371	269	640
	2월	151	109	260
	3월	228	134	362
	4월	230	267	497
	5월	236	197	433
	6월	26	34	60
	7월	245	196	441
	8월	245	172	417
	9월	373	322	695
	10월	377	235	612
	11월	315	183	498
	12월	210	123	335
2006년	1월	182	119	301
	2월	266	161	427
	3월	116	58	174
	4월	104	50	154
합계		3,799	2,704	6,505
비율		58.4	41.6	100

자료: ≪조선일보≫ 2006년 5월 8~9일.

안을 상정했던 2004년 12월에서 2006년 4월 말까지 17개월 동안 다음 아고라의 국가보안법 이슈 토론방에 올라온 글 6,505개를 대상으로 조사했다(다음 아고라는 네티즌이 가장 활발하게 이슈 토론에 참여하는 공간으로 널리 알려져 있으며 가장 최근의 시사·정치·사회적 쟁점에서부터 장기 지속적인 현안과 이슈에 이르기까지 다양한 주제를 둘러싸고 의견 교환과 논쟁이 이뤄지는 온라인 토론 공간이다). 그 결과「국가보안법」유지에 찬성하는 보수 성향 네티즌의 주장이 전체 글의 58.4%를 차지했고 반대자들은 41.6%로 나타났다. 또 6,505개의 글 중 1개 이상의 댓글이 달린 2,748건의 경우 첫 번째 댓글에서도 55.3%인 1,519건이「국가보안법」유지에 찬성한 반면,「국가보안법」폐지 댓글은 44.7%인 1,229개였다(≪조선일보≫, 2006.5.8). 이러한

분포는 비슷한 시기 오프라인에서 실시한 여론조사 결과와 상당히 유사한 분포를 보이는데, 인터넷 공간과 현실 세계에서의 여론이 크게 차이가 나지 않는다는 것을 보여준다.

이러한 현상은 반노무현·보수적 성향의 개별 네티즌들이 고립된 혼자가 아니라 집단으로 조직화되고 있음을 반증한다고 할 수 있다. 탄핵 사건 이후 반노무현·보수 성향의 인터넷 사이트들을 서로 연결해주는 허브(Hub)들이 조직됐고 이를 바탕으로 반노무현 정부의 인터넷 진지가 형성됐다. 2002년 대선 이후, 특히 탄핵 정국 시 인터넷에서의 열세를 확인한 반노무현 진영은 조직적으로 인터넷에서의 새로운 저항 공간을 구축했으며 인터넷은 친노무현과 진보를 한 축으로, 그리고 반노무현과 보수를 다른 축으로 재편됐다. 실제 반노무현 진영의 사이트들은 96개의 상호 네트워크를 구축했고 한나라당 소속 정치인들의 팬클럽 및 미니 홈피와도 연결되어 있었다.

이런 경향은 정치 사이트에 출입하는 이들의 연령별 구성에서도 발견된다. 그런 차원에서 정치적으로 인터넷은 더 이상 20대 젊은 세대만의 공간이 아니라 전 연령이 참여할 수 있는 공간이 됐다. 그동안 젊은 층을 지지기반으로 삼았던 노무현 정부에게 인터넷에서의 전세 역전은 우려할 만한 변화였다. 정당과 정치인 사이트 방문자의 연령별 비율을 분석해보면 30~40대뿐만 아니라 50대 이상 네티즌의 활동도 이전에 비해 활발해졌음을 확인할 수 있다. 이념적으로 50대 이상 연령층에서 보수 성향이 강하게 나타난다는 점을 감안할 때 인터넷에서 보수의 활동이 확대되고 있다는 사실이 연령별 분석을 통해서도 확인됐다.

그렇다면 노무현 정권 후반기에 등장한 인터넷에서의 반노무현 진영의 약진은 무엇을 의미하는 것일까? 이러한 결과는 앞서도 언급했듯이 인터넷에서 친노무현·진보 진영만이 아니라 반노무현·보수의 집결 및 조직화가 이뤄지고 있음을 의미한다. 이러한 흐름은 기존의 인터넷 공간에서 네티즌이 2002년과 2004년과 같이 친노무현적인 입장만이 아니라 보수적인 시각, 그리고 한나라당적인 목소리도 반영하고 있음을 의미한다. 또 인터넷이 더 이상 노무현 정부의 지지자들과 진보의 전유물이 아니라 다양한 사회의 분포에 걸맞게 재구성되고 있으며 자신들의 정치적 의사를 표출하고 정치 의제를 생성하면서 정치적 가치와 지향, 의지를 관철하기 위하여 대등하게 활동하는 공간이 됐음을 의미한다. 인터넷 공간이 특정 집단의 전유물이 아니라 다양한 집단이 자신의 의견을 표출하는 공간으로 변화했으며, 현실 사회의 다양한 여론과 갈등이 '정상적'으로 반영되는 추세를 보이기 시작한 것이다.5)

---

5) 인터넷 공간에서 여론의 비대칭성 혹은 특정 집단의 과다 대표성이 나타나는 원인에 관하여, 미국 사례를 분석한 비게리와 프랑케(Viguerie and Franke)는 기존 미디어 공간에서 어떤 세력이 우위를 점하고 있었는가에 따라, 기존 미디어 공간에서 소외받고 있었던 집단이 '새로운 혹은 대안적인' 미디어 공간이 제공됐을 때 이 공간에 먼저 뛰어들어 자신들의 주장을 적극 개진하고, 이에 일정한 피해를 입은 기존 미디어 공간에서의 기득권 세력이 뒤늦게 새로운 공간에 진입한다는 주장을 펴고 있다. 미국에서 보수 세력이 인터넷 공간을 먼저 장악했던 데는 ≪뉴욕타임스(The New York Times)≫나 ≪워싱턴포스트(The Washington Post)≫ 등의 진보 매체가 자신들의 주장을 제대로 반영하지 않고, 자신들이 소외되고 있다는 인식이 작용했다고 한다. 비게리와 프랑케의 해석을 한국에 적용시켜 본다면 (물론 무리는 있을 수 있지만) 기존 중요 미디어에서 소외받고 있던 진보 세력이 인터넷 공간의 출현에 열광적으로 반응했고, 이런 정치적 효과가 나타나자 뒤늦게 보수가 진입하는 양상을 보였다고 할 수 있다.

3. 인터넷 규제의 제도화

노무현 정부가 정치적으로 인터넷을 활용하여 다양한 지지와 동원을 이끌었던 것과 달리 인터넷을 둘러싼 법과 제도[6]는 그와 정반대의 방향을 보였다. 노무현 정부 시기에 만들어진 인터넷 규제 중 정치 참여와 연관될 수 있는 조항은 두 가지 법에서의 세 조항이다. 「공직선거법」(이하 「선거법」) 에서의 '인터넷 규제'와 「정보통신망이용촉진및정보보호등에관한법률」(이하 「정보통신망법」)의 인터넷실명제로 통칭되는 '제한적본인확인제'와 '임시조치' 조항의 신설이다. 세 조항은 규제 차원에서 그 나름대로 도입의 근거를 가지고 있으나, 참여 활성화를 저해시키는 역방향의 효과를 가져오기도 했다.

1) 「선거법」과 인터넷 규제

2004년 개정된 「선거법」은 인터넷 언론을 법적으로 제도화하고 규정했다는 점에서 의미가 있었다. 하지만 이 법은 근본적으로 인터넷을 활용한 선거운동의 제한과 정치적 표현의 자유를 제한했다는 비판을 가장 많이 받고 있는 법이다. 2004년 「선거법」 개정은 4·15 총선 불출마 선언을 한 한나라당 오세훈 의원이 국회정치개혁특위의 「선거법」·「정치자금법」 개정 작업을 주도하고, 여당인 열린우리당도 개혁적 「선거법」 입법에 나서는 시대적 맥락이 존재한다. 그래서 「선거법」 개정의 모토는 "돈은 묶고

---

6) 물론 입법이 국회의 고유 권한이기 때문에 이러한 규제 정책의 양산을 노무현 정부로 귀책할 수는 없을 것이나, 최소한 여당을 통한 입법 과정에서의 노력이나 시행령 등의 장치를 통하여 일정하게 제동을 걸거나 수정이 가능했을 것이라는 점에서 포괄적인 의미에서 노무현 정부의 정책으로 분류한다.

입은 푼다"와 "정치의 고비용 저효율 구조 개선"이었다.

하지만 인터넷 관련 조항은 중요한 제한점이 있다는 지적이 초기부터 제기됐다. 대표적인 것이 인터넷 언론사 게시판에 선거와 관련된 글을 쓸 때 실명을 확인한다는 제82조의6과 선거일 전 180일부터 선거일까지 선거에 영향을 미치는 문서 및 도화의 배부·게시를 금지한 제93조 1항이다. 먼저 제82조의6의 규제적 조항은 다음과 같다.

> 제82조의6(인터넷 언론사 게시판·대화방 등의 실명 확인) ① 인터넷 언론사는 선거운동 기간 중 당해 인터넷 홈페이지의 게시판·대화방 등에 정당·후보자에 대한 지지·반대의 문자·음성·화상 또는 동영상 등의 정보(이하 이 조에서 "정보 등"이라 한다)를 게시할 수 있도록 하는 경우에는 행정안전부장관 또는 「신용정보의이용및보호에관한법률」 제2조 제4호에 따른 신용정보업자(이하 이 조에서 "신용정보업자"라 한다)가 제공하는 실명인증 방법으로 실명을 확인받도록 하는 기술적 조치를 하여야 한다. 다만 인터넷 언론사가 「정보통신망이용촉진및정보보호등에관한법률」 제44조의5에 따른 본인확인조치를 한 경우에는 그 실명을 확인받도록 하는 기술적 조치를 한 것으로 본다.
>
> ⑥ 인터넷 언론사는 당해 인터넷 홈페이지의 게시판·대화방 등에 "실명인증"의 표시가 없는 정당이나 후보자에 대한 지지·반대의 정보 등이 게시된 경우에는 지체 없이 이를 삭제하여야 한다.

이 조항은 두 가지 문제점을 내포하고 있다. 첫 번째는 정치적 의사표현의 자유를 제한할 수 있다는 우려가 제기되고 있는 인터넷실명제 실시다. 그래서 「선거법」 개정 때부터 표현의 자유 침해, 개인정보 유출 등을 우려한 인터넷 업계와 시민·언론 단체가 실명제 반대 운동을 지속적으로 전개해왔다. 그리고 보다 우려스러운 것은 두 번째, 신용정보 업자에게 개인 정보가 집중되는 문제다. 정보 집중과 함께 과거에 발생한 바 있는 일부 대형 사이트의 개인정보 해킹과 같은 사례를 보면 일거에 모든 개인 정보가 유출될 가능성이 존재한다. 그리고 더욱 핵심적인 문제는 신용정보 기관의 신뢰성과 관련된 것으로, 정치적 불신 구조가 남아 있는 한국에서 정파적인 이해관계에 따라 이용이 제한될 수 있다는 우려를 낳았다.

그보다 심각한 것은 「선거법」 제93조 1항이다. 제93조 1항은 공식 선거운동 기간을 제외하고 180일 전부터 유권자들에게 올바른 정치 정보조차 제공할 수 없게 된다는 문제점을 안고 있었다. 이미 「선거법」 제93조 1항의 문제점은 많은 학자들에 의해 논의되고 있는 사안이며 올바른 정치정보 습득을 통한 현명한 선택을 제한하고 있다는 비판을 받고 있다(윤성이·송경재·민희, 2010: 181~208).

> 제93조(탈법 방법에 의한 문서·도화의 배부·게시 등 금지) ① 누구든지 선거일 전 180일(보궐선거 등에 있어서는 그 선거의 실시 사유가 확정된 때)부터 선거일까지 선거에 영향을 미치게 하기 위하여 이 법의 규정에 의하지 아니하고는 정당(창당준비위원회와 정당의 정강·정책을 포함한다. 이하 이 조에서 같다) 또는 후보자(후보자가 되고자 하는 자를 포함한다. 이하 이 조에서 같다)를 지지·추천하거나 반대하는 내용이 포함되어 있거나 정당의 명칭 또는 후보자의 성명을 나타내는 광고, 인사장, 벽보, 사진, 문서·도화, 인쇄물이나 녹음·녹화 테이프 그밖에 이와 유사한 것을 배부·첩부·살포·상영 또는 게시할 수 없다. 다만, 다음 각 호의 어느 하나에 해당하는 행위는 그러하지 아니하다.

일반적으로 인터넷에서의 자유로운 토론과 정보 검색은 중요한 장점으로 이야기된다. 제93조 1항은 인터넷이 표현의 자유가 보장되는 자유로운 정치적 의사소통의 공간이 되어야 함에도 이를 법적으로 규제하는 조항이다. 핵심적으로 선거 180일 전부터 공식 선거운동 기간까지 유권자에게 어떤 정치적 정보 소통을 금지시켰다는 것은 오히려 시민들의 정치적인 선택권과 투표권을 훼손했다는 논란을 일으켰다. 이 조항은 개정 때부터 논란이 됐지만 당시 여당인 열린우리당과 야당인 한나라당은 합의 처리했다. 역설적으로 이 조항은 2007년 대선 때 오히려 여당과 진보 진영의 발목을 잡아, UCC(User Created Contents) 활용과 팬클럽 활동 등의 웹 캠페인이 줄어들고 한발 더 나아가 인터넷 정치를 선거기간 동안 실종시켰다는 비판을 받고 있다(장우영, 2010).

2) 「정보통신망법」과 인터넷 규제

「선거법」과 함께 「정보통신망법」의 개정은 노무현 정부의 대표적 인터넷 규제 정책의 산물로 평가받는다. 인터넷실명제와 게시글을 임의로 삭제할 수 있는 권한은 정치적으로 많은 논란거리가 될 수 있으며 인터넷에서 반정부적인 성향의 글을 제한할 수 있다는 점에서 문제의 소지가 있었다.

먼저 인터넷실명제 도입의 연원은 2005년 6월로 거슬러 올라간다. 이전부터 인터넷 악플에 따른 문제점이 사회적으로 환기됐지만 "지하철 개똥녀" 사건은 인터넷 이용자들이 악의적인 개인정보 유출과 악성 댓글로 인해 프라이버시를 침해당할 수 있다는 것을 보여준 사건이었다.[7] 이런

---

[7] 지하철 개똥녀 사건은 국내만이 아니라 ≪워싱턴포스트≫지에 소개될 정도로 인터넷 관련 이슈였다. 이 사건은 지하철 2호선에 탑승한 여성이 데리고 탄 애완견이 설사를 했고 지하철 바닥에 떨어진 개의 배설물을 치우지 않고 하차한 데서 시작됐다. 이 현장이 사진에 찍혔고 나중에 인터넷상에서 신상이 공개된 그 여성은 무분별한 악플

사회적 분위기와 함께 몇몇 연예인들의 자살에 인터넷 악플 책임론이 제기됐고, 이로써 분위기가 인터넷실명제를 찬성하는 방향으로 흘렀다. 이어 2006년 6월에는 하루 방문자 30만 명 이상인 사이트에 인터넷실명제가 도입되어(제44조의5), 2007년 7월에 시행됐다. 2009년에는 실명제 기준이 10만 명으로 강화됐다.

제44조의5(게시판 이용자의 본인 확인) ① 다음 각 호의 어느 하나에 해당하는 자가 게시판을 설치·운영하려면 그 게시판 이용자의 본인 확인을 위한 방법 및 절차의 마련 등 대통령령으로 정하는 필요한 조치(이하 "본인 확인조치"라 한다)를 하여야 한다.

이 조항은 「선거법」과 마찬가지로 인터넷에서의 자유로운 글쓰기를 제한한다는 비판에 직면했다. 물론 입법 취지가 악플로부터 선량한 사람을 보호한다는 의도는 있었지만, 역으로 모든 시민을 잠재적 범죄자로 삼았다는 점에서 예방적 조치로서의 문제점이 있다. 사용자의 표현의 자유 억압, 개인정보 유출과 도용, 국제적 규준과 맞지 않고 정보통신 산업의 경쟁력을 저해하는 걸림돌로 드러나고 있다.[8] 특히 선거 공간에서 가장 활발하게 제공되어야 할 정치 정보를 게시하는 데 실명을 요구할 경우, '표현의 위축 효과'로 발생할 자기 검열 가능성을 고려한다면 「정보통신망법」 제44조의5는 정치적인 표현의 자유를 심각하게 제한하고 있다고 평가

로 피해를 입었다.
[8] 실제 인터넷실명제는 웹 2.0 방식의 SNS가 도입되면서 해외 업체들의 적용 때문에 문제를 빚고 있다. 대표적으로 2009년 4월 구글 유튜브(Google Youtube)가 한국 이용자들의 게시판과 업로드 기능을 차단하는 방식으로 실명제를 거부하고 한국어 서비스를 실시하고 있어 오히려 국내 사업자들의 역차별 논란까지 제기되고 있다.

되고 있다(윤성이·송경재·민희, 2010).

또 다른 「정보통신망법」상의 인터넷 규제는 제44조의3 임의의 '임시조치'와 관련된 것이다.

> 제44조의3(임의의 임시조치) ① 정보통신 서비스 제공자는 자신이 운영·관리하는 정보통신망에 유통되는 정보가 사생활 침해 또는 명예훼손 등 타인의 권리를 침해한다고 인정되면 임의로 임시조치를 할 수 있다.

임시조치는 2007년 7월부터 시행된 제도다. 임의의 임시조치란 누군가가 포털 사이트 또는 블로그 등 인터넷 사이트에 게시한 글 때문에 권리를 침해당했다며 삭제를 요청할 경우, 인터넷 서비스 사업자(이하 ISP) 측이 게시글에 네티즌이 접근하지 못하도록 임시로 조치(일명 blind 조치)를 취하는 것을 말한다. 삭제를 요청한 쪽은 방송통신심의위원회 등 관련 기관에 사생활 침해나 명예훼손 여부를 심의해 달라고 요청할 수 있고, 이에 해당된다는 결정이 내려지면 ISP는 글을 삭제해야 한다. 이 조항 역시 당초 입법 취지는 인터넷 이용자인 네티즌의 권리를 보호하기 위한 것이었으며 적용 대상도 제한적이었다. 하지만 과도한 임시조치로 인권 문제가 발생하기도 했는데, 2008년 촛불시위 이후 삭제를 요청하는 쪽이 요청하기만 하면 대부분의 글들이 삭제됐고 당시 쇠고기 시장 개방이나 4대강 개발 반대 등 정부 정책에 반하는 글을 무더기로 삭제하는 근거가 됐다.

4. 결론을 대신하여: 노무현 정부의 인터넷 패러독스

이상 노무현 정부가 등장에서 당선, 그리고 정치적 위기 때마다 인터넷을 통한 시민들의 자발적인 조직화와 동원으로 정치적 위상을 강화했음을 확인할 수 있었다. 그리고 이러한 인터넷의 친노무현·진보적 구조가 2004년 탄핵 이후 점차 해체되고 인터넷에서의 반노무현·보수적 세력이 뿌리를 내리면서 두 세력 간의 균형이 이뤄지기 시작했음을 파악했다. 마지막으로 이러한 인터넷에서의 변화된 움직임과 함께 노무현 정부에서 입안된 인터넷 규제 정책은 현재까지 많은 문제점이 있음을 살펴봤다.

연구에서 확인했지만, 노무현 정부의 인터넷관(觀)은 두 가지 양면적인 시각으로 해석이 가능하다. 한편으로는 정치적으로 인터넷을 활용한 전자적 참여 민주주의의 실험을 전개했지만, 다른 한편으로는 인터넷 규제 정책을 양산한 것이 그것이다. 인터넷 규제 정책은 결국 인터넷에서의 표현의 자유와 자유로운 정치정보 제공의 위축을 불러와 2008년 이후 미네르바 사건,[9] 촛불시위에서의 인터넷 검열, 인터넷실명제 유지 탓에 인터넷 감시국(Under Surveillance)이란 오명을 야기시켰다.[10] 과도한 인터넷 규제는 정부 반대의 목소리를 효과적으로 차단하는 데 활용되기도 했다. 2008년 촛불시위 과정에서 인터넷 사용자 10여 명이 체포됐고, 반대 의견을 올린 네티즌이 정부 당국의 조사를 받았다. 특히 인터넷실명제는 2009년 구글의 유튜브가 한국어 서비스를 삭제하자 국제적으로 인터넷에서 자유가 훼손된 사례로, 한국이 인터넷 감시국으로 선정되는 데 일조했다.

인터넷은 초기부터 자유의 기술을 지향했다. 1996년 2월 존 페리 발로(John Perry Barlow)가 사이버 스페이스 독립선언서(A Declaration of the Independence of Cyberspace)에서 인터넷을 '표현의 자유와 독립 공간'으로 선언한

---

9) 2008년 미네르바라는 필명으로 글을 올린 박대성 씨 사건으로, 정부의 경제 정책에 반대하는 네티즌을 구속했지만 오히려 무죄가 선고된 사건을 말한다.
10) 국경없는기자회는 한국을 '인터넷 감시국'으로 선정했다. 한국은 2009년부터 인터넷 검열 감시국에 포함되고 있다.

것을 굳이 인용하지 않더라도, 초창기 인터넷 건설의 아버지들은 인터넷을 외부 환경에 영향을 받지 않는 공간으로 구축하려 했다(Castells, 2001; 김욱조, 2004: 509~510). 하지만 인터넷이 발전하면서 가상의 영역에서 진행됐던 다양한 현상이 오프라인으로 나오기 시작했다. 이는 인터넷 정치 영역도 마찬가지다. 정치가 온라인에만 존재하는 것이 아니라, 온라인에서 오프라인으로 다시 온라인으로 융합되면서 인터넷은 상호작용적인 기능을 수행하게 됐다. 다만 과정에서 발생한 악성 댓글과 개인정보 유출, 인격권 훼손 등의 일부 문제점이 침소봉대됐다. 결국 문제는 일부에 불과하지만 논리적으로는 국가가 인터넷을 정화 또는 제어해야 한다는 규제주의를 등장하게 만드는 계기가 됐다.

이러한 결과는 노무현 정부가 임기 동안 인터넷 정책에 대한 마스터플랜이 부족한 상태에서 즉자적인 대응만 한 것이 아니냐는 의구심을 낳는다. 그리고 결과적으로 규제 환경이 건강한 인터넷 정치의 역동성까지 침식하는 결과를 야기한 것이다. 국가가 인터넷을 규제해야 한다고 주장한 솔로브(Solove, 2007)는 인터넷에서의 지나친 자유가 타인의 권리를 침해하고 있음을 지적한다. 하지만 그의 주장은 개인 정보의 국가 통제를 이야기하는 것으로, 일견 가장 안전할 수 있지만 반대로 국가가 시민들의 사생활을 통제하거나 또는 다른 정치적 권리를 제한할 수 있다는 문제점도 가지고 있다(Goldsmith and Wu, 2006: 127~142).

그런 맥락에서 노무현 정부의 인터넷 정책을 평가한다면 두 가지 역설을 확인할 수 있다. 첫 번째, 노무현 정부의 탄생과 유지는 인터넷과 불가분의 관계를 맺고 있다. 대통령 개인의 정보통신기술에 대한 선호와 더불어, 인터넷 팬클럽의 조직, 그리고 당시 새로운 인터넷 캠페인을 통한 오프라인 지지 집단의 조직화는 새로운 방식의 선거 환경을 만들었고, 탄핵 정국에서의 인터넷 공간이 그러했다. 그리고 이는 기존 인터넷 정치학에서 논쟁이 됐던 변화 가설을 확인시켜 주는 좋은 예였으며(Chadwick, 2006; 라인골드, 2003), 참여를 활성화시키는 매체로 인터넷이 기능했음을 보여줬다. 또한 2004년 이후 인터넷 지형 변화는 현실 공간과 인터넷 공간의 상호 조응이라는 차원에서 정상화 가설을 확인시켜 주는 예이기도 했다.

두 번째, 하지만 반대로 노무현 정부는 인터넷 규제 정책을 양산했고 이로써 규제 환경을 제도화했다는 비판에서 자유로울 수 없었다. 물론 이는 노무현 정부만의 책임은 아니다. 골드스미스와 우(Goldsmith and Wu, 2006: 116~149)가 강조한 바와 같이, 국가는 자유로운 인터넷 환경을 결코 방치하지 않으며 정부의 규제 노력이 바로 인터넷의 역사와 궤를 같이한다. 이들의 선구자적인 통찰은 노무현 정부에도 그대로 적용된다. 비록 노무현 정부가 인터넷을 집권하는 과정에서, 그리고 탄핵 등의 정치적 난제를 돌파하는 데 활용했지만, 기본적으로 자유의 공간인 인터넷은 국가가 방임할 수 있는 공간이 아니었던 것이다. 그런 맥락에서 노무현 정부의 인터넷 규제 정책은 노무현 정부가 한 것이 아니라, 국가라는 통치 시스템이 인터넷 발(發) 변화에 대항하는 반격의 의미를 띠는 것이다. 요컨대 정부라는 통치 시스템이 만든 규제 정책이지 노무현이라는 정치 지도자의 규제는 아니라는 것이다. 그럼에도 불구하고 노무현 정부 시기의 규제 환경의 조성이 반드시 정당화될 수는 없을 것이다. 그것이 오히려 몇 년이 지난 오늘날 한국이 인터넷 감시국이란 오명을 쓰게 된 발단이 됐기 때문이다. 아쉬운 점은 인터넷 규제의 도입 시, 이것이 참여에 미칠 수 있는 부정적 영향에 대한 종합적 고려가 부재한 상태에서 파편적이고 부분적으로 이뤄졌다는 것이다.

이와 함께 당시 시민사회의 미숙한 대응도 인터넷에서의 규제 환경을 조성하는 데 일조했다. 이는 2007년 인터넷실명제와 임시조치를 반대했던 시민사회에서도 반성하고 있는 부분이다. 당시 「정보통신망법」 폐지 운동을 전개했던 한 시민단체 간부와의 인터뷰에서도 확인된다. 그의 인터뷰 내용에 따르면 첫 번째, 개똥녀 사건과 연예인 악플로 자살 사건이 계속되면서 인터넷 규제 환경을 야기하는 사회적인 분위기가 형성됐다. 두 번째, 이를 신문과 방송 등이 인터넷 책임론으로 몰고 갔고 결국 과도한 인터넷 규제 환경이 조성됐다. 하지만 보다 핵심적인 요인으로 세 번째, 시민사회 내부에서 인터넷 규제 환경이 야기할 선거 참여의 제한, 표현의 자유 위축, 상시적 검열에 따른 자기표현 위축 등 시민의 정치적 자유권 훼손에 대해 심도 있게 고민하지 않은 탓도 있다. 「방송법」이나 「신문법」 등의 이슈에 대해 언론의 자유수호 차원에서 총력 투쟁을 전개했던 시민사회도 인터넷 관련 법에 대해서는 무기력할 정도로 대응을 하지 못했다는 것이다. 이러한 점에서는 노무현 정부도 면책될 수 없을 것이다.

결국 이런 요인들이 결합되어, 인터넷의 역동성에 힘입어 집권하고 탄핵 정국을 돌파한 노무현 정부가, 역설적으로 말기에는 인터넷 관련 규제를 제도화하게 된 것이다. 그럼에도 분명한 것은, 노무현 정부가 역설적인 상황을 야기했다고는 하지만 인터넷 정치의 가능성을 보여줬다는 점이다. 이는 부인할 수 없는 사실이다. 그리고 이러한 노력은 이후 반노무현·보수 진영에까지 영향을 미쳐 온라인 기반의 새로운 정치적 참여 채널의 확대로 이어졌다는 긍정성을 가지고 있다. 그러나 집권 후반기에 계속된 규제 정책으로 오히려 인터넷을 정치적으로 활용하여 많은 시민들의 참여를 통한 정치 실험이 제한됐다는 아이러니도 야기했다. 따라서 인터넷 정치의 가능성을 보여줬지만, 반대로 국가라는 권위체가 인터넷을 제어하려는 시도를 동시에 드러냈다는 것이 노무현 정부의 인터넷 정치가 남긴 미완의 정치 실험이며, 참여 활성화와 규제라는 '양날의 칼'로 구체화된 인터넷 정치 패러독스라고 할 수 있을 것이다.

참고문헌

강원택. 2007. 『인터넷과 한국 정치: 정당정치에 대한 도전과 변화』. 서울: 집문당.
김옥조. 2004. 『미디어 윤리』. 서울: 커뮤니케이션북스.
김용철·윤성이. 2005. 『전자 민주주의: 새로운 정치패러다임의 모색』. 서울: 오름.
김유식. 2004. 『인터넷 스타 개죽아, 대한민국을 지켜라!』. 서울: 랜덤하우스 중앙.
라인골드, 하워드(Howard Rheingold). 2003. 『참여군중』. 이운경 옮김. 서울: 황금가지 펴냄.
솔로브, 다니엘(Daniel J. Solove). 2008. 『인터넷 세상과 평판의 미래』. 이승훈 옮김. 서울: 비즈니스 맵.
송경재. 2005. 「네트워크 시대의 인터넷 정치 참여: 탄핵 정국 디시인사이드 정치토론 게시판을 중심으로」. 한국 사회역사학회 엮음. ≪담론 201≫, 8권 3호.
윤성이·송경재·민희. 2010. 「인터넷 선거규제에 대한 네티즌 의식: 누가, 왜 찬성하고 반대하는가?」. ≪한국정당학회보≫, 제9권 제2호 통권 17호, 181~208쪽.
장우영. 2010. 「국내외 온라인 선거규제 제도의 특징과 우리나라 온라인 선거규제의 과제」. 한국정당학회 2010 춘계학술회의 자료집, 25~44쪽.
장우영·송경재. 2007. 「정보화시대의 유권자」. ≪사이버커뮤니케이션학보≫, 통권 제22호(2월호). 237~258쪽.
조석장. 2004. 『한국의 e폴리틱스』. 서울: 향연.
Barlow, J. P. 1996. "A Declaration of the Independence for Cyberspace." *Electronic Frontier Foundation*.
Castells, Manuel. 2001. *The Internet Galaxy: Reflections on the Internet, Business and Society*. Oxford University Press.
Chadwick, Andrew. 2006. *Internet Politics: States, Citizens, And New Communication Technologies*. Oxford University Press.
Davis, Steve. Elin, Larry and Reeher, Grant. 2002. *Click on Democracy: The Internet's Power to Change Political Apathy into Civic Action*. Westview.
Foot, Kirsten A. and Schneider, Steven M. 2006. *Web Campaigning*. MIT press.
Goldsmith, J. and Wu, Tim. 2006. *Who Controls the Internet?: Illusion of a Borderless World*. New York: Oxford University Press.

Hill, Kevin A. and Hughes, John E. 1998. *Cyberpolitics: Citizen Activism in the Age of the Internet*. Boston: Rowman&Littlefield Publishers, Inc.

Margolis, Michael. David Resnick and Jonathan Levy. 2003. "Major parties dominate, minor parties struggle: US elections and the Internet." Gibson, Rachel and Nixon, Paul (eds.). *Political Parties and the Internet: Net gain?* London: Routledge.

Putnam, Robert. 2000. *Bowling Alone: the Collapse and Revival of American Community*. New York: Simon and Schuster.

Viguerie, Richard and David Franke. 2004. *America's Right Turn: How Conservative Used New and Alternative Media to Take Power*. Bonus Books.

http://www.nosamo.org 노사모
http://agora.daum.net 다음 아고라
http://www.dcinside.com 디시인사이드
http://www.rankey.com 랭키닷컴
http://www.iloveschool.co.kr 아이러브스쿨
http://www.Ohmynews.com ≪오마이뉴스≫
http://www.changsarang.com 창사랑

2000년대 한국 시민사회의 분절과 분산

신진욱 | 중앙대학교 사회학과 교수

1. 서론

노무현 정부 시기(2003~2008년)에 한국 시민사회에는 의미심장한 변화가 일어났다. 그 변화의 핵심은 두 가지다. 하나는 시민사회 내의 이념적·정치적 갈등이 고조됐을 뿐 아니라, 시민사회 단체의 다중 조직장(multi-organizational fields) 자체가 이념적·정치적 균열 구조를 따라 분절됐다는 점이다. 여기서 다중 조직장이란 다수의 조직들이 조직 간 네트워크 혹은 개인들의 다중 멤버십으로 서로 연결되는 하나의 장을 구성함을 뜻한다(Curtis and Zurcher, 1973). 2000년대 중반의 변화는 다중 조직장 내의 분화가 아니라 다중 조직장 자체의 분절인데, 이는 한편에 진보적 사회 개혁을 추구하는 단체들, 다른 한편에는 '뉴라이트'를 비롯한 보수 단체들로 구성되는 두 진영으로의 분절을 뜻한다.

이와 더불어 또 하나의 중요한 변화가 진행되고 있었는데, 그것은 시민사회의 내적 구성이 급속히 분산되어 진보─보수라는 이념적 분절의 정치사회적 의미가 상대화됐다는 점이다. 이는 이 시기에 수많은 주민 공동체와 가치 공동체, 그리고 온라인상의 네티즌 공동체가 확산됐다는 데 기인한다. 이들은 전통적인 진보-보수의 균열 구조나 특정 정당에 대한 지지에 속박되지 않으며, 의제의 측면에서도 교육·보육·건강·환경·지역 교통 등 이른바 생활 정치의 관심사를 중심으로 한다. 하지만 국가적·국민적 이슈가 발생했을 때 이 풀뿌리 공동체들은 순식간에 광역의 네트워크를 형성하여 정치과정에 폭발적 영향을 미치는 시민 정치의 에너지를 분출하는 경향이 있다. 이 글에서는 위와 같은 이중의 변화가 어떤 맥락에서 생겨나서, 어떻게 전개됐으며, 어떤 결과를 낳고 있는지 조명한다.

이 글이 다루는 주제 영역의 핵심어라 할 수 있는 '시민사회(civil society)'는 다양한 의미로 이해되어왔다. 시민사회라는 개념 자체가 고대적 기원까지 거슬러 올라가는 역사적 개념이자 다양한 세계사적 맥락에 연루되어 있는 사회정치적 개념이기 때문에 이 개념이 광대한 의미역을 응축하고 있는 것은 당연하다. 최근의 사회과학적 논의에서 시민사회 개념의 핵심을 보편주의적 가치나 공공선의 지향 등 특정한 시민적 덕목으로 보는 입장이 있다(Alexander, 1997; Shils, 1997). 그러한 접근은 특정한 규범 이론의 관점에서 시민사회를 해석하는 데는 유용하지만 다양한 시민적 결사체들의 서로 다른 이해관계와 가치·규범, 행동 양식을 폭넓게 탐구하는 데는 한계가 있다.

이 글에서 '시민사회'는 자율적 행위 주체인 개인들이 자발적으로 결성한 시민적 결사체(associations)들이 움직이는 장(場)으로 이해된다. 여기서 '자율성'과 '자발성'은 국가나 기업 등 권력 집단에 의해 강제되지 않았으며, 또한 전통과 권위에 의해 귀속적으로 주어진 결사체가 아님을 뜻한다. 한편 시민사회를 '결사체'들의 장으로 이해했을 때, 시민사회는 그것의 문화적 토대를 이루는 생활 세계(life-world)와 구분된다(Cohen and Arato, 1992; Habermas, 1992). 따라서 이 글에서 시민들의 일상·문화·사회의식·정치 성향

등은 시민사회의 변화에 영향을 미치는 배경으로서만 언급될 것이다. 시민사회는 다양한 계급적·정치적·이념적·문화적 목표를 추구하는 모든 형태의 자발적 결사체들을 포함하는 사회적 삶의 장이다. 그것은 기초적 형태의 결사체, 그런 결사체들이 구성하는 결사체들의 연합체, 이들이 구성하는 여러 다중 조직장을 포함하는 다원적 공간이다(Cohen, 1982; Taylor, 1990; Walzer, 1991).

시민사회의 결사체들은 시민사회 단체, 시민 공동체, 한시적인 집단행동 네트워크 등 다양한 형태를 띠고 있다. 시민사회 단체(civil societal organizations: CSOs)는 상대적으로 높은 수준의 공동 규범, 비교적 지속적인 공동의 목표와 가치를 갖는 결사체 형태다. 사회운동 조직(social movement organizations: SMOs)은 그것의 한 특수한 형태라고 할 수 있다. 전통적인 민주화 운동 조직을 비롯하여, 노동·농민·빈민 운동 등 민중 단체들, 그리고 1990년대 이후 성장한 한국적 형태의 새로운 사회운동 조직(NSMOs)이라 할 수 있는 '시민 단체'들이 이에 해당된다. 그러나 시민사회 단체는 또한 노동조합을 비롯하여, 사회운동 조직이라고 명명할 수 없는 각종 사회단체들을 포함한다.

한편 시민사회 결사체들 중에는 형식적 조직의 형태를 갖추지 않고, 다중적인 목표와 느슨한 멤버십을 갖는 수많은 공동체들이 있다. 교육·환경·교통안전 등 생활 의제를 중심으로 구성된 주민 공동체, 정부의 의료·환경정책 등 큰 의제에 관심을 갖지만 대형 단체에 의존하지 않고 소규모로 운영되는 가치 공동체 등이 그 예다. 이와 더불어 의상·요리·영화·스포츠·인테리어 등 다양한 일상의 관심사로 모인 인터넷 공동체들이 있다. 이상과 같은 온라인·오프라인상의 크고 작은 시민 공동체들은 그 자체로 정치적 목표를 갖거나, 일상적으로 정치 참여를 하는 집단은 아니다. 하지만 큰 사회적 이슈가 발생하면 이 공동체들은 빠른 시간 안에 정치적 공론장으로 변모하며, 때로는 거대한 집단행동 네트워크를 구성하여 정치과정에 영향을 미치고, 이슈가 소멸하면 다시 시민사회 영역으로 복귀하는 경향이 있다.

아래에서는 앞서 서술한 바와 같은 시민사회 개념에 따라, 먼저 2000년대 이전까지 한국 시민사회의 역사적 변화를 간단히 서술한 다음(2절)에 2000년대의 중요한 두 가지 변화인 시민사회의 이념적·정치적 분절(3절)과 다양한 풀뿌리 시민 공동체의 확산 및 시민 정치의 분출(4절)을 다룰 것이다.

2. 한국 시민사회의 역사적 변화

한국 사회에서 국가와 시민사회의 관계, 그리고 시민사회의 내적 구성은 역사적으로 크게 세 단계의 변화를 겪어온 것으로 보인다. 첫 번째는 권위주의 정치체제하에서 억압적 국가권력에 도전하는 시민사회의 저항이 활발했던 시기로서, '국가 대 시민사회'의 대결 구도가 지배적이었던 시기다. 두 번째는 1987년 정치체제의 개방화 이후 1990년대의 민주화 과정에서 시민사회의 '분화(differentiation)'가 진행된 시기다. 이 시기에는 먼저 이전 시기 민주화 운동의 전통이 민중운동과 시민운동이라는 서로 다른 두 흐름으로 분화되고, 나아가 시민운동 내에서 부문별 분화와 시민운동 조직의 전문화·제도화가 진행됐다. 세 번째 시기인 2000년대에는 한편으로 진보·보수 시민 단체로 시민사회의 정치적·이념적 '분절(segmentation)'이 발생하는 동시에 급속히 공고화됐고, 다른 한편으로는 그러한 이념적 균열 구조에 얽매이지 않는 온라인·오프라인 시민 공동체들이 확산되고 촛불집회 등 자생적 시민 정치가 등장하여 시민사회의 '분산(decentralization)'이 급속히 진행됐다. 이 글의 2절에서는 먼저 2000년대 이전의 두 시기에 한국 시민사회의 변화를 고찰하고, 3절과 4절에서는 그러한 역사적 배경 위에 진행된 2000년대의 중요한 두 가지 변화에 각각 초점을 맞춰 서술한다.

1) 권위주의 체제하의 시민사회

권위주의 체제하의 저항적 시민사회는 1960~1970년대에는 주로 종교계·학계·언론·기독교 학생운동 등에 의해 이뤄졌으며, 1970년대 이후에는 민주노조 운동이, 1980년대에는 급진적 학생운동이 추가됐다. 1970년대 중반 이후 전국적 조직을 갖추기 시작했으며, 1980년대에 들어서는 민주화 운동과 학생·노동운동을 중심으로 체계적인 조직망을 구축하게 됐다. 이념적으로는 1974년 민청학련이 정식화한 민주·민중·민족의 삼민 이념이 1980년대까지 강한 지속성을 가졌다. 1980년대 중반 이후로는 삼민 이념의 큰 틀 안에서 노동·여성·환경·통일·교육 등 다양한 부문 운동으로 분화되어갔다. 뒤에서 다시 언급하겠지만, 이 부문 운동들은 이후 다양한 운동 부문과 의제 영역에서 발전한 시민 단체들의 역사적 원형이 됐다.

전반적으로 1987년 이전의 권위주의 시기에 갈등의 기본 균열 구조는 '국가 대 시민사회'의 형태를 띠고 있었다. 이는 두 가지 역사적 조건에 의한 것이었다. 첫 번째는 국가기구 내에 시민사회 세력과 동맹하거나 최소한 소통할 수 있는 세력이 거의 없었다는 점이다. 권위주의 체제하에서 이는 어떻게 보면 당연한 것이지만, 권위주의 체제가 국가 대 시민사회의 대결 구도를 만드는 원인 기제를 이해할 필요가 있다. 1987년의 정치적 개방 이후에도 김대중 정부의 등장 이전까지 국가 대 시민사회의 대립 구도가 어느 정도 지속된 까닭은, 국가가 시민사회 단체들과의 소통과 협력에 매우 소극적이었기 때문이다. 권위주의 시기에 국가 대 시민사회 대립 구도를 설명해주는 두 번째 역사적 조건은 사회 내의 보수 세력이 그들의 적대 세력에 대한 억압과 견제를 국가권력에 위임하여 적극적인 자기 조직화를 시도하지 않았다는 것이다. 시민사회 보수 세력의 조직화는 2000년대 와서야 본격화된다.

이상과 같은 권위주의 국가와 저항적 시민사회 간의 대립 구도는 일차적으로 1987년의 정치적 개방 이후 민주화 과정을 거치면서 약화되어 시민사회의 내적 분화가 점점 더 중요한 현상으로 부각되기 시작했다(유팔무·김호기, 1995). 이에 따라 더 이상 국가로부터 시민사회의 독립성만이 아니라 "'어떤 시민사회인가'가 중요한 쟁점으로 대두"(정태석·김호기·유팔무, 1995: 265)하게 됐다. 즉, 시민사회의 내적 구성과 관계 구도를 포착하는 일이 중요해지기 시작했다는 것이다.

2) 정치적 개방 이후 시민사회의 분화

1987년의 정치체제 개방 이후 1990년대 한국 시민사회의 특징적인 변화는 시민사회의 분화·전문화·제도화가 빠르게 진행됐다는 점이다. 이 시기에는 정치 민주화 문제를 둘러싸고 국가 대 시민사회의 큰 틀이 대체로 지속되는 가운데, 1970~1980년대 민주화 운동의 전통을 계승하는 시민사회 단체들이 민중·시민운동이라는 상이한 다중 조직장으로 조직적 분화를 했다. 여기서 1990년대 시민사회의 '분화'는 2000년대 시민사회의 '분절'과 구분된다. 다중 조직장은 시민사회 단체들이 참여자와 지지자를 유입하고 동원하는 네트워크 자원으로 기여하며(Fernandez and McAdam, 1998), 한 조직의 경계를 넘어 폭넓은 집단적 정체성과 집단행동 프레임을 구성하는 환경이 되기도 한다(Benford and Snow, 2000; Klandermans, 1992). 1990년대에 시민사회가 민중·시민운동이라는 다중 조직장으로 분화됐다는 것은 조직

간 네트워크와 개인들의 다중 멤버십이 주로 각각의 장 내에서 이뤄졌음을 뜻한다. 하지만 각 다중 조직장 내에서 네트워크의 중심을 구성하는 대표 단체들은 사안에 따라 민중·시민운동 진영 간의 조직적 브로커 혹은 프레임 가교 역할을 했으며, 양 운동 진영의 구성원들은 공동의 적대자와의 관계에서는 큰 틀에서 정체성을 공유하고 있었다.

1990년대에 시민사회의 분화는 두 단계를 거쳐 진행됐다. 1단계 분화는 이른바 시민운동의 등장과 더불어 가시화된 '민중·시민운동의 분화'다. 이것의 출발점은 1989년 '경제정의실천시민연합(이하 경실련)'의 창립이다. 경실련 창립의 핵심 인물 중 한 명이었던 서경석 목사는 1980년대 재야·민중운동과 구분하여 '시민운동'의 특성을 합법적·비폭력적, 정책대안 중심의 운동으로 정의했다(서경석, 1993). 이 정의가 정확하다고 볼 수는 없는데, 왜냐하면 민중운동 단체들의 다수가 폭력적 수단을 사용했던 것은 아니며, 또한 모든 단체들이 비합법 노선을 취한 것이 아니라 권위주의 시기의 유산인 악법들에 의해 불법화된 측면이 많기 때문이다. 경실련의 등장을 시민사회의 분화로 말할 수 있는 것은 1980년대 말까지 대부분의 사회운동 단체들이 민주화 운동이나 민중운동의 부문 운동으로 존재했던 데 반해, 경실련은 명시적으로 그런 전통과 단절하고 '시민운동'이라는 새로운 운동 부문을 개척하겠다고 선언했기 때문이다. 한편 노동·민중운동 진영에서도 1989년 '전국민족민주운동연합(이하 전민련)', 1990년 '전국노동조합협의회(이하 전노협)', 1991년 '민주주의민족통일전국연합(이하 전국연합)', 1995년 '전국민주노동조합총연맹(이하 민주노총)'의 창립이 이어지면서 독자적인 구심점을 형성해갔다.

2단계 분화는 1990년대 전반에 걸쳐 진행된 시민운동 진영 내의 분화다. 과거에 민주·민중운동의 한 부문으로 간주되어오던 많은 활동 영역들이 1987년 이후에는 환경·여성·인권·교육·소비자·권력 감시·경제 정의 등 다양한 독립적 운동 부문으로 분화됐다. 1980년대 말부터 1990년대 초반에 이르는 짧은 시기에 '한국여성단체연합'(1987), '환경운동연합'(1993), '참여연대'(1994), '녹색연합'(1994) 등 이후 한국 시민운동 진영의 핵심 조직이자 네트워크의 중심이 된 대형 시민 단체들이 잇달아 창립됐다. 또한 현재까지 각 부문에서 큰 역할을 하고 있는 '민주사회를 위한 변호사 모임'(1988), '참교육을 위한 전국 학부모회'(1989), '인권운동사랑방'(1993) 등도 모두 같은 시기에 창립됐으니, 1990년을 전후한 몇 년 간의 시기가 한국 시민운동의 비약적 발전에 얼마나 큰 의미를 갖는지 알 수 있다. 이 단체들은 대체로 이미 1987년 이전에 민주·민중운동의 일부로 지역 수준에서 조직화되어 활동해오다가 전국 조직으로 확대 발전되거나, 혹은 민주·민중운동 단체에 속해 있던 구성원들이 시민운동이라는 영역을 개척하기 위해 모여 새로운 조직을 건설한 경우였다.

3) 시민 단체의 전문화와 제도화

정도의 차이가 있지만 1990년대 이래로 이러한 단체들은 대체로 전문화와 제도화의 과정을 밟아갔다. 여기서 '전문화(professionalization)'란 시민사회 단체들이 각 조직의 활동에 전념할 수 있는 전업 활동가와 간부층을 확보하게 되고, 이로써 그 조직이 관여하는 사회적 이슈와 의제 영역에서 전문성(expertise)을 발전시키게 된다는 뜻이다. 인적·재정적 자원이 어느 정도 규모에 이른 단체에서는 간부와 활동가들이 최소한의 생계를 유지할 만큼의 봉급을 받으면서 직업적으로 단체 활동에 전념하기도 한다. 시민 단체들의 재정은 정부 보조금, 기업이나 개인 후원자의 재정적 후원에 의존하는 부분도 있지만, 재정적 독립성을 중요시하는 많은 단체들에서는 거의 회원들의 회비 납부로 재정의 대부분을 충당한다. 한편 참여 인력의 전문성 증대도 중요한 변화인데, 단체의 간부나 간사의 전문 역량이 강화됐을 뿐 아니라 단체 외부의 교수, 변호사, 민간 싱크탱크 연구원 등 전문 인력의 협력이 활발해졌다.

한편 시민사회 단체의 '제도화(institutionalization)'는 두 가지 의미를 갖는데, 그 하나는 단체의 목표를 달성하기 위한 행동 수단으로 점차 제도화된 수단을 사용하는 경향, 다른 하나는 단체의 주장이 사회제도로 점점 더 많이 받아들여지는 경향이다. 1990년대에 들어 한국뿐 아니라 다른 많은 민주주의 사회에서 시민사회 단체와 사회운동의 제도화 경향이 관찰됐다(McCarthy and McPhail, 1998). 한국의 경우에도 시민 단체들의 행동 방식은 대중 집회나 거리 시위 등 직접행동보다는 시민 입법·대중매체·사법 소송 등 제도화된 수단을 활용하는 방향으로 변했다. 이와 같은 행동 수단의 제도화는 앞서 언급한 참여 인력의 전문화와 밀접한 관련이 있다. 거시적 수준에서 시민 단체의 제도화는 정치 민주화가 진행됨에 따라 정치체제의 투입(input) 차원이 개방화되고 민관 협치(governance)가 확산되면서 이뤄졌다. 이는 특히 김대중·노무현 정부하에서 본격화됐지만, 이미 1990년대에 그 경향이 시작됐다.

이처럼 시민사회 단체들이 정치과정의 정상적 현상이자 구성원으로 수용되는 것을 사회운동 연구에서는 '운동 사회(movement society 또는 social movement society)'라고 개념화하는데(Meyer and Tarrow, 1998; Neidhardt and Rucht, 1993; Rucht, 1999), 한국에서도 1990년대를 경과하며 그와 같은 경향이 어느 정도 진행되고 있었다(조대엽, 2003). 시민 단체의 전문화와 제도화는 한국 시민사회와 한국 사회 전반의 진보로 이해될 수 있는 부분이 있다. 시민들의 참여와 지지하에 활동하는 시민 단체들이 과거에 비해 더 안정된 자원과 전문 역량을 갖고 목소리를 내게 됐다는 점, 그와 같은 목소리가 정치적 공론장과 결정 과정에서 더욱 적극적으로 고려되기 시작했다는 점이 긍정적이다. 그러나 시민 단체의 전문화는 다수의 시민들이 지지자, 후원자의 역할에 머무르게 하는 문턱을 형성한 측면이 있다. 또한 제도화 역시 양면성을 갖고 있는데, 특히 여성운동 진영에서 활발히 논의된 바와 같이 제도화는 성공적 목표 달성과 운동 정체성의 위기라는 두 측면을 함께 갖고 있는 복잡한 이슈다(김경희, 2007; 신상숙, 2008; 오장미경, 2005).

3. 노무현 정부 시기 시민사회의 분절

1) 2000년대 시민사회의 이념적 분절

3절과 4절에서는 앞서 서술한 바와 같은 역사적 배경 위에 2000년대 들어 한국 시민사회에서 전개된 주요한 변화들을 고찰한다. 3절에서는 먼저 시민사회의 정치적·이념적 분절 경향을 다룬다. 1987년 민주화 이후 시민사회의 내적 분화가 빠르게 진행됐지만, 1990년대 말까지 활동적인 시민사회 단체들은 주로 민주화 운동의 전통을 잇는 민중·시민 단체들이었다. 이들은 어떤 단일한 상위 조직에 귀속되거나 그에 기여하는 부문 조직이 아니라 독립적 조직과 운동 목표를 갖게 됐으며, 환경·여성·교육 등 각 부문에서 다양한 성향의 참여자를 넓게 포괄하게 됐다는 점에서 1980년대의 시민사회 지형과 분명히 구분된다. 하지만 이 단체들은 대체로 진보적·개혁적인 지향을 공유하고 있었고, 특히 여러 운동 부문에 동시에 관련되는 이슈가 발생했을 때는 넓은 연대망을 갖고 공동 대응을 하고는 했다. 하지만 2000년대에 들어서는 보수적 사회 세력의 조직화와 활동이 활발해지면서 한국 시민사회는 '분화'를 넘어 정치적·이념적 성향이 상호 대립하는 두 진영으로의 '분절'을 경험하게 된다.

이미 1990년대 초반부터 학계에서는 1987년 6월 항쟁과 정치적 개방 이후 한국 시민사회의 이질성과 갈등의 증대를 주목하는 연구가 활발히 이뤄졌다. 사회학계에서는 6월 항쟁 이후 시민사회 전반과 특히 중산층의 보수화(손호철, 2001; 윤상철, 1997; 최장집, 1993), 시민사회 내에서 지배 블록 헤게모니의 확장(임영일, 1992), 연고주의적·민족적·계급적·지역적 시민의 뒤얽힘(김성국, 1992) 등을 강조하는 연구가 진행됐다. 하지만 이와 같은 사회 구성원들의 의식과 문화의 변화에도 불구하고, 1990년대까지 보수적 사회 세력이 조직된 형태로 결집되는 경향은 강하지 않았다. 하지만 2000년대 들어서는 이른바 '뉴라이트'를 비롯하여 다양한 보수 단체들이 결성되면서 시민사회의 내적 분절과 대립이 점점 더 뚜렷해지는데, 이 경향은 특히 노무현 정부 시기인 2000년대 중반에 급격히 고조됐다.

이는 1960년대 이후 한국 시민사회 역사에서 새로운 현상이다. 물론 1987년 이전의 권위주의 정권 시기에도 한국노총, 여성단체협의회 등 보수적 사회단체들이 존재하기는 했지만, 이들은 보수 세력을 대변하는 정치권력과의 공생 관계 속에서 소극적으로 조직 재생산을 했다. 하지만 2000년대에 창립되거나 활성화된 보수 단체들은 보수적 사회질서가 위협받고 있다는 심각한 위기의식의 산물이었으며, 또한 매우 공세적인 이념적 지향과 정치적 메시지를 적극적으로 표방하고 확산시켰다. 그와 같은 2000년대 보수 단체의 속성을 가장 분명하게 보여주는 것이 노무현 정부하의 2004~2005년경에 급속히 성장한 이른바 '뉴라이트' 조직과 네트워크들이다.

2) 뉴라이트 등장의 역사적·정치적 맥락

'뉴라이트(New Right)'는 이미 1960~1970년대부터 미국·영국·독일·프랑스·이탈리아 등 구미 각국에서 등장했던 정치적·이데올로기적 흐름이다.

각국의 역사적 맥락과 우익의 이념적 지향은 동일하지 않았지만, 흥미롭게도 많은 나라에서 '새로운 우익'으로 번역할 수 있는 동일한 명칭으로 스스로를 명명하는 지적 운동과 시민사회의 조직화가 진행됐다. 영국과 미국의 '뉴라이트(New Right)', 독일의 '노이에 레히테(Neue Rechte)', 프랑스의 '누벨 드로아트(Nouvelle Droite)', 이탈리아의 '누오바 데스트라(Nuova Destra)' 등 모두 '새로운 우익'이다. 이처럼 이 용어가 다양한 국가적 맥락에서 사용됐기 때문에 '뉴라이트'의 개념과 이론 역시 각각의 국가적 맥락을 반영하는 다양성을 보여준다(Gessenharter and Pfeiffer, 2004). 하지만 그러한 다양성에도 불구하고 이 운동들에 공통된 역사적 맥락과 이념적 성격을 발견할 수 있다.

먼저 유럽과 미국에서 뉴라이트 운동이 등장한 직접적인 계기는 1960~1970년대부터 급진적인 자유해방주의적(libertarian) 운동이 서구 사회의 제도와 일상의 질서를 뒤흔들고 재구성하기 시작한 데 대한 위기의식과 공격적 반응이다. 이 시기에 서구 사회에서는 탈권위주의 운동, 페미니즘 운동, 환경 운동, 반전·평화운동, 흑인민권운동, 해방적 교육 운동 등 다양한 사회운동들이 삶과 노동의 일상 세계에서 광범위하게 확산됐다. 그와 같은 총체적인 사회 변화에 대해 전통적 보수 세력들은 방어적이고 무력하게 반응했고, 그 맥락에서 탄생한 뉴라이트 운동들은 개혁적·해방적 세력뿐 아니라 전통적 보수 세력까지 공격했다. 이와 더불어 보다 구조적인 배경이 존재한다. 배리(Barry, 1987)는 미국과 유럽의 뉴라이트 운동을 1940~1970년대 서구 사회에서의 '사회민주주의적 합의(혹은 복지국가적 합의)'와 이에 따라 사회적·경제적 영역에서 점증하는 '정치화(politicization)'에 대한 불만과 공격으로 해석했다. 키첼트(Kitschelt, 1997) 역시 '합의의 위기'를 주목했는데, 유럽의 급진 우익에 대한 광범위한 비교 분석을 통해 그는 사민주의 정당과 보수주의 정당이 모두 중도적 사회 세력의 지지를 얻는

데 집중하여 극단에 있는 보수 세력을 배제시키게 될 때 전통적 보수 세력을 비판하는 급진적 우익 세력이 성장하게 된다는 결론에 도달했다.

한국의 뉴라이트 운동은 분명히 이들 서구 사회와 다른 맥락에서 등장했고, 다른 사상과 이데올로기를 표방했다. 하지만 한국의 뉴라이트 운동과 그에 편승하여 활발해진 극우 운동은 개혁 세력의 부상에 대한 위기의식의 산물이자, 사회 변화에 무력하게 반응하는 전통적 보수 세력에 대한 도전이며, 혁신-보수의 합의에 대한 근본적 이의 제기라는 점에서 서구 사회의 뉴라이트 운동과 공통점이 있다. 한국 사례의 특성을 찾는다면 서구 뉴라이트 운동이 권위주의의 이면에 반체제적·민중주의적 성격을 띠는 데 비해, 한국의 뉴라이트는 기업·부유층·거대 언론 등 사회 중심부를 옹호하면서 이들의 특수 이익을 국민적·국가적인 보편 이익으로 이론화하는 전략을 취한다는 점에서 1940~1950년대부터 미국에서 대기업과 보수 엘리트들이 추진해온 뉴라이트 운동(Berlet and Lyons, 2000; Phillops-Fein, 2009)에 가장 가깝다.

한국에서 뉴라이트는 2000년대 초반부터, 특히 노무현 정권 중반기인 2004~2005년에 본격적으로 등장했다. 노무현 정부하에서는 이른바 '386'이라고 불리는 운동권 출신 인물들이 정치권력의 중심부로 진입했을 뿐 아니라, 민주화 운동에 직간접적으로 관여했던 지식인과 전문가 집단이 정부·사회 기관에서 지위를 획득했다. 특히 2004년에 노무현 대통령에 대한 탄핵 시도가 오히려 시민들의 대규모 촛불시위를 불러일으킨 데다, 곧이어 17대 총선에서 한나라당이 참패하고 열린우리당이 과반수 의석을 획득했다. 전통적 보수 우익은 '독재의 협력자', '부패한 차떼기당', '수구 기득권 세력', '반민주·반헌법 세력'이라는 비난에 무력하게 무너지면서 뼈아픈 반성과 자기 혁신을 다짐했다. 이 반성, 그것은 개혁 세력이 주도하는 새로운 사회질서에 대한 '합의'를 뜻했다. 뉴라이트는 바로 이 시점에

태어났고, 그 합의에 반대했다.

3) 올드·뉴라이트 보수 단체의 조직과 이념

2004~2007년에 한국의 뉴라이트 운동을 이끌었던 대표적인 조직체는 '뉴라이트네트워크'와 '뉴라이트전국연합'이다. 뉴라이트네트워크는 2004년 창립한 자유주의연대를 중심으로 북한민주화네트워크, 교과서포럼, 자유주의교육운동연합, 자유네티즌협의회폴리젠 등을 포함하는, 문자 그대로 느슨한 '네트워크'다. 이 중 핵심 단체인 자유주의연대는 국가의 기업 규제와 분배 정책, 복지 정책을 신랄히 비판하는 급진적인 시장자유주의 이념을 표방했으며, 그와 동시에 공격적인 반북·반공 이데올로기로 무장하고 있었다. 그러나 뉴라이트네트워크는 내적으로 매우 다양한 요소들이 공존하는 그룹이기 때문에 하나의 이념과 이데올로기로 규정할 수 없다.

한편 뉴라이트전국연합은 2005년에 출범했다. 뉴라이트네트워크가 느슨한 그룹이었던 데 반해, 뉴라이트전국연합은 전국에 200여 개 지역 조직과 10여 개의 부문 조직을 탄탄하게 구축했다. 뉴라이트전국연합에 속해 있는 하위 조직으로 대표적인 것은 뉴라이트신노동연합, 뉴라이트교사연합, 뉴라이트학부모연합, 뉴라이트기업인연합, 뉴라이트의사연합, 뉴라이트불교연합 등이며, 이밖에 바른정책포럼, 뉴라이트싱크탱크, 목민정치학교 등 싱크탱크와 정치교육 기관도 포함되어 있다. 뉴라이트전국연합의 또 하나 중요한 특징은 시민 단체임을 주장하면서도 공공연히 정치색을 드러낸다는 점이다. 자유주의연대나 한반도선진화재단 등이 시민사회 이념 지형을 변화시키고 중장기적 정책 비전을 제시하는 데 주력한 데 비해, 뉴라이트전국연합은 현실 정치의 스케줄에 민감하고 민첩하게 반응했다. 이 단체는 2007년 말 대선 과정에서 공식적으로 이명박 후보에 대한 지지를 표명하기도 했다. 이와 같은 조직적 네트워크 외에도 자유기업원, 선진화국민회의, 한반도선진화재단 등 지식인들을 중심으로 한 영향력 있는 단체들이 뉴라이트 운동의 일환으로 생겨났다.

흥미롭게도 뉴라이트의 등장은 '올드라이트'라고 명명할 수 있을 만한 단체들을 약화시킨 것이 아니라 오히려 급속히 활성화시키는 촉매 역할을 했다. 올드라이트 단체들 가운데 영향력과 동원력이 가장 강력한 단체는 '한국기독교총연합회(이하 한기총)'였다. 1989년에 창립된 한기총은 당시 진보적 성향의 기독교교회협의회나 민중교회 운동 등에 대한 대응으로 탄생했는데, 2000년대에 보수 개신교 신자들의 의식과 태도에 큰 영향을 미치고 있다. 이와 더불어 퇴역군인 단체들은 반공·반북·반진보 담론을 확산시키거나 극단적인 행동주의를 실천하는 대표적 단체들이었다. 보훈처 소속 단체로 정부 지원을 받는 재향군인회는 행동주의적 조직은 아니었지만 언론 매체와 자체 매체를 통해 반공·반북 담론을 확산하고 참여정부를 공격하는 활동이 활발했다. 공격적인 행동주의 단체로는 '육해공해병대예비역대령연합회(이하 대령연합회)'가 대표적인데, 이 조직은 집회·시위 등 '기동전'에서 중요한 역할을 했으며 '반핵반김국민행동본부' 같은 연대 행동을 운영하는 등 네트워크 조직자 역할도 했다.

이러한 보수우익 단체들은 앞서 언급한 뉴라이트 단체들과 성격을 달리하는 측면이 많지만, 보수 우익 전체가 위협받고 있다고 판단되는 시점에서는 서로 기꺼이 연대했다. 이는 단지 전술적 연대만은 아니었다. 왜냐하면 뉴라이트 단체들 역시 시장경제 이념과 더불어, 반공·반북주의와 보수적 권위주의를 빈번히 표방하고 있었기 때문이다(신진욱, 2008a). 보수 단체들의 폭넓은 조직화와 활발한 활동, 영향력 증대가 2000년대 중반 이후 급속히 진행됨에 따라, 한국 시민사회는 더 이상 개혁적 지향을 갖는 단체들 내부의 분화가 아니라 서로 적대적인 두 진영으로 분절됐다. 그리고 이러한 시민사회의 내적 분절은 노무현 정부 시기 이후까지 담론적·정치적 혹은 물리적인 갈등으로 이어졌다.

4. 풀뿌리 공동체와 자생적 시민 정치의 등장

1) 개인과 생활에 뿌리내린 커뮤니티

시민사회의 분절과 더불어 2000년대 한국 시민사회에 또 하나의 중요한 경향이 진행되고 있었다. 중앙 정치와 대중매체의 무대 아래에서 수많은 온라인·오프라인 시민 공동체들이 조용하게 그러나 급속하게 확산된 것이 그것이다. 이들은 거주 지역의 교육환경·교통안전·자연환경 등 생활상의 관심사, 혹은 언론 공공성이나 개발정책 비판 등 정책적 관심사를 공유하는 시민 모임이다. 이런 공동체들은 사회문제를 주체적이고 연대적으로 해결하고자 한다는 점에서 기존의 시민운동 단체들과 유사하지만, 공동체 구성원 간의 친목과 유대를 추구하고, 참여자 자신의 삶의 변화에 큰 의미를 부여하는 등 전문적 운동 단체와는 성격이 다르다.

이들은 어떤 추상적인 이념이나 거시적인 사회 개혁의 목표를 중심에 두지 않는 경향이 강하다. 또한 엄격한 목표와 규칙을 갖고 있고 멤버십 진입·탈퇴가 힘든 '조직'에 구속되는 것도 꺼린다. 이런 종류의 공동체들은 생활 속에서 체감할 수 있는 문제와 씨름하고, 매우 구체적인 해법을 추구하며, 참여하는 개인들 자신의 자유와 만족을 중요시한다. 참여자들은 기존의 시민 단체에 회원 가입을 하여 회비를 내고 소식지를 받아 보는 등 수동적인 시시사로 머무는 것이 아니라, 스스로 '커뮤빌더'(김기현, 2007)가 된다. 시민들을 '대변하는' 활동이 아니라, 당사자인 시민들 자신의 삶에 '뿌리내린' 활동이 중심에 놓여 있다.

이런 공동체들은 수를 헤아릴 수 없이 많고, 기존 시민사회 단체들과 달리 이들 간에는 상시적 네트워크나 위계 관계가 존재하지 않는다. 그렇기 때문에 '대표적인 예'를 든다는 것 자체가 불가능하다. 전국 각지에 있는 생협 공동체들을 비롯하여, '안전한 등굣길 만들기 관악주민모임', '도봉구에 사는 걱정 많은 사람들' 등 수많은 시민들의 공동체가 있다. 또한 온라인상에서 형성되는 사이버 공동체의 중요성이 점점 더 커지고 있다. 사이버 공동체들은 느슨하고 유동적인 멤버십을 갖고 있으며, 참여자들의 공감대와 정체성 역시 소통 과정에서 유연하게 변화한다.

2000년대 들어 이와 같은 온라인·오프라인의 시민 공동체들이 계속해서 생겨남에 따라, 한국의 시민사회는 정치적 균열 구조를 가로질러 곳곳에 분산되어 활동하는 층을 갖게 됐다. 이는 이제 진보-보수 진영의 분절과 대립으로 환원시킬 수 없는 생활 세계의 체험과 가치, 도덕적 문법을 직접적으로 반영하는 두텁고 촘촘한 시민사회의 지대가 생겨났음을 뜻한다. 하지만 이 시민 공동체들은 사회정치적 이슈에 결코 무관심하지 않다. 평상시에는 교육과 보육·생태 환경·교통안전·지자체 감시 등 거주 지역의 공동 관심사나 요리·인테리어·영화·시낭송·주식·집값 등 개인들의 생활상의 관심사에 집중하지만, 경제 위기·전쟁 위기·정치 스캔들·선거·원전 폭발 등 큰 이슈가 발생하면 이들 공동체에서는 순식간에 국가적·국제적 문제에 대해 정보와 의견을 교류하는 장이 형성된다. 인터넷 동호회에서도 시사방이나 자유 게시판 등의 공간이 사회정치적 공론장으로 급속히 전환된다. 이 거대한 시민 정치의 에너지가 바로 아래에서 다룰 내용이다.

2) 2000년대의 촛불집회와 시민 정치

풀뿌리 시민사회는 2000년대 세 차례에 걸친 대규모 촛불집회를 통해 '평범한 시민들'의 위력을 입증했다. 2000년대 초반까지 이들의 존재를 충분히 인지하지 못하고 있었던 정부·정당·언론 등 한국 사회의 거대 권력들, 그리고 전문화·제도화된 시민사회 단체들은 몇 차례에 걸쳐 반복된 촛불집회를 겪으면서 뒤늦게 그들의 힘에 눈을 떴다. 2000년대에는 촛불집회라는 것이 하나의 보편화된 집단행동 양식처럼 확산되어, 널리 알려지지 않은 수많은 촛불집회들이 개최됐다. 하지만 특히 2002년, 2004년, 2008년에 일어난 대규모 촛불집회는 여러 측면에서 한국 사회에 사회운동의 새로운 주기가 시작된 계기로 해석할 수 있는 의미심장한 사건이었다(신진욱, 2008b). 특히 2008년의 촛불집회는 그 참여 규모와 지속 기간, 정치적 급진성, 문화적 창조성 등 모든 측면에서, 한국 시민사회에 새로운 시대가 열렸음을 분명히 각인시킨 사건이었다.

하지만 노무현 정부의 탄생에 간접적으로 영향을 미친 2002년의 미선·효순 추모 촛불집회, 그리고 노무현 정부 출범 2년차인 2004년에 벌어진 탄핵 반대 촛불집회에서 이미 2008년 촛불집회의 대부분의 특성들이 징후적으로 나타나고 있었다. 2002년 미선·효순 추모 촛불집회를 폭발시킨 이슈는 실은 이미 몇 달 전부터 기존의 통일·평화·인권 단체들이 미군기지 앞에서 시위를 벌이는 등 공론화를 시도했던 이슈였다. 그러나 한참이 지난 후에 '앙마'라는 아이디의 네티즌이 인터넷에 이 문제를 제기하며 추모의 뜻을 함께하는 시민들은 시청 앞에서 만나자는 제안을 했고, 바로 몇 주 뒤에 서울광장은 손에 촛불을 든 수만 명의 시민들로 가득 메워졌다. 평택 미군기지 앞에서 몇 달째 시위를 하던 시민사회 단체들은 결국 서울광장으로 장소를 옮겨서 수많은 시민들 중의 일부로 섞여들 수밖에 없었다. 2004년 탄핵 반대 촛불집회에서도 마찬가지의 동학이 작용했다. 국회에서의 탄핵 의결 이후 열린우리당과 노무현 정부에 우호적인 정치 세력들은 촛불집회를 촉구하는 등 정치적 대중 동원으로 상황을 돌파하려고 했다. 그 의도와 일치하게 실제로 촛불집회가 확산됐지만, 집회의 전개 과정에서 기존 정치 세력들은 전혀 주도권과 통제권을 행사하지 못했다. 촛불집회 직후에 실시된 총선에서 열린우리당은 압승을 거뒀지만, 바로 2년 뒤인 2006년 지방선거에서 시민들은 열린우리당에 참패를 안기면서, 그 촛불집회가 특정 정당에 대한 지지가 아니었음을 알려줬다.

이러한 촛불집회들은 정보사회 시대에 시민사회의 특성을 주목하게 했다. 인터넷은 과거에 즉각적인 집단행동을 벌이기 힘들었던 시민들이 훨씬 더 쉽고 대규모적으로 사회 참여와 정치 참여를 할 수 있는 조건을 제공했다(김경미, 2006a, 2006b; 정연정, 2004). 그뿐만 아니라 일상적 시기에 네티즌들의 관계적·공동체적 잠재성(이정은, 2003)은 어떤 중대한 공동의 이슈가 발생했을 때 곧바로 정치적 에너지로 전환될 수 있는 저수지가 됐다. 또한 촛불집회는 시민들의 정치적 자기 정체성과 주권자 의식을 분명히 드러냈다. 촛불집회에서 표출된 대한민국 정체성은 2002년 한일 월드컵 당시의 '붉은 악마' 같은 내셔널리즘과 맥을 같이하는 측면이 있지만(김원, 2005), 관점을 바꿔서 보면 '붉은 악마'와 '촛불집회'는 대한민국 정체성이 향할 수 있는 양면적 잠재성을 보여주는 서로 다른 두 사건이라고 볼 수도 있다.

앞서 서술한 2000년대 중반 한국 시민사회의 전반적 경향 속에서 2000년대 촛불집회들의 함의를 읽어본다면, 그것은 무엇보다도 시민사회의 사회 참여·정치 참여 방식에 중대한 변화가 일어났음을 의미했다. 촛불집회에 참여한 시민들 가운데 커다란 사회개혁 목표를 가진 단체에 소속된 이들은 소수다. 대부분의 참여자들은 평소에는 중앙 정치의 무대에서 눈에 띄지 않는 크고 작은 시민 공동체의 일원으로 남아 있다. 하지만 이들은 어떤 큰 이슈가 발생하면 순식간에 거대한 참여 네트워크를 구성하여 강력한 정치적 파장을 불러오며, 이슈가 소멸하면 다시 시민사회의 저층으로 침잠한다.

이 시민들은 특정한 국면에서 기꺼이 정치에 개입하고 큰 목소리를 내면서도, 일상적으로 '정치적 결사체'의 일원이 되는 것은 거부한다. 이는 현대 시민사회의 본원적 특질 중 하나인 '양서류와 같은(amphibious)' 성격(Taylor, 1990)을 전형적으로 보여주는 것이다. 즉, 언제라도 내키면 물에 뛰어들지만, 결코 물고기가 되지는 않는, 양서류 같은 속성을 갖는다는 것이다. 진보와 보수 세력 들 중에서 종종 이 시민들을 동원·관리하거나 또는 불순한 정치 세력으로 낙인찍으려는 경향이 보이기도 하는데, 어떤 경우에도 양서류를 어류로 바꾸려 하거나 어류라고 우기는 시도는 무의미하다. 풀뿌리 시민 공동체들은 한국 시민사회에 새로운 독립적 영역을 개척하고 있다.

5. 결론

이 글에서는 2000년대, 특히 노무현 정부 시기 동안에 한국 시민사회에 일어난 변화의 핵심을 규명하고, 그것이 1960년대 이래 한국 시민사회의 굵직한 변화의 맥락에서 갖는 역사적 의미를 자리매김하고자 시도했다. 이 글은 권위주의 체제 시기, 1987년 정치적 개방 이후의 민주화 시기, 그리고 김대중·노무현 정부의 집권기인 2000년대 시기를 구분하여 각 시기 한국 시민사회의 지형을 유형화했다. 그러나 이러한 역사적 변화는 한편으로는 앞선 시대의 전통의 지속, 다른 한편으로는 역사적으로 새로운 세력과 문화의 탄생이라는 두 측면을 함께 갖고 있다. 그러므로 앞선 시기에 발전한 시민사회의 요소들은 그 이후의 시기에 없어지는 것이 아니라, 새로운 장의 한 구성 요소로서 다른 흐름들과 관계를 맺는다.

현재 한국 시민사회에는 이 글에서 서술한 세 가지 역사적 단계를 거쳐 오면서 형성된 시민사회 전통들이 동시대적으로 공존하고 있다. 즉, 민주화 운동의 전통을 계승하는 진보적 성향의 시민사회 단체들, 2000년대에 등장한 보수적 시민사회 단체들, 그리고 어느 쪽에도 속하지 않는 자율적인 시민 공동체들이 존재한다. 첫 번째와 두 번째 유형의 단체들은 각각의 다중 조직장 내에서 조직적 연대와 공동의 정체성을 지속하는 데 비해, 세 번째 유형의 시민 공동체들은 그런 방식으로 구조화된 연계를 맺지 않고 수많은 네트워크들로 분산되어 있다. 그러므로 이 세 유형의 시민사회 결사체들은 어느 하나에 의해 흡수되거나 통제될 수 없는 독립적 자기 영역을 갖고 있다고 볼 수 있다.

이 글에서 서술한 2000년대 한국 시민사회의 두 가지 중요한 변화인 '분절'과 '분산'의 경향은 모두 한국 정치와 사회의 미래에 양면적인 가능성을 함축하고 있다. 먼저 시민사회의 이념적 대립은 현대 정치의 핵심 특성이자 현대사회의 변동을 이끌어간 동력의 하나였다는 점에서(Eisenstadt, 1998, 1999), 시민사회의 분절이 건설적인 경쟁과 상호 계몽으로 이어질 수 있다면 그것은 한국 사회의 발전을 위한 긍정적 동력이 될 수 있다. 하지만 시민사회의 분열이 심화되어 상호 적대적 관계가 구조화될 경우, 그것은 민주주의의 안정과 발전을 해치는 중대한 요인으로 작용한다(Merkel, 2004; Merkel, Puhle and Croissant, 2003). 그와 같은 부정적 잠재성이 커지는 것을 막기 위해서는 다른 이념과 비전을 갖는 집단을 나라 공동체의 적으로 규정하는 폭력적 담론, 시민들을 위협하고 겁박하는 테러 행위가 결코 있어서는 안 되며, 이에 대해 우리 사회 전체가 단호한 어조로 반대 의사를 보여줘야 한다.

한편 한국 시민사회 내에 거대 조직에 종속되지 않는 자율적 시민층이 두터워졌다는 것은 큰 의미가 있다. 그것은 이제 한국 정치와 사회변동이 정부·정당, 거대 기업과 이익 단체, 영향력 있는 시민사회 단체에 의해 좌우되지 않게 됐으며, 권력이 통제하거나 관리할 수 없는 시민 정치의 에너지가 한국 사회를 움직이는 중요한 힘이 됐음을 의미한다. 그것은 한편으로 한국 민주주의의 민주화, 사회운동의 민주화가 진행되고 있음을 뜻하는 동시에, 또한 그와 같은 통치 불가능성(ungovernability)의 조건에서 정치체제의 안정과 국민적 합의를 어떤 방식으로 확보할 수 있을 것인가라는 큰 질문을 제기하고 있다. 그것은 비단 한국 사회만이 아니라 세계의 여러 선진적 민주주의 사회들이 직면해 있는 21세기의 보편적 과제며, 한국 사회는 능동적이고 창조적으로 그러한 세계사적 변화에 기여해야 한다.

참고문헌

강원택. 2003. 『한국의 선거정치: 이념·지역·세대와 미디어』. 푸른길.

길승흠. 1993. 「한국인의 정치의식 구조 변화: 1963~1992」. ≪한국 정치학회보≫, 제26집 3호, 133~152쪽.

김경미. 2006a. 「인터넷이 집합행동 참여에 미치는 영향: '2002 여중생 추모 촛불집회'를 중심으로」. ≪한국 사회학≫, 제40권 1호, 183~211쪽.

_____. 2006b. 「온라인에서의 집합행동에 관한 '합의동원': '2002 여중생 촛불집회'를 중심으로」. ≪경제와 사회≫, 제71호, 154~178쪽.

김경희. 2007. 「법제화 운동을 중심으로 본 한국여성운동의 제도화와 위기론」. ≪社會科學硏究≫, 제15집 1호, 108~141쪽.

김기현. 2007. 『우리 시대의 커뮤빌더』. 서울: 이매진.

김무경·이갑윤. 2005. 「한국인의 이념정향과 갈등」. ≪사회과학연구≫, 제13집 2호, 6~31쪽.

김성국. 1992. 「한국 자본주의의 발전과 시민사회의 성격」. 한국 사회학회·한국 정치학회 엮음. 『한국의 국가와 시민사회』. 서울: 한울, 149~169쪽.

김성일. 2002. 「대중의 새로운 구성 가능성: 2002년 한국 사회와 대중분석」. ≪문화과학≫, 제31호, 181~194쪽.

김원. 2005. 「사회운동의 새로운 구성방식에 대한 연구: 2002년 촛불시위를 중심으로」. ≪담론201≫, 제8집 2호, 131~158쪽.

서경석. 1993. 「민중신학의 위기」. ≪기독교사상≫, 제417호, 187~204쪽.

손호철. 2001. 「국가-시민사회론: 한국 정치의 새 대안인가?」. 유팔무·김정훈 엮음. 『시민사회와 시민운동 2』. 서울: 한울, 17~49쪽.

송경재. 2008. 「2008년 촛불과 네트워크형 시민운동의 전망」. ≪시민과 세계≫, 제14호, 156~174쪽.

신상숙. 2008. 「제도화 과정과 갈등적 협력의 동학: 한국의 반(反)성폭력운동과 국가정책」. ≪한국여성학회지≫, 제24권 1호, 83~119쪽.

신진욱. 2008a. 「보수 단체 이데올로기의 개념 구조, 2000~2006: 반공, 보수, 시장이데올로기를 중심으로」. ≪경제와 사회≫, 제78호, 163~193쪽.

_____. 2008b. 「정치위기와 사회운동의 새로운 주기: 2008년 촛불시위 이후 한국

민주주의의 이중적 과제」. ≪기억과 전망≫, 제19호, 96~128쪽.
오장미경. 2005. 「여성운동의 제도화, 운동정치의 확대인가 제도정치로의 흡수인가」. ≪여성과 사회≫, 제16호, 8~34쪽.
유팔무·김호기 엮음. 1995. 『시민사회와 시민운동』. 서울: 한울.
윤민재. 2004. 「한국 보수 세력의 이념과 활동에 대한 정치사회학적 연구」. ≪사회이론≫, 제26호, 242~272쪽.
윤상철. 1997. 『1980년대 한국의 민주화이행과정』. 서울: 서울대학교 출판부.
이갑윤. 1993. 「한국 정당제의 이데올로기적 성격」. ≪사회과학연구≫, 제2호, 93~115쪽.
이기호. 1996. 「한국의 민주화 과정과 사회운동 네트워크: 1987~1996」. 연세대학교 대학원 정치학과 박사학위논문.
이정은. 2003. 「한국현상 촛불시위에 관한 철학적 고찰」. ≪시대와 철학≫, 제14권 2호, 433~453쪽.
임영일. 1992. 「한국의 산업화와 계급정치」. 한국 사회학회·한국 정치학회 엮음. 『한국의 국가와 시민사회』. 서울: 한울, 173~201쪽.
정연정. 2004. 「영리한 군중(smart mobs)의 등장과 디지털 정치 참여」. ≪국제정치논총≫, 제44권 2호, 237~258쪽.
정태석·김호기·유팔무. 1995. 「한국의 시민사회와 민주주의의 전망」. 유팔무·김호기 엮음. 『시민사회와 시민운동』. 서울: 한울.
조대엽. 2003. 「시민운동의 제도화와 시민사회의 정치 참여」. ≪시민사회와 NGO≫ 제1호, 19~48쪽.
조재석. 2003. 「한국의 힘을 보여준 촛불시위」. ≪창작과 비평≫, 제119호, 336~338쪽.
최장집. 1993. 『한국 민주주의의 이론』. 서울: 한길사.
한준·설동훈. 2006. 『한국의 이념갈등 현황 및 해소방안』. 서울: 여성개발원·한국사회학회.
홍일표. 2009. 「'이중의 탈제도화' 압력과 한국 시민운동의 대응」. ≪기억과 전망≫, 제21호, 75~109쪽.
Alexander, Jeffrey. 1998. "The Paradoxes of Civil Society." *International Sociology*, Vol.12, No.1, pp.115~133.
Barry, Norman P. 1987. *The New Right*. New York: Croom Helm.

Benford, Robert and David A. Snow. 2000. "Framing Processes and Social Movements: An Overview and Assessment." *Annual Review of Sociology*, Vol.26, pp.611~639.

Berlet, Chip and Matthew N. Lyons. 2000. *Right-Wing Populism in America: Too Close to Comfort*. New York and London: The Guilford Press.

Cohen, Jean. 1982. *Class and Civil Society*. Amherst, MA: The University of Massachusetts Press.

Cohen, Jean and Andrew Arato. 1992. *Civil Society and Political Theory*. Cambridge, MA: The MIT Press.

Curtis, Russel L. and Louis A. Zurcher, Jr. 1973. "Stable Resources of Protest Movements: The Multi-Organizational Field." *Social Forces*, Vol.52, No.1, pp.53~61.

Eisenstadt, S. N. 1998. *Die Antinomien der Moderne*. Frankfurt/M.: Suhrkamp.

_____. 1999. *Paradoxes of Democracy*. Baltimore and London: The Johns Hopkins UP.

Fernandez, Roberto M. and Doug McAdam. 1998. "Social Networks and Social Movements: Multiorganizational Fields and Recruitment to Mississippi Freedom Summer." *Sociological Forum*, Vol.3, No.3, pp.357~382.

Gessenharter, Wolfgang and Thomas Pfeiffer(eds.). 2004. *Die Neue Rechte: eine Gefahr für die Demokratie?* Wiesbaden: VS Verlag für Sozialwissenschaften.

Habermas, Jürgen. 1992. *Faktizität und Geltung*. Frankfurt/M.: Suhrkamp.

Kitschelt, Herbert. 1997. *The Radical Right in Europe: A Comparative Analysis*. Michigan: The University of Michigan Press.

Klandermans, Bert. 1992. "The Social Construction of Protests and Multiorganizational Fields." in Aldon D. Morris and Carol M. Mueller(eds.). *Frontiers in Social Movement Theory*. New Haven: Yale University Press, pp.77~103.

McCarthy, John D. and Clark McPhail. 1998. "The Institutionalization of Protest in the United States." in D. S. Meyer and S. Tarrow(eds.). *The Social Movement Society*. Lanham, MD: Rowman and Littlefield, pp.83~110.

Merkel, Wolfgang. 2004. "Embedded and Defective Democracies." *Democratization*, Vol.11, No.5, pp.33~58.

Merkel, Wolfgang, Hans-Juergen Puhle and Aurel Croissant. 2003. *Defekte Demokratie. Bd.1: Theorien und Probleme*. Opladen: Leske+Budrich.

Meyer, David S. and Sidney Tarrow(eds.). 1998. *The Social Movement Society: Contentious Politics for a New Century*. Lanham, MD: Rowman&Littlefield.

Neidhardt, Friedhelm and Dieter Rucht. 1993. "Auf dem Weg in die 'Bewegungsgesellschaft'? Über die Stabilisierbarkeit sozialer Bewegungen." *Soziale Welt*. Vol.44, No.3, pp.305~326.

Phillips-Fein, Kim. 2009. *Invisible Hands. The Making of the Conservative Movement from the New Deal to Reagan*. New York and London: W. W. Norton.

Rucht, Dieter. 1999. "Gesellschaft als Projekt: Projekte in der Gesellschaft. Zur Rolle sozialer Bewegungen." in Ansgar Klein, Hans-Josef Legrand and Thomas Leif(eds.). *Neue soziale Bewegungen. Impulse, Bilanzen und Perspektiven*. Opladen: Westdeutscher Verlag, pp.15~27.

Shils, Edward. 1997. *The Virtue of Civility*. Indianapolis: Liberty Fund.

Taylor, Charles. 1990. "Modes of Civil Society." *Public Culture*, Vol.3, No.1, pp.95~118.

Walzer, Michael. 1991. "The Idea of Civil Society: A Path to Social Reconstruction." *Dissent*. Vol.39, pp.293~304.

지은이 소개 (수록순)

강원택
영국 런던정경대학교(LSE) 정치학 박사
한국정당학회장, 참여연대 의정감시센터 소장, 대통령 직속 미래기획위원회 위원 역임
현 서울대학교 정치외교학부 교수
주요 저서: 『한국 선거정치의 변화와 지속』(2010), 『한국정치 웹 2.0에 접속하다』(2008), 『한국의 정치개혁과 민주주의』(2005) 등

장덕진
미국 시카고대학교 사회학 박사
이화여자대학교 교수 역임
현 서울대학교 사회학과 교수, 서울대학교 사회발전연구소장
주요 논저: 「정치권력의 사회학적 분해」(2009), 『위험사회, 위험정치』(2010, 공저), 『경제위기의 사회학』(2005, 공저) 등

최태욱
미국 UCLA 정치학 박사
한동대학교 교수, 미래전략연구원 공동대표 역임
현 한림국제대학원대학교 국제학과 교수
주요 저서: 『신자유주의 대안론』(2009, 편저), 『한국형 개방전략』(2007, 편저), 『세계화시대의 국내정치와 국제정치경제: 일본, 동아시아 지역주의, 그리고 한국』(2003) 등

김석우
미국 노스캐롤라이나대학교(University of North Carolina at Chapel Hill) 정치학 박사
한국정치학회 편집위원장, 한국국제정치학회 총무이사 역임
현 서울시립대학교 국제관계학과 교수
주요 논저: 「FTA의 정치경제학」(2008), 「FTA와 민주주의」(2007), 『국제정치경제의

이해: 역사, 이념 그리고 이슈』(2011), 『국제통상의 정치경제론』(1998) 등

김진방
미국 듀크대학교 경제학 박사
미국 리버사이드캘리포니아대학교 경제학과 조교수
현 인하대학교 경제학부 교수
주요 논저: 「한국 기업집단의 자본구조와 소유구조: 경제위기 이후의 변화와 그 의미」(2010), 「30대 재벌그룹의 순환출자: 측정과 분석」(2007), 『재벌의 소유구조』(2005) 등

김용창
서울대학교 지리학 박사
세종대학교 산업경영대학원 교수, 대통령자문 국민경제자문회의 전문위원 역임
현 서울대학교 사회과학대학 지리학과 교수
주요 논저: 「개발이익 환수제도 운영과정의 법적쟁점과 사법적 판단」(2010), 「수평적 지방재정조정제도에 의한 지역균형발전전략 연구」(2008), 「택지개발사업의 개발이익 추계에 대한 연구」(2006), 『한국의 토지 주택정책』(2004) 등

강현수
서울대학교 환경대학원 행정학 박사
대통령 직속 국가균형발전위원회 전문위원 역임
현 중부대학교 도시행정학과 교수, 한국공간환경학회 회장
주요 저서: 『도시에 대한 권리』(2010), 『신지역발전론』(2009, 공저), 『국가균형발전정책의 이론과 실천』(2007, 공저) 등

구인회
미국 워싱턴주립대학교(University of Washington) 사회복지학 박사
보건복지부 중앙생활보장위원회 위원 역임
현 서울대학교 사회복지학과 교수
주요 논저: 「경제위기와 청소년 발달: 가족의 경제적 상실이 청소년 교육성취에 미치는 영향」(2003), 『국민기초생활보장제도가 근로, 소득, 빈곤에 미친 영향』(2010), 『한국의 소득불평등과 빈곤: 사회보장정책의 과제』(2006) 등

김은실
미국 캘리포니아대학교 인류학 박사
현 이화여자대학교 여성학과 교수
주요 논저: 「The Politics of Institutionalizing Feminist Knowledge: Discussing "Asian" Women's Studies in South Korea」(2010), 「조선의 식민지 지식인 나혜석의 근대성을 질문한다」(2008), 『여성의 몸, 몸의 문화정치학』(2001), 『지구화시대의 현장 여성주의』(2007, 공저), 『변화하는 여성문화 움직이는 지구촌』(2004, 공저) 등

이병훈
미국 코넬대학교 노사관계학 박사
참여연대 노동사회위원회 위원장, 경실련 노동위원장, 노사정위원회 공익위원 역임
현 중앙대학교 사회학과 교수
주요 저서: 『일의 가격은 어떻게 결정되는가』(2009, 공저), 『양극화시대의 일하는 사람들』(2008, 공저), 『서비스사회의 구조변동』(2008, 공저) 등

이근
서울대학교 외교학과 졸업, 미국 위스콘신대학교 정치학과 박사
외교안보연구원 교수 역임
현 서울대학교 국제대학원 교수, 서울대학교 국제학연구소 소장
주요 논저: 「The Clash of Soft Power between China and Japan」(2010), 「남북관계와 미국의 동북아정책」(2009), 『The Environmental Dimension of Asian Security』(2007, 공저) 등

김근식
서울대학교 정치학 박사
경실련 통일협회 정책위원장, 2007 남북정상회담 특별수행원 역임
현 경남대학교 정치외교학과 교수
주요 논저: 「북한의 핵협상: 주장, 행동, 패턴」(2011), 「사회주의 체제전환과 북한의 변화: 비교사회주의 관점에서」(2010), 『남북한 관계론』(2005, 공저) 등

이준웅

현 서울대학교 언론정보학과 교수
주요 논문: 「한국 언론의 경향성과 이른바 '사실과 의견의 분리' 문제」(2010), 「가는 말이 험해야 오는 말이 곱다」(2009), 「관계형 매체 이용의 증가와 사회적 의사소통 양식의 변화」(2007), 「비판적 담론공중의 등장과 언론에 대한 공정성 요구」(2005) 등

류석진

서울대학교 정치학 학사, 예일대학교 정치학 박사
세종연구소 연구위원, IT정치연구회 회장, 한국국제정치학회 총무이사 역임
현 서강대학교 정치외교학과 교수
주요 논저: 「전자투표 논의의 쟁점과 현실: 한국과 일본의 비교」(2009, 공저), 「온라인 공간의 민족주의적 갈등에 대한 연구: 게시판과 동영상 UCC를 중심으로」(공저, 2008), 『디지털 컨버전스 사회의 정치권력 연구』(2010, 공저), 『디지털 컨버전스 환경에서의 정치제도와 시민사회 변화 연구』(2009, 공저) 등

송경재

경희대학교 정치학 박사
신문발전위원회 인터넷 신문 연구위원, 방송통신심의위원회 통신특별위원 역임
현 경희대학교 인류사회재건연구원 학술연구교수
주요 논문 및 역서: 「미국 소셜 네트워크 서비스(SNS) 사용자의 특성과 정치참여」(2010), 「인터넷 시민운동 양식의 변화와 의미: 시민과 정치적 기회구조 변화를 중심으로」(2010), 『무브온 나라를 사랑하는 50가지 방법』(2010, 공역) 등

신진욱

독일 베를린자유대학교 사회학 박사
참여사회연구소 부소장, 한국이론사회학회 연구이사, 한국정치사회학회 총무이사 역임
현 중앙대학교 사회학과 교수
주요 저서: 『시민』(2008), 『상징에서 동원으로』(2007, 공저), 『한국의 근대화와 시민사회』(2005, 독일어) 등

한울아카데미 1353

노무현 정부의 실험 미완의 개혁

ⓒ 서울대학교 사회과학연구원, 2011

기   획 ┃ 서울대학교 사회과학연구원
엮은이 ┃ 강원택·장덕진
지은이 ┃ 강원택·장덕진·최태욱·김석우·김진방·김용창·강현수·구인회·김은실·
           이병훈·이근·김근식·이준웅·류석진·송경재·신진욱

펴낸이 ┃ 김종수
펴낸곳 ┃ 도서출판 한울

편집책임 ┃ 박록희
편집 ┃ 배유진

초판 1쇄 인쇄 ┃ 2011년 5월 20일
초판 1쇄 발행 ┃ 2011년 6월 3일

주소 ┃ 413-756 파주시 교하읍 문발리 535-7 302(본사)
         121-801 서울시 마포구 공덕동 105-90 서울빌딩 1층(서울 사무소)
전화 ┃ 영업 02-326-0095, 편집 031-955-0606, 02-336-6183
팩스 ┃ 02-333-7543
홈페이지 ┃ www.hanulbooks.co.kr
등록 ┃ 1980년 3월 13일, 제406-2003-051호

Printed in Korea.
ISBN 978-89-460-5353-3   93300(양장)
ISBN 978-89-460-4436-4   93300(반양장)

* 가격은 겉표지에 표시되어 있습니다.
* 이 도서는 강의를 위한 학생판 교재를 따로 준비했습니다.
   강의 교재로 사용하실 때는 본사로 연락해주십시오.